管理科学与工程学科前沿学科

Research and Development of Management Information System

刘秋生 石小建 项 军 张同建 陈永泰 张 燕 著
杜建国 审

管理信息系统研发

江苏大学出版社
JIANGSU UNIVERSITY PRESS
镇 江

内 容 提 要

本书从管理视角深入浅出地探索管理信息系统的发展历程，企业管理信息化发展规律和应用领域，沿着数据、信息、知识和智慧的发展脉络全面陈述管理信息系统基本概念、基本理论和基础知识，围绕管理信息系统研发，侧重介绍管理信息系统研发的技术环境和运行平台，揭示管理信息系统研发全生命周期各阶段的理论与方法、过程与实务。全书共10章，前3章主要介绍管理信息系统的基本概念、基础知识、基本理论、相关支撑技术与平台；第4～7章为本书核心部分，系统地介绍管理信息系统研发全生命周期各阶段的过程、理论与方法，以及方法的选用；最后3章探索性地陈述管理信息系统运行管理、系统维护和评价的过程、理论与方法和实务工作中的突出问题与相应解决方案。

图书在版编目(CIP)数据

管理信息系统研发 / 刘秋生等著. — 镇江 : 江苏大学出版社，2015.7（2016.7重印）
ISBN 978-7-81130-998-0

Ⅰ.①管… Ⅱ.①刘… Ⅲ.①管理信息系统—系统开发—研究 Ⅳ.①C931.6

中国版本图书馆CIP数据核字(2015)第163046号

管理信息系统研发
Guanli Xinxi Xitong Yanfa

著　　者/刘秋生　石小建等
责任编辑/张小琴
出版发行/江苏大学出版社
地　　址/江苏省镇江市梦溪园巷30号(邮编：212003)
电　　话/0511-84446464(传真)
网　　址/http://press.ujs.edu.cn
排　　版/镇江华翔票证印务有限公司
印　　刷/江苏凤凰数码印务有限公司
经　　销/江苏省新华书店
开　　本/787 mm×1 092 mm　1/16
印　　张/16.75
字　　数/410千字
版　　次/2015年7月第1版　2016年7月第2次印刷
书　　号/ISBN 978-7-81130-998-0
定　　价/36.00元

如有印装质量问题请与本社营销部联系(电话:0511-84440882)

前　言

信息技术的高速发展,促进信息系统功能不断完善,普及应用与日俱增。其理论上更加完善,应用极为广泛,特别是管理信息系统产品层出不穷,相应软件功能十分丰富。管理信息系统应用软件(即 ERP,CRM,SCM,BI,CB 等管理信息系统)已经成为企业管理的必备工具。信息技术与信息系统成为当今信息时代的基础,是经济管理类专业学生必须掌握的基本技能。

本书是为培养经济管理类专业学生的信息技术应用能力和信息系统研发能力所著,是在查阅大量资料、网络文献及多年从事管理信息系统应用软件开发、企业管理信息化理论与方法研究,以及教学实践和教学经验积累的基础上编著而成的。本书的主要特点是:

(1) 内容精练。在内容上做了精心的安排,沿着数据、信息、知识和智慧等信息系统建设的发展脉络,提炼出管理信息系统的内涵、特征、开发方法和实现方式。全书彰显简便、易掌握和易理解。

(2) 重点突出。全书围绕理论、方法和应用三个中心,分别重点阐述管理信息系统的基础知识、基本方法和应用分析。

(3) 实用性强。采用图文并茂的方式阐述,强调理论与实践相结合。本书每章均安排了实践练习、研讨题,引发读者思索。全书最后还给出了综合的课程分析与设计。

(4) 系统性强。从管理信息系统建设发展脉络着手,认识信息系统全生命周期,全面地论述信息的搜集、传输、存储、加工、维护和使用的基础知识,以及管理信息系统的规划、分析、设计、实施、运管、维护和评价等全生命周期的过程、方法和应用。

(5) 适用面广。本书是面向经济管理类专业学生的教学用书,也可以作为计算机专业学生和其他工程技术人员的自学用书。

读者可以通过试一试等练习和实训,独立完成信息系统分析、设计和实现等训练,提高读者管理信息系统的研发能力。

本书由江苏大学组织撰写。江苏大学刘秋生完成了全书的构思,苏州电视总台石小建、杉德电子商务有限公司项军、江苏大学张同建和陈永泰、镇江高等专科学校张燕等共同参与了编写工作,杜建国负责全书审核工作。江苏大学李守伟、柯佳、金帅和金海燕等为组稿、复核、数据处理等工作付出了大量的精力，在此一并表示衷心感谢！

本书的全体编著人员结合实际科研成果和教学经验，以实用、易懂、突出重点为准绳，在内容上反复提炼，精益求精。文字上反复推敲，语言上立足通俗，尽量采用最简练的语言，介绍先进的技术。尽管如此，由于著者的知识有限，以及信息技术的快速发展，本书无法全面、实时、完整地体现本学科的全部前沿动态的理论与方法，如有错误，恳请读者批评指正！

著　者

2015 年 5 月于镇江

目　录

第1章 绪 论

管理信息系统历经40多年的发展,已达到相当高的水平,成为国家经济建设中提升新型能力的主要途径之一。随着人们对管理信息系统需求的日益增强和投入的加大,其理论不断完善,研发方法更加丰富,应用领域不断扩大。管理信息系统的应用直接影响人们的生活质量、工作效率和学习方式。

1.1 管理信息系统的内涵

管理信息系统是一个多学科动态复杂的综合系统,既可以看成由程序代码构成的软件系统,由计算机、传感和通信设备等构成的网络系统,由数据、数据库和数据库管理系统等构成的数据库系统;还可以看成由人、规则和流程构成的管理系统,由人与人之间、企业与企业之间,以及国家之间构成的社会系统。管理信息系统的内涵随着其应用对象和应用领域,以及采用技术的发展还在不断丰富与充实,精确探析管理信息系统的内涵已经变得十分困难。

1.1.1 管理信息系统的定义

管理信息系统(Management Information System,简称 MIS)一词在1970年已经出现,是依赖于管理科学、信息技术及系统科学的发展而形成的。经过40多年的发展,管理信息系统已经成为一个具有自身概念、理论、结构、体系和开发方法的覆盖了管理科学、系统理论、计算机科学的系统性边缘学科。随着时代的发展、技术的进步和人们对企业管理理论及管理实践认识的不断理解,管理信息系统也处在一个不断的演化进程中,它既可以看作是信息系统在管理中的应用,也可以看作是与管理系统融合的现代管理模式,因此其概念至今尚无统一的定义。

早在20世纪70年代初,苏联 Walter T. Kennevan(瓦尔特·肯尼万)教授认为:管理信息系统是以口头或书面的形式,在合适的时间向经理、职员及外界人员提供过去的、现在的和预测未来的有关企业内部及其环境的信息,以帮助他们进行决策。

20世纪80年代中期,管理信息系统的创始人、明尼苏达大学卡尔森管理学院的 Gordon B. Davis(高登·戴维斯)教授认为:管理信息系统是一个利用计算机硬件、软件,手工作业,分析、计划、控制和决策模型,以及数据库的用户——机器系统,它能提供信息,支持企业或组织的运行、管理和决策功能。

在此基础上,我国著名的管理信息系统专家薛华成教授认为:管理信息系统是由人和计算机等组成的能进行信息的收集、传递、存储、加工、维护和使用的系统。管理信息系统能实测企业的各种运行情况;利用过去的数据预测未来;从企业全局出发辅助企业进行决策;利用信息控制企业行为;帮助企业实现其规划目标。

由此可见,不同时期对管理信息系统的内涵的界定是不同的,管理信息系统的内容与作用也是动态发展的。

1. 管理信息系统的概念性含义

显然,通过以上这些定义,可以明确地看出:

(1) 管理信息系统是一个以计算机技术为基础的人机系统,它把一个组织看作一个系统,管理信息系统是对这个系统服务的信息处理系统。

(2) 管理信息系统是一个社会技术系统。这个理解要求我们不仅要把管理信息系统看作是一个能对管理者提供帮助的基于计算机的人机系统,而且要把它看作一个社会技术系统。也就是说,要将管理信息系统放在组织与社会这个大背景下去考察,并把考察的重点从科学理论转向社会实践,从技术方法转向使用这些技术的组织与人,从系统本身转向系统与组织、环境的交互作用等方面。

(3) 系统观点、现代管理理论和信息技术是管理信息系统的三个要素。管理信息系统是以系统科学理论和方法为基础的现代管理理论与信息技术的有机整合体。

2. 管理信息系统的功能性含义

关于管理信息系统的定义,还可以从不同角度理解:

(1) 就其功能来说,管理信息系统是组织理论、会计学、统计学、数学模型及经济学的混合物,在许多方面都同时展示在先进的计算机硬件和软件系统中。这个领域的中心问题是扩展视野,综合政府部门和民间组织的决策,这些组织必须控制其内部活动和由该组织的规模与复杂程度所引起的种种功能要求。

(2) 一个管理信息系统是能够提供过去、现在和将来预期信息的一种有条理的方法,这些信息涉及内部业务和外部情报。它按适当的时间间隔,供给格式相同的信息,支持一个组织的计划、控制和操作功能,从全局出发辅助企业进行决策,利用信息控制企业的行为,帮助企业实现其规划目标。

(3) 管理信息系统是一个具有高度复杂性、多元性和综合性的人机系统,它全面使用现代计算机技术、网络通信技术、数据库技术,以及管理科学、运筹学、统计学和各种最优化技术,为经营管理和决策服务。

(4) 管理信息系统是通过计算机系统建立的一个全面的、统一的信息处理系统,包括信息的收集、处理、存储、传输等功能,在实现全系统信息共享的基础上,为决策科学化提供应用技术和基本工具,即管理信息系统是为管理决策服务的信息系统。

可以用图1-1表示管理信息系统的基本含义。

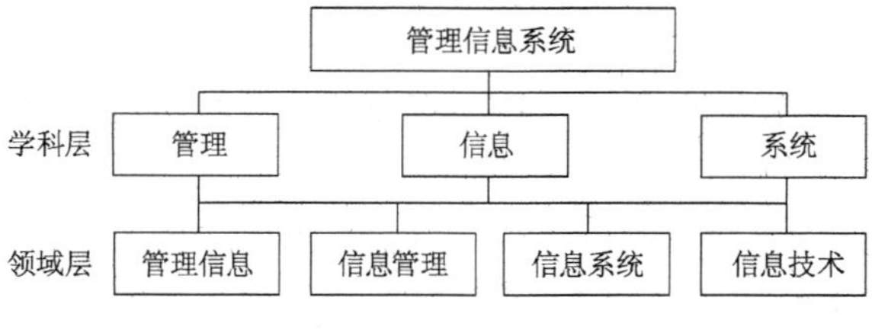

图1-1 管理信息系统的基本含义

1.1.2 管理信息系统的作用

企业在整个生产经营活动中,借助于信息技术进行描述性和跟踪性记录,以及预测性推算企业各种事物形态,通过数据体现企业各种资源(人、财、物和信息等)活动和活动规律。因此,按处理对象来看,管理信息系统被广泛应用到库存管理、人力资源管理、生产管理、质量管理、财务管理和设备管理等经济管理的各个领域,而且已经成为人类生存所依赖的重要环境。随着管理信息系统功能的不断完善,性能的不断提高,其处理对象的范围从企业内部走向企业外部。从产业、行业、区域经济和宏观经济的视角看,管理信息系统功能的拓宽和电子商务的融合,使供应链管理和用户关系管理,以及世界级制造、网络制造和异地制造得到实现。

1. 物流优化

随着社会分工向着精细化和专业化方向发展,物流由运输业逐步发展成企业、行业和产业,并且直接影响所有制造业的快速发展和国民经济新的增长率。物流信息化已经成为当今物流业生存与发展的关键,同时物流管理信息化也是管理信息系统应用的起源。物流企业在建造好基础设施管理的基础上,重点增强管理信息系统的功能,尽量改造自身的资源,利用内部的资源,如企业建造仓储、运输系统,以期减少与国外企业的差距。通过管理信息系统,使物流控制跟上时代、世界先进技术的步伐,发展世界标准、共享的现代化物流。实现物流反应快速化、管理信息化、功能集成化、服务系列化、作业规范化、目标系统化、手段现代化和组织网络化,满足现代生产与流通的需要。

2. 资金流整合

从管理信息的构成可知,其结构包括财务核算和管理、进销存、生产管理和人事管理。资金流的记录、计划、核算、反馈和控制是管理信息系统的主要功能之一。从理论上来说,以资金流为主导的事务财务管理是管理信息系统的主要部分,在软件设计时也会被独立列出。对于任何模块的数据,从预测到统计都要经过财务这一关,因此财务管理在整个管理信息中起着统帅和灵魂的作用。管理信息系统中的会计核算主要是记录、核算、反映和分析资金在企业经济活动中的变动过程及其结果。它由总账、应收账、应付账、现金、固定资产、多币制等部分构成。因此,从物理层面看,管理信息的会计核算模块,涉及总账模块、应收账模块、应付账模块、现金管理模块、固定资产核算模块、多币制模块和工资核算模块。以现金管理模块为例,它主要是对现金流入流出的控制,以及零用现金和银行存款的核算,包括对硬币、纸币、支票、汇票和银行存款的管理。在管理信息系统软件中,一般都具有票据维护、票据打印、付款维护、银行清单打印、付款查询、银行查询和支票查询等与现金有关的功能。此外,它还和应收账、应付账、总账模块集成,自动产生凭证,过入总账,形成资金流管理的全过程。

3. 配置人力资源

人力资源管理(Human Resource Management,HRM)是现代企业资源决策和提高核心竞争力的重要手段。全球化的发展,使人才的争夺和开发成为企业竞争关键的制胜因素。在市场经济的大环境下,越来越多的人士逐渐认识到用计算机技术进行各类管理和交流的便捷。人力资源生产要素的一个重要组成部分,是按生产运行方式折算成工时。直到管理信息系统的出现才把人力资源系统地集成一体化管理。员工档案管理、绩效管理和人员规划三个主要的功能模块是管理信息系统人力资源计划子系统的重要组成部分。管理信息系统能实现对员工档案、员工合同和常见的人事变动的有效管理,能方便地对员工进行绩效考核和奖惩作业,能对企业的人员进行统计和需求预测,能有效地进行员工招聘和培训管理。管理信息系统的人力资源管理功能扩展不仅增加了管理信息系统的应用领域,同时也极大地提高了人力资源管理的水平。

4. 信息挖掘

信息作为现代企业的重要资源,已经成为企业生存与发展的基石。管理信息系统是依信息流控制企业其他资源的各种流程。管理信息系统是以信息流的描述、重现、综合、提炼、归纳等处理手段达到其他资源的合理优化、控制与配置。在企业中信息流起着至关重要的作用,具体表现在伴随着物流等其他流的产生都有与之相应的信息流产生;信息流反映其他流的状态,并且对其他流具有控制和调节作用。因此,必须深刻地理解这个概念。

企业管理者可以利用管理信息系统对企业的全部物流和信息流进行统一管理,保证数据的准确性和实时性。同时,物流是单向不可逆的,而信息流则有反馈功能。企业通过反馈信息对生产经营和管理活动进行控制和调节,使企业中的物流有条不紊地流动。在企业管理中,有以下几种信息流动的情况需要注意:首先,受信息的采集与传递方式的影响,信息流滞后于物流,一般都是在物流发生后,信息流才发生;其次,信息加工通常在部门与部门交接处存在着重复内容(冗余),信息需要统一、规范;再次,信息在层层传递中通常存在着失真的现象,这也是导致企业在贯彻政策时失败的主要原因。显然,滞后和失真的信息达不到有效地控制和调节物流的效果。

1.1.3　管理信息系统应用案例

1. 成功应用实例

1991 年沃尔玛的销售额突破 400 亿美元,成为全球大型零售企业之一。这得益于沃尔玛创始人山姆·沃尔顿早年服役于美国陆军情报部队的经历,他特别重视信息的沟通和信息系统的建设。在公司开始进入规模化市场扩张及发展阶段后,沃尔玛公司率先在行业内使用各种先进的电子商务信息系统化管理模式。1974 年,公司开始在其分销中心和各家商店运用计算机进行库存控制。1983 年,沃尔玛的整个连锁商店系统都使用了条形码扫描系统。1984 年,沃尔玛开发了一套市场营销管理软件系统,这套系统可以使每家商店按照自身的市场环境和销售类型制订出相应的营销产品组合。在 1985—1987 年之间,沃尔玛安装了公司专用的卫星通信系统,该系统的应用使得总部、分销中心和各商店之间可以实现双向的声音和数据传输,沃尔玛全球 4000 家分店也都能够通过自己的终端与总部进行实时的联系。这一切的优势都来自于沃尔玛积极地应用最新的技术成果。通过采用最新的信息技术,员工可以更有效地做好工作,更好地做出决策以提高生产率和降低成本。在沃尔玛的管理信息系统中最重要的一环就是它的配送管理。20 世纪 90 年代,沃尔玛提出了新的零售业配送理论:集中管理的配送中心向各商店提供货源,而不是直接将货品运送到商店。其独特的配送体系,大大降低了成本,加速了存货周转,形成了沃尔玛的核心竞争力。

沃尔玛的信息化管理是贯穿于整个价值链,以先进的信息化技术为手段,以信息流为中心，带动物流和资金流的运动，通过整合全球供应链资源和全球用户资源，实现零库存、零营运资本与用户零距离的目标。信息化管理不应仅是一个系统，还应被提高到战略的高度，不是将其投入大量低价值的维护与运作事宜中，而是不断提升公司的新型创新能力。

2. 应用失败的教训

广州标致汽车公司成立不久，在法方专家的支持和建议下，公司开始着手 MRPⅡ项目的设备，目标是实现全公司订单、生产、库存、销售、人事、财务等的统一管理，以提高公司运行效益，增进企业经济效益。1988 年，公司开始投资计划实施 MRPⅡ。由于中法合资的性质，法方总经理和专家在决策层中起决定作用，因此公司照搬了法国标致的模式实施 MRPⅡ。

在 MRPⅡ实施过程中，法国的 BULL 公司凭借地利人和，加之可提供系统汉化，击败 DEC，IBM 等其他对手，开始了与广州标致的合作。1989 年，广州标致汽车公司组建了自己的企业信息网，整个网络结构由两台 BULL 公司的 DPS 7000 主机构成，操作系统采用 GCOS7，终端通过 Modem 与主机通信，主要软件 MRPⅡ是 IMS7（工业管理系统），此后自行开发了人事管理系统 PMS。1992 年，公司又实施了比利时 MSG 公司的 MACH7 财务系统，1993 年开始实施零配件销售管理系统 SMS。

在 8 年多时间里，公司总投入为 2000 多万法郎。然而，广州标致汽车公司的企业信息网已陷入进退两难的境地。其主系统 IMS7 包含了库存管理、物料清单、工作中心、成本管理、资源管理、主生产计划、订单和需求管理、物料需求计划、制造管理、静态分析、采购管理和 KANBAN/JIT 等十几个功能模块，而已经启用的模块仅有非生产的库存管理模块 MHF，不到该软件功能的十分之一。

1993 年以后，该公司的信息系统就没有多大进展；MACH7 财务系统仅完成凭证录入、过账、对账、关账等功能，报表只能用微机处理；PMS 人事系统准确地说只是一个数据库，只有输入、修改、删除功能（没有查询），报表及各种统计均靠微机进行。

从整体来看，投入巨额资金，网络的效益却与当初的宏图大略相去甚远。导致信息系统失败的主要原因有四个方面：

（1）任何一个 MRPⅡ项目的成功都离不开企业决策层的直接参与和一贯的支持。因为 MRPⅡ不仅仅是个电脑项目，其更重要的成分是管理项目。它带给企业的是一种新的、甚至是全新的管理思想。这种管理思想与企业现有的管理机构、管理体制不能很好地融为一体，因此就需要对已有的管理机构加以调整，对管理体制加以改造。

这些工作已经完全超出了电脑部门管辖的范围。总经理或副总经理的直接参与、部门经理的积极配合，加上技术人员的努力工作，所有这些才能构成应用实施成功的必要条件。财务系统 MACH7，正是在当时法方经理的支持和配合下，按照该软件的管理思想，对财政部的组织机构进行重整，因而收到的效益是很明显的。但更为主要的 IMS7 软件却因为投资巨大、实施时间过长而得不到这种支持，尽管它的管理思想非常先进，未来效益也很高，但决策层出于各种原因，在看不到明显效果的时候便削弱甚至停止了投资，导致项目失败。

（2）GCOS7 是一套相对封闭的专用系统，其终端通过 2400 ~ 9600 bits/s 的 Modem 与主机通信，其速度明显太慢，并且外界电磁干扰导致终端经常性死机，用户方面的反应比较强烈。至今在中国地区只有广州标致一家公司使用过 GCOS7 操作系统，供应商已不再在中国继续对其投资。在 IMS7 实施之初，GCOS7 已勉为其难。几年之后，供应商就难以提供有效的维护，其基本操作系统采用 GCL 命令语言和作业递交来完成，比较复杂。IDS Ⅱ 数据库是网状型，没有成熟的理论支持，自行开发困难，其数据查询系统 IQS 操作十分不便。

（3）在项目计划实施中，人才资源建设没有跟上技术的发展。公司初期在各大院校招聘了一批有才华的计算机人员，并被送往北京进修 MBA 学位。凭着这支高素质专业队伍，MRP Ⅱ 项目在分析和发展初期，取得了相当大的成绩。但随着技术的不断更新，公司内部专业人员的知识逐渐老化，同时信息技术人员的报酬与劳务市场的差距也越来越大。因此，这支队伍在工作上开始缺乏积极性，系统上的经验不但不能积累起来，反而越来越单薄。这种局面使应用工作陷入被动之中。

（4）应用实施阶段战线拉得过长，也是导致项目失败的一个重要原因。在 IMS7 还处在实施初期阶段，适逢电脑中心专家更替。新的专家不但没有争取加大 IMS7 的实施力度，反而让其他的项目一哄而上，公司相继购买了财务系统 MACH7，零配件管理系统 SMS，还自行开发了人事管理系统 PMS，这不但耗费了财力、物力，而且分散了计算机技术人员的开发实力。这种无规划、无步骤、没有重点突破的实施手段，只能导致更大的财力、物力的浪费，最终造成处处开花，但处处不结果的局面。

1.2 管理信息系统的功能与结构

管理信息系统的功能与结构往往随着用户需求和运行环境的不同存在很大差异。从一般意义上来看，组织不同、信息化程度不同，以及用户管理信息的能力不同，最终形成的管理信息系统具有的功能与性能也不同。

1.2.1 管理信息系统的功能

管理信息系统掌握企业有关的各种事件和对象的信息，并将这种信息提供给企业内外的系统用户。为了达到提供有用信息的目的，系统内必须实现某些过程，特别是信息联系过程和变换过程。系统接收各种数据，将它们转变为信息，将数据和信息加以存储并提供给用户。总之，管理信息系统的功能可从信息管理的角度和信息系统的角度进行分析。

1. 信息管理的角度

从信息管理的角度看，管理信息系统具有辅助计划、控制、预测和辅助决策等功能。

（1）计划功能。根据现存条件和约束条件，提供各职能部门的计划，如生产计划、财务计划、采购计划等，然后按照不同的管理层次提供相应的计划报告。

（2）控制功能。根据各职能部门提供的数据，对计划执行情况进行监督、检查，比较执行与计划的差异，分析差异及产生差异的原因，以便辅助管理人员及时加以控制。

（3）预测功能。运用现代数学方法、统计方法或模拟方法，根据现有数据预测企业未来的发展前景，从而规划企业的发展目标和方向。

（4）辅助决策功能。采用相应的数学模型，从大量数据中推导出有关问题的最优解和满意解，辅助管理人员进行决策，以期合理利用资源，获取较大的经济效益。

2. 信息系统的角度

管理信息系统是企业的子系统，它收集数据，并向管理人员提供信息，与管理人员一起在整个企业中起着反馈控制的作用。由于企业采取了划分成许多子系统的组织结构，各个子系统往往注意追求本子系统利益的最优化，而把局部目标置于整体目标之上，从而引起各子系统行动上的不协调，使企业整体利益受到损害。因此，协调企业内部各子系统的行动，优化整体利益是企业取得成功的关键。管理信息系统作为企业的一个特殊的子系统，在这一点上起着十分重要的作用。管理信息系统具有数据的输入、传输、存储、处理、输出等基本功能。

1）信息的采集和输入

信息处理界有句口头禅："输入的是垃圾，输出的必然是垃圾。"它说明了系统输入的极端重要性。要把分布在企业各部门的数据收集起来，碰到的第一个问题是识别信息。由于信息的不完全性，想得到反映客观世界的全部数据是不可能的，也是不必要的。确定信息需求要从调查客观情况出发，根据系统目标，确定信息收集范围。

（1）识别信息方法。信息收集最基本的问题是识别信息，只有明确了要收集什么，才能开始收集信息。识别信息的主要方法有决策者识别、系统分析师识别和两者联合识别。① 由决策者识别。决策者最清楚系统的目标，也最清楚信息的需求。可以用发调查表或交谈的方法向决策者进行调查。② 系统分析师亲自观察识别。有时决策者对他们的决策过程不很清楚，因而不能准确地说明其信息需求，这时系统分析师可以从了解其工作过程入手，从旁观者的角度分析信息的需求。③ 先由系统分析师观察得到基本信息，再向决策人员调查，加以修正、补充。

（2）信息采集方法。信息采集事实上是开展调查、整理工作，针对不同的目的往往采用不同的方法。① 自下而上地广泛收集，如收集各种月报、季报、年报，这种收集有固定的时间周期。② 有目的地进行专项调查，如进行人口调查，可全面进行，也可随机抽样。③ 采用随机积累法，只要是"新鲜"的事就积累，以备后用。

将收集的数据，按系统要求的格式加以整理，录入并存储在一定的介质上（如卡片、磁带、软盘等），经过一定的校验后，即可输入系统进行处理。

2)信息的传输

信息传输包括计算机系统内和系统外的传输，其实质是数据通信，一般模式如图1-2所示。

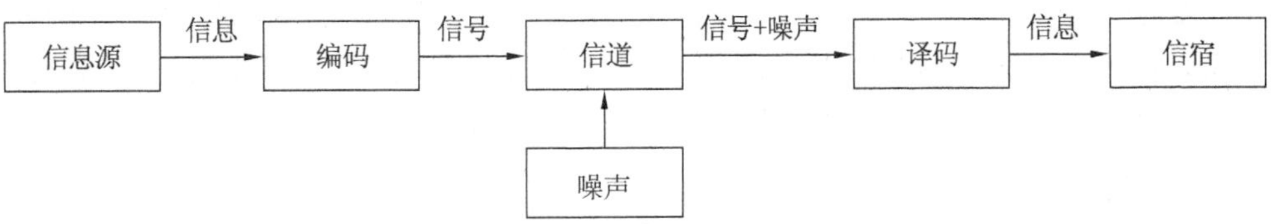

图1-2　信息传输的一般模式

（1）信息源。即信息的来源，可以是人、机器、自然界的物体等。信息源发出信息时一般以某种符号（文字、图像等）或某种信号（语言、电磁波等）表现出来。

（2）编码。即把信息变成信号的过程。所谓码，是指按照一定规则排列起来的，适合在信道中传输的符号序列。这些符号的编排过程就是编码过程。信号有多种多样，如声音信号、电信号、光信号等。

（3）信道。即信息传递的通道，是传输信息的媒质，分为明线、电缆、无线、微波、人工传送等。信道的关键问题是信道的容量，信道也担负着信息的存储任务。

（4）噪声。无论信道质量多么好，都可能有杂音或干扰，这就是噪声。它或由自然界的雷电形成，或由同一信道中其他信息引起。在人工信道内的干扰中，还包括各个环节中人的主观歪曲。

（5）译码。信号序列通过输出端输出后，需要翻译成文字、图像等，成为接收者需要了解的信息。译码是编码的反变换，其过程与编码相反。

（6）信宿。即信息的接收者，可以是人、机器或另一个信息系统。

3）信息的存储

信息存储设备目前主要有三种：纸、胶卷和计算机存储器，这三种设备各有优点。

纸已有几千年的历史，至今仍是储存数据的主要材料。其主要优点是存量大，体积小，便宜，永久保存性好，不易涂改。此外，它存储数字、文字和图像都一样容易。缺点是传送信息慢，检索不方便。

胶卷的主要优点是存储密度大。缺点是阅读时必须通过接口设备，使用不方便，且价格昂贵。

计算机存储器的存放变化最快。随着技术的进步，存储成本不断下降，有人估计将来用计算机存储器存储信息的成本将比纸低。计算机存储器按功能分为内存和外存。内存存取速度快，可随机存取存储器中任何地方的数据。外存的存储量大，但必须由存取外存的指令整批存入内存后，才能为运算器所使用。

对数据存储设备的一般要求是：存储数据量大，价格便宜。在某些情况下还有特殊要求，如易改性和不易改性。

信息存储的概念比数据存储的概念广。主要问题是确定存储哪些信息，存多长时间，以什么方式存储，经济上是否合算。这些问题都要根据系统的目标和要求确定。

4）信息的加工

信息加工的范围很广，从简单的查询、排序、归并到复杂的模型调试及预测。这种功能的强弱显然是信息系统能力的一个重要方面。现代信息系统在这方面的能力越来越强（特别是面向高层管理的信息系统），在加工中使用了许多数学及运筹学的工具，涉及许多专门领域的知识，如数学、运筹学、经济学、管理科学等。许多大型的系统不但有数据库，还有方法库和模型库。技术的发展给数据处理能力的提高提供了广阔的前景。例如，发展中的人工智能、云计算、大数据处理技术等科学，正部分地代替创造性的脑力劳动，比如诊断、决策、写文章等。

5）信息的维护

保持信息处于适用状态叫作信息的维护。这是信息资源管理重要的一环。从狭义上讲，它包括经常更新存储器中的数据，使数据保持适用状态；从广义上讲，它包括系统建成后的全部数据管理工作。信息维护的主要目的在于保证信息的准确、及时、安全和保密。

6）信息的使用

从技术上讲，信息的使用主要是高速度和高质量地为用户提供信息。系统的输出结果应易读易懂，直观醒目。输出格式应尽量符合使用者的习惯。

信息的使用，更深一层的意思是实现信息价值的转化，提高工作效率，利用信息进行管理控制，辅助管理决策。支持管理决策是管理系统的重要功能，也是最困难的任务。

1.2.2 管理信息系统的结构

近代管理学家分析了管理工作的不同特点，一般将管理工作的主要任务分为高层、中层和基层，其中高层管理者主要面对的是非结构化的决策，涉及企业组织的战略管理；基层管理者则面对的是结构化的决策，主要是企业的业务处理；中层管理者面对的决策类型既有非结构化的也有结构化的，是高层管理者和基层管理者进行联系的中间层次，主要包括管理控制（战术管理）和运行控制两个方面的内容。上述内容可用一个金字塔结构来描述，如图1-3所示。

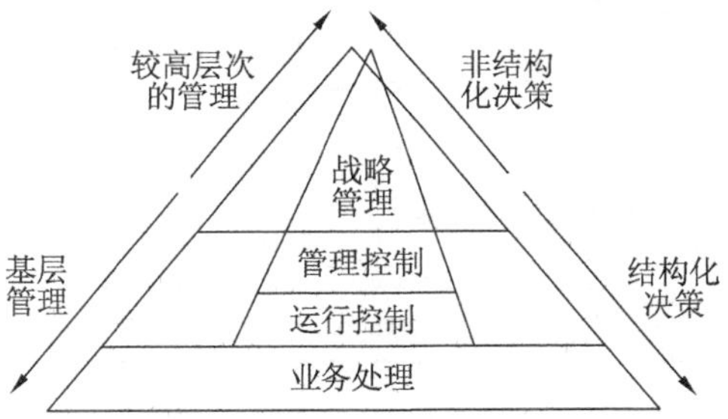

图1-3 管理信息系统的金字塔结构

由图1-3可以看出，高层管理的主要任务是进行战略决策，即确定企业组织的目标、取得达到目标的各种资源和决定这些资源的输入方向，对于一个企业组织来说，这无疑是最重要的管理工作。为了做好高层管理工作，需要的信息量非常大，涉及的范围也非常广，而且这些信息常常也是非结构化的。同时，为了比较各种方案，常常还需要依据模型理论模式或历史经验进行模拟和预测。因此，面向高层管理工作的信息系统必须具有很强的功能，不仅要收集系统内外、历史与现在、经济技术及各种环境的大量信息，而且要能够进行相当复杂的分析与处理工作，最后还要以高层管理者便于使用的方式把结果提供给他们。

中层的任务是根据高层管理者做出的战略决策，具体安排资源的使用，确定战术方案与具体实施的步骤，以保证目标的实现。在中层管理中也有决策的问题，但是都比较具体，决策原则也比较简单。这些问题都确定以后，中层管理的工作人员就将具体安排投资、实施计划，以及产品测试。中层管理的特点是既有大量例行的规范化任务，也有需要灵活处理的不够规范化的决策问题。在管理工作中，它处于承上启下的关键地位，目前国内大量开发的信息系统正是完成这一层次任务的应用系统。

基层管理工作的主要任务是执行已经制定的计划，组织生产等其他具体的活动。基层管理工作面向系统的内部，工作的目标、计划、步骤已经由上级确定。因此这一管理工作一般来说并不与系统之外的实体打交道，而是与本系统具体的过程等业务的流程密切相关。基层管理工作需要的信息是系统内部的、与直接业务有关的各种信息。这种信息的规范化程度较高、数量较大，而且反映当前情况，需要及时处理。综上所述，企业组织中各个管理层次的主要内容如表1-1所示。

管理信息贯穿于企业管理的全过程，同时又覆盖了管理业务的各个层次，因此其结构必然是一个包含各种子系统的广泛结构。管理信息系统就是把各种职能的各个管理层次的业务组织在一起，纵向沟通上下级，使各级管理层次之间信息通畅。

表1-1　企业组织中各个管理层次的主要内容

层次		内容
高层管理	战略管理	规定企业的目标、政策和总方针 企业的组织层次 决定企业的任务
中层管理	管理控制（战术管理）	资源的获得与组织 人员的招聘与训练 资金的监控
	运行控制	有效地利用现有的设备和资源 在预算限制内活动
基层管理	业务处理	涉及企业的每一项生产经营和管理活动

1. 管理信息系统的总体结构

管理信息系统的总体结构反映的是管理信息系统中管理与信息技术结合的全貌。一个管理信息系统必须要有一个数据库及数据库管理软件，一套相应的模型和处理方法，以及从数据库中查询检索数据的功能、运行模型和一般性数据处理的计算机软硬件系统。在复杂情况下，该系统由上述诸元素组成。图1-4是管理信息系统的总体结构。

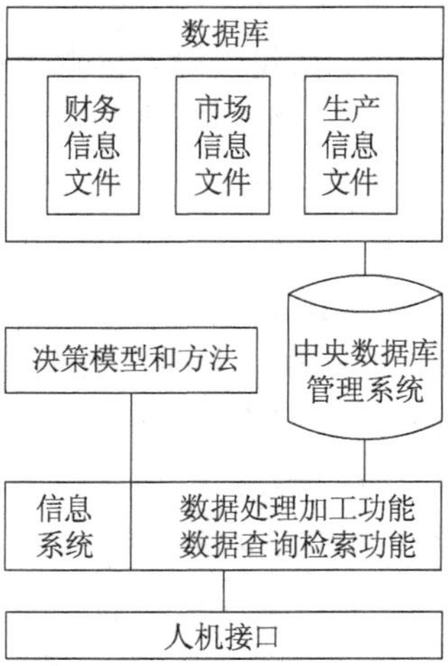

图1-4　管理信息系统的总体结构

2. 管理信息系统的功能结构

管理信息系统的功能结构描述企业管理信息系统的目标和主要功能。该结构主要回答某一具体的管理信息系统是“为什么而建立”,即反映系统的目标、使命、功能及边界范围。图1-5是管理信息系统的功能结构。

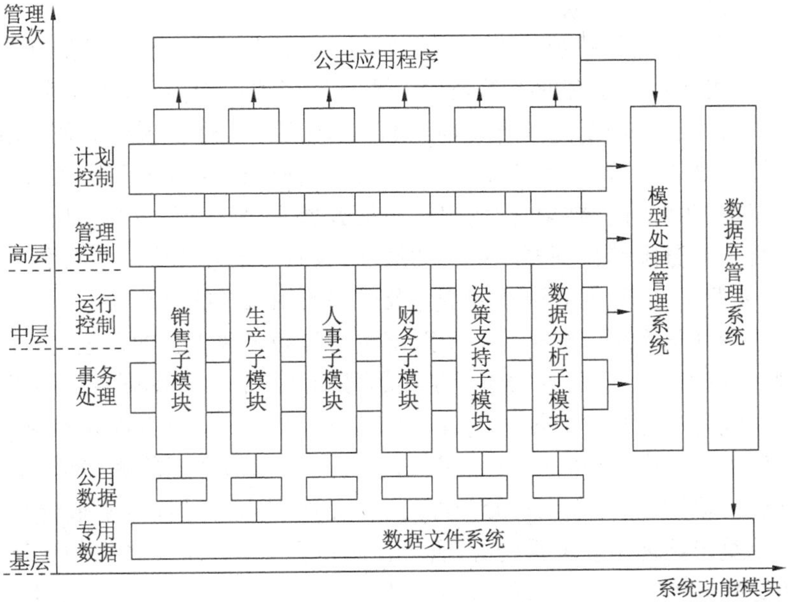

图1-5 管理信息系统的功能结构

在图1-5中,每一列代表一种管理功能,其实这种功能没有标准的分法,因组织不同而异。图中的每一行表示一个管理层次,行列交叉处表示每一种功能子系统。从使用者的角度看,管理信息系统是由多种功能组成的,这些功能通过信息的使用和产生形成联系,并构成一个有机的整体,表现出系统的特征。管理信息系统的子系统主要有以下几个:

(1) 市场销售子系统。市场销售子系统包括销售、推销及售后服务的全部活动。该子系统的事务处理主要是销售订单、广告推销等;该子系统的运行控制主要包括雇用和培训销售人员、销售或推销的日常调度,以及按区域、产品、顾客的销售量定期分析等;该子系统的管理控制涉及总的市场销售成果与市场计划的比较,该部分所用的信息有顾客、竞争者、竞争产品和销售力量要求等;该子系统的战略计划主要包括新市场的开拓和新市场的战略,它使用的信息主要有用户分析、竞争者分析、用户调查、收入预测、产品预测和技术预测等。

(2) 生产管理子系统。生产管理子系统的功能包括产品的设计、生产设备计划、生产设备的调度和运行、生产人员的雇用与训练、质量控制和检查等。生产管理子系统中,典型的事务处理是生产指令、装配单、成品单、废品单和工时单等的处理;运行控制主要包括将实际进度和计划比较并找出薄弱环节;管理控制方面主要包括进行总调度、单位成本和单位工时消耗的计划比较等;战略计划需要考虑的内容主要有加工方法和自动化的方法等方面。

（3）物资供应子系统。物资供应子系统主要包括采购、收货、库存管理和发放等管理活动。该子系统的事务处理主要包括库存水平报告、库存缺货报告、库存积压报告等；管理控制包括计划库存与实际库存水平的比较、采购成本、库存缺货分析、库存周转率分析等；战略计划包括新的物资供应战略、对供应商的新政策、“自制与外购”的比较分析、新技术信息和分配方案等。

（4）人力资源管理子系统。人力资源管理子系统主要包括人员的雇用、培训、考核、工资和解聘等。该子系统的事务处理主要产生有关雇用需求、工作岗位责任、培训计划、职员基本情况、工资变化、工作小时和终止聘用的文件及说明。作业控制要完成聘用、培训、终止聘用、工资调整和发放津贴等；管理控制主要包括进行实际情况与计划比较，产生各种报告和分析结果，说明雇用职员数量、招聘费用、技术构成、培训费用、支付工资和工资率的分配和计划要求符合的情况；战略计划包括雇用战略和方案评价、职工培训方式、就业制度、地区工资率的变化及聘用留用人员的分析等。

（5）财务会计子系统。财务会计子系统主要管理企业组织的资金运行。财务和会计既有区别，又密切相关。财务的职责是在尽可能低的成本下保证企业的资金运转；会计的主要工作则是进行财务数据分类、汇总、编制财务报表、制定预算和成本数据的分类与分析。该子系统中，与财务会计有关的事务处理包括处理赊账申请、销售单据、支票、收款凭证、付款凭证、日记账及分类账等；作业控制需要每日差错报告和例外报告、处理延迟记录及未处理的业务报告等；管理控制包括预算和成本数据的比较分析；战略计划关心的是财务的长远计划、减少税收影响的长期税务会计政策及成本会计和预算系统的计划等。

（6）信息管理子系统。信息管理子系统的作用是保证其他功能有必要的信息资源和信息服务。该子系统的事务处理有工作请求、收集数据、校正或变更数据和程序的请求、软硬件情况的报告，以及规划和设计建议等。作业控制包括日常任务调度、统计差错率和设备故障信息等；管理控制包括计划和实际的比较，如设备费用、程序员情况、项目的进度和计划的比较等；战略计划包括整个信息系统计划、硬件和软件的总体结构、功能组织是分散还是集中等。

（7）高层管理子系统。高层管理子系统为组织的高层领导服务，主要包括决策支持子系统和数据分析子系统等。该子系统的事务处理活动主要是信息查询、决策咨询、处理文件、向组织其他部门发送指令等。作业控制内容包括会议安排计划、控制文件和联系记录等；管理控制要求各功能子系统执行计划的当前综合报告情况；战略计划要求广泛的综合的外部信息和内部信息，这里可能包括特别数据检索和分析，以及决策支持系统，它所需要的外部信息可能包括：竞争者信息、区域经济指数、顾客喜好、提供的服务质量等。

一般地，管理信息系统的功能结构还可以运用功能结构树来表示，图1-6所示为某工业企业的管理信息系统的功能结构树。在功能结构树中，可以通过对管理活动的细分划分出各个子系统的功能模块，图1-7所示的用树形结构表示的某工业企业管理信息系统的功能模块划分。

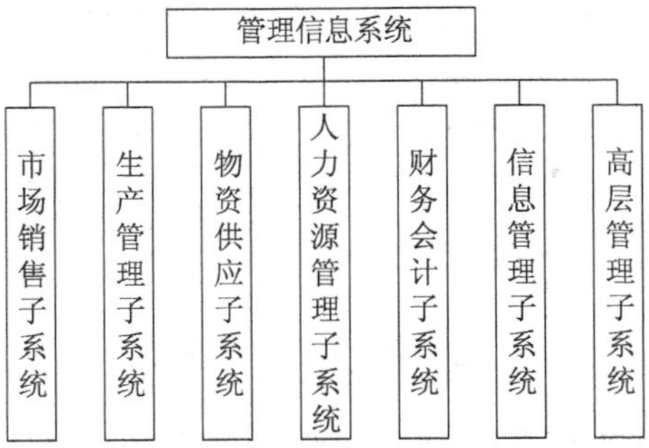

图 1-6 某工业企业的管理信息系统的功能结构树

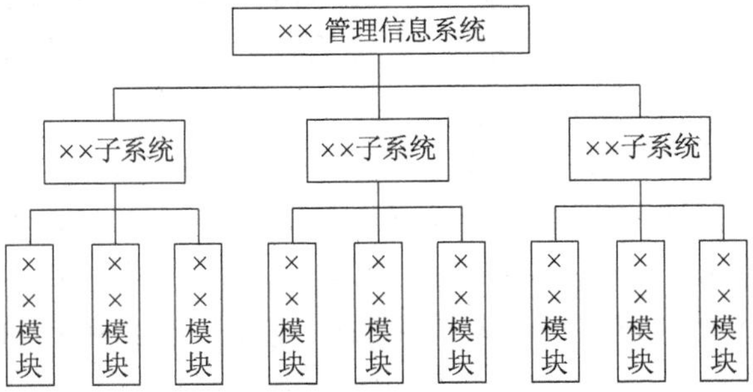

图 1-7 某工业企业管理信息系统的功能模块树形结构

在构建管理信息系统的功能结构时，还要考虑如何实现该系统，即“这件事情怎么做”。通常需要考虑以下三个方面的内容：

（1）为达到目的所需要的最合理的信息源。要建立管理信息系统，必须首先了解用户的信息需求，即系统的设计必须满足这些需求。但由于用户的需求具有很大的不确定性，所以要求在系统的逻辑设计时一定要注意灵活性，避免浪费信息资源。

（2）为达到目的所进行的最合理的信息处理过程。主要是要处理数据与功能之间的关系，而不考虑实际的物理操作，但同时也要为物理结构提供相应的素材和创造有利于物理实现的条件。

（3）处理过程和相应数据的合理分类，以及归并成大小合适的逻辑模块。这是软件工程的内容，在软件工程理论中，模块化的程序设计是一般软件开发的主要设计思想和方法，这就要求在管理信息系统的设计与开发时，要把管理信息系统的功能划分成多个功能相对单一的小模块，以减少程序的重复开发，并易于管理信息系统开发项目的管理。

3. 管理信息系统的物理结构

管理信息系统的物理结构主要回答的问题是“用什么来做”，是指系统的硬件、软件、数据等资源在空间的分布情况。物理结构可分为集中式结构和分布式结构两大类。

集中式系统是资源在空间上集中配置的系统。单机系统是典型的集中式系统，它将软件、数据和主要外部设备集中在一套计算机系统之中。由分布在不同地点的多个用户通过终端共享资源的多用户系统，也归类于集中式系统，如图 1-8 所示。

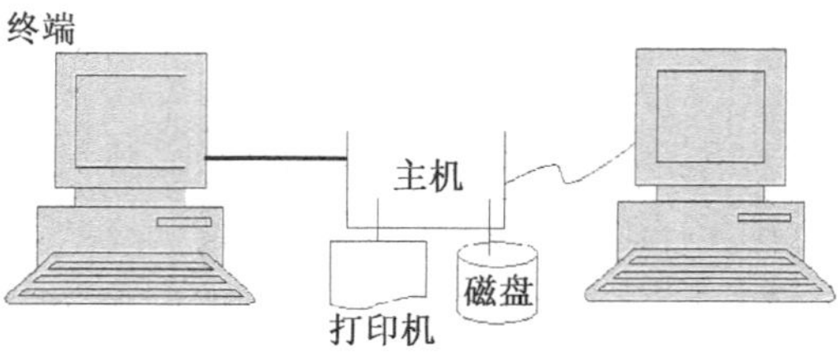

图1-8　多用户系统

集中式系统由于资源集中，便于管理，因此资源利用率高，专业人员也相对集中，有利于他们发挥作用及提高培训效率。早期的管理信息系统多采用这种形式。随着系统规模的扩大，系统越来越复杂，这种系统的维护管理越来越困难，也不利于发挥用户开发、管理的积极性。另外，资源过于集中，系统比较脆弱，主机一旦出现故障，就可能使系统瘫痪。

分布式系统通过计算机网络把不同地点的计算机硬件、软件、数据等资源联系在一起，服务于一个共同的目标。实现不同地点的资源共享，这是分布式系统的一个主要特征。各地的计算机系统既可以在网络系统的统一管理下工作，又可以脱离网络环境利用本地资源独立工作。分布式系统又可分为一般分布式和用户机－服务器（Client/Server）模式。

一般分布式系统中的服务器只提供软件和数据的文件服务，各计算机系统可以根据规定服务的权限存取服务器上的数据文件和程序文件。用户机－服务器式系统中，网络上的计算机系统分为用户机和服务器两大类。服务器可以包括文件服务器、数据库服务器、打印服务器等；网络节点上的其他计算机系统都称为用户机。用户通过用户机向服务器提出服务请求，服务器根据请求向用户提供经过加工的信息。当然，用户机本身也承担本地的信息处理工作。

分布式系统可以根据应用需求来配置资源，提高系统对用户需求和环境变化的应变能力，系统扩展方便，健壮性好，网络上某个节点出现故障一般也不会导致全系统瘫痪。它的不足之处是，由于资源分散，且一般分属各个子系统，系统维护管理的标准不易统一，协调比较困难，不利于安全保密。

现在的企业组织结构朝着扁平化、网络化方向发展，管理信息系统必须适应这种发展趋势。随着计算机网络和通信技术的迅速发展，分布式系统已成为信息系统结构的主流模式。根据需要，可以把分布式和集中式两种结构结合起来，即网络上的部分节点采用集中式（分时终端）结构，其余的按分布式配置。这种结构又称为分布集中式结构。

1.3　管理信息系统的发展历程

管理信息系统从诞生之日起，由于其采用技术的先进性，应用对象和领域的广泛性，以及影响因素的复杂性，其发展历程丰富多彩。正可谓："不识庐山真面目，只缘身在此山中。"人们可以从不同的视角探究管理信息系统的发展历程。

1.3.1 从信息使用的视角

美国管理信息系统专家 Richard L. Nolan(理查德·诺兰)通过对200多个公司、部门发展管理信息系统的实践和经验的总结,在其《数据处理过程中的风险管理》一文中指出,数据处理的发展包括技术和应用的发展、计划和控制的战略变化,以及用户的参与程度变化。在数据处理发展的阶段中,他描述了一条不可逾越的学习曲线。诺兰认为,组织有必要了解与每一发展阶段相关的成长特点。由于每个发展阶段都与某一学习过程相互关联,因而是不可逾越的,了解这种曲线有利于帮助组织有效地实施信息化建设。诺兰于1973年总结了这一规律,并于1980年进一步进行了完善,形成了所谓的诺兰阶段模型,如图1-9所示。这一模型从信息使用的角度阐述了管理信息系统的发展历程。

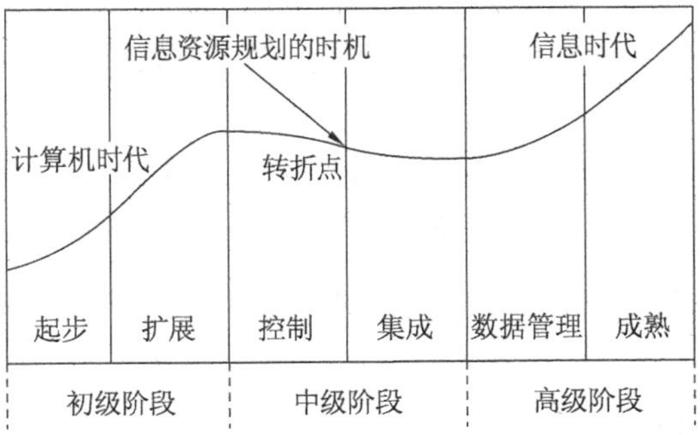

图1-9 诺兰阶段模型

诺兰认为,任何组织由手工信息系统向以计算机为基础的信息系统发展时,都存在着一条客观的发展道路和规律。1979年,诺兰将计算机信息系统的发展道路划分为两个时代六个阶段。诺兰强调,信息系统的发展都必须从一个阶段发展到下一个阶段,不能实现跳跃式发展。

管理信息诺兰模型的六个阶段分别是:起步阶段、扩展阶段、控制阶段、集成阶段、数据管理阶段和成熟阶段,前三个阶段称为计算机应用时代,后三个阶段称为信息时代。

1. 起步阶段

在这个阶段很难产生明显的经济效益,这是由于组织引入了如应收账款和工资这样的数据处理子系统,各个职能部门(如财务)的专家致力于发展他们自己的系统,人们对数据处理费用缺乏控制,信息系统的建立往往不讲究经济效益。用户对信息系统也是抱着敬而远之的态度。

2. 扩展阶段

信息技术应用开始扩散,数据处理专家开始在组织内部鼓吹自动化的作用。这时,组织管理者开始关注信息系统方面投资的经济效益,但是实质的控制还不存在。

3. 控制阶段

出于控制数据处理费用的需要,管理者开始召集来自不同部门的用户组成委员会,以共同规划信息系统的发展。管理信息系统成为一个正式部门,以控制其内部活动,启动了项目管理计划和系统发展方法。此时的应用开始走向正轨，并为将来的信息系统发展打下基础。

4. 集成阶段

这时，组织从管理计算机转向管理信息资源，这是一个质的飞跃。从第一阶段到第三阶段，通常产生了很多独立的实体。在第四阶段，组织开始使用数据库和远程通信技术，努力整合现有的信息系统。

5. 数据管理阶段

信息系统开始从支持单项应用发展到在逻辑数据库支持下的综合应用。组织开始全面考察和评估信息系统建设的各种成本和效益，全面分析和解决信息系统投资中各个领域的平衡与协调问题。

6. 成熟阶段

中层和高层管理者开始认识到，管理信息系统是组织不可缺少的基础，正式的信息资源计划和控制系统投入使用，以确保管理信息系统支持业务计划，使信息资源管理的效用充分体现出来。

诺兰模型总结了发达国家信息系统发展的经验和规律。一般认为，模型中的各阶段都是不能跳跃的。因此，无论是在确定开发管理信息系统策略，还是在制订管理信息系统规划时，都应首先明确本单位当前处于哪个阶段，进而根据该阶段特征来指导管理信息系统的建设。

1.3.2 从信息技术的视角

自 1946 年计算机诞生以来，随着信息技术的发展和应用拓宽，计算机的应用逐渐由科学计算发展到过程控制和数据处理。1954 年，美国通用电器公司首次利用计算机计算职工的薪金，拉开了计算机应用到经济管理中的序幕。计算机开始应用到数据处理领域，产生了管理软件，计算机被用到了企业信息管理中，即最简单的信息系统。自此以后，世界各国开始着手管理信息系统的开发。到 20 世纪 60 年代末，计算机用于企业信息管理在西方逐步普及。从信息技术应用发展至今，计算机在企业信息管理中的应用已从简单的单项业务数据处理发展到了协同电子商务。

1979 年，我国财政部拨款 500 万元在长春第一汽车制造厂开发管理信息系统，开启了我国计算机用于管理的里程碑。我国计算机用于管理虽然起步较晚，但经过 30 多年的发展，已经得到了广泛应用，管理信息系统成为当前企业管理的重要手段。

1. 单项业务处理阶段

这个阶段也称为管理信息系统的起步阶段。无论是信息技术最发达的美国，还是起步较晚的中国，计算机在管理上的应用都以工资核算为典例，充分发挥计算机的计算功能，实现快速精确的数据处理。早期的管理信息系统均以基于 DOS 平台的单项核算财务软件为主。此时的管理信息系统不仅功能简单，而且仅服务于特定部门，信息源与信息使用者属于相同部门，信息资源不丰富，信息利用价值不高，管理信息系统的功能主要体现在提高人工管理的效率和精确度上。

2. 综合业务处理阶段

随着信息技术的发展，开始出现了局域网，人们对管理软件的应用要求不断提高，其应用范围不断拓宽。由单项的财务核算发展到整个财务核算,包括账务、工资、成本、材料、报表等。开始将分散在不同区域的同类业务通过网络系统集中处理,也出现了通过管理信息系统将部门之间的信息进行实时沟通,极大地提高信息的完整性和可利用率。企业开始构建网络、尝试远程通信和综合处理业务。

3. 企业集成管理阶段

随着网络技术的不断成熟,TCP/IP 协议的应用,消除了不同计算机之间连通的壁垒。管理信息系统不再局限于某一区域,局限于某种计算机兼容,而是跨地区的城域被采纳。在财务管理上会计电算化成熟,企业可以利用核算型财务软件产生的数据提供给相关部门进行财务统计、查询,产生了包括全面核算财务的管理型财务软件。

随着全球经济的一体化,仅仅实现财务管理信息化已不能满足企业管理的需要,必须对企业的所有资源进行管理,企业的竞争已不再是一个企业与另一个企业之间的竞争,而是一个企业的供需链与另一个企业的供需链之间的竞争,因此必须加强对供需链上合作伙伴的管理,降低成本,实现利润最大化。供应部门提出了供需链管理(Supply Chain Management,SCM),供需链是指相互间通过提供产品与服务而使厂家、供应商、零售商等组成的网络。供需链管理则是对供需链中的信息流、物流和资金流进行设计、规划和控制,从而增强竞争实力,提高供需链中各成员的效率和效益。它是确保顾客满意的一个主要环节,即保证在正确的时间把正确的产品/服务送到正确的地方。它是在企业资源规划(ERP)的基础上发展起来的,它把公司的制造过程、库存系统和供应商产生的数据合并在一起,从一个统一的视角展示产品制造过程中的各种影响因素,把企业活动与合作伙伴整合在一起,成为一个严密的有机体。SCM 帮助管理人员有效配置资源,最大限度提高效率和减少工作周期。

当前的市场竞争是基于时间的竞争,竞争方式已从以前的"大鱼吃小鱼"发展为现在的"快鱼吃慢鱼",因此必须减少供需链上任何环节的停滞,要在供需链的每一个环节上,通过协同运作来保持供应率同需求率均衡一致。

供需链的源头是用户的需求,因此为了保持现有的市场,争夺和开拓新的市场,我们要发现潜在的用户群体,通过分析用户的购买愿望、感受、行为,提供各种手段来吸引新用户和保持旧用户的忠诚度。在销售部门提出用户关系管理(Customer Relation Management,CRM),是指通过采用信息技术,使企业市场营销、销售管理、用户关怀、服务和支持等经营环节的信息有序地、充分地、及时地在企业内部和用户之间流动,实现用户资源有效利用的管理软件系统。

随着 SCM,CRM 等的出现,管理信息的定义正在悄悄地发生变化。近一两年来,很多文献上已经将管理信息系统定义为制造企业事物处理的中枢(transaction back bone),它将企业的各种业务功能(如人力资源、财务、制造、会计、分销等)链接到一个共同的系统中,使企业业务流程流畅和事物处理工作自动化。这种定位实际在强调管理信息的集成和作为数据源的作用。管理信息系统趋向于作为应用软件的集成框架,具有优化决策功能的业务作业由 SCM,CRM 等软件来完成。

4. 工业 4.0 时代

自 2013 年汉诺威工业博览会以来,"工业 4.0(Industry 4.0)"这一理念已从德国传播到中国。同智慧地球、工业互联网等词汇一样,"工业 4.0"再一次把生产制造业的未来作为其关注点。按照德国西门子股份公司工业业务领域总裁鲁思沃博士的说法，“工业 4.0”的基础是分布式自组织式的生产流程与大规模单件生产趋势日益融合。因此，人、机器和数据相互连接构成信息物理融合系统（CPS）。这些互联互通的智能体通过基于互联网的技术进行通信，自行决定可行的最佳生产路径。

简单来说，“工业 4.0”项目主要分为两大主题，一是“智能工厂”，重点研究智能化生产系统及过程，以及网络化分布式生产设施的实现；二是“智能生产”，主要涉及整个企业的生产物流管理、人机互动及 3D 打印技术在工业生产过程中的应用等。

虽然作为德国高科技战略的一部分，“工业 4.0”的发展得到了政府的大力支持，德国政府为该项目的投入高达 2 亿欧元，但是鲁思沃博士仍然认为，该领域不会出现技术性爆发，而是会经历数十年的发展，并且将会出现许多需要解决的问题，包括合适的迁移路径、如何定义标准、传感器技术的进一步发展、安全措施，以及概念和策略的发展等，如图 1-10 所示。

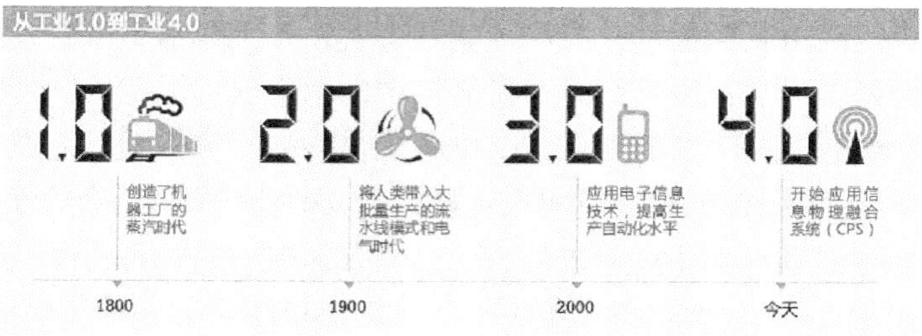

图 1-10　工业化与信息化发展

“只有经历了工业革命之后，回顾过去，才能说使用‘第四次工业革命’这个词是否合适。但与之前的工业革命相比，过程无甚差异。”鲁思沃博士说。

作为世界上“最大的工厂”，中国在制造领域发挥着巨大的作用。在中国经济需要转型升级的当下，中国的制造业正在从“中国制造”向“中国创造”迈进，由制造向智造发展。

但是，面对发达经济体如火如荼的再工业化运动，以及东盟国家、印度及拉美国家试图超过中国的形势之下，保持增长，同时促进产业升级，对于中国制造业领域来说，仍然是最大的挑战。

鲁思沃博士建议，通过发展技术创新，促进绿色制造，转型为以服务为基础的制造业，中国就能沿着全新的道路走向以高技术含量、优异的产品质量、低能源消耗，以及高经济效率和充分利用人力资源优势为特征的工业化和信息化的融合。同时，他认为，提高生产力、加快产品上市、灵活的生产模式及提高资源效率，是从“中国制造”转向“中国创造”的关键因素。

为了实现这一转变，需要先进的技术和高效的生产体系。因此，制造企业应该逐步转向信息化、数字化和智能化，从而将生产水平提升到一个新的高度，为“引领制造业未来”做好准备。

而数字化的企业平台，就是企业实现全生命周期两化融合的途径。西门子（中国）有限公司执行副总裁、工业业务领域总裁吴和乐博士认为，数字化企业平台是实现数字制造的载体。它可以实现包括产品设计、生产规划、生产工程，到生产执行和服务的全生命周期的高效运行，以最小的资源消耗获取最高的生产效率。

该平台的实现需要企业以数字化技术为基础，在物联网、云计算、大数据、工业以太网等技术的强力支持下，集成目前最先进的生产管理系统及软件和硬件，如产品生命周期管理（PLM）软件和制造执行系统（MES）软件，以及控制和驱动技术等。

在提升资源效率层面，制造业企业首先需要考虑设备层面的资源效率提升方案，例如高效电机、变频器等进行设备层面的节能。同时，企业需要将眼光放远，关注能够使全生命周期资源效率提升的整体解决方案。

所谓整体解决方案，是指将现有的技术和创新全部整合到一个数字化企业平台中，从企业层面到设备层面给出“基于成本设计”及“基于节能和资源设计”的完整资源方案。产品开发流程和生产流程中的所有环节在生产开始之前就已在虚拟环境达到了最优化。产品设计和生产任务配置所消耗的时间、人力、设备和原材料资源会得到大幅缩减，生产流程也会大大改进。

随着信息技术的发展，新的管理理念的出现又将产生新的管理软件。

1.3.3 从企业管理的视角

自从1954年美国通用电器公司首次利用计算机计算职工的薪金，计算机就被应用到了数据处理领域，管理软件由此产生。随着计算机技术的发展，计算机在管理中的应用也由最开始的单项核算发展到了整个企业资源的管理乃至整个供需链的管理。MRP，MRPⅡ，ERP就是其中几个具有代表性的管理软件，它们不仅实现了在某些方面对企业的管理，更重要的是它们体现在某一阶段的企业管理思想，我们称之为管理理念。下面先回顾一下MRP、MRPⅡ和ERP这几个在制造业的发展中起了非常重要作用的管理软件，以及它们所体现的管理理念。从18世纪起，制造业在西方一些国家得到了迅猛的发展，并逐渐发展成为人类社会经济的主导产业。

1. 时段式物料需求计划（MRP）

1957年，美国的27位生产与库存控制工作者创建了美国生产与库存管理协会（American Production and Inventory Control Society, Inc.，简称APICS），旨在研究、交流与宣传生产与库存控制的原理与技术。1960年前后，由APICS的物料需求计划（Material Requirements Planning，简称MRP）委员会主席约瑟夫·奥立奇（Joseph Orlicky）等人第一次运用MRP原理，开发了一套以库存控制为核心的微机软件系统。APICS的成立与第一套MRP软件的面世，标志着现代企业管理软件的发展开始起步。

物料作为制造企业产生和经营管理的主要对象，直接影响企业的生存与发展。企业的竞争优势在于自己生产的产品成本是否低于自己的竞争对手，降低产品生产成本的有效途径就是进行库存优化管理。因此，人们研究最多的是库存管理的方法和理论。但是，为寻求解决库存优化问题而建立起来的数学模型，没有得到实质性的应用。在计算机出现之前，企业根据生产订单发出采购订单和进行催货是当时的库存管理工作，但是确定对物料的真实需求却是靠缺料表，这种表中所列的是马上要用，但却发现没有库存的物料，然后，企业派人根据缺料表进行催货。订货点法就是在当时的条件下，为改变这种被动的状况而提出的一种按过去的经验预测未来的物料需求方法。这种方法有各种不同的形式,但实际上都是着眼于“库存补充”的原则,即保证在任何时候仓库里都有一定数量的存货,以便需要时随时取用。当时人们希望用这种做法来弥补由于不能确定近期内准确的必要库存储备数量和需求量预测,并要求保留一定的安全库存储备,以便应付需求波动。订货点法的假设条件是:对各种物料的需求是相互独立的;物料需求是连续发生的;提前期是已知的和固定的;库存消耗之后,应被重新填满。由于这些假设条件在现实中很难成立,从而难以解决“何时订货”这一库存管理中的核心问题。

直至20世纪50年代中期,电子计算机在经济管理中的应用为企业管理信息处理开辟了新纪元,库存控制理论和生产计划管理定量方法逐步得到实现。时段式MRP就是为解决订货点法存在的缺陷而提出的,它首先将物料需求区分为独立需求和非独立需求并分别加以处理,其次在库存状态数据中引入了时间分段的概念。所谓时间分段,就是给库存状态数据加上时间坐标,亦即按具体的日期或计划时区记录和存储状态数据,从而解决了何时订货和订货数量的问题。

MRP系统最主要的目标是确定每项物料在每个时区的需求量,以便为正确地进行生产库存管理提供必要的信息。MRP系统假设:物料清单(Bill of Material,简称BOM)和库存记录文件的数据完整性是有保证的;所有物料的订货提前期是已知的,至少是可以估算的;所有受其控制的物料都要经过库存登记;在计算物料需求时间时,假定用于构成某个父项的所有子项都必须在下达父项的订货时到齐;每项物料的消耗都是间断的。运行MRP系统的前提条件包括:第一,要有一个主生产计划;第二,要求赋予每项物料一个独立的物料代码;第三,要有一个通过物料代码表示的物料清单(BOM);第四,要有完整的库存记录。在满足这些条件的情况下,MRP系统输入主生产计划、来自厂外的零部件订货、独立需求项目的需求量预测、库存记录文件、物料清单。这些输入信息经过系统加工处理后输出下达计划订单的通知、日程改变通知、撤销订单的通知、物料库存状态分析的备用数据,以及未来一段时间的计划订单。根据用户的需求,MRP系统还可以输出如下信息:不一致或超出界限的各种反常信息报告;库存量预报、采购任务单、作业完成情况等。

2. 闭环式物料需求计划(MRP)

运行MRP系统的前提条件是要有一个主生产计划,这意味着在已经考虑了生产能力的情况下,有足够的生产设备和人力来保证生产计划的实现。因此,对于工厂有多大生产能力,能生产些什么,MRP系统就显得无能为力了。其次,建立MRP系统还假定物料采购计划是可行的,即认为有足够的供货能力和运输能力来保证完成物料采购计划。而实际上,有些物料可能由于市场紧俏,供货不足或运输工作紧张而无法按时、按量满足物料采购计划,在这种情况下,MRP系统的输出将无法实现。因此,MRP系统计算出的物料需求的日期有可能因设备和工时的不足而没有能力生产,或者因原料的不足而无法生产。要解决以上问题,在实际使用MRP系统时,往往预先编制一套主生产计划,计算出所需要的生产能力,然后把这个生产能力与实际生产能力进行比较。此外,在实际使用MRP系统时,对于物料采购计划不能实现的部分,也得依靠人工进行调整与落实。总之,在MRP系统的应用中,需要人工介入较多。而且MRP系统也没有涉及车间作业计划及作业分配,这部分工作仍然由人工完成,因此,也就不能保证作业的最佳顺序和设备的有效利用。

为了解决以上问题，MRP系统在20世纪70年代发展为闭环MRP系统。闭环MRP系统除物料需求计划外，还将生产能力需求计划、车间作业计划和采购作业计划也全部纳入其中，形成一个封闭的系统。其原理是根据长期生产计划制订短期主生产计划，而这个主生产计划必须经过生产能力负荷分析，才能够真正具有可行性。然后再执行物料需求计划、能力需求计划和车间作业计划，并在计划执行过程中，将来自车间、供应商和计划人员的信息反馈，进行计划的平衡调整，从而使生产计划方面的各个子系统得到协调统一。其工作过程是一个"计划—实施—评价—反馈—计划"的封闭循环过程。它能对生产中的人力、机器和材料各项资源进行计划与控制，这一点已大大超越了MRP系统的资源计划范围，从而使生产管理对市场的应变能力大大增强。

在20世纪70年代以前，许多企业也曾谈论物料需求计划，并在计算机上进行了物料清单的分解工作，但始终未能建立闭环MRP系统。其主要原因在于：当时对主生产计划尚未充分理解，在生产过程中，虽然对生产能力计划和调度进行过尝试，但由于没有有效的优先级计划作为依据，所以这种尝试也没有效果。此外，当时的计算机性能尚不能使计划总是保持反映最新的需求信息，而人们也未理解如何真正驾驭计划来做到这一点。直到高速度、大存储的现代计算机的出现才使闭环MRP成为现实。将物料需求按周分解，甚至按天分解（而不是过去的按月分解）的能力，使得MRP成为一个实际的计划系统和工具，而不仅仅是一个订货系统。所以闭环MRP也是计算机技术发展的产物。

3. 制造资源计划（MRPⅡ）

在长期的企业管理实践中，人们认识到一条基本的法则，即低水平的管理常常是五花八门的管理子系统滋生的土壤。这些子系统往往是为了堵塞某一方面的漏洞而建立的，漏洞越多，子系统也越多。事实上，许多子系统所做的事情实质上都是相同的，只不过角度不同而已。由于在建立这些子系统的时候缺乏统一的规划，它们之间联系甚少。因此，子系统越多，矛盾和问题也越多。

闭环MRP系统的出现，使生产活动方面的各种子系统得到了统一。但这还不够，因为在企业的管理中，生产管理只是一个方面，它所涉及的是物流，而与物流密切相关的还有资金流。资金流在许多企业中是由财会人员另行管理的，这就造成了数据的重复录入与存储，甚至造成数据的不一致性。

在更高的管理层次上也有类似的问题。用于最高层管理的经营规划要回答以下三个问题：我们要销售些什么？我们有些什么？我们必须制造什么？生产规划也是用来回答上述问题的。但问题在于，经营规划与生产规划是分别制订的。在许多企业中，制订生产规划的人甚至不曾意识到经营规划的存在，制订经营规划的人也从不去了解生产规划。而事实上，经营规划就其基本形式来说，如果不考虑研究开发及其他不与生产直接相关的部分，那么不过是把生产规划的总和用货币来表示而已。

于是人们想到，应该建立一个一体化的管理系统，去掉不必要的重复性工作，减少数据间的不一致性现象和提高工作效率。实现资金流与物流的统一管理，要求把财务子系统与生产子系统结合到一起，形成一个系统整体，这使得闭环MRP向MRPⅡ前进了一大步。

20 世纪 80 年代，人们最终把生产、财务、销售、工程技术、采购等各个子系统集成一个一体化的系统，并称为制造资源计划（Manufacturing Resource Planning）系统，英文缩写还是 MRP，为了区别物料需求计划系统（缩写亦为 MRP）而记为 MRPⅡ。

随着市场竞争的进一步加剧，企业竞争空间与范围的进一步扩大，以及市场与用户需求变化的进一步加速，20 世纪 80 年代 MRPⅡ主要面向企业内部资源全面计划管理的思想逐步发展为面向全社会资源如何进行有效利用与管理的思想，这就是企业管理系统发展到 ERP 系统中蕴涵的管理思想。

4. ERP 系统

1990 年美国高德纳咨询公司（Gartner Group）针对管理技术与信息技术发展的需求，提出了企业资源计划（Enterprise Resource Planning，即 ERP）的概念，其基本思想是：MRPⅡ（企业制造资源计划）下一代的制造业系统和资源计划软件。除了 MRPⅡ已有的生产资源计划，制造、财务、销售、采购等功能外，还有质量管理，体验室管理，业务流程管理，产品数据管理，存货、分销与运输管理，人力资源管理和定期报告系统。

ERP 系统设计中考虑到仅靠自己企业的资源不可能有效地参与市场竞争，还必须把经营过程中的有关各方如供应商、制造工厂、分销网络、用户等纳入一个紧密的供应链中，才能有效地安排企业的产、供、销活动，满足企业利用全社会一切市场资源快速高效地进行生产经营的需求，以期进一步提高效率和在市场上获得竞争优势；同时也考虑了企业为了适应市场需求变化不仅组织“大批量生产”，还要组织“多品种小批量生产”。在这两种情况并存时，需要用不同的方法来制订计划。

ERP 系统的设计思想集中体现在：第一，它把用户需求和企业内部的制造活动，以及供应商的制造资源整合在一起，体现了完全按用户需求制造的思想，这使得企业适应市场与用户需求快速变化的能力增强。第二，它将制造业企业的制造流程看作是一个在全社会范围内紧密连接的供应链，其中包括供应商、制造工厂、分销网络和用户等；同时将分布在各地所属企业的内部划分成几个相互协同作业的支持子系统，如财务、市场营销、生产制造、质量控制、服务维护、工程技术等，还包括对竞争对手的监视管理。ERP 系统提供了可对供应链上所有环节进行有效管理的功能，这些环节包括订单、采购、库存、计划、生产制造、质量控制、运输、分销、服务与维护、财务管理、人事管理、体验室管理、项目管理、配方管理等。

ERP 系统虽然只是比 MRPⅡ系统增加了一些功能子系统，但更为重要的是这些子系统的紧密联系，以及配合与平衡。正是这些功能子系统把企业所有的制造场所、营销系统、财务系统紧密结合在一起，从而实现全球范围内的多工厂、多地点的跨国经营运作；其次，传统的 MRPⅡ系统把企业归类为几种典型的生产方式来进行管理，如重复制造、批量生产、按订单生产、按订单装配、按库存生产等，对每一种类型都有一套管理标准。在 20 世纪 80 年代末 90 年代初，企业为了紧跟市场的变化，纷纷从单一的生产方式向混合型生产发展，而 ERP 则能很好地支持和管理混合型制造环境，满足企业的这种多方式的经营需求；最后，MRPⅡ是通过计划的及时滚动来控制整个生产过程，它的实时性较差，一般只能实现事中控制。而 ERP 强调企业的事前控制能力，它可以将设计、制造、销售、运输等通过集成来并行地进行各种相关的作业，为企业提供了对质量、适应变化、用户满意、绩效等关键问题的实时分析能力。

1.4 管理信息系统的研究领域

管理信息系统涉及管理学、信息学和系统论等多学科，其研究领域十分广泛，尤其是影响管理信息系统发展的技术和管理因素众多。管理信息系统本身就是一个动态发展的、备受关注的研究热点。

1.4.1 管理信息系统的基础研究

管理信息系统新的理论与方法的提出往往受到管理信息系统所涉及的技术与管理因素的影响。

1. 管理信息系统的相关技术

从技术层面分析，构建管理信息系统不仅涉及计算机技术、网络技术、存储技术、数据库技术、编码技术和打印技术等信息技术，还涉及传感技术、通信技术和控制技术等自动化技术，以及异地制造、网络制造、网格制造等先进制造技术。工业4.0的提出极大地提升了管理信息系统构建平台的水准，更好地满足了现代化“智造”的用户需求。智慧城市、智慧制造、智慧交通等智慧管理的形成和应用都离不开管理信息系统的核心作用，也可以说，没有管理信息系统，这些理念只能停留在理论研究层面，无法进入实践运作。因此，研究管理信息系统的理论与方法，以及构建现代管理信息系统都必须关注相关技术的发展态势和可用性现状。数据库技术是管理信息系统最重要的基础技术，其研究成果直接影响管理信息系统的应用，数据库技术的范围从总体上可分成三个主要领域：

（1）数据库管理系统软件研制。数据库管理系统（DBMS）是数据库系统的基础，研制DBMS的基本目标是扩大功能、提高性能、增强可用性。研制以DBMS为核心的一组相互联系的软件系统已经成为当前数据库软件产品的方向，这些在DBMS基础上运行的软件系统有：数据通信软件、表格软件、数据字典、报表书写、图形系统等。

由于数据库应用领域的不断扩大，数据库不仅广泛应用于管理，而且已经应用到工程设计、图形图像处理、声音多媒体介质的复杂数据处理、控制和计算机辅助设计等领域。数据库应用领域的不断扩大，给DBMS软件的研制带来了新的课题，这不仅涉及应用系统的设计方法，而且涉及数据库系统模型，以及实现技术等多种新的问题。出现了面向对象的数据库、多媒体数据库、工程数据库、语音数据库、图形图像数据库、数据仓库等研究方向，这些新研究方向都来源于用户的需求、信息化的发展和数据库技术的应用。

（2）数据库设计。在数据库管理系统的支持下，按照企业的实际需要，设计出一个结构良好、使用方便，数据处理效率高的数据库及其应用系统，是数据库设计的主要任务。在这个领域内，主要研究内容是数据库设计方法，数据模型方法的研究，数据库设计的计算机辅助方法的研究，数据库设计规范和标准的研究，以及数据设计工具的开发等。

（3）数据库理论。数据库理论研究的主要内容集中于关系规范化理论、关系数据库理论、数据库与人工智能结合的专家库、数据库与逻辑、逻辑演绎推理结合的知识库等方面。此外,演绎数据库、面向对象的数据库、知识数据库系统的研究也都是这一研究方向。例如,IBM 公司的 E. F. Codd 研究的关系数据模型等。

计算机与网络技术的飞速发展,使得应用领域不断增加,信息技术的应用也逐渐从信息查询、数据传送转向网络环境中的海量数据存储、数据挖掘和决策信息支持,因此数据存储的可靠性和可控性,正日益成为企业信息化进程中的一个关键环节。目前,市场已经不再满足于现有的分散式存储模式,一些有远见的企业用户开始考虑建立集中数据管理模式。因此,现今存储技术与数据挖掘技术的发展已成为全球各商家及企业最为关注的信息技术之一。

在全球经济一体化的驱动下,企业业务将越来越多地发生在世界各不同的地点、不同的硬件平台和不同的数据库中,企业大量的数据不能够实现真正的共享,使得工作位置变得更加复杂,使企业获取有效信息更加困难。因此,基于网络数据库的开发与利用的网络存储,以及网络数据挖掘技术也就有了巨大的市场潜力。技术的不断进步使高伸缩性的基础设施应运而生,网络存储将是一个最大的发展趋势,存储虚拟化、独立于服务器的存储,以及模块化存储的技术和智能化的数据挖掘技术,使企业、用户能够更加方便地使用并有效地管理数据。

数据挖掘技术在国内外不断创新与发展,涉及存储设备与软件开发、系统集成、存储服务供应、解决方案提供,还包括金融、证券、电信、保险、邮政、交通、航空、石化、能源等众多行业建立起相互交流的平台。

2. 管理信息系统的管理理论

管理信息系统伴随管理学理论的发展不断获得新生,或者更确切地讲,管理系统与管理信息系统共生。没有现代管理信息系统的支持,现代管理理论无法得到有效地实现。管理的过程和职能所涉及的战略、策略、规划、计划与决策、实施和执行、组织和人事、领导和指挥、控制和监督、评价和调整等活动都可以通过管理信息系统的功能模块提高效率和精确度,并从中寻找到循环规律,往复不断、呈螺旋式上升。管理学研究生产力、生产关系和上层建筑,为管理信息系统提供更宽广的应用领域。

古典管理学大师泰罗谋求最高的工作效率、谋求取得最高工作效率的重要手段和要求管理人员互相协作、共同努力,这些科学管理理论还需要管理信息系统提供完整的过程记录,精细的数据分析。据此可以对管理方法研究、改进,进一步提高生产效率。

20 世纪 50 年代,随着社会生产力和科学技术的迅速发展,世界各国对管理理论、方法、手段的研究日趋渗入,管理理论表现出许多新元素和新特点。管理理论的发展越来越借助于多学科交叉作用,经济学、数学、统计学、社会学、人类学、心理学、法学、计算机科学等各学科的研究成果越来越多地应用于企业管理。现代管理理论学派林立的原因除了技术进步、生产社会化等社会、经济背景因素外,还有重要理论、实践及研究者个体等方面,如现代系统论、控制论、信息论。

20 世纪 80 年代末以来,信息化和全球化浪潮迅速席卷全球,顾客的个性化、消费的多元化决定了企业必须适应不断变化的消费者需求。只有在全球市场上争得顾客的信任,才有生存和发展的可能。这一时代,管理理论研究主要针对学习型组织展开。

在管理理论发展的同时,管理信息系统研发实践也不断发展,研究对象也不断拓宽;研究对象的变化、拓宽也为管理理论发展开辟新渠道,提供新思路,从而推动管理信息系统的发展。

1.4.2 管理信息系统的融合研究

管理信息系统是信息化的核心。信息化已经作为我国强国富民的重要国策,成为我国当前经济建设的主要任务之一。信息化的要求也已经写入党的工作报告中,无论是党的十五大提出的"信息化促进工业化",还是十六大提出的"信息化带动工业化",企业信息化都是实现这些宏伟目标的关键。为此,从20世纪90年代起,各级政府纷纷组织专家开展企业信息化学术研讨,成立相关的领导小组及相应机构,对企业信息化投入了大量的人力、物力和财力,进行了深入的研究。我国以企业为核心,信息技术公司为关键,引进、吸收、二次开发和自主开发相结合,研制开发了一系列管理信息系统软件,制订了企业管理信息化工程的相关标准和测试指标,确定了我国企业管理信息化指数指标体系及数据采集方法,推进了我国企业管理信息化进程,取得了大量的成果。我国在企业管理信息化的理论、理念、观点上已经接近国际先进水平,在部分领域超过了国际先进水平,分别开展了敏捷制造、网络制造和异地制造的尝试。从宏观经济、区域经济的角度提出了网格制造等国际领先的先进制造理念。但是,从总体上看,企业管理信息化实施的效果不够理想。不同地区、行业、规模、经营水平、管理体制的企业对信息化工程的投入、组织实施力度、人才培养、信息化机构的建设等方面还存在很大差异,内陆地区在企业信息化建设方面与沿海地区相比,沿海地区企业与欧美发达国家企业之间相比,都存在着巨大差距,形成了明显的三阶"数字鸿沟"。我国企业实施企业管理信息化工程投入的成本与期望的效果相差甚远。

企业管理信息化工程是一项复杂的系统工程,它不只是购买设备、联网、安装应用系统这么简单,还包括系统培训、管理制度建立、管理方法的改进和信息系统应用等内容。企业管理信息化工程的核心任务是突出抓好数字化设计、数字化装备、数字化生产、数字化管理的企业数字化,并在此基础上通过继承创新,突破一批重大关键技术;建立一批企业信息化应用的示范企业和示范区域,并通过辐射和扩散效应,提升我国企业的核心竞争力;培育一批研发软件企业和信息技术咨询服务公司;锻炼一批人才,形成一支推进企业信息化的基本队伍,打造一批具有自主知识产权和市场竞争力的新产品,形成一批数字化企业,形成若干个专业化、网络化企业信息化产业和服务联盟。

从管理信息系统在我国企业管理应用历程的角度来看,企业管理信息化工程即管理技术与信息技术相融合,由单点到一体化过程,从资金流向物流集成。其主要内容包括以下几方面:

(1) 财务管理信息化即实施企业财务管理信息系统。企业内部各单位使用统一的财务管理软件,财会部门能同步得到采购、生产、销售等各个环节的每一次业务活动的信息,并实时进行核算,提高会计核算的速度。控制录入数据的更改,对更改的数据要做特别标识以备核查,做到会计核算,包括生成会计报告的软件程序不可随意更改,确保会计核算的真实性。实行目标成本管理,通过信息化手段实时反映和分析实际成本与目标成本的差异,及时采取降低成本的措施。实施预算管理,把采购、销售等环节的各项资金的收支纳入信息系统,进行集中、实时的监控和调度,提高资金的使用效率,加快资金周转。

(2) 采购管理信息化即实施采购管理信息系统,逐步向供应链管理(SCM)发展。采购管理要实现内部各相关程序和权力的公开、透明和有效制衡,采购物资的价格质量等信息要在企业内部网上公开。做到采购人员掌握的信息,监督和管理人员也能掌握,防止"暗箱操作",堵塞采购漏洞,降低采购成本,确保采购物资质量,防止过高的库存。

(3) 营销管理信息化即实施营销管理信息系统,逐步向用户关系管理(CRM)发展。营销管理建立覆盖各销售网点的计算机网络。将产品销售、售后服务、用户需求、市场变化等信息纳入计算机网络,即时进行监控、调度、响应和分析。提高售后服务质量和水平,最大限度地满足用户需求,不断开拓新的市场。企业开展网上电子商务进行营销,以企业对企业(B to B)、企业对消费者(B to C)等电子商务模式开展商务活动。

(4) 质量管理信息化即实施质量管理信息系统,逐步向全面质量管理(TQM)发展。质量管理的业务流程符合质量体系认证的要求,采购、加工、检测、出厂、售后服务过程中的关键环节或重要工序的质量数据,以及大型、复杂产品的逐个产品的质量档案,要纳入管理信息系统中,实行动态分析和监控。

(5) 人力资源管理信息化即实施人力资源管理信息系统(HRS)。人力资源管理信息系统的目标是更好地进行人力资源的发展和规划。系统重点满足人力资源部门在员工素质管理、薪资管理、绩效考核等方面的需求。具体功能包括人事信息管理、劳动合同管理、培训管理、考勤管理、绩效管理、福利管理和工资管理等方面的信息化。

(6) 生产管理信息化即实施生产管理信息系统,逐步向企业资源计划(ERP)系统发展。生产管理主要涉及四个方面:一是生产过程组织,包括生产过程和生产类型、生产过程的空间组织和时间组织、生产方式等;二是生产计划,包括生产技术准备计划、生产计划与作业计划;三是生产控制,主要是生产进度和质量控制;四是人—机—环境系统,主要是研究人与机器、环境的合理配合,以提高生产率。企业生产管理的关键在于如何规划和计划各种资源在时间、地点、产品之间的合理配备,如何按计划监督责任方对资源的使用情况,如何根据预测和历史情况为决策者提供利用资源的分析数据。因此,生产管理信息化的内容主要包括:生产组织的信息化;生产计划的信息化,如产品预测及独立需求管理、高级计划与排程(APS)、物料需求计划(MRP)及详细资源平衡等的管理信息化;生产进度与质量控制的信息化;车间作业管理信息化;设备管理信息化;等等。

1.4.3 管理信息系统的应用研究

随着信息技术的迅猛发展,管理信息系统产品的不断完善、功能与性能的提高推动着管理技术、制造技术的极速发展,促进了社会的进步。管理信息系统的应用正在改变着人们的工作、学习、生活和思想。运用管理信息系统不仅代替了传统人工管理方式、机械制造模式,而且深刻地影响了人们重新认识和再造企业原有的业务流程。智能化、数字化、网络化的大融合,已经成为企业在激烈的市场竞争中取胜的战略手段之一。

1. 企业经营管理信息化工程

管理信息系统的应用不仅可以自动化管理流程、降低管理人员的事务性工作负荷、加快信息处理的速度、提高信息资源的质量和利用率、敏捷反映顾客需求的变化等,而且还可以通过降低成本、提高质量、缩短产品或服务的交付周期、获取更高的利益等方面,从根本上提升企业的市场竞争能力。企业经营管理信息化工程总体结构如图1-11所示。

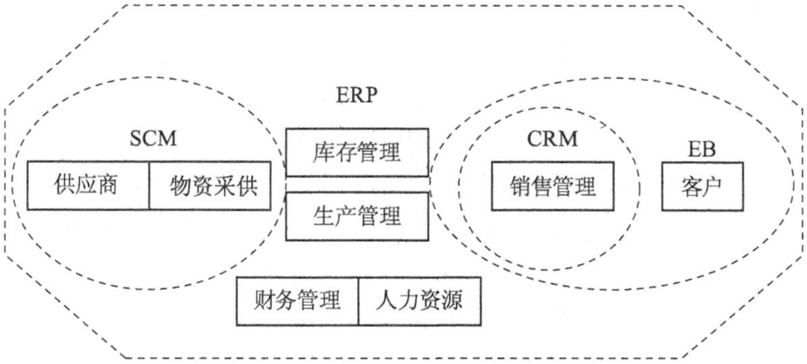

图1-11 企业经营管理信息化工程总体结构图

(1) 用户关系管理(CRM)。随着产品市场竞争的不断加剧、用户需求的多样化,企业不再是以产定销,而是以用户为中心,以销定产。企业生产出来的产品不一定是资产,也有可能是负债,关键在于用户是否需要,是否能销售出去,用户关系管理是企业一切经营管理的起点。因此,企业必须掌控产品的用户群体,及时、全面、正确地掌控产品销售信息,了解在什么时候、以什么方式、向什么地方、销售什么产品、能销多少。为做到这一点,依靠传统的营销模式无法满足现代企业经营需求,必须采用信息技术,构建信息系统,实现用户关系管理。

(2) 电子商务(EB)。电子商务(E-Business,EB)是运用信息技术构建的经营信息系统。这已经不再是一种单纯经营模式的改变,营销管理信息系统的实现,而是一个新兴行业的崛起,这个行业正冲击着传统的经销方式,改变着商业发展。无论是传统的制造企业、金融企业还是商贸企业都纷纷投入巨资打造电子商务模式,形成了纷繁复杂的各类商业活动,网上进行交易成为便捷、高效和实惠的代表。电子商务也称为Web企业业务或企业2.0,它强调在网络环境下把买方、卖方、厂商及其合作伙伴通过互联网(Internet)、企业内部网(Intranet)和企业外部网(Extranet)等平台实现远程交易、空中贸易和网络支付。1997年10月,欧洲经济委员会在比利时首都布鲁塞尔举办了全球信息化标准大会,会上明确提出了一个关于电子商务的比较严密完整的定义:"电子商务是各参与方之间,以电子方式而不是以物理交换或直接物理接触方式完成任何形式的业务交易。"这里的电子商务包括电子资料交换(EDI)、电子支付手段、电子订货系统、电子邮件、传真、网络、电子公告系统、条形码、图像处理、智能卡等。一次完整的商业贸易过程是复杂的,包括交易前的了解商情、询价、报价、发送订单、应答订单、发送接收送货通知、取货凭证、支付汇兑过程等,涉及资金流、物流、信息流的流动。

(3) 供应链管理(SCM)。制造企业将近70%的成本是生产物料,正确把握什么时候、采购什么物料、采购多少成为企业经营管理的关键。加强采购管理成为企业降低成本、提高效益的重要途径。随着信息技术的广泛应用,采购管理信息系统功能的不断扩展和性能的提高,企业间的竞争逐步演变成企业联盟的供应链之间的竞争。供应链管理不仅是一种新的管理模式,也是信息化的重要应用领域和管理的重要手段。供应链管理(Supply Chain Management,SCM)最早来源于彼得·德鲁克提出的“经济链”,而后经由迈克尔·波特发展成为“价值链”,最终日渐演变为“供应链”。它的定义为:“围绕核心企业,通过对信息流、物流和资金流的控制,从采购原材料开始,制成中间产品及最终产品,最后由销售网络把产品送到消费者手中。它是将供应商、制造商、分销商和零售商,直到最终用户连成一个整体的功能网链模式。”供应链管理在满足一定的用户服务水平的条件下,为了使整个供应链系统成本达到最小而把供应商、制造商、仓库、配送中心和渠道商等有效地组织在一起来进行的产品制造、转运、分销及销售的管理方法。它也是一种集成的管理思想和方法,它执行供应链中从供应商到最终用户的物流的计划和控制等职能。从单一的企业角度来看,供应链管理是指企业通过改善上、下游供应链关系,整合和优化供应链中的信息流、物流、资金流,以获得企业的竞争优势。供应链管理是企业的有效性管理,表现了企业在战略和战术上对企业整个作业流程的优化。它整合并优化了供应商、制造商、零售商的业务效率,使商品以正确的数量、正确的品质,在正确的地点以正确的时间、最佳的成本进行生产和销售。所以,一条完整的供应链应包括供应商(原材料供应商或零配件供应商)、制造商(加工厂或装配厂)、分销商(代理商或批发商)、零售商(大卖场、百货商店、超市、专卖店、便利店和杂货店)及消费者。

2. 制造业信息化工程

制造业信息化是信息技术与制造技术融合的先进制造技术,也是管理信息系统在现场作业管理中管理对象由人向机延伸的应用领域,它不仅可以自动化管理生产作业流程、降低人员事务性工作负荷、加快信息处理的速度、提高信息资源的质量和利用率、敏捷反应顾客需求的变化等,而且可以提高生产效率和质量、缩短产品的生产和设计周期、获取更高的利益等方面,从根本上提升企业的市场竞争能力。

(1) 计算机辅助应用(CAX)。随着计算机技术的发展和普及推广,计算机辅助(Computer Aided,CA)应用直接渗透到制造企业的设计、制造、测试、教育和质量监控等领域,被提炼和抽象成 CAX。其改变着机械设计、工艺设计、工程设计和制造装备的工作能力与管理能力,极大地减少产生生命周期,提高制造敏捷度和柔性,传统的产品制造被打造成软性制造,网格制造、异地制造、数字化制造、柔性制造等理念和方法喷涌而出,改变了制造企业的生产环境、员工的工作环境,极大地改善了工作条件。CAX 是 CAD、CAM、CAE、CAPP、CIM、CIMS、CAS、CAT、CAI 等各项技术之综合叫法,这是因为其缩写基本都是以 CA 开头,X 表示相关所有的应用。CAX 实际上是把多元化的计算机辅助技术集成起来复合和协调地进行工作,除了在产品设计是由设计部门工作外,其他各部门也可以提前介入而无须等待上一道作业完成后才开始下一道作业,缩短了开发时间;同时,在产品设计早期,能很好地考虑到产品生命周期的各种因素,提前发现设计上的错误和误差,及时进行修正,而且可以在设计过程中,按照市场的需求,不断提出可比较的多种设计方案,从而获最得优化的设计成果和效益。

(2) 计算机集成制造系统(CIMS)。随着信息技术与制造技术的飞速发展与相互融合,计算机集成制造系统不仅是信息系统的应用领域,而且已经形成独立的综合多学科交叉融合的研究领域。CIMS 的发展直接影响到工业化、信息化的发展和工业化与信息化融合的能力,体现着国家的先进制造技术水平。我国十分重视 CIMS 的研究与应用，专门成立了863计划CIMS主题专家组，明确了将信息技术、现代管理技术和制造技术相结合，并应用于企业产品全生命周期（从市场需求分析到最终报废处理）的各个阶段，通过信息集成、过程优化及资源优化，实现物流、信息流、价值流的集成和优化运行，达到人（组织、管理）、经营和技术三要素的集成，以改进企业新产品开发的时间（Time）、质量（Quality）、成本（Cost）、服务（Service）、环境（Environment），即TQCSE，从而提高企业的市场应变能力和竞争能力。CIMS概念提出至今经历了30多年的发展，但是对CIMS的界定还不十分清楚，这不仅是由于其所涉及的学科在动态发展和所涉及的学科内涵在不断丰富，而且在于其应用领域不断拓宽，应用程度不断深入。

（3）制造执行系统（MES）。纵观我国制造业信息化系统的应用现状，建设的重点普遍放在ERP管理系统和现场控制系统（Shop Floor Control System，SFCS）两个方面。但是，由于产品营销在这一二十年间从生产导向快速地演变成市场导向、竞争导向，因而也对制造企业生产现场的管理和组织提出了挑战，仅仅依靠ERP和现场控制系统往往无法应付这全新的局面，工厂制造执行系统（Manufacturing Execution System，MES）恰好能填补这一空白。MES是近10年来在国际上迅速发展、面向车间层的生产管理技术与实时信息系统。MES可以为用户提供一个快速反应、有弹性、精细化的制造业环境，帮助企业降低成本、按期交货、提高产品的质量和服务质量，适用于不同行业（家电、汽车、半导体、通信、IT、医药），能够对单一的大批量生产和既有多品种小批量生产又有大批量生产的混合型制造企业提供良好的企业信息管理。

3. 综合信息系统

（1）办公自动化系统。办公自动化系统是利用信息技术的手段提高办公的效率，进而实现办公自动化处理的系统。它采用Internet/Intranet技术，基于工作流的概念，使企业内部人员方便快捷地共享信息，高效地协同工作，改变过去复杂、低效的手工办公方式，实现迅速、全方位的信息采集、信息处理，为企业的管理和决策提供科学的依据，深受众多企业的青睐。

（2）运输管理系统。运输是物流运作的重要环节，在各个环节中运输时间及运输成本占有相当大的比重。现代运输管理是对运输网络和运输作业的管理，在这个网络中传递着不同区域的运输任务、资源控制、状态跟踪、信息反馈等信息。实践证明，通过人为控制运输网络信息和运输作业，其效率低、准确性差、成本高、反应迟缓，无法满足用户需求。随着市场竞争的加剧，对物流服务质量的要求越来越高，尤其是运输环节，这样，运输管理系统就产生了。

（3）统计软件系统。统计学是研究如何收集数据、分析数据并进行推断的学科。统计学的应用必然要涉及数据的收集、存储、整理及各种统计方法的实际计算，这些都可以借助统计软件来完成。从电子计算机出现至今，统计软件已经有了长足的发展。一方面，经典的统计方法都已在统计软件中实现；另一方面，帮助统计学家实现新的统计方法的软件也极大地推动了新的统计方法的研究与开发。

（4）产品数据管理。随着计算机及信息产业的飞速发展，形形色色的数据正在以令人难以想象的速度急剧膨胀，对今天的企业形成了巨大的压力，出现了数据种类繁多、数据检索困难、数据流向不明、数据缺乏安全性、数据无法共享等现象，更为严重的情况是数据泛滥(也称“数据失控”)。一个典型的产品研发流程中,可能会有各种产品数据,它们生成并存在于产品研发的各个不同的阶段,以多种不同的形式被存放于不同的地方,而且数量巨大。产品种类越多,使用时间越长,数据量就越庞大,管理难度也越大。

(5) 电子政务。电子政务运用计算机、网络和通信等现代信息技术手段,实现政府组织结构和工作流程的优化重组,超越时间、空间和部门分隔的限制,建成一个精简、高效、廉洁、公平的政府运作模式,以便全方位地向社会提供优质、规范、透明、符合国际水准的管理与服务。

本章小结

本章系统地介绍了管理信息系统的形成、内涵、功能和结构,深入研讨了管理信息系统的研究领域,并从不同视角揭示了管理信息系统发展内在规律与管理信息系统对人们工作、学习和生活的影响。

试一试　管理信息系统的现状与发展分析体验

管理信息系统相关技术的发展及应用普及速度极快,通过体验了解国内外著名管理信息系统大型应用软件开发商的名字、发展历程,以及相应著名管理信息系统大型应用软件的特点、主要功能和应用,要求学生通过查询、整理近 5 年内国内外排名前 5 名的管理信息系统软件提供商和软件的基本情况,以及这些软件提供商特点和提供软件应用领域的侧重点,分析这些软件提供商服务、应用行业和软件功能的特点,提高学生对管理信息系统应用现状和应用效应有较深的认识。具体体验过程如下:

1. 登录搜索引擎,找出国内外著名软件 ERP、SCM、CRM 和 PDM 等的排行榜

例如,通过百度查询 2013 年国际 ERP 系统软件提供商排行榜。结果如表 1-2 所示。

表 1-2　2013 年最新 ERP 软件排行

序号	品牌	产品
1	SAP	SAP Business One
2	Oracle	Oracle ERP
3	Infor	Infor ERP
4	赛捷	Sage Accpac ERP
5	Epicor	Epicor ERP

ERP 进入中国已经 20 多年了,有无数企业正在使用 ERP 系统。但是,仍有不少企业在采购 ERP 时存在迷茫的心情,不知道该选哪家公司哪个品牌。其实,公司规模不

同,实际需求也不同,功能最全的产品企业未必能消化或“对症下药”,最适合的才是最好的。

1)SAP ERP 产品:SAP Business One

公司介绍:SAP 创立于1972年的德国,是全球商业软件市场的领导厂商,也是 ERP 产品的第一大厂商。SAP 既是公司名称,又是其产品——企业管理解决方案的软件名称。SAP 是目前全世界排名第一的 ERP 软件。SAP 的核心业务是销售其研发的商业软件解决方案及其服务的用户许可证。SAP 解决方案包括标准商业软件及技术,以及行业特定应用,主要用途是帮助企业建立或改进其业务流程,使之更为高效灵活,并不断为该企业产生新的价值。

点评:SAP Business One 是面向中小企业的 ERP 解决方案,是一款独立的应用软件,无须分散安装和多模块集成,支持中小企业以更低的成本进行部署和维护,集成了 CRM、制造和财务等核心功能。

2)Oracle ERP 产品:Oracle ERP

公司介绍: Oracle 是世界领先的信息管理软件开发商,因其复杂的关系数据库产品而闻名。在 ERP 领域,Oracle 是 SAP 最大的竞争对手,是目前世界上第二大 ERP 厂商,Oracle 现在正在应用软件领域奋起直追,甚至在某些方面,已经赶超了老对手。Oracle 在2009年成功并购 Sun 更是震撼了 IT 界,它标志着 Oracle 从软件业将触角延伸到了硬件领域,要挑战 IBM、惠普的地位。

点评:所谓的 Oracle ERP 是个电子商务套件,它在原来 ERP 基础上进行扩展,添加了人力资源管理、用户关系管理等多种管理软件,到目前为止已经发布了完全基于 Web 的企业级软件。Oracle ERP 适用于业务复杂、个性化管理较强的企业。

3)Infor ERP 产品:Infor ERP

公司介绍: Infor 致力于为全球范围内的各种类型企业提供业务专用软件。通过收购和改进,提供成熟、功能丰富的软件,并使其更出色。依托于内建经验,Infor 的解决方案使企业更加努力进取并能快速适应全球市场的变化。Infor 在大中国区拥有北京、上海、广州、香港、澳门5个办公室,在上海设有产品研发中心,并在上海、广州、香港设有用户支持服务中心,为大中华区用户提供支持服务。

点评: Infor 虽然是美国的厂商,但有较丰富的本地经验。Infor ERP 可以随时投入使用,没有昂贵的定制和漫长的实施过程,具有灵活性,能够随着业务发展添加功能。

4)赛捷 ERP 产品:Sage Accpac ERP

公司介绍:赛捷软件是全球著名的管理软件解决方案供应商。在中国,赛捷致力于以世界级的优秀软件方案帮助中国成长型企业开展先进企业管理。赛捷产品在中国已经有超过9年的历史,在中国已经拥有超过1500家企业用户。Sage 的管理解决方案覆盖了 ERP、CRM、HR、E-Business、项目管理等功能,并且针对行业特殊需求提供行业解决方案。

点评: Sage Accpac ERP 是赛捷软件公司推出的专门面向中小型企业用户的 ERP 系统,特别适合应用在多个地点运营的公司,其多币种模块不仅能支持增值税和消费税,还能符合当地的财务要求。Sage Accpac ERP 不仅能为企业当前的业务提供显著的竞争优势,还能为企业提供投资保护。强调“全球化品牌+本土化方案”的赛捷软件公司,在产品本地化方面也做了努力,以使其产品更贴近中国中小企业的特点。

5) Epicor ERP 产品:Epicor ERP

公司介绍: Epicor 软件公司(已与 Activant Solutions Inc. 合并)是一家全球领先的商业软件解决方案提供商,面向制造、分销、零售和服务等多个行业。Epicor 以技术创新的光荣历史、行业专业知识,以及追求卓越的热情,激励企业构建持久的竞争优势。Epicor 利用单点责任制为当地企业、地区性企业和全球性企业提供全方位的服务。

点评: Epicor 利用创新的 SOA 架构及 .Net 技术,针对制造业等行业的中型企业提供端对端、具有特定行业特色的解决方案及服务。Epicor 具备规模及灵活的解决方案,再配合全面的服务,不但支持用户的长期发展计划,而且能促使快速的投资回报及低成本经营。

同样,通过百度查询 2013 年国内 ERP 系统软件提供商排行榜。结果如表 1-3 所示。

表 1-3　国内 ERP 产品排行

企业名称	优秀产品系列	适合企业类型	上榜理由
用友	U-9 系列	大中型制造业	服务大中型企业最多
金蝶	K-3 系列	集团及大型企业	服务大中型企业较多
速达	V-7 系列	中小型企业及制造业	服务中小型企业最多
浪潮	VSphere 系列	所有企业	服务中小型企业较多
神州数码	神州数码 ERP	中小型企业	服务中小型企业较多

2. 登录搜索引擎,找出国内著名软件 ERP,SCM,CRM 和 PDM 等提供商的情况

如:查询用友公司(www.ufsoft.com)的基本情况,登录公司总部页面后(如图 1-12 所示)查找相关信息。

图 1-12　用友软件股份有限公司集团总部网页

3. 信息分析

将所有收集到的资料,全部复制到 WORD 文档,从总体到具体,由国际到国内,分

别对 ERP、SCM、CRM 应用软件与软件提供商按照排名、功能、行业特点分类。

4. 整理分析报告

对上述收集到的资料进行分析，提出管理信息系统应用所取得的成就和还存在的不足，经过分析提出解决问题的对策建议。提交上机报告，要求每位学生以“学号 + 姓名 + 班级”的形式提交电子版体验报告书。

5. 思考

通过体验对国内外 ERP 产品的功能进行总结和比较，为企业信息化工程的软件选择提供参考，同时分析国内外管理信息系统应用的差距和产生差距的原因，国内不同地区管理信息系统应用的差距和产生差距的原因，从软件应用企业、软件研发企业、中介机构和政府等角度提高管理信息系统应用效率和效益的对策建议。

研讨

1. 请写出管理信息系统的含义。
2. 管理信息系统有何作用?
3. 管理信息系统的发展经历了哪几个阶段？它们各有何特点?
4. 管理信息系统研究主要有哪些领域?

第 2 章 管理信息系统的研发基础

管理信息系统的研发不仅取决于管理需求,而且更加依赖技术平台。随着社会进步和技术创新,管理信息系统研发环境、手段和形式等基础平台都在发生质的飞跃。管理导航的需求,物联网的成熟,ERP、SCM、CRM 和 MES 等大型管理信息系统的广泛应用,以及大数据、云计算等平台的支持直接影响着管理信息系统的研发基础。因此,需要更新理念,调整思路,及时引入先进技术和管理理论与方法,以满足人们对管理信息系统日益增长的需求。

2.1 数据与信息

数据与信息是管理信息系统最重要的基础知识,具有内在的关联和本质的区别。管理信息系统研发的首要问题是先弄清什么是数据、什么是信息。

2.1.1 数据

1. 数据的内涵

数据是描述事物特征的特定的符号。它不仅是我们日常工作中所熟悉的数字,而且还包含了在描述事物过程中经常采用的文字、图像、图形、声音等形式,这些也属于数据库中的数据范畴。数据是人们传达思想、进行信息交流的载体。

通过数据将事物的信息及时、准确、全面地描述或记录下来,是数据处理过程中的关键。描述一个事物往往涉及许多方面的概念和理论。

描述事物的用途直接影响着事物属性的定义。对于不同的用户,需求不同,侧重点不同,需要的信息自然不同,因此,在描述事物时使用的属性也不相同。例如,把人作为描述的对象,首先要确定描述人的用途是什么,若描述学生,则将会涉及学生的学习情况、政治思想表现、工作能力和学习能力等方面的基本内容;若描述职工,则将会涉及职工的工资、保险、工作能力和技术等级等。当我们描述一个学生的学习情况时,针对的是一个较具体的数据处理需求,可以通过学生的姓名、学号、专业、年级、开课时间、课程名称、考试类别和考试成绩等属性反映每一位学生的每一门课程的学习成果,这些属性通过采用人们日常交流中所约定的符号而被转换成数据。

数据来源于我们的日常工作和生活,存储于各种媒体中,经过加工和传送为人们的工作和生活服务。

2. 数据的描述

数据的描述是从客观事物出发，经过概念、规则或逻辑推理转换成数据，这一过程经历了三个领域：现实世界、概念世界和数据世界，如图 2-1 所示。

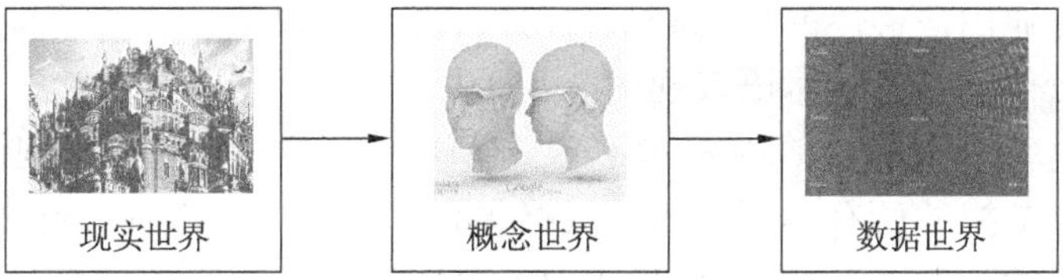

图 2-1　数据描述过程

（1）现实世界。现实世界是存在于人们头脑之外的客观世界，是不以人的意志为转移的客观实体。事物可分为对象与性质两大类，又可分为特殊事物与共同事物两个重要级别。

（2）概念世界。概念世界是通过人们对现实世界中事物的规范、约定在人们头脑中的反映，由一切定义、定理、规则等组成，也称为逻辑世界。事物往往通过各种属性来表达其概念。

（3）数据世界。数据世界是概念世界中信息的数据化，现实世界中的事物及联系在这里用数据模型描述。

3. 数据的分类

数据作为管理信息系统的基本要素，其种类繁多，从不同的视角可以划分成不同的数据类型。

（1）数据按复杂程度可以分成简单数据、复杂数据和大数据。简单数据是以数字、字母、标记等方式描述的数据，如名称、单价、数量等。复杂数据是以文件方式描述的数据，如图片、图像、语言、动画、电影等。大数据是当前研究的热点，是简单数据与复杂数据积聚形成的数据集合的数据，即数据的数据。大数据的提出和深入研究，不仅影响管理信息系统研发基础理论和应用环境，而且直接影响管理理论与方法，影响信息处理的方式方法。大数据的研究还处于起步阶段。

（2）数据按其在管理信息系统中的生存状态可分成全局型、局部型和临时型等。全局型伴随管理信息系统的运行都有效，局部型是限定在模块以及模块调用的下级模块中有效，而临时型只能在特定模块内生效。

（3）数据按处理方式可分成数值型、字符型、日期型、逻辑型、备注型和通用型等。这种分类方法依赖于数据处理的软件系统。

4. 数据的组织

数据是数据组织中最小的基本单元。在实际管理事务中需要将数据组织起来，才能满足管理者对数据处理的需求。管理事务从微观到宏观数据可组织成记录、文件、数据库、数据仓库和数据集市等多种形式。

（1）记录描述一个特定事物的全部数据。

（2）文件描述一类同质事物的全部数据，也称为数据表。

（3）数据库由数据文件组成，根据管理业务的需要，通过数据库将相关数据文件联系起来形成有用数据的有序集合。

(4) 数据集市(Data Mart),也叫数据市场,是一个从操作的数据和其他的为某个特殊的专业人员团体服务的数据源中收集数据的仓库。从范围上来说,数据是从企业范围的数据库、数据仓库,或者是更加专业的数据仓库中抽取出来的。数据中心的重点就在于它迎合了专业用户群体的特殊需求,在分析、内容、表现和易用方面,数据中心的用户希望数据是由他们熟悉的术语表现的。

(5) 数据仓库(Data Warehouse,DW 或 DWH)。数据仓库是为企业所有级别的决策制定过程提供支持的所有类型数据的战略集合。它是单个数据存储出于分析性报告和决策支持的目的而创建,为企业提供需要业务智能来指导业务流程改进和监视时间、成本、质量和控制。

5. 数据的处理

数据处理是管理信息系统最重要的功能,通过数据处理满足管理者获取信息的需求。随着信息技术的高速发展,数据处理已经被集成到相应软件系统,用户可以从提供商那里选购所需要的数据处理软件。数据处理软件往往有数据统计软件、数据库管理软件和数据特种处理软件。

(1) 数据统计软件产品的市场较成熟,依据统计理论与方法,已经研制出各类繁多的统计软件,目前市场上可购买到的统计软件主要有 SPSS、SAS、EVIEWS、MATLAB 等。Excel 也可以作为最简单、最常用的统计软件使用。

(2) 数据库管理系统是管理信息不可缺少的支撑软件,也是当前最丰富和常用的软件。该系统不仅软件版本多,而且由此研发的管理信息系统种类繁多。当前世界排名较前的有 ORACLE、DB2、Informix、Sybase、MySQL 等。

(3) 数据特种处理软件是根据特殊要求有针对性地研发的数据处理软件。这类软件往往有很强的指向性,不能作为通用软件产品出售。

2.1.2 信息

众所周知,自然界充满着信息的运动。随着人类社会进入信息时代,人们越来越清晰地认识到了信息的重要性,信息已经逐渐成为人类赖以生存与发展的战略资源之一,在社会生产和人类生活中发挥着日益显著的作用,也就是说,人类的活动离不开信息。然而我们日常谈到的信息是一个不甚精确的概念。有人说信息是消息,是“通知和消息”,有人说“信息是所观察事物的知识”,有人说“信息是人们对事物了解的不定性的减少或消除”(香农,Shannon),等等。信息的概念已渗入信息论、控制论、生物学、管理科学等许多领域,因此信息的定义应有普遍性,应能适应所涉及的一切领域。这里也涉及哲学问题,如信息的实质是什么,它与物质、能量的关系等。近 60 年来,许多专家、学者、实践者都曾在理论上对信息进行了描述。

1. 信息的内涵

信息的概念非常广泛,从不同的角度对信息可以下不同的定义。从哲学角度可概述为,信息是物质的一种带有普遍性的关系属性,是物质存在方式及其运动规律、特点的外在表现。从信息传递的角度来认识,信息则是关于自然界、生物界和人类社会中一切事物运动状态及关于事物运动状态的报导。总之,信息是自然界、人类社会及人类思维活动中存在和发生的一切宏观和微观现象,大至天体,小至细胞、原子、电子、基本粒子等现象,故一切消息、知识、数据、文字、程序和情报等都是信息。信息是事物的运动状态与方式的反映,是生物体或有一定功能的机器通过感觉器官或设备与外界交换的内容。不同的事物有不同的运动状态与方式,因而会产生不同的信息。人们可以从不同侧面定义信息,最常见的有如下几种:

(1) 信息是客观世界中万事万物的各种特征的表现。这就揭示了任何事物都能产生信息,信息是事物的一种属性,由此反映了信息是普遍存在,而且具有客观性的。

(2) 信息必须通过物质介质与载体进行传递。这一方面说明信息是一个动态的概念,另一方面说明其离不开物质介质和载体。

(3) 信息必为其他物质所需要,所接收,所利用。这揭示了信息的效用性,即信息必须具有能为其他事物所接收和能为其他事物根据自己的需要加以利用的特征。

(4) 信息还揭示了其是事物存在与发展的必要条件,是事物之间联系和交换的内容。

(5) 信息具有一定的社会性。许多信息都要能够为人所理解,并能够为人类服务,不能为人类所接收和使用的信息是没有意义的。信息的不同接收者会产生不同的社会行为,从而使得信息的价值存在不同的主观效用,即信息具有一定的主观性。

(6) 信息是经过加工后的数据,对接收者存在现实或潜在的价值。

信息是一种宝贵的资源,它同物质、能量并列,共同推动人类社会向前发展。信息的显著特征是以物质为其存在载体的资源,可进行客观处理和传递,因而具有共享性和开发利用的无限性。但对信息的开发利用很有针对性,与人们情报意识的强弱有着密切关系。对于情报意识强者,信息是有用的,并可以增值;对情报意识弱者,则视而不见,听而不闻,完全失去作用。

2. 信息的属性

根据以上对信息含义的描述,可以明确地看到,信息具有以下一些特征和属性:

(1) 事实性。事实性是信息的第一和基本的性质。信息反映客观事物的属性。信息必须真实、准确、如实地反映客观实际。不符合事实的信息不仅没有价值,而且其价值可能为负值。维护信息的事实性,就是维护信息的真实性、准确性、精确性和客观性,从而达到信息的可信性。

(2) 可加工性。信息可以通过一定的手段进行加工,如扩充、压缩、分解、综合、抽取、排序等。加工的方法和目的反映信息接收者获取和利用信息的特定需求。加工后的信息是反映信息源和接收者之间相互联系、相互作用的更为重要和更加规律化的因素。应当注意的是,信息的内容是语法、语义和用语三者的统一体。信息在加工过程中要注意保证上述三者的统一而不致受到损害,以免造成信息的失真,即原始信息(加工前的信息)的有些内容丢失或被歪曲。

(3) 可传输性。这是信息的本质特征。信息的可传输性是指信息可以通过各种局域网络、互联网等媒介快速传输和扩展的特性。人们获得的信息是通过信息传递来实现的。与物质传递相比,信息的传递明显地加快了资源的传输,如企业可以利用互联网建立自己的电子商务系统,接收用户的订单,为用户提供相应的产品或服务。这些操作都利用了信息的可传输性。信息可以借助于载体脱离其信息源进行传输。信息在传输过程中可以转换载体而不影响信息的内容。但是另一方面,信息的任意扩散有时会带来不利的影响。有些人为的信息壁垒,例如保密法、专利法、出版法等,都是保护信息所有权和限制信息扩散的措施。

(4) 共享性。从共享的角度来讲,信息不同于其他资源,它不具有独占性,是非零和的。在一般情况下,信息是可以被共享的。一个信息源的信息可以为多个信息接收者所享用,一般情况下增加享用者不会使原有享用者失去部分或全部信息。有的信息涉及商业、政治、军事机密,增加这类信息的享用者可能影响某些享用者对这类信息的利用,但不会改变信息本身的内容。

(5) 价值性。信息是经过加工并对生产经营活动产生影响的数据,是劳动创造的,是一种资源,因而是有价值的。一方面,获得信息需要付出代价,例如时间和资金等。另一方面,通过应用信息使组织提高了效率,经过转换实现了信息的价值。如何减少搜集、处理、存储信息的成本和提高组织的运作效率,以保证信息有较好的经济性,是信息系统设计人员应考虑的问题。由于信息的生命周期很短,因此转换必须及时。管理者要善于转换信息,实现信息的价值。

(6) 时效性。信息的时效是指从信息源发送信息,经过接收、加工、传递、利用的时间间隔及其效率。无论采用多么先进的信息处理设备和处理方法,都不能完全消除这种时间间隔,即所得的信息必然滞后于事实发生本身,这种性质可以称为滞后性。处理和使用信息越及时,使用程度越高,则信息的时效性越强。所谓“信息的延误”,是指信息的处理时间超过了信息的使用时间,使有关信息丧失其应有的价值。因此及时性的两个含义是:信息要能随用随有,以及信息要保持最新。

(7) 等级性。信息是分等级的。信息和管理层一样,一般分为战略层、策略层和执行层三个层次。不同层次的信息,其特色也不相同。战略层的信息大多来源于企业外部,使用频率较低,保密要求很高;而执行层的信息大多来源于企业的内部,使用频率较高,保密要求很低;策略层的信息则介于两者之间,内外都有,使用频率和保密要求也介于两者之间。

(8) 可存储性。信息借助于载体可在一定条件下存储起来。信息的可存储性为信息的积累、加工和不同场合下的应用提供了可能。

总之,可以认为,信息是对客观世界中各种事物的变化和特征的反映,是客观事物之间相互作用和联系的表征,是客观事物经过感知或认识后的再现。

3. 信息的分类

信息的分类是针对不同种类的信息使用不同的处理方法的依据。研究表明,作为反映物质属性的信息,其类型非常广泛,但总体上可以有以下一些分类:

(1) 按照信息来源,可分为宇宙信息、自然信息、社会信息、思维信息等。

(2) 按照载体的特征,可分为语音信息、图像信息、文字信息、数字信息等。

① 语音信息:是一种最普遍的信息表现形式,如人讲话,实际上是大脑的某种编码形式的信息转换成语音信息的输出;音乐也是一种特殊的声音信息,它是通过演奏方式表达出来的丰富多彩的信息内容。

② 图像信息:图像是一种视觉信息,它比文字信息直接,易于理解。人工创造的图像,如一张纸、一幅画、一部电影、大自然的客观景象等都是抽象或间接的图像信息。随着多媒体技术的发展,各类图像信息库将会极大地丰富人类的生活。

③ 文字信息：文字是人们为了实现信息交流、通信联系所创造的一种约定的形象符号。广义的文字还包括各种编码，如 ASC II 码、汉字双字节代码、国际电报与单元代码，以及计算机中的二进制数字编码等。

④ 数字信息：数字信息指的是“信息的数字形式”或“数字化的信息形式”。

（3）按社会中的应用领域，又可分为地理信息、军事信息、经济信息、管理信息、人文信息、气象信息等，如图 2-2 所示。

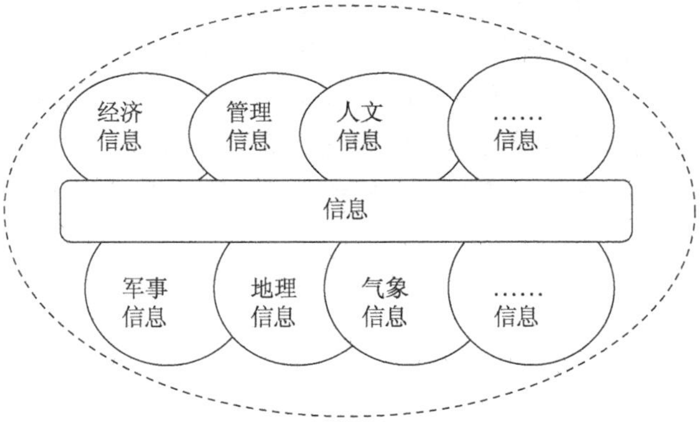

图 2-2　按社会中的应用领域进行的信息分类

（4）按内容可分为状态信息、规律信息、指令信息等。

① 状态信息：指关于事物的状态、属性等存在方式，如花红草绿、天冷天热等，它们往往是从观察实验中获得的。

② 规律信息：反映事物的运动规律和某种定常性，如万有引力定律、太阳的东升西落等。由于科学理论一般都包含了规律性的描述，有时也可称之为理论信息、知识信息，它们是从对状态信息的动态分析中获得的。

③ 指令信息：指行动的方向和方式，如“向前走”、“停止”等命令或指令。它是结合前两种信息并考虑到一定的目的性和约束条件以后得出来的。

（5）按存在的领域可分为物质信息和生物信息。

① 物质信息：它与一切物质的存在形态有关。

② 生物信息：指仅存在于生物界和人类社会中的信息。

（6）按形态品位可分为基本信息、交换信息、遗传信息等。

① 基本信息：与物质对时间和空间的分布与差异有关的信息。

② 交换信息：与物质的相互作用和关联有关的信息。

③ 遗传信息：存在于生物遗传过程中的信息。

④ 演算信息：存在于算术和逻辑过程中的信息。

⑤ 语言信息。

⑥ 情感信息。

这里，需要注意的一点是，由于各应用领域相互关联，各类信息在范围与内容上相互交叉与重叠，如管理信息就涉及政治、经济、科技、文化等领域，本书着重讨论管理信息，即与人类有关的管理活动，特别是与企业管理活动有关的信息。

2.1.3 数据与信息的关系

管理信息系统是为管理提供服务的机器，它将管理的意识形态转换成可控可调、可重现的客观形态。管理信息系统这个机器是将数据这一原料加工成管理者需要的信息产品。也就是说，数据是管理信息系统的原料，信息是管理信息系统的产品。

1. 从信息加工过程分析

对于数据与信息之间的关系，不少学者都进行了大量的分析、研究和解释，并形成了较为统一的观点。英国学者G.贝林杰等将数据与信息的关系延伸至数据与知识和智慧之间的联系，并解释该过程为变迁过程，如图2-3所示。在这个变迁过程中，数据、信息、知识和智慧之间是质的跃迁。信息来自于数据，又高于数据，信息仍然是一个中间的半成品，通过信息的提炼、抽象、归纳和演绎可形成知识，知识的正确适时应用将产生智慧，智慧是管理信息系统最终的产品。

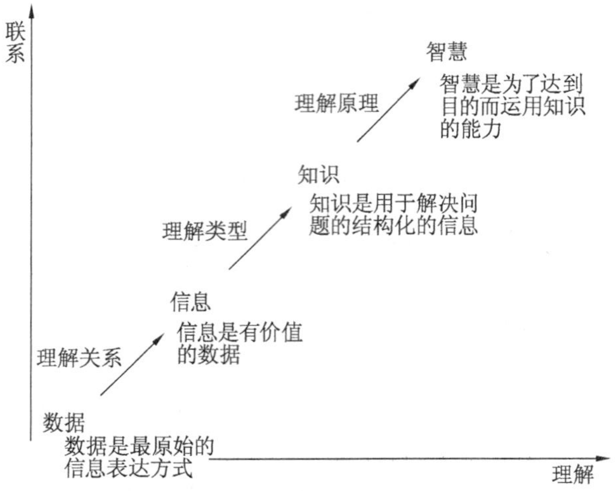

图2-3 数据、信息、知识和智慧的联系及跃迁

2. 从信息的载体分析

反映客观事物运动状态的信号通过感觉器官或观测仪器感知，形成文本、数字、事实或图像等形式的数据。它是最原始的记录，未被加工解释，没有回答特定的问题；它反映了客观事物的某种运动状态，除此以外没有其他意义；它与其他数据之间没有建立相互联系，是分散和孤立的。数据是客观事物被大脑感知的最初的印象，是客观事物与大脑最浅层次相互作用的结果。

大脑对数据进行加工处理，使数据之间建立相互联系，形成回答了某个特定问题的文本，以及被解释为具有某些意义的数字、事实、图像等形式的信息。

3. 从信息应用角度分析

特殊背景下，人们在头脑中将数据与信息、信息与信息在行动中的应用之间所建立的有意义的联系，体现了信息的本质、原则和经验。知识是人所拥有的真理和信念、视角和概念、判断和预期、方法论和技能等；回答How（怎样）、Why（为什么）的问题；能够积极地指导任务的执行和管理，进行决策和解决问题。它是这样一种模式，当它再次被描述或被发现时,通常要为它提供一种可预测的更高的层次。也就是说,当人们将知识与其他知识、信息、数据在行动中的应用之间建立起有意义的联系,就能创造出新的更高层次的知识。

然而智慧是人类所表现出来的一种独有的能力,更是管理信息系统加工信息的目标,主要表现为收集、加工、应用、传播信息和知识的能力,以及对事物发展的前瞻性看法。它是一种推测的、非确定性的和非随机的过程;是对更多的基本原理的理解,这种原理包含在知识中,而这种知识本质上是理解知识是什么的基础;要回答人们难以得到甚至无法得到答案的问题;它以知识为基础,随着所具有的知识层次的提高,人们的智慧向更高的层次发展。

数据、信息、知识和智慧是人类认识客观事物过程中不同阶段的产物。从数据到信息到知识再到智慧,是一个从低级到高级的认识过程,层次越高,外延、深度、含义、概念化和价值越高。在数据、信息、知识和智慧中,低层次是高层次的基础和前提,没有低层次就不可能有高层次,数据是信息的源泉,信息是知识的子集或基石,知识是智慧的基础和条件。总之,信息是数据与知识的桥梁,知识反映了信息的本质,智慧是知识的应用和生产性使用。

2.2 管理信息与信息管理

正确理解管理信息与信息管理的概念是掌握管理信息系统研发服务对象与服务内容的关键,也是正确掌握管理信息系统研发方法的基础核心内容之一。

2.2.1 管理信息

管理信息是众多信息中的一类,来自管理活动,服务于管理活动。现代管理需要管理信息系统提供实时、有效、全面、正确的管理信息。

1. 管理信息的内涵

管理信息是以文字、数字、图表、音像和动画等形式记录、传递、加工和存储的,能够反映组织各种业务活动在时空上的分布状况和变化程度,并能给组织的管理决策和管理目标提供有参考价值的经过加工的数据和情报资料。特定的管理信息专门为特定的管理目的和管理活动服务。

2. 管理信息的基本要求

信息在采集、传递、加工和存储等环节都存在失真、伪造和恶意修改等风险,为此,管理信息必须具有如下基本要求。

(1) 准确性。管理信息必须真实、客观地反映实际管理情况。虚假的管理信息将对组织决策者产生误导,使其做出错误的判断和决策,给组织造成损害。

(2) 及时性。由于管理信息具有很强的时间价值,因此,管理信息的加工、检索和传递一定要快,只有这样,才能使管理者不失时机地对生产经营活动做出正确的反应和决策。否则,将会失去信息支持决策的作用,甚至有可能给组织造成巨大的损失。

(3) 可靠性。管理信息的可靠性不仅与管理信息的精确程度有关,而且还与管理信息的完整性有关。在管理信息的收集和加工过程中不仅要具有全面性和系统性,而且应具有连续性。企业是一个复杂的生产经营系统,环境因素又是众多的。只有全面、系统和连续地收集反映企业各方面的管理信息,才能保证统一地指挥、协调、控制企业内部的活动,才能使企业适应外部环境的要求。

(4) 适用性。企业管控需要适用的管理信息,不同的管理职能部门,其工作业务性质和范围不同,因而其对信息的种类、范围、内容等方面的要求也是各不相同的。所以,管理信息的收集和加工处理应有一定的目的性和针对性,应当有计划地收集和加工。

3. 管理信息的分类

管理信息种类繁多,为了更好地对管理信息加以归纳、提炼、分析和利用,可以对管理信息从不同视角进一步细分。

(1) 按来源,管理信息可以划分为内生的信息和外生的信息。内生的信息是指在组织的内部所产生的信息,它反映组织内部所拥有的资料状况、资料的利用水平和能力。外生的信息来自组织外部,是对组织经营业务活动有影响的外部环境各因素的信息。企业外部供应商、用户和政府等相关组织产生的有关信息,如供应商原材料的供应情况,用户对产品的消费变化,政府颁布的政策、法规、条令等。

(2) 按组织的不同层次,管理信息可以划分为计划信息、控制信息和作业信息。计划信息是指组织在一定时期内的目标、制订战略和政策、制订规划、合理分配资料等相关信息。控制信息是实现组织的经营目标而对生产经营活动各环节进行监督、控制所应有的信息。作业信息反映企业生产经营的日常业务活动,用以保证基层管理部门切实地完成具体作业。这类信息也主要来自组织内部。基层主管人员是该类信息的主要使用者,其信息要求明确、具体、详细。

(3) 按产生时间的不同,管理信息可划分为历史性信息、实时性信息和预测性信息。历史性信息是指在过去已经发生的信息。这类信息一般已被使用过,但是主管人员可以从历史条件中找到具有借鉴性和启发性的管理信息。实时性信息记录事物行为动态的状况,往往用于动态跟踪或监控分析。预测性信息是通过运用科学的预测方法或主管人员的经验判断,对组织未来进行预先描述所得到的信息。

(4) 按稳定性,管理信息可划分为固定信息和流动信息。固定信息是指组织在一定时期内不会发生重大变化,具有相对稳定性的信息。流动信息是由组织的营运活动所产生的,反映生产经营活动实际进程和状况的信息,并且随着生产经营活动的进展而不断变化和更新。

4. 管理信息的作用

管理信息是企业的重要资源,必须充分利用。但是,有些单位对管理信息的收集虽然比较完善,可是信息资源却没有得到充分利用,没有为经济管理发挥应有的作用,这是非常可惜的。因此,强调管理信息的作用,开发信息资源,非常必要。管理信息的作用在企业如何强调都不为过,在现代企业中等同于物质与能量,是企业的财富。在此仅讨论不为人们重视的管理过程中的心理作用和预测作用。

(1) 心理作用。在管理实践中,管理信息能够发挥重大的心理作用。适时、恰当地向员工发布各类管理信息,不仅能起到领导与员工之间的沟通、宣传作用,而且能正确地反映员工和企业的绩效,以鼓舞员工的工作热情;依据员工的绩效科学地实施奖惩,更加有利于落实责任制,激励先进者,鞭策后进者,促使其将自己与企业的命运联系起来，主动地、努力地工作。

（2）预测作用。预测需要大量、全面的历史数据，这样才能根据科学的方法和现实情况正确地估计未来情况。预测是以掌握信息为基础的，要做出科学的预测，除了要有科学的预测方法之外，充分拥有信息资料是基本的前提。管理信息的预测作用对于管理来说是相当重要的，没有预见就没有科学的管理，管理者必须充分发挥信息的预测作用。

管理信息的流动是进行管理控制的基本手段，管理的本质在于处理信息，管理的艺术在于驾驭信息。在企业的生产经营活动中，总是贯穿着物流和信息流，信息流伴随着物流同时流动，并反作用于物流，控制着其流动过程。管理者正是通过驾驭信息流来控制物流，进而达到管理和控制生产经营活动过程的目的，以实现企业或组织的目标。

2.2.2　信息管理

信息管理不仅是一种活动，一种管理理念，还是备受关注的学术领域。信息科学、信息工程和信息管理密切相关，已经逐步形成了学科与专业，直接影响国家宏观经济的发展和企业生存与新型能力的提升。

1. 信息管理的内涵

信息管理（Information Management，IM）是管理信息系统的主要功能之一，也是为了更加有效地开发和利用信息资源，运用现代信息技术对信息资源进行计划、组织、领导和控制等一系列活动的总称。简单地说，信息管理就是在整个管理过程中，人们收集、加工和输入、输出信息的总称。信息管理的过程包括信息收集、信息传输、信息加工和信息储存，对信息资源和信息活动的管理，也是人们运用各种技术的、经济的、政策的、法律的和人文的等方式方法对信息全生命周期进行控制，以提高信息利用效率、最大限度地实现信息价值为目的的一种活动。更是人类社会信息活动的各种相关因素（主要是人、信息、技术和机构）进行科学地计划、组织、控制和协调，以实现信息资源的合理开发与有效利用的过程。它既包括微观上对信息内容的管理，即信息的组织、检索、加工、服务等，也包括宏观上对信息机构和信息系统的管理。

信息管理需要制定和完善信息管理制度，以保证信息资料的完整状态，确保信息系统在“信息输入—信息输出”的循环中正常有效地运作。信息管理涉及人类为了收集、处理和利用信息而进行的社会活动。它是科学技术的发展，社会环境的变迁，人类思想的进步所造成的必然结果和必然趋势。

随着计算机、全球通信和因特网等信息技术的飞速发展及广泛应用，科技、经济、文化和社会正在经历一场深刻的变化。20 世纪 90 年代以来，人类已经进入以信息化、网络化和全球化为主要特征的经济发展的新时期，信息已成为继物质和能量之后支撑社会经济发展的重要资源，它正在改变着社会资源的配置方式，改变着人们的价值观念及工作与生活方式。了解信息管理、信息科学、信息技术和信息社会，把握信息资源和信息管理，对于当代管理者来说，就像把握企业财务、人力资源和物流管理等一样重要。

2. 信息管理的对象

了解信息管理对象可以更好地明确信息管理目标和采用更加有效的方式与手段。信息管理的主要对象是信息资源和信息活动。

（1）信息资源。它是信息生产者、信息和信息技术的有机体。信息管理的根本目的是控制信息流向，实现信息的效用与价值。但是，信息并不都是资源，要使其成为资源并实现其效用和价值，就必须借助“人”的智力和信息技术等手段。因此，“人”是控制信息资源、协调信息活动的主体，是主体要素，而信息的收集、存储、传递、处理和利用等信息活动过程都离不开信息技术的支持。没有信息技术的强有力作用，要实现有效的信息管理是不可能的。由于信息活动本质上是为了生产、传递和利用信息资源，因此信息资源是信息活动的对象与结果之一。信息生产者、信息、信息技术三个要素形成一个有机整体——信息资源，是构成任何一个信息系统的基本要素，是信息管理的研究对象之一。

（2）信息活动。它是指人类社会围绕信息资源的形成、传递和利用而开展的管理活动与服务活动。信息资源的形成阶段以信息的产生、记录、收集、传递、存储、处理等活动为特征，目的是形成可以利用的信息资源。信息资源的开发利用阶段以信息资源的传递、检索、分析、选择、吸收、评价、利用等活动为特征，目的是实现信息资源的价值，达到信息管理的目的。单纯地对信息资源进行管理而忽略与信息资源紧密联系的信息活动，信息管理的研究对象是不全面的。

3. 信息管理的过程

信息管理的过程包括信息收集、信息传输、信息加工和信息储存。

随着科学技术特别是信息工程、计算机技术等高科技的飞速发展和普及，组织要求信息处理的数量越来越大，速度越来越快。为了让管理者及时掌握准确、可靠的信息，以及执行之后构成真实的反馈，必须建立一个功能齐全和高效率的管理信息系统。管理信息系统以计算机为主体设备，通过网络互连，保证迅速、准确、及时地收集情况和下达命令。

4. 信息管理的特征

（1）管理特征。信息管理是管理的一种，因此它具有管理的一般性特征。例如：管理的基本职能是计划、组织、领导、控制，管理的对象是组织活动，管理的目的是为了实现组织的目标等。

（2）时代特征。随着经济全球化，世界各国和地区之间的政治、经济、文化交往日益频繁，组织与组织之间的联系越来越广泛，组织内部各部门之间的联系越来越多，以至于信息大量产生。同时，信息组织与存储技术迅速发展，使得信息储存积累可靠便捷；信息技术的飞速发展，使得信息处理和传播的速度更快。

（3）信息的处理方法日益复杂。随着管理工作对信息需求的提高，信息的处理方法也越来越复杂。早期的信息加工，多为一种经验性加工或简单的计算。加工处理方法不仅需要一般的数学方法，还要运用数理统计、运筹学和人工智能等方法。

（4）信息管理所涉及的研究领域不断扩大。从科学角度看，信息管理涉及管理学、社会科学、行为科学、经济学、心理学、计算机科学等；从技术上看，信息管理涉及计算机技术、通信技术、办公自动化技术、测试技术和缩微技术等。

5. 信息管理的分类

信息管理的广泛性和复杂性给信息管理的分类带来困难。从不同的侧面可以分成不同类型的信息管理。

（1）按信息管理层次可分为：宏观信息管理、中观信息管理和微观信息管理。

（2）按信息管理内容可分为：信息生产管理、信息组织管理、信息系统管理、信息产业管理和信息市场管理等。

（3）按信息应用范围可分为：工业企业信息管理、商业企业信息管理、政府信息管理和公共事业信息管理等。

（4）按信息管理手段可分为：手工信息管理、信息技术管理和信息资源管理等。

（5）按信息内容可分为：经济信息管理、科技信息管理、教育信息管理和军事信息管理等。

2.3 信息技术与信息系统

管理信息系统是信息系统应用的重要领域，管理信息系统的发展完全依赖于信息技术的支持。掌握信息技术和信息系统的知识是研发管理信息系统的基本技能。

2.3.1 信息技术

信息技术不仅内涵丰富，而且动态性强。依据摩尔定理，每隔 2 年信息技术就会发生质的飞跃，其性价比快速提升。

1. 信息技术的内涵

信息技术（Information Technology，IT）是指用于管理和处理信息所采用的各种技术的总称。它主要是指应用计算机科学和通信技术来设计、开发、安装和实施信息系统及应用的硬件与软件，如图 2-4 所示。因此，学会管理信息系统研发，首先要掌握信息技术涉及的相关技术基础（具体内容请参考相关技术的专业著作或教材）。

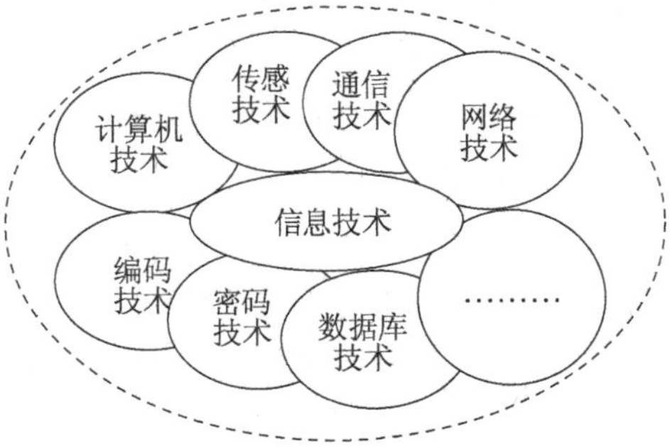

图 2-4　信息技术的内涵

随着信息技术应用的快速渗透，管理信息系统已广泛部署应用在各行各业，用户对管理信息系统的使用不断增加，依赖性越来越高，尤其是大中型企业和国家机构的管理信息系统建设已经形成体系规模。管理信息系统由前台信息终端和后台数据中心构成，前台信息终端提供了简便、易用的人机界面，比如银行自动存取款机、商场刷卡机、办公计算机、家用电脑、个人手机等；而后台数据中心负责对前台信息终端提交的信息进行相应的处理，并将处理结果返回前台信息终端显示出来。

2. 信息技术的特征

信息技术是当前改变人类文明进程的关键技术。它既有一般技术的特征,又区别于其他技术特点。信息技术体现出社会各项活动的数字化、网络化、多媒体化、智能化和虚拟化。

(1) 一般技术性。信息技术包含的所有技术都来自于一般技术,同样具有方法的科学性,对应生产设备的先进性,对掌握技能人员具有熟练性和经验的丰富性等差异,而且在生产活动过程中体现出作用过程的快捷性,功能的高效性等特点。

(2) 特殊技术特征。即信息性,具体表现为信息技术围绕数据处理,为用户提供信息服务,以数据加工形成信息为核心功能,通过信息技术相关设备提高数据处理与信息利用的效率、效益。由信息的秉性决定信息技术还具有普遍性、客观性、相对性、共享性、可变换性等特性。

(3) 相融性。信息技术往往可以很方便地与其他技术相结合,并推动其他相关技术的创新发展。信息技术为其他技术提供提升水平的平台,同时也为信息技术的应用拓宽领域。信息技术发展至今已经成为影响人类文明进程最快的技术。

(4) 动态性。所有技术都在动态向前发展,但是信息技术的动态发展大大地超出其他技术的发展,并成为其他技术发展的主要因素。这种动态的极速发展改变了人们生活、工作、学习、沟通等活动的方式方法、理念和制度,深刻地影响国家、地区和居民的生活质量。

信息技术代表着当今先进生产力的发展方向,信息技术的广泛应用使信息的重要生产要素和战略资源的作用得以发挥,使人们能更高效地进行资源优化配置,从而推动传统产业不断升级,提高社会劳动生产率和社会运行效率。

3. 信息技术的作用

信息技术的作用不仅体现在由信息技术形成的各类信息设备功能与性能为人们提供的服务能力上,而且直接影响其他相关技术装备的工作效率和效益。机械加工设备通过信息技术的应用,可以将功能单一的设备改造成功能集成的加工中心,实现柔性加工,提高生产灵敏度,达到“智造”水平。

(1) 推动企业升级。通过两化融合,利用计算机辅助设计技术和网络设计技术应用,不仅提高企业的技术创新能力,加速产品更新换代,而且利用计算机辅助制造技术或工业过程控制技术实现对产品制造过程的自动控制,可明显提高生产效率、产品质量和成品率。利用信息系统实现企业经营管理的科学化,统一整合调配企业人力、物力和资金等资源,实现整体优化;利用互联网开展电子商务,进行供应链和用户关系管理,促使企业经营思想和经营方式的升级,可提高企业的市场竞争力和经济效益,推动着企业的转型升级,不断提升转型能力。

(2) 人力资源结构产生巨变。信息技术的广泛利用,生产环境的变化,直接影响就业结构。尤其在经济发展中的以农业人口为主的中国,人们正在从农村走向城市,从事工业生产。由于工业生产环境的变化,人们又从一般工业生产工作向从事信息相关工作转变。特别在服务业中,除了极少部分传统服务业外,绝大多数是与信息处理、信息服务有关的职业。信息产业已经成为国家的主导产业,其对信息工作者的需求也迅速膨胀,信息人力资源结构逐步多样化。

（3）促进人类文明的进步。信息技术在全球的广泛使用，不仅深刻地影响着经济结构与经济效率，而且作为先进生产力的代表，对社会文化和精神文明产生着深刻的影响。

4. 信息技术的分类

从信息技术的内涵可知，信息技术本身涵盖和延伸各种各样的技术，同时信息技术与其他技术整合演化出众多复杂的交叉、边缘的科学技术。因此，从不同视角可以将信息技术分为不同的技术种类。

（1）从信息技术表现形态看，总体上可分为硬技术与软技术。硬技术是指各种信息设备体现的信息处理技术，如计算机、打印机、智能电话机、通信卫星、智能设备等。软技术是指有信息采集、加工、传递等需要的规则、标准、知识、方法与技能，如编码标准、程序设计语言、图文表达技术、数据统计分析技术、规划决策技术、计算机软件技术等。

（2）从信息技术工作流程的基本环节可分为信息采集技术、信息传递技术、信息存储技术、信息加工技术及信息标准化技术等。

（3）从信息技术形成的设备可分为电话技术、电报技术、广播技术、电视技术、复印技术、缩微技术、卫星技术、计算机技术、网络技术等。

（4）从信息的传播模式可分为传递信息处理技术、信息通道技术、受者信息处理技术、信息抗干扰技术等。

（5）从信息技术的功能层次可分为基础层次的信息技术，如新材料技术、新能源技术；支撑层次的信息技术，如机械技术、电子技术、激光技术、生物技术、空间技术等；主体层次的信息技术，如感测技术、通信技术、计算机技术、控制技术；应用层次的信息技术，如文化教育、商业贸易、工农业生产、社会管理中用以提高效率和效益的各种自动化、智能化、信息化应用软件与设备。

5. 信息技术的发展趋势

信息技术的深刻影响，促使世界各国致力于信息化建设，而信息化的巨大需求又驱使信息技术高速发展。

（1）微电子技术和软件技术仍然是信息技术发展的核心基础。集成电路的集成度和运算能力、性能价格比继续按原规律呈几何级数增长，强有力地支持信息技术的发展。软件技术正在朝着“硬件软化”的趋势发展。软件无线电和软交换，以及嵌入式软件的发展促使多种工业产品和民用产品智能化程度提高。

（2）三网融合。依据电话网、有线电视网和计算机网的特点，在数字化的基础上使网络技术走向融合，在业务内容上相互支持和覆盖。通过 Internet 可以通电话、看电视、远程操作，打破了原有的行业界限，引发产业的重组与政策的调整。

（3）物联网。互联网连接点不仅可以是计算机，还可以是智能设备。电视机、手机、遥控器等家用电器装备和个人信息设备都采用互联网协议标准，成为网络智能终端设备，使网络终端智能设备呈现多样性和个性化，为计算机远程控制智能设备提供基础，使电子商务、电子政务、远程教育、电子媒体、网上娱乐技术走进人们的社会环境中。互联网日益完善的社会化服务体系，使信息技术日益广泛地进入社会生产、生活的各个领域，从而促进了网络经济的形成。

（4）云计算（Cloud Computing）。这是一种由互联网提供的分布式计算技术。透过网络将庞大的计算处理程序自动拆分成无数个较小的子程序，再交由多部服务器所组成的庞大系统经搜寻、计算分析之后将处理结果回传给用户。这样可以在数秒之内处理数以千万计甚至亿计的信息，达到与"超级计算机"同样强大效能的网络服务，为信息技术的发展开辟了全新的发展思路。

（5）大数据（Big Data）。随着云时代的来临和信息技术的广泛应用，记录数据的日积月累，自然显现出大数据的现象。面对大数据，需要采用新的处理模式处理海量、高增长率及多样化的信息资产，才能具有更强的决策力、洞察发现力和流程优化能力。大数据必然无法用单台的计算机进行处理，必须采用分布式架构。它的特色在于对海量数据进行分布式数据挖掘，但它必须依托云计算的分布式处理、分布式数据库和云存储、虚拟化技术。大数据需要特殊的技术，以有效地处理大量的、可容忍时间内的数据。适用于大数据的技术，包括大规模并行处理（MPP）数据库、数据挖掘电网、分布式文件系统、分布式数据库、云计算平台、互联网和可扩展的存储系统。

2.3.2　信息系统

信息系统是由计算机硬件、网络和通信设备、计算机软件、信息资源、信息用户和规章制度组成的以处理信息流为目的的人机一体化系统。

1. 信息系统的内涵

信息系统是直接应用信息技术及其设备实现将数据变换成信息的系统，可以用图2-5表示信息系统的基本模型。这种变换存在于一个组织的各项活动之中，组织的序列活动形成信息流，同时可以成为其他活动筹划、推理、预测和控制的依据。一个组织及其职能子系统要充分有效地进行工作，就必须利用信息，而上下级及平行各级之间能否在同一领导下彼此有效地工作，关键就在于他们之间的信息流是否被很好地组织起来。在企业的生产经营活动中，伴随着物资流、事务流等的产生，总会产生一个相应的信息流。这就表明，在一个组织的全部活动中存在着各种各样的信息流，而且不同的信息流用于控制不同的业务活动，若几个信息流联系在一起，服务于同类的控制和管理目的，就形成信息流的网，称为信息系统。

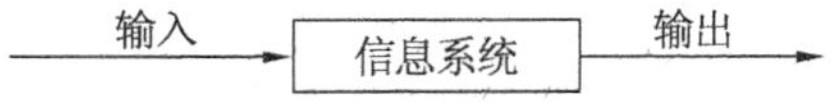

图2-5　信息系统的基本模型

根据以上分析，可以这样理解：信息系统是一个收集、传输、加工、存储、利用信息的人造系统。它由人、硬件、软件和数据资源组成，通过及时正确地收集、加工、存储、传递和提供信息，实现组织中各项活动的管理、调节和控制。信息系统（从抽象模型角度分）有输入、处理和输出三个过程。

2. 信息系统的功能技术

信息系统通过其各种功能满足人们的各种信息需求。一个信息系统的基本功能是将数据输入转换为信息输出，这种转换过程也是信息加工处理的过程，即信息系统的功能。信息系统的功能与管理信息系统的功能完全相同，从信息的产生过程来看，信息系统主要有信息的收集、加工、传输、存储等功能，在此不重复陈述。但是信息的各个功能需要信息技术和相关设备的支持。

（1）信息收集技术。信息的收集有人工方式、半自动化方式和全自动化方式等。在信息收集前除了需要确定信息收集的目的、内容和形式外，还要采用正确的信息收集方式。不同的信息收集方式采用的技术装备、收集质量和成本相差极大。来自企业办公室的管理信息收集大量采用人工方式。这种方式灵活方便，成本相对低；对于库存、销售和生产线上的信息收集更多采用一维或二维码的方式，这种方式不仅速度快，而且及时性好。但是若需要收集时变信息，且这类信息出现随机性时，往往需要采用传感设备感知相关信息。

原始信息收集的关键是完整、准确、及时地把所需要的信息收集起来，记录下来，做到不漏、不错、不误时。因此原始信息收集要求信息系统时间性和校验功能强、系统稳定可靠。由于原始信息收集时信息系统与信息源直接联系，而信息源又具有本身业务的特殊属性，因此在技术手段与实现机制上常常具有很大的特殊性。

当从其他信息系统收集信息，并在不同的信息系统之间进行传递时，要有目的地选取或抽取所需信息和正确地解释所得到的信息。由于这时所得的信息从时间和空间上已经离开了所描述的实体，从严格的意义上讲，已无法进行校验，难以防止误解。

（2）加工处理技术。加工处理是信息系统的一项主要职能，除了极少数最简单的信息系统，如简单的小型查询系统外，信息系统总需要对已经收集到的信息进行某些处理，以便得到某些更加符合需要或更加反映本质的信息，或者使信息更适于用户使用。这就是信息加工处理的一般模式，如图 2-6 所示。

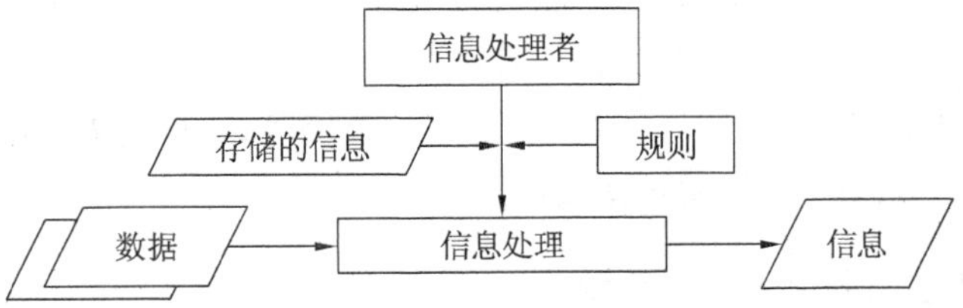

图 2-6　信息加工处理的一般模式

信息加工处理可以分为两个基本层次：信息的初步处理和二次处理或深度处理。信息的初步处理与事务处理的概念相关，包括统计、排序等；信息的二次处理与信息系统的业务处理和决策处理有很大的关系。经过加工后的信息，更加集中、更加精炼、更加反映本质。信息加工处理过程是人们按照自己已有的认识对信息去粗取精的过程，因此必然舍弃了某些自己认为“粗”的、带偶然性的内容。然而这一取舍是否得当，往往是需要事后验证的。对于信息加工的结果，我们应持谨慎态度。

信息加工处理技术侧重于软件技术，通过软件技术实现信息加工思路与方法，但是最终还要通过硬件技术与设备实现。

（3）信息的传输技术。信息传递是信息产生价值的基本途径，信息没有传递将成为信息孤岛，不能被需要的人利用。因此需要把信息从一个子系统传送到另一个子系统，或者从一个部门传送到另一个部门，伴随物流、资金流、事务流和工作流产生信息流，或者通过信息流反映对应物料、资金、事务和工作的状况。信息在传送过程中必须做到不失真和不泄密。

通信过程中的不失真是完全依赖于通信技术的应用,发送者将信息调制或载波,使其在适合信道的状态发送出去,接收者在接收信息前将调制后的信息进行解调或滤波,恢复原信息。要实现信息传递过程中不泄密,如今仍然是一项十分艰巨的任务。通常采用编码技术,在信息传递前先将明文进行加密,形成密文。信息系统传递加密后的密文,到达接收者时,对密文进行解密,最后恢复到明文。

由此可见,信息的传输并不只是一个简单的传输问题,还需依据人们对信息的需求,在时间、种类、数量、频率、安全性和可靠性等方面有一定的要求。

(4) 信息存储技术。信息系统必须具有某种存储信息的功能,否则它就无法突破时间与空间的限制而发挥信息的作用。无论哪一种信息系统,在涉及信息的存储问题时,都要考虑存储量、信息格式、存储方式、使用方式、存储时间和安全保密等问题。简单地说,信息系统的存储功能就是保证已得到的信息不丢失、不走样、不外泄,同时还要整理得当,随时可用。根据数据内在的结构和应用者对信息的各种要求,信息系统的存储功能主要有信息的物理存储和逻辑组织两个方面的问题。

信息的物理存储是指将信息存储在适当的介质上,如纸、磁盘等。物理存储可以分为两个层次来考虑,即设计层次和开发层次。在设计层次上,对组织信息系统应考虑各个数据库存放在哪个部门或哪台机器上;在开发层次上,则应考虑每个数据的物理组织形式。

信息的逻辑组织是指按照信息的逻辑内在联系和使用方式,把大批的数据组织成合理的结构,从而提高寻找信息的速度,这一般依靠数据库技术。信息的逻辑组织有两个层次:第一个是设计意义上的数据逻辑关系,主要反映信息系统各个子系统之间的输入和输出关系;第二个层次是在系统的开发层次上的逻辑关系,指的是数据库模式和数据库内在文件的组织结构和文件结构。逻辑组织还要考虑降低数据的重复存储及冗余度,保持数据库的一致性、安全性和完整性。

2.3.3 信息管理与管理信息系统

信息管理是信息系统的核心功能之一。1998 年以后,信息管理与信息系统专业成为中国人才培养的一个专业,被列入普通高校本科培养目录。这个专业与其他任何专业相比都具有明显的特殊性,对人才培养所需要的知识和技能与管理信息系统有着密切的关联。

1. 信息管理与信息系统专业的内涵

为顺应信息技术的飞速发展,满足社会信息化的高级人才需求,时代的进步催生了信息管理与信息系统专业的诞生。

该专业从诞生至今,虽然不到 20 年,但是与此相关的该专业的前身——经济管理信息系统、管理信息系统等专业已经有近 40 年历史,并形成了完整的学科体系。信息管理是当今经济快速发展的润滑剂,信息系统是信息社会向前发展的原动力。信息管理与信息系统的内涵是什么？这还是当前研讨的热点问题,通常可以归纳成从信息管理的视角和信息系统的视角理解其内涵。

(1) 信息管理学说认为,信息管理与信息系统是“对信息资源的管理”,即将一般管理理论、技术和方法用于信息资源的管理上,它是在社会信息化程度不断提高和社会对能够运用现代信息技术开展信息管理工作的人才需求与日俱增的情况下出现的一个新型管理类专业。用这种观点解释信息管理与信息系统的内涵，显然偏重于信息管理，而忽视了信息系统的重要性和基础性。

（2）信息系统学说认为，信息管理与信息系统是管理科学与工程的一个重要组成部分，它向人们介绍如何以现代信息技术为基础，运用管理学、运筹学、系统科学和经济学的知识和方法，组织（企业）通过以计算机为基础的信息系统来实现各种管理活动和信息处理业务。用这一观点认识信息管理与信息系统比较全面，充分体现了该专业的学科归类，但是这种观点仍侧重于信息系统的应用。由于信息管理与信息系统专业的复杂性，因此很难用简单的传统概念解释清楚该专业学科的内涵所在。

事实上，该专业是由信息技术、管理科学和系统科学交叉形成的前沿学科，是研究管理信息系统分析、设计、实施、管理和评价等方面的基本理论和方法，研究如何将计算机科学研制的管理软件转化为管理科学的现代化管理工具，是以信息为载体、计算机为工具、系统科学为理论依据、经济管理为服务对象的信息资源管理和信息系统建设咨询的理论与方法学科。该专业培养的人才在信息化建设中将起关键作用，肩负着维系各类管理信息系统的运行管理和伴随组织（企业）的成长而不断升级更新管理信息系统的使命，是现代化管理不可缺少的高级管理人才，没有该专业的人才就不可能有信息化成功的保障。该专业的就业岗位归属于各种组织（企业）的信息中心或组织（企业）管理的行政部门。

2. 信息管理与信息系统专业的特点

信息管理与信息系统学科的研究对象、研究方法和基础理论的特殊性，使其不仅具有与其他学科相同的特点，而且还具有该专业明显的特点。

无论是信息学，还是管理学都仍处在高速发展阶段，尤其是信息技术的发展必须与时俱进。该专业不仅具有前沿性、动态性和应用性，还具有学科的边缘性、交叉性和综合性。因此造成对该专业内涵的认识往往带有片面性和滞后性，难以正确地对该专业进行定位。

3. 信息管理与信息系统专业及管理信息系统课程

信息技术的日新月异和信息化进程的突飞猛进，给信息管理与信息系统专业建设带来前所未有的挑战。如何培养适合社会需要的各类人才是当前遇到的最大困难。信息管理与信息系统专业人才培养重点落在管理信息系统课程，管理信息系统全生命周期各阶段涵盖的一列活动也主要体现了专业人才的培养方向和去向。

2.4 案例研讨

2.4.1 信息价值

1. 信息出售给迪士尼度假胜地

分时度假是休闲娱乐业中的一项。简单地说，分时度假就是允许消费者每年可以有几周时间来享用度假设施。当他们不用这些设施的时候，公司还可以（也的确可以）将时间份额销售给其他人，有些分时协议甚至允许消费者将自己的分时度假地与另一个分时度假地进行交换，这种对换可以是世界的任何地方。事实上，根据美国度假地发展协会的报道，1996 年欧洲新增的分时度假人数超过了美国。为了寻找这类度假计划的最佳候选者，就要收集那些喜欢经常旅游的人的信息，这些人常到那些迷人（有时甚至是昂贵）的度假地，他们不介意预付 10000 美元之多的昂贵费用，而且每年还要另付 1500 美元以确保每年都能享用两周度假地。

1991 年，沃尔特·迪士尼（Walt Disney）公司决定进入这一赚钱的市场，并在迪士尼度假村销售分时度假。这些度假村都坐落在沃尔特·迪士尼乐园内部，这就意味着分时度假者将有可能在为度假时间付出消费的同时也在乐园中进行大量消费。开发迪士尼分时战略要克服的首要障碍就是建一个能完整描述那些潜在的分时度假者信息的数据库。迪士尼公司投资了 50 万美元，并在短短的 15 个月后，就完成了数据库的建立和信息准备。迪士尼将信用卡用户的信息、沃尔特·迪士尼公司的股东信息，以及曾在其他迪士尼旅馆中住宿过的顾客清单都装入该数据库中。

现在，在迪士尼的分时数据库中，已有 15000 条用户信息，还有 30 万条市场信息。迪士尼定期向每一位潜在用户发出直销信，信中包括有关欢快的迪士尼度假村的客人们的趣闻及有关分时度假可能性的全面信息。迪士尼还与那些近期通过别人介绍得知的用户取得联系，对每一位通过他人介绍而来并最终达成分时度假交易的客人奖励免费住宿，并对介绍人馈赠礼物。至今，这类由介绍达成的交易已超过 3000 人次。

迪士尼期望分时度假业务的销售额能在未来几年内产生引人注目的增长。这些分时度假业务的收益对迪士尼是十分重要的，因为它大约占公司总收入的 6%。

2. 问题研讨

（1）对信息的描述

A. 目前迪士尼分时度假系统中使用了哪些输入、输出信息？

B. 为有效地经营迪士尼的分时度假业务，你认为迪士尼应向潜在的用户提供哪些信息？

C. 销售目标是迪士尼首要关注的，你认为理想的分时度假的潜在用户或家庭需要哪些特征信息来定义与识别？

D. 与迪士尼如何收集信息相关的道德问题有哪些？你认为迪士尼收集别人介绍的用户、沃尔特·迪士尼的股东名单、迪士尼的信用卡用户名单，以及在其他迪士尼旅馆住宿者清单的信息是一种遵守道德的行为吗？

（2）对业务的描述

A. 你认为迪士尼的分时度假业务属于哪一类竞争战略？

B. 在这里，主要采用哪些信息技术，起到什么作用？请具体分析。

（3）进一步的发展

A. 你认为未来五年内，与迪士尼乐园的迪士尼分时度假村展开的竞争会有哪些？

B. 针对这些竞争，可以采用什么信息系统建设方案来获取新的竞争优势？

2.4.2 IT 给我们带来什么

1. 社交媒体

当前，社交技术已经越来越广泛地用于提升企业内部协作水平，以及与合作伙伴、供应商甚至用户之间的沟通和知识分享。社交网络加速了问题解决的速度,而与之相关的众多理念也使得企业能够便捷地获取各种概念和方案的创新,从缩短产品开发周期到加快市场交付速度,无所不在。

市场研究公司 Lpsos 最近的一份研究报告中提到,在充分利用社交媒体来促进协作、提升生产率和激励创新等方面,公司管理层和 IT 团队还有很长的路要走。"很多员工认为高层并没有意识到社交工具的价值",Yammer 公司(一家领先的社交媒体服务商)的 Brian Murray 表示:"我们认为,那些具有决策权的人应该倾听员工的意见,更深入地了解社交媒体的价值并在企业中大力推广。"

目前,已经有越来越多的企业认识到社交媒体不再仅仅是一个用户应用,而是推动企业创新的企业平台,以及与用户和贸易伙伴之间的黏合剂。随着具有社交媒体偏好的 IT 专家在企业中的角色日益重要,各种创新型应用不断涌现。比如,针对营销活动的反馈采集、基于 Twitter 和 Facebook 的实时社交、提升沟通效率的维基社区、增强公共关系的用户组等。

数字世界的急速膨胀已经无须赘言:据 IDC 统计,在 2005—2011 年之间,全球的信息量增加了 9 倍,达 2 ZB 的规模,而在 2015 年已经达到 8 ZB。信息如洪水一般涌来,对企业既是机遇也是挑战,海量、异构和多源的特性使得 IT 和业务团队疲于应付。针对这些新数据的分析(包括近年来成为热点的大数据方案)成为企业提升竞争力和灵敏度的基础所在。与此同时,通过自动化的知识挖掘,信息可以驱动创新,达成削减成本提升运营效率的目标,同时还能将宝贵的内部资源解放出来用于支撑新的业务机会。(摘自 E-WORK 网站)

据此案例,讨论如下问题,阐明社交媒体给我们带来了什么。

(1) 社交媒体生存与发展的依托是什么,IT 技术扮演怎样的角色?

(2) 社交媒体是如何影响人们的生活、工作和学习的?

(3) 社交媒体对国家、社会有何作用?

2. 移动技术

移动技术已经激活了新的用户和市场,正在全球范围内蔓延,从智能手机、平板设备到笔记本电脑。由于设备价格的迅速下降和技术的进步,移动技术的应用已经极大改变了用户访问和产生信息的方式。移动设备的普及速度从其所占的互联网流量即可窥知一二:2009 年,移动设备所产生的流量在全球互联网流量中占比不到 1%;如今,这个数字正快速接近 25%,而且业界对此毫无争议。值得一提的是,发展中国家的移动设备使用率上升得尤为迅猛,这或许是因为这些国家没有太多老旧的基础架构需要转化、集成或放弃。新一代员工对于移动设备的使用为企业创造了新的突破点,比如移动银行和基于位置感知的零售业务。

由于移动技术的普及,员工们正极大地改变着与 IT 部门的交互方式,比如移动应用的开发,还有在中央系统之外也能提供服务台能力。对企业来说,需要认识到这一点,即全面的数字化是在当前市场上取得成功的必要条件。为此,业务和 IT 领袖们需要集思广益,推动数字化进程,让员工、用户和合作伙伴能够共同创造新的商业价值。

据此案例,讨论如下问题,阐明移动技术给我们带来了什么。

(1) 移动技术与 IT 技术有何关系?

（2）展望移动技术的未来。

（3）如果今天没有移动技术，将会产生什么结局？

本章小结

本章全面地介绍了数据、信息、信息系统、信息管理、管理信息和信息技术等概念、特征，重点解析了数据与信息的联系、信息管理、信息系统、信息技术和管理信息之间的区别与联系，探索了信息管理与信息专业人才培养与本课程的关联，阐明了信息管理与信息系统专业的内涵和特点，并用案例阐述当今信息时代对信息价值的认识，信息技术给人们带来的巨大变化。

试一试　管理信息系统研发准备

管理信息系统基础知识众多，全面掌握与灵活应用是关键，但是不可能对管理信息系统的所有基础知识都进行尝试，只需通过互联网查询、讨论和操作了解数据与信息的联系和区别，掌握管理信息系统的基本原理与相关技术，学会信息搜索、分析、归纳和提炼，了解管理信息系统相关技术的发展历史及趋势，并通过用截图工具、文字复制等方式收集相关资料、整理和创建相关数据库表。提高学生对管理信息系统的全面认识，巩固数据库基本操作技能。具体操作过程如下：

1. 启动计算机网络系统

首先，启动计算机系统；然后，接入 Internet；最后，进入搜索引擎，如：www. baidu. com，www. sogou. com，www. etao. com，www. google. cn 等。

2. 信息收集

首先，确定搜索内容。可以拟定为：信息、数据、信息系统、管理信息系统、管理信息系统发展等关键词，也可以事先设计需要探索的关键词。然后，录入搜索引擎，逐条搜索，并打开相关词条内容，复制到 WORD 文档中。最后，对于复杂图形，可以通过屏幕复制到画图系统，选择需要区域后复制到 WORD 文档。

3. 形成基础知识查询报告

首先，进行内容分类，列出其应用面和知识点。其次，按学科领域和发展历程形成知识体系进行归纳，再提炼、总结已经形成的理论与方法，提出因时、因地、因环境等变化的影响因素。最后，写出总结性报告。

4. 启动数据库管理系统

可以选择系统中已经安装的某一个系统，如 ACCESS、VFP、MySQL 等。

5. 设计数据库

（1）选择某一事件。如成绩管理、教材管理、学生档案管理等。

（2）依据数据库原理，画出 E-R 图。

（3）依据关系理论，定义数据表（表名：属性名、类型、长度、小数位）和表间的关联。

6. 数据库表的操作

（1）创建库。根据选用系统的复杂程度，可以先建立一个数据库，例如：学生成绩管理系统，设库名为 XSGL。

（2）创建表结构。例如：系统用户基本信息表（HDT），需要记录系统操作的权限。系统可以同时拥有多门课程，同时供多种用户使用。如果不设置用户，系统无法确保安全可靠。用户表结构如表2-1所示。

表2-1　用户表结构

字段	类型	长度	标题	索引
HW1	C	12	用户名	
HW2	C	6	用户号	主索引
HW3	C	6	密码	
HW4	C	1	用户类	普通索引
HW5	C	11	联系电话	
HW6	C	1	角色	

7. 自助学习

首先，建立表完整性。为提高数据输入的正确率，避免发生错误，对数据表字段可以设置有效性规则、默认值和注释等。

例如，用户表中的用户类（HW4）：① 教师；② 学生；③ 管理员。角色（HW6）：① 教学；② 培训；③ 管理等具体内容。还可以设置记录有效性规则和相关操作的触发器规则。例如，用户表中用户类别和角色字段需要设置有效性规则和默认值，确保系统对用户的管理。然后，建立表间关联。最后，记录输入和维护，请输入表2-2中的内容。

表2-2　用户基本信息

HW1	HW2	HW3	HW4	HW5	HW6
MIS 课老师	T00001	123456	教师	88780186	VFP 用户
张三	S00001	666666	学生	13605285602	VFP 用户
李四	S00002	555555	学生	13605285611	MIS 用户
网管	M00001	989898	管理	15189114028	题库管理

上机时，学生可以根据学生自己的基本信息，建立相应记录并输入数据表。同时，根据要求，学生可以独立创建相关数据库表，并通过数据表维护，确保数据内容与设计一致。

8. 思考

管理信息系统发展经历哪几个阶段？其主要应用领域是什么？请选择某一数据库管理系统构建适合学生档案管理的数据库表。

研讨

1. 名词解释

(1) 信息管理　(2) 信息系统　(3) 管理信息

(4) 信息技术　(5) 信息　(6) ERP

2. 问答题

(1) 数据与信息有何联系?

(2) 信息有何特点?

(3) 管理信息与管理信息有何区别?

(4) 信息管理与信息系统专业人才培养与本课程有何关联?

第 3 章　管理信息系统的研发方法

随着管理信息系统应用的广泛普及,及其对人们工作、学习和生活等的影响,其研发方法从整体到某一研发阶段和单一活动均在不断改进,至今还在不断涌现新的研发方法。因此,管理信息系统的研发方法种类繁多,细分困难。本章仅侧重介绍从全过程视角进行的研发方法。

3.1 研发思路

管理信息系统发展至今,其理论与方法不断完善,形成了独立的研究学科和专业。研发一个管理信息系统,除了一些部门为某一岗位提供一些简单的功能模块外,均是一项十分复杂的系统工程。

3.1.1 开发管理信息系统的条件

开发管理信息系统的复杂性、动态性和对人们影响的深远等状况,迫使我们在研发管理信息系统前必须要慎重考虑用户是否具备相应的条件,避免投资无效和产生严重损失。

1. 高层决策者支持

管理信息系统只有融入管理,才能发挥作用,产生效益,而且其开发周期长,耗资大,涉及管理方法的变革,主要领导必须亲自抓才能成功。因此,首先要考虑企业的高层决策者对管理信息系统的认识、信息化工程的领导能力和执行力。

(1) 领导重视落在实处。管理信息系统的开发是一项庞大的系统工程,它涉及组织日常管理工作的各个方面,需要领导出面组织力量,协调各方面的关系,还需要资金保证。没有领导的支持,在开发过程中将面临巨大的阻碍,系统的开发很难成功。

(2) 领导还应当具备管理信息系统开发各阶段的决策能力。系统规划方案、系统分析报告、系统进度控制等工作需要高层决策者亲自决断。因此,领导必须掌握管理信息系统的基础知识,才能正确地把控方向,避免最终交付的管理信息系统偏离需求。

2. 管理基础

只有在合理的管理体制、完善的规章制度、规范化的报表体系、科学的管理方法和可靠完整的数据资料的基础之上,才能有效地开发管理信息系统,管理信息系统才能发挥应有的作用。

(1) 规范管理制度。为了适应管理信息系统开发的要求,必须完善管理的基础工作,实现基础管理的规范化、管理业务的程序化、指标和定额的科学化、报表文件的统一化、代码名称的标准化。

(2) 理顺管理业务。管理信息系统是基于管理业务,同时又优化管理业务,计算机化的管理信息系统,或用计算机代替人工作业的方式既不能发挥管理信息系统的作用,也不能提高管理效益,更无法回收管理信息系统建设的投入。只有在理顺业务、优化业务和重组业务的基础上管理信息系统才有可能产生效益。

(3) 明确业务数据。数据是管理信息系统的原料,要想得到质量高的信息产品,必须保证原料的质量。若缺乏数据原料,或得到低劣的数据原料,则无法生产出高质量的信息产品。因此,数据建设是管理信息系统研发基础的基础,必须先做好基础数据的整理工作。

3. 队伍建设

在管理信息系统的开发过程中,必须建立一支由既懂计算机又懂管理的计算机技术人员和业务管理人员两方面人员组成的开发队伍。只有计算机技术人员和业务管理人员的紧密配合,才能开发出一个良好的管理信息系统。缺乏业务管理人员参与开发的管理信息系统,即使设计、编码工作做得很出色,至多只是代替手工、完成部分手工劳动的系统。

开发队伍包括:系统分析员、系统设计员、程序员、操作员、数据管理员、系统维护人员、信息控制人员和管理人员。系统分析员起着举足轻重的作用,他们要主持整个系统开发,确定工作目标及确定实现目标的具体方案。系统分析员的知识水平和能力决定了管理信息系统的质量,他们必须具备专业技术及组织管理的才能。缺乏称职的系统分析员是目前制约管理信息系统开发的重要原因之一。

3.1.2 管理信息系统的开发原则

影响管理信息系统研发成败的因素众多,不同组织、不同规模、不同平台、不同需求直接影响管理信息系统开发方法的选用。因此,在确定管理信息系统研发方法前,必须要与用户充分沟通,并预先制定开发原则,提高其开发的成功率。

(1) 创新性,也称为先进性原则。管理信息系统开发前,需要及时了解相关的新技术,以及提供可用的新环境。采用新技术,减少研发弯路,使目标系统快速成型,最大限度地满足用户需求。

(2) 整体性,也称为完整性原则。管理信息系统服务于某一组织的某些功能,均可以从一般概念上理解为一个合理的数据加工“闭环”系统。目标系统应当是对这个“闭环”系统的完善。

(3) 体现超前性和不断发展原则。为了提高使用率,有效地发挥管理信息系统的作用,应当注意技术的发展和环境的变化。管理信息系统在开发过程中应注重不断发展和超前意识。

(4) 经济性,也称为实用性原则。决定管理信息系统成败的关键因素是系统实施前后将产生的效率、效益和效应,实用、有用和好用是研发管理信息系统必须遵守的基本原则。大而全和高精尖并不是成功管理信息系统的衡量标准。事实上,许多失败的管理信息系统正是忽视了其实用性,忽视了本单位的技术水平、管理水平和人员素质。

3.1.3　管理信息系统研发的一般过程

选用不同的研发方法,其开发过程不尽相同,但是不管选用什么方法,一般都需要做好开发前的准备,组织开发团队,明确管理信息系统的目标与需求,针对用户需求设计逻辑系统,然后依据逻辑系统进一步设计成物理系统,通过系统实施交付给使用单位,最后进入收尾结束工作,如图 3-1 所示。一个管理信息系统开发成功交给用户后,这个系统就进入了漫长的运行管理、评价和维护阶段。这个阶段的工作是持久的,不断提出需求和改进的过程,而系统的研发是阶段性的,必须按时按需求验收结束。

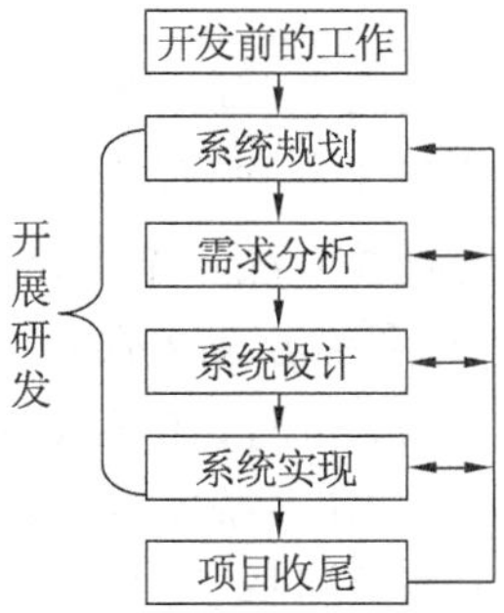

图 3-1　开发流程示意图

1. 前期准备

管理信息系统研发的前期准备工作十分重要,直接影响到以后的工作是否能正常开展。不仅要充分重视准备工作,还要严密检查、管控准备工作。前期准备工作的主要内容是明确研发任务、选择研发方法、计划研发进程、组建研发团队等,前期准备工作的具体内容和要求将在后续章节中详细介绍。

2. 开展研发工作

无论选择什么研发方法,其前期准备工作都基本相同,但是具体的研发工作与选用的开发方法的相关性很大。因此,本章仅介绍一般都会经历的工作内容。研发工作主要包括系统规划、需求分析、系统设计和系统实现。系统研发工作内容分别在系统规划、系统分析和系统设计相关章节中介绍,在此不再重复。

3. 项目收尾

项目收尾对系统研发的双方都很重要,通过收尾工作结束项目,并给出研发结论性意见。项目收尾的主要工作是项目验收、人员培训和交接等工作。

(1) 项目验收。在系统研发准备阶段就需要明确系统的目标、研发的内容,并选定系统评价的标准和依据,选择合理的指标和评价方法。在验收阶段依据事先的约定,即需求人员提供的原始资料及软件开发设计方案,对软件的各项功能进行全面核查,如无异议,验收后签署"验收确认书"。

(2) 人员培训。由于管理信息系统的先进性和复杂性,对管理信息系统的培训应当有一个周密的计划,针对系统运行管理的不同人员,在系统开发的不同阶段进行培训,在项目结尾阶段培训的人员主要是系统操作人员。要求用户能独立使用系统提供的信息,并发挥信息资源的作用。

(3) 交接。系统交接是一项关键性工作,将管理信息系统由研发单位交付给使用单位的过程从理论上讲十分简单。研发单位是否完全交接管理信息系统的有关文档资料、接受者对这些技术资料是否能理解、掌握,当系统运行过程中发生异常后是否能识别原因并及时解决等一系列问题一直困扰着收尾工作。研发方不仅要为业务需求方提供书面的技术支持承诺,认真执行,落到实处,并且很有必要提供2~3年的辅助性技术支持。

3.2 研发方法

管理信息系统的研发涉及的知识面广、部门多,不仅涉及技术,而且涉及管理业务、组织和行为。系统开发方法至今已有几十种,有些方法是整体系统的研发过程,更多的方法是研发过程某一阶段性工作的研发方法。本章从整体的角度归纳系统研发方法。

按系统研发过程,可将管理信息系统分成生命周期法和原型法两类。生命周期法认为任何系统都会经历一个发生、发展和消亡的生命周期过程,管理信息系统也不例外。一个系统经过系统分析、系统设计和系统实施,投入使用以后,经过若干年,由于新情况、新问题的出现,人们又提出了新的目标,要求设计更新的系统。这种周而复始、循环不息的过程被称为系统的生命周期。所谓生命周期法,就是按照管理信息系统生命周期的概念,自上而下,由全局出发全面规划分析,严格按照系统生命周期的各个阶段规定的步骤去开发系统。原型法则是一开始不进行全局分析,而是抓住一个系统,经设计实现后,再不断改进扩充,使其成为全局的系统。

按系统的分析要素,可以把系统开发方法分为面向功能方法(FO)、面向数据方法(DO)和面向对象方法(OO)。FO(Function Oriented)方法是在系统分析时,首先搞清系统的功能,按功能收集系统要求,根据功能划分子系统。DO(Data Oriented)方法是首先分析系统的信息需求,建立系统的信息模型,然后建立系统的共享数据库,整个方法以系统的数据为中心。OO(Object Oriented)方法则是首先分析系统中的对象,把描述对象的数据和对象操作封装在一起,以实现对象的各种操作特性。多个对象还可以构成类,类可以有子类,子类可以调用某父类所定义的数据和操作。

其实这两种分类方法相互交叉,因此,还可以将管理信息系统的开发方法总体上分为结构化系统开发方法(SSA&D)、原型法、面向对象开发方法(OOA&D)和CASE方法等几大类。

3.2.1 SSA&D 方法

结构化系统开发方法(Structured System Development Methodology,SSA&D)是自顶向下的结构化方法、工程化系统开发方法和生命周期法的结合,它是迄今为止的开发方法中应用最普遍、最成熟的一种,如图3-2所示。

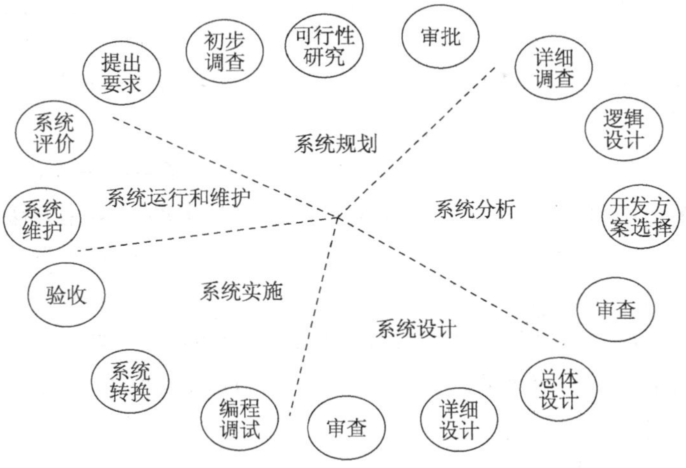

图 3-2　SSA&D

1. 结构化系统开发方法的基本思想

结构化系统开发方法的基本思想是:用系统工程的思想和工程化的方法,按用户至上的原则,结构化、模块化、自顶向下地对系统进行分析与设计。具体来说,就是先将整个信息系统开发过程划分成若干个相对独立的阶段,如系统规划、系统分析、系统实施等。在前三个阶段坚持自顶向下地对系统进行结构化划分。在系统调查或理顺管理业务时,应从最顶层的管理业务入手,逐步深入至最基层。在系统分析,提出新系统方案和系统设计时,应从宏观整体考虑入手,先考虑系统整体的优化,然后考虑局部的优化问题。在系统实施阶段,则应坚持自底向上逐步实施的原则。也就是说,组织人力从最基层的模块做起,然后按照系统设计的结构,将模块一个个拼接到一起进行调试,自底向上,逐渐地构成整体系统。

2. 结构化系统开发方法的特点

与生命周期法相比,结构化系统开发方法更强调开发人员与用户的紧密结合,而且在开发策略上强调“从上到下”,注重开发过程的整体性和全局性。强调在信息系统的开发过程中,按照规定的步骤,使用一定的图表工具,在结构化、模块化的基础上进行。结构化系统开发方法适合于大型信息系统的开发,它有以下特点:

(1) 面向用户的观点。在开发过程中,吸收用户(管理人员和业务人员)参加,并与用户及时交流、讨论开发中的各种问题,用户的需求是研制工作的出发点与归宿。面向用户的观点将提高系统质量,使新系统更加科学、合理,具有实用价值。

(2) 重视调查研究和系统分析。对现行系统做充分细致的全面调查,进行系统分析,从整体出发确定新系统的最佳方案。其中要对现行系统进行模拟、改建,以便计算机处理。这是用户观点的描述,建立能反映实际事务活动的功能模型。

(3) 逻辑设计与物理设计分开进行。系统的逻辑设计在系统分析阶段进行。开发人员利用图表工具,构成新系统的逻辑模型,好像建筑图纸一样,看到新系统的梗概。这是设计者观点的描述,建立能反映新系统的逻辑模型。采用的方法是模块化层次型设计方法:系统(公司)—分系统(业务部门)—子系统(职能部门)。

系统的物理设计在系统设计阶段进行,它依据新系统的逻辑模型,提出详细的技术实施方案，如数据库设计、代码设计等。这是开发者观点的描述，建立能反映新系统的工艺技术模型。

分阶段设计可使逻辑设计部分不受物理设施的限制，从而能更好地实现新系统的目标。

（4）自顶向下的结构化方法。即由系统—分系统—子系统—功能模块逐级细化，形成一个层次型结构，且每个阶段都按此进行。自顶向下的结构化方法使得新系统的各部分相对独立，各系统之间、各过程之间的接口及界面清晰，便于设计、实施、维护和修改。

（5）开发过程按阶段进行。开发过程分为若干阶段（系统调查、系统分析、系统设计、系统实施、系统运行），每个阶段都有明确的目标，后面阶段的工作以前面阶段的成果为依据。这样基础扎实，不易返工。

（6）工作文件标准化和文献化。新系统开发过程中的工作内容（研究记录、分析报告等）都必须形成固定规格的文本，各种图表工具都要求标准化。标准化文献供用户参考使用，供开发者查阅，便于开发的连续性、再扩充。

3. 结构化系统开发方法的阶段划分及任务

虽然各种业务信息系统处理的具体内容不同，但所有新系统的开发过程都可以划分为系统规划、系统分析、系统设计、系统实施，以及系统维护、运行与评价五个主要阶段，如图3-3所示。

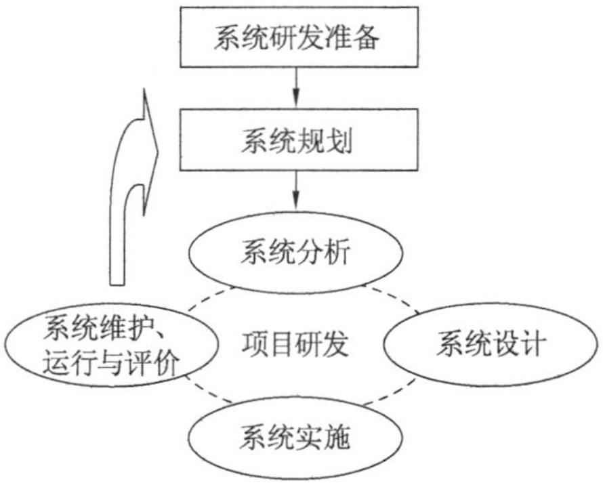

图3-3　结构化系统开发阶段划分

（1）系统规划阶段。本阶段的任务是组建规划小组，根据用户的系统开发请求进行初步调查，了解企业的概况、目标、边界、环境、资源，确定企业目标及信息系统目标，然后进行可行性分析。若认为可行，则提出信息系统的主要结构、开发方案、进度计划、资源投入计划等，写出可行性分析报告。

（2）系统分析阶段。本阶段的任务是进行新系统的逻辑设计。首先对企业进行详细调查，了解用户需求、业务流程，了解信息的输入、处理、存储和输出，然后建立新系统的逻辑模型。借助数据流程图、数据字典及文字说明写出新系统逻辑设计文档（即系统分析说明书）。

（3）系统设计阶段。本阶段分为总体设计和详细设计两个阶段。总体设计阶段的主要任务是系统模块结构设计、软硬件平台选型、数据库和数据文件设计、编码设计、

I/O 设计、模块接口设计等。详细设计阶段主要是进行模块设计及模块内部的算法设计,最后写出系统设计说明书。

(4) 系统实施阶段。本阶段的任务包括购置计算机硬件、系统软件,并安装调试;程序设计;程序及系统的调试;用户培训;编写各种文档等。

本阶段要进行多种文件和数据库的建立工作,需要投入大量人力进行数据收集、整理和录入。系统调试和转换也是艰巨的任务,通常在成功试运行后,新系统即可交付使用。

(5) 系统维护、运行与评价阶段。系统本身的复杂性决定了调试工作结束后,不能马上转入正常运行,需要一段修改、改进和考验的时间。这期间的修改内容是多方面的,如系统的处理过程、程序、文件、数据,甚至某些设备和组织的变动。

评价系统的优劣,主要是系统的工作质量和经济效益。例如,输出信息的准确性、系统可靠性和运行质量,系统的开发费用、使用费用、维护费用、经济效益,以及工作效率的提高和服务质量的改善等。

维护和评价反复进行多次,最后给出新系统评价分析报告。

在新系统开发的各阶段中,最关键的是系统分析阶段,该阶段的成果——新系统逻辑设计说明书,相当于产品的总体设计,是新系统开发的重要依据。工作量最大,投入人力、物力、财力最多,时间最长的是系统实施阶段。

4. 结构化系统开发方法的优缺点

结构化系统开发方法是在对传统的、自发的系统开发方法批判的基础上,通过很多学者的不断探索和努力而建立起来的一种系统开发方法。这种方法的突出优点就是它强调系统开发过程的整体性和全局性,强调在整体优化的前提下考虑具体的分析设计问题,即自顶向下的观点。此外,它强调严格区分开发阶段,一步一步严格地进行系统分析和设计,每一步工作都及时地总结,发现问题及时地反馈和纠正,从而避免开发过程的混乱状态。这是一种目前被广泛采用的系统开发方法。

但是,随着时间的推移,这种开发方法也逐渐暴露出了很多缺点和不足。最突出的缺点是它的起点太低,所使用的工具落后,致使系统开发周期过长。另外,这种方法要求系统开发者在调查中就要充分地掌握用户需求、管理状况,以及预见可能发生的变化,这不符合人们循序渐进地认识事物的规律性。因此,这种方法在实际工作中实施起来有一定的困难。

3.2.2 原型法

在信息系统的开发过程中,明确的需求是非常重要的,但是要想事先给系统一个明确的描述又是比较困难的。这是因为,人们对自己的工作和计算机在企业中的应用都有一个认识的过程,随着系统开发的不断深入,会有新的需求不断产生。用传统的结构化系统开发方法要求系统分析阶段完成后冻结需求,其适应变化是很难做到的。因此,随着计算机软件技术的发展,特别是在关系数据库(RDBMS)、第四代程序生成语言(4GL)和各种系统开发生成环境产生的基础上,人们提出了一种从设计思想到工具、手段都全新的系统开发方法,即原型法。原型法根据用户提出的基本需求,采用快速技术,在短时间内开发出一个简单的、带有实践性的、可执行的系统原型交给用户试用,开发人员根据用户反馈的信息，对系统原型进行修改、完善后再交给用户试用，重复这个过程，直至产生用户满意的系统原型为止。

1. 原型法的开发过程

如图3-4所示，原型法的开发过程包括四个基本步骤：确定用户对系统的基本需求，开发初始原型，运行、评价初始原型，修改与完善原型系统。

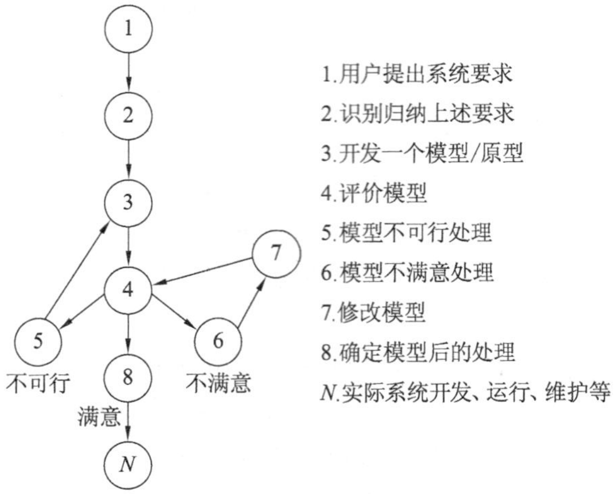

图3-4 原型法示意图

(1) 确定用户对系统的基本需求。在这个阶段中，系统开发人员首先进行详细的系统调查，识别出新系统的基本需求，如：系统功能、人－机界面、输入输出、运行环境、性能及安全可靠性。这一步工作的基本内容类似于SSA&D中的系统定义阶段，目的在于通过有关信息的获取，确定用户的基本需求，为初始原型的开发打下基础。在这个阶段，用户和开发者对系统功能需求的认识是不完善的，这种不完善可以在今后的循环过程中加以弥补或纠正。

(2) 开发初始原型。根据用户的基本需求，开发人员迅速建立起一个初始原型，该模型是在计算机上初步实现的信息系统。初始原型开发的目的在于尽快建立起一个满足已经明确的基本需求的工作原型，以检查用户是否清楚地说明了对系统的要求，开发者是否正确理解并实现了这些要求。该原型只包括一部分功能或概括性的功能，只是一个反映基本要求的样品，目的是为了进行讨论并从它开始迭代。工作原型的开发是整个开发过程中一个十分重要的步骤。在这个步骤中，应当在满足系统基本要求的前提下，把开发速度摆在十分重要的位置上，尽快地建立起工作原型，同时要求原型系统具有较好的用户友好性。

(3) 运行、评价初始原型。原型系统的运行与评价是系统进化过程的重要步骤，让用户亲自使用原型，对原型进行检查、评价和测试，指出原型的缺点和不足，提出改进意见和需求。运行、评价的目的是听取用户对原型系统的看法和改进意见，进一步确定用户对系统的实际需求，无此步骤就无法对系统进行有针对性地改进和完善，原型系统也就无法继续进化成为最终系统。

(4) 修改、完善原型系统。这步工作的目标是依赖前一步由双方共同确定的具体意见，对原型进行修改、扩充、完善。对原型的使用和修改是一个不断地循环迭代的过程，每开发一个系统原型都要交付用户使用，如果用户不满意就要修改原型，直到用户满意为止，否则就要不断循环地修改。

2. 原型法的特点

在采用原型法开发系统时，需要掌握这种方法的特点，在开发过程中正确地使用它。与 SSA&D 相比，原型法的特点在于：

（1）易于用户接受。原型法更多地遵循了人们认识事物的规律，因而更容易被人们掌握和接受。

（2）强调用户的参与。开发人员始终一贯地与用户密切合作，为双方的交互提供了有力手段，将传统的系统调查、系统分析和系统设计合为一体。

（3）提倡使用开发工具。使用与原型法相适应的模型生成、修改、运行等一系列的系统开发生成环境，使得整个系统的开发过程摆脱了老一套的工作方法，时间、效率、质量等方面的效益都大大提高了，系统对内外界环境的适应能力大大增强了。

（4）开发过程是一个对原型不断修改、不断评价的过程。在开发过程的各周期序列中，设计、实现与评价本身就是评价与修改，这是由原型开发本身决定的。这种修改是有目的的修改，其结果使系统得以进化，其评价也是有针对性的。系统开发中出现的问题或不足，大多数是由于开发人员不能完整而准确地确定用户的需求，很少是由于技术原因。原型开发可以减少这些问题的出现。

（5）缩短了系统的开发时间。原型法在开发过程中较早地和用户确认需求，减少修改与维护总工作时间。原型法充分利用了最新的软件工具，强有力地支持了原型法的开发思路。

但是，频繁的需求变化也会使开发进程难以管理。由于需求依赖用户修改意见，如果用户本身考虑不周，可能会造成系统偏离开发方向。

原型法比较适合于用户需求不清、业务理论不确定、需求经常变化的情况。系统规模不大也不太复杂时，也适宜采用该方法。

3. 原型法开发过程中应注意的问题

（1）应重视开发过程的控制。由于原型法缺乏统一规划和对系统开发的分析设计，只是按照"构造原型—修改—再修改"等粗略的过程反复迭代，用户可能提出过多甚至无关紧要的新修改要求，如果没有约束原型完成和资源分配的规定标准，就会使开发过程难以控制，项目的管理和系统的维护比较困难。为此，用户和开发者不仅要达成一个具体的开发协议，规定一些开发的标准和目标，还要建立完整的、准确的文字档案，特别在每一次原型的改进和完善中，都必须做好相应的文档记录和整理。

（2）应将原型法与生命周期法有机结合。在具体的开发中，为了得到有效的应用软件，在整体上仍可使用生命周期法，以弥补原型法的不足。系统规范化是管理信息系统开发的关键，开发应做到完整、一致和准确。可以把原型作为需求描述的补充和量化，以代替传统的数字审核、确认来提高需求描述的质量。再就是把系统分析设计和建造原型结合起来，在分析的同时也要考虑设计的要求和目标。实实在在的系统原型能给用户和开发人员一个直观的对象，便于在系统开发初期认识和评价系统，从而打破使用与开发的封闭性。

（3）应充分了解原型法的使用环境，掌握开发工具。原型法比其他方法有更多的优点，相应地，它对开发环境的要求更高。开发环境包括软件环境、硬件环境和开发人员，其中最主要的是软件环境，尤其是需要支持开发过程中主要步骤的工程化软件支撑环境，以解决原型的快速构造。从原型系统到最终系统形成各种变换，并确保这些变换的一致性。没有充分了解和掌握这些软件环境工具，原型法的所有优点都难以实现。一般认为，第四代语言(4GL)和软件开发工具是支持原型法开发的有力工具。

3.2.3 OOA&D 方法

面向对象是20世纪90年代软件开发方法的主流。面向对象的概念和应用已超越了程序设计和软件开发，扩展到很广的范围，如数据库系统、交互式界面、应用结构、应用平台、分布式系统、网络管理结构、CAD 技术、人工智能等领域。

1. 面向对象方法的基本思想

面向对象方法是一种运用对象、类、继承、封装、聚合、消息传递、多态性等概念来构造系统的软件开发方法。它的基本出发点和基本原则是尽可能模拟人类习惯的思维方式，使软件的开发方法与过程尽可能接近人类认识世界、改造世界的方法与过程，也就是在软件开发中描述问题的问题空间与客观世界的表现空间在结构上尽可能一致。面向对象方法认为客观世界是由各种对象组成的，任何事物都是对象，复杂的对象可以由比较简单的对象以某种方式组合而成。面向对象的软件系统是由对象组成的，软件中的任何元素都是对象，复杂的软件对象由比较简单的对象组合而成。在面向对象的方法中，把所有对象都划分成各种对象类(简称类，Class)，每个对象类都定义一组数据和一组服务，它封装了空间对象存在的状态和对象的空间行为；根据对象类与对象之间的关系，可由若干个对象组成一个类层次关系，在类层次之间体现了继承关系；在对象与对象之间通过传递消息实现通信。

(1) 基本概念

① 对象：系统构成的基本单位，是系统中用来描述客观事物的一个实体。一个对象由一组属性和对这组属性进行操作的一组服务构成。

② 类：对象的抽象，是对一类相似对象的描述，这些对象具有相同的属性和行为、相同的变量(数据结构)和实现方法。

③ 继承：把若干个对象类组成一个具有层次结构的系统，下层的子类具有和上层的父类相同的特性，称为继承。

④ 封装：每一个对象具有其自身的属性和服务，把对象的属性和服务结合在一起，可形成一个独立的不可分割的单位，构成一个封装体。

⑤ 消息：对象之间的相互作用是通过消息发生的。消息由某个对象发出，请求其他某个对象执行某一处理或回答某些信息。对象之间只能通过外部接口传递消息来相互联系。

(2) 基本思想

① 走访用户、调查客观世界的应用领域(问题空间)，获取用户需求。

② 以对象作为系统的基本构成单位，事物的静态特征用对象的属性表示，事物的动态特征用对象的服务表示，对象的属性和服务结合为一体构成一个独立的实体，对外屏蔽其内部的细节，用统一建模符号描述系统中的对象并构造对象模型。

③ 识别与问题有关的类、类与类之间的联系及与解决方案有关的类，把具有相同属性和相同服务的对象归为一类。类是这些对象的抽象描述，每个对象是其类的一个实例。通过不同程度的抽象，可以得到较一般的类和较特殊的类，特殊类继承一般类的属性和服务。对象之间、类之间通过消息进行通信以实现它们的动态联系，通过关联表达它们之间的静态联系。

④ 对涉及的类及其联系进行调整，使之如实地表达问题空间中事物之间实际存在的各种关系，并对类及联系进行编码，测试即可得到直接映射问题空间的系统结构。

2. 面向对象方法的开发步骤

面向对象方法开发的一般步骤为：

（1）系统调查和需求分析。第一步要对系统将要面临的具体管理问题及用户对系统开发的需求进行调查研究，即先弄清“要干什么”的问题。

（2）面向对象分析（Object-Oriented Analysis，OOA）。在系统调查资料的基础上，将面向对象方法所需的素材进行归类、分析和整理。面向对象分析模型包括对象模型、动态模型和功能模型三个层面，主要的任务是：首先，通过对用户需求陈述的分析，识别出问题的实质及所涉及的对象、对象间的关系和服务等，建立对象模型；然后，以对象模型为基础，将对象的交互作用和时序关系等建立动态模型；最后，进一步设计有关对象功能的功能模型。

（3）面向对象设计（Object-Oriented Design，OOD）。从 OOA 到 OOD 是一个逐渐扩充模型的过程，OOA 模型反映问题域和系统任务，OOD 模型则进一步反映需求的实现，填入或扩展有关需求的信息。OOD 的工作内容主要包括主体部件设计和数据管理部件设计。

（4）面向对象编程（Object-Oriented Program，OOP）。OOP 的任务是为实现 OOD 各对象应完成的预定功能而编程，分为可视化设计和代码设计两个阶段。可视化设计阶段主要是进行用户界面设计。代码设计阶段的主要任务是为对象编写所需要响应的事件代码，建立不同对象间的正确连接关系等。

3. 面向对象方法的优缺点

（1）面向对象方法的优点

① 与人们习惯的思维方式一致。面向对象以对象为核心，按照人类对现实世界的认识将现实世界中的实体抽象为对象，避免了其他方法可能出现的客观世界问题域与软件系统结构不一致的问题。

② 稳定性好。面向对象方法基于构造问题域的对象模型，而不是基于算法和应完成功能的分解。当系统功能需求发生变化时，并不会带来软件结构的整体变化。

③ 可重用性好。对象固有的封装性、多态性等特点使对象内部的实现和外界隔离，因而具有较强的独立性，为可重用性提供支持。类和对象提供了面向对象软件系统的模块化机制，大大提高了类的可重用性，这种重用也较为规范。

④ 可维护性好。面向对象的软件容易理解、修改、测试、调试，从而缩短了开发周期并有利于系统的修改与维护。

（2）面向对象方法的缺点

目前，面向对象方法需要有一定的软件环境支持，对系统开发的人力、财力、物力要求也比较高。由于面向对象的视角缺乏全局性的控制，若不经自顶向下地整体划分，而是一开始就自底向上地采用 OO 方法开发系统，可能会造成系统结构不合理、各部分关系失调的问题。面向对象方法特别适合于图形、多媒体和复杂的系统。由于存在上述不足，在大型信息系统开发中，要将 OO 方法和结构化系统开发方法进行互补使用，以防止系统结构不合理的情况发生。

3.2.4 CASE 方法

计算机辅助软件工程（Computer Aided Software Engineering，CASE）方法是一种自动化或半自动化的方法，能够较全面地支持除系统调查外的每一个开发步骤。它是 20 世纪 80 年代末从计算机辅助编程工具、第四代语言及绘图工具发展而来的一个大型综合计算机辅助软件工程开发环境，为具体的开发方法提供了支持开发过程的专门工具。采用 CASE 工具进行系统开发，必须结合一种具体的开发方法，如结构化系统开发方法、面向对象方法或原型法等。随着技术的发展和人们认识的深化，CASE 已逐步朝着可以进行各种需求分析、功能分析、结构图生成的方向发展，进而成为支持整个系统开发全过程的一种大型综合系统。

1. CASE 方法的特点

（1）既支持自顶向下的结构化系统开发方法，又支持自底向上的原型开发方法，更加实用。

（2）解决了由现实世界到软件系统的直接映射问题，强有力地支持信息系统开发的全过程。

（3）简化了软件管理维护，使开发者从繁杂的分析设计图表和编辑工作中解放出来。

（4）自动生成文档和程序代码，使系统产生了统一的标准化文档。

（5）着重于分析与设计，具有设计可重用性，使软件开发的速度加快而且功能进一步完善。

2. CASE 平台上的信息系统开发工具

目前，信息系统自动化开发工具朝着集成化方向发展，形成集成开发环境。软件集成开发环境是一组软件工具按照一定的软件方法或遵循一定的软件生产和维护模型组织起来的有机开发平台。主要工具包括：

（1）系统分析、设计工具。系统分析、设计工具为系统生命周期前、中期提供支持，处在信息系统开发过程的中上游，辅助定义需求，进行系统分析，产生一套分层的数据流程图、数据字典及文字说明，共同组成新系统逻辑设计的文档资料。此外，还可以辅助设计人员生成新系统的控制结构图和功能模块图，共同组成系统物理设计的文档资料，为后续工作提供依据。

（2）代码生成工具。代码生成工具主要支持软件编程工作，适用于系统生命周期的后期工作，处在信息系统开发过程的下游。在程序设计阶段，它可以为程序员提供各种便利的编程作业环境，有些工具还可以自动生成程序代码，为系统开发提供便利。

（3）测试工具。软件测试是系统开发正确性的必要保证，测试工具能通过执行程序发现系统中存在的错误，从而避免不必要的损失。测试工具涉及测试的全过程，包括测试用例的选择、测试程序和数据的生成、测试执行及结果评价等。

(4) 项目管理工具。项目管理是保证开发项目顺利进行必要的对开发范围、时间、成本、人员、质量等方面的管理。项目管理工具能够协助项目管理人员进行有效地管理和控制,这类工具主要有 PERT 图、Gantt 图、软件配置管理工具等。

3.2.5 其他方法

管理信息系统的研发方法还有许多种,从上面的内容可知,生命周期法与原型法具有明显不同的特点,基本上这两种方法的优点与缺点相反。为此,以生命周期法为基础,兼顾原型法的优点进行改进,或以原型法为基础,兼顾生命周期法的优点进行改进,形成了一系列的研发方法。

1. 瀑布模型

瀑布模型是温斯顿・罗伊斯(Winston Royce)于 1970 年提出的管理信息系统研发方法之一,在 20 世纪 80 年代成为最受欢迎的研发方法,是被广泛采用的软件开发模型。该模型将管理信息系统研发生存周期各项活动按固定顺序连接若干阶段工作,形如瀑布流水,如图 3-5 所示。

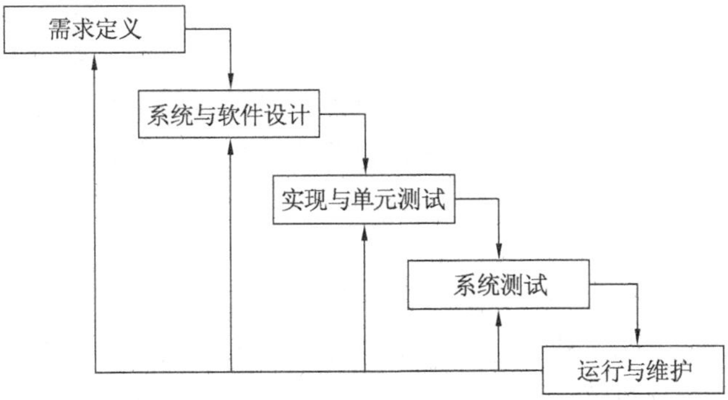

图 3-5 瀑布模型

瀑布模型的核心思想是采用结构化的分析与设计方法,将软件生命周期划分为制定计划、需求分析、软件设计、程序编写、软件测试和运行维护六个基本活动。将研发工序简化,把管理信息系统功能的实现与设计分开,即将逻辑实现与物理实现分开,便于分工协作。

瀑布模型的特点是从上一项活动接收该项活动的工作对象作为输入,利用这一输入实施该项活动应完成的内容给出该项活动的工作成果,并作为输出传给下一项活动。同时评审该项活动的实施,若确认,则继续下一项活动;否则返回前面,甚至更前面的活动,通过各阶段之间的循环,避免把错误带入后续活动,造成信息系统研发失败。可见,这种方法对于经常变化的研发项目而言是不太适宜的。

2. 演化模型

演化模型是基于生命周期,兼顾原型法的迭代开发方法。根据用户的基本需求,通过快速分析构造出该软件的一个初始可运行版本,这个版本称为原型,也是完成了第一次研发。然后,根据用户在使用原型过程中提出的意见和建议对原型进行改进,获得原型的新版本。重复这一过程,最终可得到令用户满意的软件产品。实际上,就是从初始的原型逐步演化成最终软件产品的演化过程,如图3-6所示。

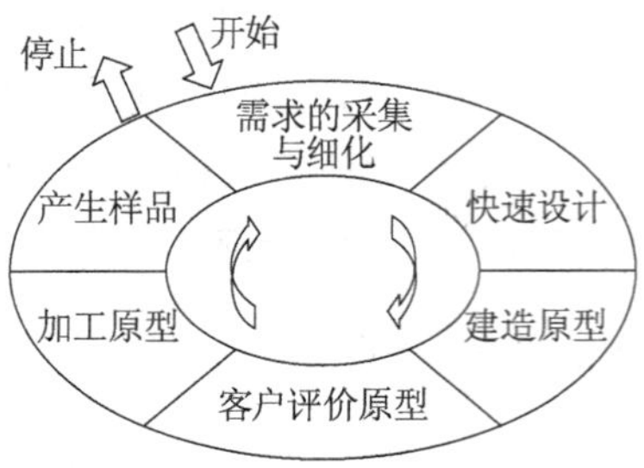

图3-6 演化模型

软件开发人员的研发过程也是一个迭代过程。每次迭代都需要经过需求、设计、编码、测试、集成等阶段,不断完善、扩展功能,最终达到用户满意的一个新系统。这种开发模式采取了分批循环的办法,每循环一次,完成一部分功能的开发,后续工作是这个产品原型上的新增功能。于是,设计就不断地演化出新的系统。因此,这个模型也可看作是重复执行的多个"瀑布模型"。

(1) 演化模型的优点。与瀑布模型相比,演化模型更适应人们对新技术的认知和规律的掌握,逐步完善管理信息系统的功能与性能,最终形成用户需要的高质量的软件系统。该模型可降低研发过程中不确定因素导致失败的风险,提供机会去采取早期的预防措施,增加项目成功的概率。还可以早期建立产品开发的配置管理,产品构建,自动化测试,缺陷跟踪,文档管理,均衡整个开发过程的负荷。

(2) 演化模型的缺点。如果所有的产品需求在一开始并没完全弄清楚的话,会给总体设计带来困难及削弱设计产品的完整性,从而影响产品性能的优化及产品的可维护性。同时,如果缺乏严格的过程管理,这个生命周期模型很可能退化为一种原始的无计划的"试—错—改"模式。无法预知最终软件系统的功能与性能,没有明确的系统目标,最终造成研发项目收尾困难。

3. 螺旋模型

螺旋模型是巴利·玻姆(Barry Boehm)于1988年提出的管理信息系统研发方法。这种模型采用了周期性的方法进行管理信息系统研发,有机地将瀑布模型和快速原型模型结合起来,充分发挥这两种模型的优点,最大限度地避免两者的弱点,强调了其他模型所忽视的风险分析,特别适合大型复杂的系统,其研发过程如图3-7所示。

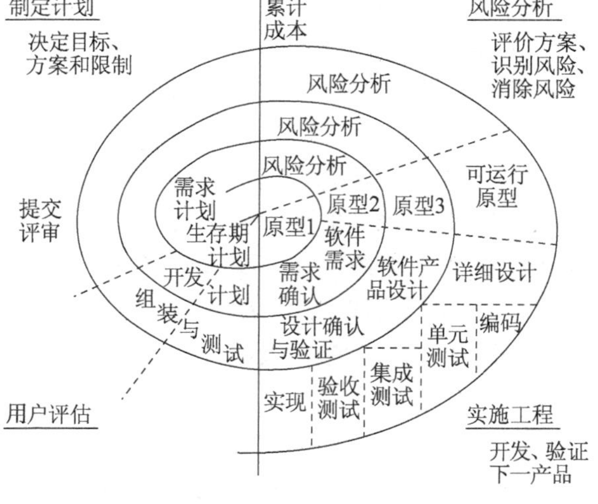

图3-7 螺旋模型

管理信息系统研发的风险是软件开发中不可忽视的潜在的不利因素，它可能在不同程度上损害软件开发过程，影响软件产品的质量。减小软件风险的目标是在造成危害之前，及时对风险进行识别及分析，决定采取何种对策，进而消除或减少风险的损害。螺旋模型强调风险分析，使得开发人员和用户对每个演化层出现的风险有所了解，继而做出应有的反应。该方法具有如下特点：

（1）以小的分段来构建大型系统，设计灵活，可以在项目的各个阶段进行变更，同时成本计算变得简单容易。

（2）用户始终参与研发的每个阶段，确保项目不偏离正确方向，提高了项目的可控性。随着项目的推进，用户始终掌握项目的最新信息，从而能够与管理层有效地交互。同时给研发团队内部，以及研发方与应用方带来良好的沟通，有利于提高产品软件系统的质量。

螺旋模型很大程度上体现了研发过程中的风险驱动体系，在每个阶段之前及经常发生的循环之前，都必须首先进行风险评估，然后确定下一步的工作。

4. 增量模型

增量模型融合了瀑布模型的基本成分（重复应用）和原型实现的迭代特征，该模型采用随着日程时间的进展而交错的线性序列，每一个线性序列产生软件的一个可发布的“增量”，如图 3-8 所示。增量模型与原型实现模型和其他演化方法一样，本质上是迭代的，但与原型实现不一样的是，其强调每一个增量均发布一个可操作产品。早期的增量是最终产品的“可拆卸”版本，但提供了为用户服务的功能，并且为用户提供了评估的平台。

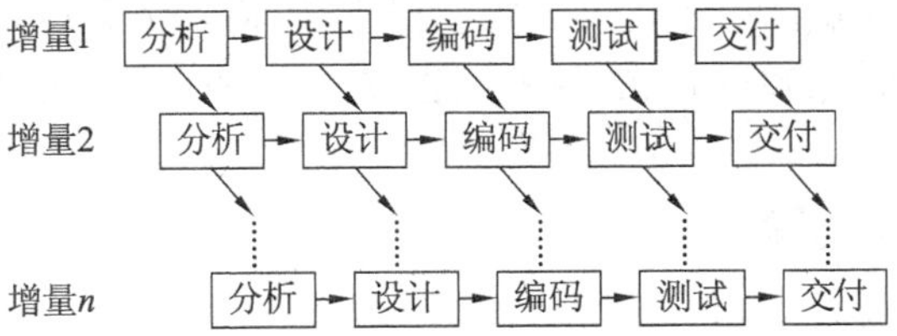

图 3-8　增量模型

当使用增量模型时，第 1 个增量往往是核心的产品，即第 1 个增量实现了基本的需求，还有很多特征没有发布。用户对每一个增量的使用和评估都作为下一个增量发布的新特征和功能，这个过程在每一个增量发布后不断重复，直到产生了最终的完善产品。增量模型强调每一个增量均发布一个可操作的产品。

增量模型引进了增量包的概念，研发者无须等到所有需求都出来，只要依据用户提出的某个需求的增量包即可进行开发。虽然这些增量包可能还需要进一步适应用户的需求并且更改，但只要这个增量包足够小，其影响对整个项目来说是可以承受的。

（1）增量模型的优点。人员分配灵活，开发初期不用投入大量人力资源。如果核心产品很受欢迎，则可增加人力实现下一个增量。当配备的人员不能在设定的期限内完成产品时，它会提供一种先推出核心产品的途径。这样可先发布部分功能给用户，对用户起到镇静剂的作用。此外，增量能够有计划地管理技术风险。

（2）增量模型的缺点。管理信息系统各个构件是逐渐并入已有的软件体系结构中的，因此，后加入的构件必须不破坏已构造好的系统部分，这需要软件开发平台与已经形成的软件系统必须具备开放式的体系结构。在开发过程中，增量模型必须灵活性地适应用户需求的变化，系统边界确定困难，从而难以控制系统的整体性。如果增量包之间存在相交的情况且未很好处理，则必须做全盘系统分析。这种模型将功能细化后，适用于需求经常改变的软件开发过程。

5. 喷泉模型

喷泉模型（Fountain Model）是一种以用户需求为动力，以对象为驱动的模型，适用于采用对象技术的软件开发项目。该模型认为软件开发过程是自下而上周期地将各阶段相互迭代，并具有无间隙的特性。也就是说，在研发过程中，软件的某个部分常常被重复工作多次，相关对象在每次迭代中随之加入渐进的软件成分。在管理信息系统研发各项活动之间无明显边界，如分析和设计活动之间没有明显的界限，由于对象概念的引入，表达分析、设计、实现等活动只用对象类和关系，从而可以较为容易地实现活动的迭代和无间隙性，使其开发自然地包括复用，如图3-9所示。

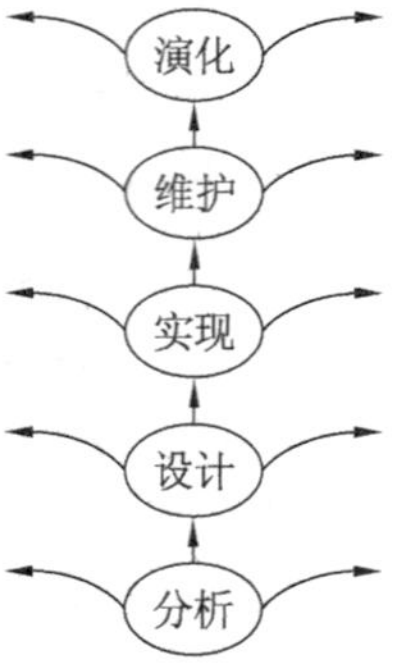

图3-9 喷泉模型

喷泉模型不像瀑布模型那样，需要分析活动结束后才开始设计活动，它是设计活动结束后才开始编码活动。该模型的各个阶段没有明显的界限，开发人员可以同步进行开发。

（1）喷泉模型的优点。喷泉模型可以提高软件项目开发效率，节省开发时间，适用于面向对象的软件开发过程。

（2）喷泉模型的缺点。由于各个开发阶段重叠，需要大量的开发人员，因此不利于项目的管理。此外，面对随时加入的各种信息、需求与资料，管理、审核文档难度加大。

3.3 研发方法的选择

管理信息系统研发方法的存在都有合理性和适用性，不同方法往往具有不同的应用前提条件或研发背景，也就是说，各个方法有其独特的一面，不存在完全通用的方法。所以选用合适的开发方法，不仅可以提高系统研发质量和速度，还能降低研发成本与风险。

3.3.1 选择依据

选择管理信息系统研发方法的依据有多种因素，这不仅使得管理信息系统研发历时长、影响深、投资大，而且需要多个部门协调、多种人员配合。除了为某一部门的某些业务提供服务的简单的小系统的研发，可以很方便地选用某一研发方法外，企业或组织全局层面的管理信息系统的研发都需要充分考虑管理系统的稳定性、复杂度和技术等因素。

（1）管理系统的稳定因素。所有管理系统都在动态发展和时刻变化之中，管理系统稳定往往是相对的，而变化是绝对的。在管理信息系统研发过程中需要其管理系统稳定，只有这样才能明确系统功能、结构和目标。管理系统越不稳定，研发过程越短，需要提供新系统的时间越短。

（2）管理系统的复杂因素。管理系统的复杂程度直接影响管理信息系统研发方法的选择，系统越复杂，则研发时间越长，需要资源、人员和涉及部门越多，研发过程的资源配置、部门协调和进度计划越困难。这时往往将系统分解成子系统，同时采用多种开发方法。但是在管理信息系统研发团队内，需要制定更加详细的工作计划和管控措施。

（3）管理系统的技术因素。技术的载体是人与物。也就是说，通过相关人员技术能力去正确理解和运用其研发方法；通过信息技术的对应装备实现其功能，满足用户的需求。研发团队的技术水平越高，研发方法可选择机会越多，否则，需要加大培训力度，增加研发时间，影响研发系统的质量。

（4）管理系统的其他因素。影响管理信息系统研发方法选择的因素还有很多，在实际研发方法选择时应根据具体情况确定。例如企业组织结构越复杂，管理信息系统研发过程中需要系统分析越具体；企业对信息化的认识不足，往往会导致研发后交付使用的信息系统不能发挥其应有的作用；数据越混乱，研发难度越大。

3.3.2　选择方法

管理信息研发很难做出最佳的选择，这不是研发方法众多的原因，而是方法选择的重要依据不稳定，也就是说选择研发方法的因素会变化。因此，其选择方法只能是相对合理，有时会把相关方法结合使用。

管理信息系统研发活动的起点是组织研发团队接受研发任务。然后考虑研发方法的选用。在选择研发方法时，需要充分考虑研发方法的特点和所接受研发任务的特点，分析影响管理信息系统研发成败的关键因素。一般情况下，按管理信息系统的研发过程选择研发方法，可以参考表 3-1 所示要求。

表 3-1　按研发过程选择研发方法

因素 研发方法	稳定性	复杂性	其他
生命周期法 ↓ 原型法	稳定 ↓ 不稳定	复杂 ↓ 简单	① 管理系统的数据比较完整、可靠的情况下，可以选择面向数据方法（DO） ② 管理系统的需求明确，功能固定且简单，可以选择面向功能的方法（FO） ③ 在研发管理过程中尽可能采用计算机辅助软件工程（CASE）

在选择管理信息系统开发方法时，表 3-1 提供的方法往往是方向性的参考。事实上，随着信息技术的快速发展，面向对象的方法已经成为管理信息系统研发的首选，而且尽可能地使用 CASE 提供的工具，帮助管理信息系统研发过程中的标准化、规范化的实现，提高研发档案产生的效率和效应。

本章小结

本章简要地介绍了管理信息系统研发的基础条件、需要遵守的原则和一般过程，重点介绍了 SSA&D、原型法、OOA&D 和 CASE 等管理信息系统研发方法，并探索性地陈述了管理信息系统研发方法的选择依据与方法，为信息系统研发人员更高效地开发管理信息系统应用软件提供参考。

研讨

1. 名词解释

（1）生命周期法　（2）原型法　（3）面向对象系统分析与设计

（4）CASE 方法　（5）螺旋模型　（6）结构化系统分析与设计

2. 问答题

（1）研发管理信息系统需要具备什么条件？

（2）研发管理信息系统遵循哪些原则？

（3）描述管理信息系统研发的过程。

（4）SSA&D 与原型法各有何优缺点？

（5）管理信息系统研发主要有哪些方法？它们各有何特点？

（6）如何选择管理信息系统研发方法？

第 4 章　管理信息系统的系统规划

管理信息系统的研发历时长，投入大，对企业的影响面广。没有做全面、系统地统筹规划，必将导致研发无法达到预期效果，甚至给企业带来巨大的损失。因此，在业界有这样的说法："企业不搞信息系统建设是等死，搞不好信息系统是找死。"系统规划是系统研发的关键性起点，必须从全局出发，从实际出发做好系统规划。

4.1　系统规划的基础

系统规划是对企业或组织总的信息系统目标、战略、信息系统资源和开发工作的一种综合性计划，是决策者、管理者和开发者共同制定和共同遵守的建立信息系统的纲领。进行系统规划，就是要根据企业的目标和发展战略，以及信息系统建设的客观规律，考虑企业面临的内外环境，科学地制定信息系统的发展战略、总体方案，并以此合理安排系统建设的进程。

4.1.1　系统规划的目的与任务

管理信息系统的规划是遵循企业管理信息化发展规律，立足企业（或公司、集团、组织等）全局，展望未来，明确其规划目的，制定企业管理信息化工程建设的发展战略和总体方案。这是企业规划的一个重要组成部分，同时也是企业发展策略实现的有效途径之一。

1. 系统规划的目的

管理信息系统研发首先要有明确的系统目标，然后才会有明确的任务。搞清楚为什么要做管理信息系统研发工作是所有工作的关键性问题。通过管理信息系统规划，可以达到如下目的：

（1）管理信息系统是企业现代管理的一个重要手段，通过系统规划可以保证管理信息系统开发符合企业总的战略目标要求，使系统能真正成为提高企业竞争力的有力管理工具。

（2）企业是由众多部门所组成的复杂系统，各部门有自己的职能，部门之间通过信息流相互联系。通过系统规划可以保证管理信息系统满足企业各部门对信息的需求。

（3）信息只有被利用后才能产生价值，信息使用者的级别、层次越高，产生的价值越高。因此，系统规划可以进一步为领导决策提供合理、全面和科学的依据。

（4）企业信息化是一个动态过程，不可能一步到位，只有分步骤实施，逐步完善，通过系统规划才可以明确系统开发的优先顺序。

2. 系统规划的任务

系统规划是一项十分繁杂的工作。系统规划人员要正确地预知未来是十分困难的,或者说基本上是做不到的。系统规划只能从相对宏观的层面初步制定出发展方向与目标,控制发展进度。因此,在具体执行前还要结合势态做出详细的计划。

(1) 制定管理信息系统的发展策略。管理信息系统的发展策略必须与整个企业的策略目标协调一致。制定管理信息系统的发展策略时,首先要分析企业的目标和发展策略,评估现行信息系统的功能、环境和应用状况;然后在此基础上确定管理信息系统的发展方向,制定其目标及相关政策。

(2) 制定管理信息系统的整体方案,安排项目开发计划。在调查分析企业信息需求的基础上,提出管理信息系统的整体结构方案。根据发展策略和管理信息系统整体结构方案,确定系统和应用项目的开发次序及时间安排。

(3) 制定管理信息系统建设的资源分配计划。提出执行开发计划所需要的硬件、软件、技术人员、资金等资源,以及整个系统建设的概算,进行可行性分析。

4.1.2 系统规划原则与依据

管理信息系统规划需要考虑的制约因素众多,为了提高规划的有效性和可行性,需要为系统规划确立原则和明确规划依据。

1. 系统规划的原则

系统规划的重要性和动态性都要求在开展系统规划前明确系统规划原则,避免规划失误引起的不必要损失。企业高层领导要避免掉入拍脑袋决策、拍胸脯保证,结果拍屁股走人的“三拍工程”陷阱。

(1) 支持企业的总体目标。企业的策略目标是系统规划的出发点。系统规划从企业目标出发,分析企业管理的信息需求,逐步导出管理信息系统的战略目标和总体结构。

(2) 满足企业各管理层次的要求。系统规划针对战略层、控制层和业务层这三个不同管理层的活动了解信息需求,应特别注意会对管理产生影响的决策因素。

(3) 摆脱管理信息系统对组织机构的依从性。首先着眼于企业执行。企业最基本的活动和决策可以独立于任何管理层和管理职责。对企业运营过程的了解往往从现行组织机构入手,但只有摆脱对它的依从,才能提高管理信息系统的应变能力。

(4) 在系统结构上有良好的整体性。管理信息系统的规划和执行大体上是一个“自上而下地规划,自下而上地执行”的过程。系统规划采取自上而下的方法,可保证系统结构的整体性和信息的一致性。

(5) 便于实施。系统规划应给后续工作提供必要的指导,要便于实施。方案的选择应注重实效,技术手段要强调实用。宜选择最经济、简单、易于执行的方案。技术方法强调实用,不片面崇洋媚外、盲目求新。

(6) 安全性。保证数据不被非法入侵者破坏和盗用,并保证数据的一致性,对欺诈行为采取多种检查和处理手段。

(7) 可靠性、稳定性。采用故障检查、告警和处理机制,保证数据不因意外情况丢失或损坏;采用灵活的任务调度机制实现负载均衡,防止“瓶颈”产生,在任何情况下,都保持可预见的输出。

（8）可扩展性、可伸缩性采用组件化设计原则，用户可以选择需要的组件构成不同规模的应用系统；新功能、新业务的增加能够在不影响系统运行的情况下实现。

（9）集成性。在软硬件系统之间可以方便地实现集成。这使用户无须花费过多的精力从事于系统平台的集成，而将精力集中到应用软件的开发和推广中，从时间和进度上促进本项目的成功。集成的应用系统降低了系统维护的难度和要求，方便用户日后的应用和管理。

2. 系统规划的依据

管理信息系统规划是管理信息系统研发的关键性工作，规划的有效性直接影响企业是否能顺利开展企业管理信息化工程。因此，系统规划必须遵循科学发展观，依据事物的发展规律进行。

（1）信息系统的发展规律将指导系统规划的方向与目标。企业在制定系统发展规律时可以同时参考多个模型。然而，信息系统发展规律诺兰模型与米歇尔模型等是从不同的侧面揭示其发展规律的。因此，要分析、选择企业信息系统规划更有指导意义的模型，并以此作为系统规划的重要依据之一。

（2）企业管理信息化是一个动态发展过程，选择揭示信息系统发展规则的相关模型是系统规划的理论性依据。在实际开展系统规划时，更加重要的依据是实事求是地依据企业的实际现状，分析企业在规划前的信息化水平、信息系统建设能力。测评企业信息化应用水平，为制定系统规划目标和方案提供重要科学依据。

我国在信息系统建设过程中不断总结经验，提出了总体规划、效益驱动、分步实施和全面推进等具有建设性的指导方案。因此，在开展系统规划时，应当对企业进行全面诊断，然后寻求最佳的解决方案。

4.2　系统规划的一般过程

系统规划首先要通过调研梳理出将要解决的问题，然后针对这些问题制定出解决方案。

4.2.1　系统初步调查

初步调查用户的功能需求情况、业务过程、现实环境，包括技术、经济、资源、基础条件等方面，分析系统开发的可行性，制定出实用、先进的总体规划方案，是系统总体规划阶段的主要目标。

1. 系统初步调查的目的与任务

初步调查的目的是确定对信息系统开发项目的各种要求是否合理有效，是否可行，然后提出如下某种建议：

（1）建立新的信息系统应用项目，可能还要请组织以外的有关专家来参加工作。

（2）要对用户现有的信息系统进行修改或维护。

（3）在现有的信息系统中增加服务项目，扩大服务范围。

（4）拒绝接受用户提出的不合理要求。

2. 系统初步调查的主要内容

一旦用户提出的项目申请经过委员会的评审获得批准后,系统分析人员就要开始对此项目进行初步调查。初步调查工作主要根据用户提出的申请,对需求进行进一步细化,这自然包括一部分信息收集工作。初步调查中的信息收集工作是属于初步调查阶段的工作,是很笼统地了解有关信息,不属于详细调查的范围。初步调查将涉及组织、人员、设备、软件、业务处理等较广的范围,如:① 企业概况和功能要求(企业的组织结构、目标、任务、规模、经营效果、管理水平等);② 企业运行情况、存在的问题和薄弱环节;③ 资源调查(人力、物力、设备资源、技术资源);④ 信息系统开发的条件。

3. 初步调查方法

调查是信息系统建设的重要工作,在系统规划前就必须做好调查工作,这时的调查是全局开展宏观的初步调查。可采用的调查方法有很多种,例如:

(1) 查阅资料。系统分析师应首先了解组织内涉及项目的部分或受该项目影响的部分,从而查阅这些部分的有关资料。如有关的操作规程,系统的输入、输出内容等。

(2) 进行走访面谈。书面的文件资料会使系统分析师理解系统的某一部分,但文件资料不会详细陈述用户对目前系统状况的看法和有关细节。为了了解这些细节,系统分析师要采用面谈的方式。在整个面谈过程中,系统分析师可以从用户那里更多地了解有关项目申请的实质和提出项目申请的理由。初步调查过程中的面谈活动一般只涉及各部门的管理人员。

(3) 发征求意见表。这种方法是把系统规划组人员需要了解的问题设计成调查表,下发给管理员。通过收集到的意见表的数据处理,了解用户对信息系统的需求内容和状况。这种方法调查面广,投入成本低。但是,调查结果往往受调查表的设计和数据处理方法所制约,这种方法也只适用于初步的调查。

(4) 开调查会。开调查会是调查工作中常用的方法,这种方法可以请相关人员在会上充分发表各自的意见。同时,往往还会起到相互启发,提出更加有效的需求和建议。在开调查会前,需要做好会前准备,预先通知参会人员会议的内容。在会议期间需要掌控好会议议题和议程,特别是会议主持人,应当具有在行政和技术方面的权威性,才能使会议达到预期效果。

4. 系统初步调查报告

在系统初步调查结束后,应形成相应的调查报告。它不仅可以帮助系统分析师获取系统初步调查所需要的资料,而且还是系统分析师进行全面深入地可行性研究的重要依据。系统初步调查报告一般包括以下内容:

(1) 概要说明。描述有关项目申请的基本目的、基本需求、期望达到的结果、对所在组织及部门的影响等。

(2) 用户的需求说明。主要是用户对信息的需求,这种需求往往体现在用户对信息系统的输出方面。用户往往会说明要求信息系统能产生何种报表,提供何种信息,此外也应列出信息系统所产生的报表或数据,用户能够提供给信息系统的有关数据及数据格式。

(3) 新旧系统的关系。在提出新的项目申请中,必须说明要建立的信息系统应用项目与现在的信息系统的关系。如果新项目申请不是单一的应用项目,那么还必须说明其中各有关部分的相互关系。

（4）存在的问题。在用户提出的项目申请中，对不能自行解决的问题或还未解决的问题必须给予说明。按照项目申请中的要求去建设系统，可能会与现有的某些操作规程或某些政策发生矛盾，因此应该列出有关内容。

（5）初步的时间与费用估计。根据系统分析师具备的经验，在较充分地了解项目背景及意义之后，应对申请的项目估计所需要的时间和费用。这里的时间和费用只要给出大致的数量级即可。详细的工作将在可行性研究中给予充分的估计。

（6）提出有关建议。根据初步调查了解到的现状、开发项目具备的条件，以及用户提出的要求，建议项目委员会组织进一步的可行性研究，最后确定究竟是建立新系统还是维护老系统，并且提供有关时间及费用的大致计划供委员会及可行性研究小组参考。

4.2.2　系统规划的过程

系统规划是一个复杂的过程，需要遵循系统工程的方法逐步完成。系统规划的一般过程如图 4-1 所示。

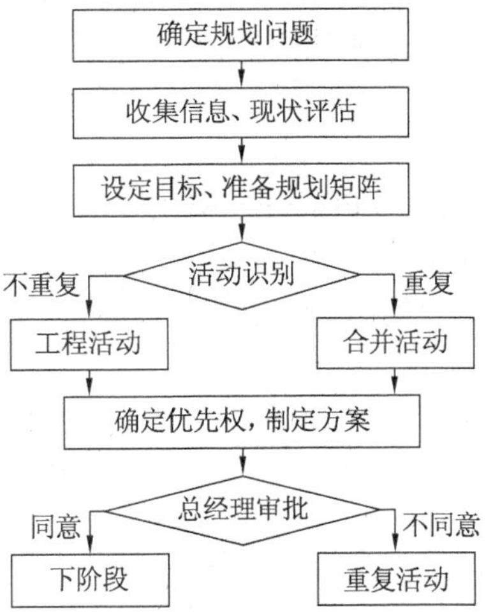

图 4-1　系统规划的一般过程

（1）规划基本问题的确定，应包括规划的年限、规划的方法，确定系统采取集中式还是分布式规划，以及是进取型还是保守型的规划。

（2）收集起始信息，包括从各级主管、同行业的其他企业、本企业内部、各种文件，以及书籍和杂志中收集信息。

（3）现状的评估和识别规划约束，包括目标、系统开发方法、规划活动、现存硬件及其质量、信息部门人员、执行和控制、资金、安全措施、人员经验、手续和标准、中期和长期优先级、外部和内部关系、现存软件及其质量，以及企业的文化和道德状况。

（4）设定目标。这应由总经理和管理信息系统委员会来设定，包括服务的质量和范围、政策、组织及人员等。它不仅包括管理信息系统的目标，还应有整体企业的目标。

（5）准备规划矩阵。这实际上是由管理信息系统规划内容之间的相互关系所组成的矩阵。这些矩阵列出后，实际上就确定了各项内容及它们执行的优先级。

（6）识别项目活动的性质及选择比例。确定这些活动是一次性工程项目性质的活动,还是一种重复性经常进行的活动。由于资源有限,不可能所有项目同时进行,只有选择一些最优的项目先进行,要正确选择工程类项目和日常重复类项目的比例,正确选择风险大的项目和风险小的项目的比例。

(7) 确定项目优先权、估计项目成本。以此可编制项目总的执行进度计划,然后把规划书写成书面格式,在此流程中还要不断与用户、信息系统工作人员,以及管理信息系统委员会的主管交换意见。

(8) 总经理批准。写出的规划方案要经总经理的批准才能生效,并声明策略规划任务的完成。如果总经理没批准,分析原因,进行修改。

4.3 系统规划的方法

在管理信息系统发展过程中,许多学者从不同的角度提出不同的系统规划方法。因此,管理信息系统规划的方法有很多种,各种方法都具有一定的特殊性和适用性,在规划方法选用时要以企业的实际状况和规划者的特点为依据。其主要方法有企业系统规划法、关键成功因素法、战略数据规划法等,本章重点介绍企业系统规划法。

4.3.1 企业系统规划法

企业系统规划(Business System Planning,BSP)法是IBM在20世纪70年代提出的,旨在帮助企业制定管理信息系统的规划,以满足企业近期和长期的信息需求。它较早运用面向过程的管理思想,是现阶段影响最广的方法。

1. BSP 法的工作流程

用BSP法制定规划是一项系统工程,它自上而下识别系统目标、企业过程和数据,然后再自下而上设计系统以支持目标,所以其主要的工作步骤如图4-2所示。

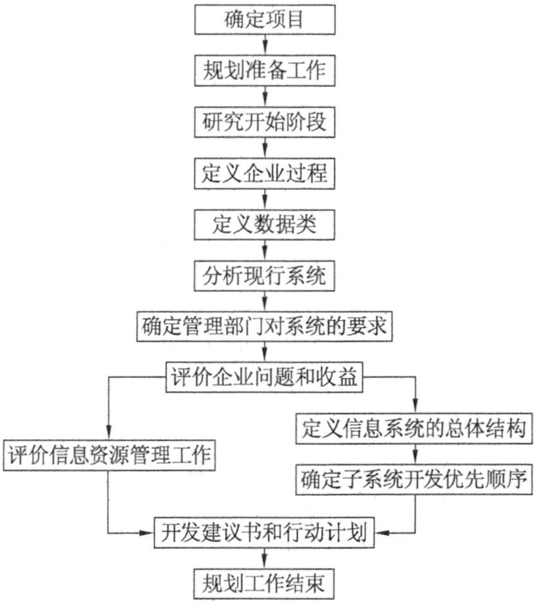

图4-2 BSP法工作步骤

(1) 准备工作。成立由最高领导牵头的委员会,下设一个规划研究组,并提出工作计划。

(2) 调研。规划组成员通过查阅资料,深入各级管理层,了解企业有关决策过程、组织职能部门的主要活动和存在的主要问题。

(3) 定义企业过程(又称业务过程或管理功能组)。定义企业过程是BSP法的核心。企业过程是指企业管理中必要且逻辑上相关的、为了完成某种管理功能的一组活动。

(4) 业务过程重组。业务过程重组是在定义企业过程的基础上,找出哪些过程是正确的,哪些过程是低效的,需要在信息技术支持下进行优化处理,还有哪些过程不适合采用计算机信息处理,应当取消。

(5) 定义数据类。数据类是指支持业务过程所必需的逻辑上相关的数据。对数据进行分类是按业务过程进行的,即分别从各项企业过程的角度将与该企业过程有关的输入数据和输出数据按逻辑相关性整理出来并归纳成数据类。

(6) 定义信息系统总体结构。定义信息系统总体结构的目的是刻画未来信息系统的框架和相应的数据类。其主要工作是划分子系统,具体实现可利用U/C矩阵。

(7) 确定子系统开发的优先顺序。即对信息系统总体结构中的子系统按先后顺序排出开发计划。

(8) 完成BSP研究报告,提出建议书和开发计划。

2. 定义企业过程

定义企业过程是BSP法的核心。对于企业过程,系统组每个成员均应全力以赴识别它们、描述它们,对它们要有透彻的了解,只有这样BSP才能成功。企业过程定义是逻辑上相关的一组决策和活动的集合,这些决策和活动是管理企业资源所需要的。

整个企业的管理活动由许多企业过程组成。识别企业过程可对企业如何完成其目标有深刻的了解;识别企业过程可以作为信息识别构成信息系统的基础;按照企业过程所建造的信息系统,在企业组织变化时可以不必改变,或者说信息系统相对独立于组织。识别企业过程的步骤如图4-3所示。

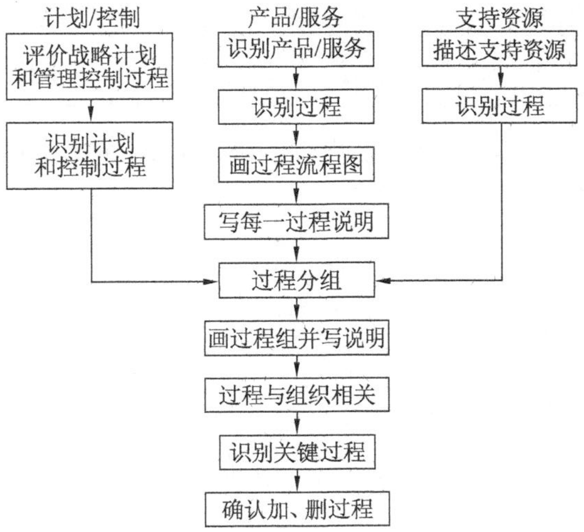

图4-3 BSP识别过程

任何企业的活动均由三方面组成:一是计划和控制;二是产品和服务;三是支持资源。它们可以说是三个源泉,任何活动均由这里导出。

(1) 计划和控制过程。定义企业战略规划和管理控制方面的过程,如表4-1所示。

表4-1 计划和控制过程

阶段	所需过程
战略规划	经济预测、组织计划、政策开发、生产线模型、预测管理、目标开发
管理控制	市场与生产预测、工作资金预测、员工水平计划、运营计划、测量与评估

(2) 产品和服务过程。首先识别产品和服务,再按照产品和服务的生命周期,即要求、获得、服务、退出等各个阶段识别过程。如表4-2所示。

表4-2 产品和服务过程

阶段	所需过程
要求阶段	市场计划、市场研究、预测、定价、材料需求、能力计划
获得阶段	工程设计、产品说明、材料购置、生产运作与调度
服务阶段	库存控制、订单处理、质量检测
退出阶段	销售、订货、运输

(3) 支持资源过程。支持资源是指企业为完成其目标所需的消耗品和使用物,主要包括资金、人员、材料和设备等。识别支持资源过程,其方法类似于产品和服务过程。由资源的生命周期出发列举企业过程,如表4-3所示。

表4-3 支持资源过程

资源	生命周期四个阶段			
	要求	获得	服务	退出
资金	财务计划成本控制	资金获取应收款项	证券管理、银行业务、普通会计	会计支付
人事	人员管理工资管理	招募转业	福利报酬专业开发	终止合同书退休
材料	需求生产	采购接收	库存控制	订购控制运输
设备	资金设备计划	设备采购 建筑物管理	机器维护装修	设备处理与安排

识别企业过程还有另外一种方法,叫作通用模型法。它首先引用一个较粗糙的、较通用的模型,如图4-4所示。

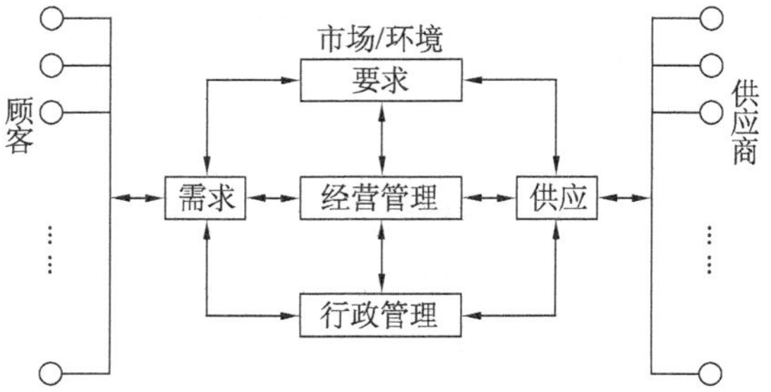

图4-4 识别企业过程的通用模型法

这个模型可不断扩展，以适应特殊企业的需要。例如"需求"可以扩展成"商品化"和"销售"，"需求"联系于使产品或服务生效的过程，其外部接口是顾客。如果说以前我们所讲的识别过程的方法是由微观到宏观的枚举综合，那么这种方法就是由宏观到微观的分解。

识别过程是 BSP 法成功的关键，主要有以下几个方面：

① 一个过程组及过程表。

② 每一过程的简单说明。

③ 一个关键过程表，即识别满足目标的关键过程。

④ 产品和服务过程的流程图。

⑤ 系统组成员能很好地了解整个企业的运营是如何管理和控制的。

3. 定义数据类

数据类是指支持企业过程所必需的逻辑上相关的数据。定义数据类的目的主要是了解当前支持企业过程数据的准确性和提供的及时性；识别在信息总体结构中要使用的数据类；发现企业过程间现有的和潜在的共享数据；发现每个过程所产生、使用和缺少的数据；发现需要改进的系统；确定企业数据政策等。

定义数据类的基本方法，是在对企业的基本活动进行研究的基础上，采用实体法和功能法，归纳出数据类。

(1) 实体法。实体法是先识别系统的实体，然后用四种类型的数据类描述每一个实体，这四种类型的数据为计划、统计、存储和业务，然后把实体和数据类型列在一张表上，如表 4-4 所示。

表 4-4　实体和数据类表

阶段	记账凭证	设备	物料	人员
计划	资金筹措计划	设备使用、添置、维修、保养	材料需求	人员需求规划
统计	统计销售收入、成本、应收、应付	设备使用率	材料耗用	各类人员统计
存储	凭证文件	设备维护使用记录	材料入库、出库记录	员工文件
业务	记账	设备进出记录	采购订货、收发	调动、晋升记录

(2) 功能法。系统中的每个功能都有相应的输入输出数据类。功能法是按照产品和服务的生命周期顺序，构造一系列如图 4-5 所示的数据类图。

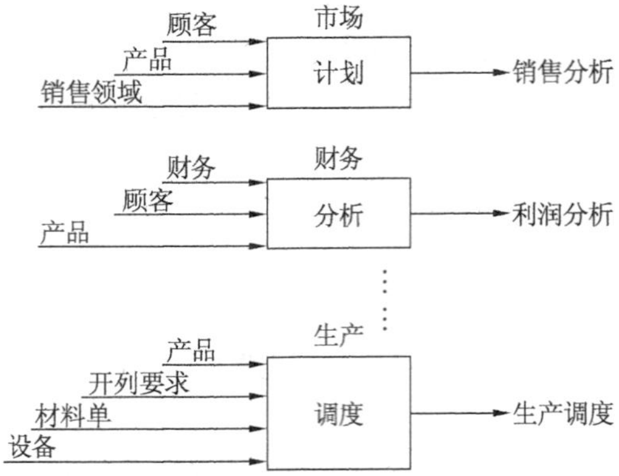

图 4-5　输入—过程—输出数据类图

4. 确定系统总体结构与子系统开发顺序

企业过程和数据类都定义好以后，可以得到一张过程/数据类表格(该表格又可称为过程/数据类关系矩阵或 U/C 矩阵)，表达企业过程与数据类之间的关系，如表 4-5 所示。过程与数据类的交叉点上标以 C，表示这个数据类由相应的过程产生；标以 U，表示这个过程使用这个数据类。

表 4-5　过程/数据类矩阵

过程 \ 数据类	用户	订货	产品	操作顺序	材料表	成本	零件规格	物料库存	成品库存	员工	销售区域	财务	计划	机器负荷	物料供应	工作命令
经营计划						U						U	C			
财务计划						U				U		U	C			
资产规模												C				
产品预测	U										U		U			
产品设计开发	U		C		U	U		C								
产品制造			U		C	C		C	U							
库存控制									C	C					U	U
调度			U											U		C
生产能力计划				U										C	U	
材料需求			U			U									C	
操作顺序				C										U	U	U
销售区域管理	C	U	U													
销售	U	U	U									C				
订货服务	U	C	U													
发运		U	U							U						
通用会计	U		U								U					
成本会计		U					C									
人员计划											C					
人员考核											U					

（1）确定系统总体结构。在过程/数据类矩阵的基础上，可以定义管理信息系统的结构，首先，“过程”这一列按过程组排列，每一过程组中按资源生命周期的四个阶段排列。其次，“数据类”这一行的排列，使得矩阵中的C最靠近主对角线。过程的分组并不绝对，在不破坏过程分组的逻辑性基础上，可以适当调配过程分组，使U也尽可能靠近主对角线。调整后的过程/数据类矩阵如表4-6所示。

表4-6 调整后的过程/数据类矩阵

数据类 过程	计划	财务	产品	零件规格	材料表	物料库存	成品库存	工作命令	机器负荷	物料供应	操作顺序	用户	销售区域	订货	成本	员工
经营计划	C	U													U	
财务计划	C	U													U	U
资产规模		C														
产品预测	U		U									U	U			
产品设计开发			C	C	U							U				
产品制造			U	C	C	U										
库存控制						C	C	U		U						
调度			U					C	U							
生产能力计划									C	U	U					
材料需求			U							C						
操作顺序								U	U	U	C					
销售区域管理			U									C		U		
销售			U									U	C	U		
订货服务			U									U		C		
发运			U				U							U		
通用会计			U													U
成本会计														U	C	
人员计划																C
人员考核																U

（2）确定子系统的开发顺序。由于资源的限制，系统的开发总有先后次序。因此划分子系统之后，应根据企业目标和技术限制确定子系统开发的先后次序。一般而言，对企业贡献大的、需求迫切的、容易开发的优先开发。确定子系统开发顺序的原则有：

① 系统需求程度与潜在的效益评估。基于对管理人员、决策者的调查访问，进行定性评估。根据评估准则（如潜在效益、对企业的影响、迫切性等），对每个子系统在管理人员和决策人员中用评分的办法进行评估，每个子系统的得分作为考虑优先级的参考。

② 技术限制分析。对子系统之间的关联，可用表4-7分析。利用该表很容易评出每个子系统产生的数据有多少被其他子系统所共享，有较多子系统共享的数据应较早执行。同时还要考虑数据的重要性及关联的紧密程度。

表 4-7　划分子系统

过程		计划	财务	产品	零件规格	材料表	物料库存	成品库存	工作命令	机器负荷	物料供应	操作顺序	客户	销售区域	订货	成本	员工
经营计划	经营计划	C	U													U	
	财务计划	C	U													U	U
	资产规模		C														
技术准备	产品预测	U		U									U	U			
	产品设计开发			C	C	U							U				
	产品制造			U	C	C	U										
生产制造	库存控制						C	C	U		U						
	调度			U					C	U							
	生产能力计划									C	U	U					
	材料需求			U							C						
	操作顺序								U	U	U	C					
销售	销售区域管理			U									C		U		
	销售			U									U	C	U		
	订货服务			U									U		C		
	发运			U				U							U		
财会	通用会计			U													U
	成本会计														U	C	
人事	人员计划																C
	人员考核																U

4.3.2　关键成功因素法

关键成功因素是在探讨产业特性与企业战略之间的关系时常使用的概念，是指结合企业本身的特殊能力，对应环境中重要的要求条件，以获得良好绩效的因素。

1. *关键成功因素的内涵*

关键成功因素（Key Success Factors，KSF）法是信息系统开发规划方法之一，于1970年由哈佛大学 William Zani 教授提出。关键成功因素法是以关键因素为依据来确定系统信息需求的一种 MIS 总体规划方法。在现行系统中，总存在着多个变量影响系统目标的实现，其中若干个因素是关键的和主要的（即成功变量）。通过对关键成功因素的识别，找出实现目标所需的关键信息集合，从而确定系统开发的优先次序。

在这里，关键成功因素指的是对企业成功起关键作用的因素。关键成功因素法就是通过分析找出使得企业成功的关键因素，然后围绕这些关键因素来确定系统的需求并进行规划。

2. 关键成功因素的来源

关键成功因素的重要性置于企业其他所有目标、策略和目的之上，寻求管理决策层所需的信息层级，并指出管理者应特别注意的范围。若能掌握少数几项关键因素（一般关键成功因素有5～9个），便能确保相当的竞争力，它是一组能力的组合。如果企业想要持续成长，就必须对这些少数的关键领域加以管理，否则将无法达到预期的目标。即使是同一个产业中的企业也会存在不同的关键成功因素。关键成功因素有4个主要来源：

（1）个别产业的结构。不同产业因产业本身特质及结构的不同，而有不同的关键成功因素，此因素决定于产业本身的经营特性，该产业内的每一公司都必须注意这些因素。

（2）竞争策略、产业中的地位及地理位置。企业的产业地位是由过去的历史与现在的竞争策略所决定的，在产业中每一公司因其竞争地位的不同，关键成功因素也会有所不同。对于由一家或两家大公司主导的产业而言，领导厂商的行动常为产业内的小公司带来重大的影响，所以对小公司而言，大公司竞争者的策略可能就是其生存竞争的关键成功因素。

（3）环境因素。外在因素（总体环境）的变动会影响企业的关键成功因素。如在市场需求波动大时，存货控制可能就会被高阶主管视为关键成功因素之一。

（4）暂时因素。暂时因素大部分是由企业内特殊的理由引起，是在某一特定时期对企业的成功产生重大影响的活动领域。

3. 关键成功因素的确认方法

确认关键成功因素的主要方法有环境分析法、产业结构分析法、产业/企业专家法、竞争分析法、产业领导厂商分析法、企业本体分析法、突发因素分析法和PIMS法等。

（1）环境分析法。它包括将要影响和正在影响产业或企业绩效的政治、经济、社会等外在环境的力量，换句话说，重视外在环境的未来变化比公司或产业的总体变化来得重要。此方法实际应用到产业或公司上会产生困难。

（2）产业结构分析法。应用Porter提出的分析产业结构的“五力模型”，架构五个要素。每一个要素和要素间关系的评估可为分析者提供客观的数据，以确认及检验产业的关键成功因素。产业结构分析法的一个优点是此架构提供一个很完整的分类，另一个优点则是以图形的方式指出产业结构要素及其间的主要关系。

（3）产业/企业专家法。向产业专家、企业专家或具有知识与经验的专家请教，除可获得专家累积的智慧外，还可获得客观数据中无法获得的信息。此方法会因缺乏客观的数据导致实证或验证上的困难。

（4）竞争分析法。分析公司在产业中应该如何竞争，以了解公司面临的竞争环境和态势。研究的焦点集中在提供更详细的资料，更深度的分析，能够有更好的验证性，但其发展受到特定的限制。

（5）产业领导厂商分析法。该产业领导厂商的行为模式可当作产业关键成功因素重要的信息来源，因此对领导厂商进行分析有助于确认关键成功因素。此方法对于其成功的解释仍会受到限制。

（6）企业本体分析法。此方法乃针对特定企业，对某些构面进行分析，如优劣势评估、资源组合、优势稽核及策略能力评估等。虽然透过对各功能的扫描确实有助于关键成功因素的发展，但实际耗费时间和数据相当有限。

（7）突发因素分析法。此方法亦是针对特定企业，透过对企业相当熟悉的专家协助，确定其关键因素。此方法虽然较主观，却常能揭露一些其他传统客观技术无法察觉到的关键成功因素，且不受功能的限制，甚至可以获得一些短期的关键成功因素，不过这些短期的关键成功因素难以验证。

（8）PIMS法。针对特定企业，以PIMS（Profit Impact of Market Strategy）研究报告的结果进行分析。此方法的主要优点在于其实验性基础，缺点在于"一般性的本质"，即无法指出这些数据是否可直接应用于某一公司或某一产业，也无法得知这些因素的相对重要性。

在企业管理信息化工程开展过程中，当管理信息系统规划引用关键成功因素法确定其关键成功因素时，首先要明确管理信息系统应用对象和范围的具体情况，用于政务管理、行业管理与企业管理的信息系统存在很大的差异。其次，要明确管理信息系统应用对象的规模和期望。规模大、期望高，对信息系统采纳的技术要求相对高。最后，选择确定关键成功因素的方法。选择确定关键成功因素法不是重点，其重点是确定的因素是否真正起到关键作用。因此，往往采用多种方法分别识别其关键成功因素，然后对筛选出来的结果再比较分析，最终确定其成功因素。

4. 关键成功因素法的步骤

关键成功因素法同样遵循系统规划的一般过程，需要确定目标，制定解决方案，但在方案制定过程中关注影响信息系统研发的各种因素，以解决影响信息系统成败的关键因素为主体。

（1）确定企业或MIS的战略目标。

（2）识别所有的成功因素。主要是分析影响战略目标的各种因素和影响这些因素的子因素。

（3）确定关键成功因素。不同行业的关键成功因素各不相同，即使是同一个行业的组织，由于各自所处的外部环境的差异和内部条件的不同，其关键成功因素也不尽相同。

（4）明确各关键成功因素的性能指标和评估标准。

行业关键成功因素是在竞争中取胜的关键环节。可以通过判别矩阵的方法定性识别行业关键成功因素。其具体操作过程是采取集中讨论的形式对矩阵中每一个因素打分，一般采用两两比较的方法，若A因素比B因素重要就打2分，同样重要就打1分，不重要打0分。在对矩阵所有格子打分后，横向加总，依次进行科学的权重分配。一般权重最高的因素就成为行业关键成功因素。表4-8为运用判别矩阵的方法设计的行业关键成功因素分析表。

表4-8 行业关键成功因素分析表

得分矩阵	权重
A 因素得分矩阵 =(1,1,2,0)	0.25
B 因素得分矩阵 =(1,1,2,0)	0.25
C 因素得分矩阵 =(0,0,1,0)	0.0625
D 因素得分矩阵 =(2,2,2,1)	0.4375(D 因素为行业关键成功因素)

(5)关键成功因素法的优点是能够使所开发的系统具有很强的针对性,能够较快地取得收益。应用关键成功因素法需要注意的是,当关键成功因素解决后,又会出现新的关键成功因素,必须再重新开发系统。

4.3.3 战略数据规划法

在传统工业企业内,战略数据规划主要是对管理型信息的规划,是伴随企业信息系统集成而产生的全局性规划。其目的是通过明确的信息资源管理标准从根本上治理混乱的企业信息环境,解决"信息孤岛"现象,提高信息共享水平,从而方便信息系统的开发和 IT 系统的建设,最终提高信息价值。在这个过程中产品型信息的规划很少或仅仅占据了整个企业信息资源的一小部分。

1. 战略数据规划的内涵

所谓战略数据规划(Strategic Data Planning,SDP),就是指遵循数据库的规则,挖掘信息及信息间的规律,经过科学的规划和设计,建立面向实际业务的数据库系统结构,以保证数据的准确性、一致性和安全性,增进信息共享,方便实际应用的过程。

战略数据规划是针对整个组织的数据规划,而不仅仅是针对组织中某一特定信息系统建设所需数据的规划。一方面,组织出于各种不同的目的和用途,需要建设各种不同的信息系统,如财务管理系统、库存管理系统、生产管理系统等,如果仅仅是在这些各不相同的系统建设时才对这些特定的信息系统所需的数据进行规划,那么势必会导致组织内系统数据收集困难,系统之间数据格式不一、数据共享性差、数据冗余等一系列问题。另一方面,通过战略数据规划,对组织的信息从侧面进行较为透彻地分析,可以为组织的信息化打下良好的基础。

战略数据规划的结果——整个组织或决定组织目标实现的几个关键部门的信息模型,是整个组织的一个侧面。其与组织的业务模型是对同一事物从信息和业务两个方面进行的描述,两者相辅相成,同等重要。分析信息模型离不开业务模型,分析业务模型同样也离不开信息模型。

整个组织的信息模型建立之后,组织为满足某一特定目的而要建设的信息系统可以在这一信息模型的基础上,根据组织的实际情况,有目的、有计划、有步骤地完成。可以说,组织战略数据规划是组织信息化的前提和基础。

战略数据规划是在概念和逻辑层次上对组织的数据进行规划,不考虑物理层次的实现问题。战略数据规划的结果绝不是一个数据库系统。而实际上,建设一个针对全组织的完全统一的数据库系统也是极不现实的。马丁曾指出:"20 世纪 60 年代后期,曾经出现过一种设想,企图建立一种完全统一的数据库,这种完全一体化的数据库后来被证明根本不能工作,为大企业建立一个统一的整体数据库系统的任务,其复杂程度简直是难以想象的。在当时,这样的任务已经远远超出了任何一个设计单位的能力,即使能够设计出一个这样的系统,从机器的性能考虑,它也无法进行工作(除非在一个小型的企业中)。"

所以,战略数据规划不是要建立一个覆盖全组织的数据库系统,而是通过对组织的信息过程的分析,对整个组织的数据进行规划,分析组织中适应组织目标的其他信息及其他信息之间的关系,建立一个符合组织性质,适应组织目标,进行了一定优化的组织信息模型,为今后进行组织的信息系统建设打下良好的基础。

2. 战略数据规划的过程

马丁指出,系统规划的基础内容包括三个方面:企业业务战略规划、企业信息技术战略规划、企业数据战略规划。战略数据规划的工作步骤如图 4-6 所示。

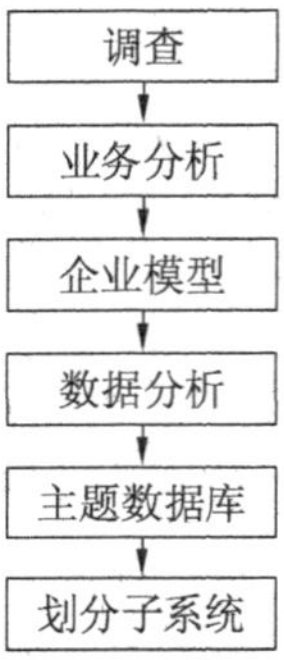

图 4-6 战略数据规划的工作步骤

(1) 进行业务分析,建立企业模型。

① 由系统分析员对企业中各层管理人员、业务人员进行调查。

② 在调查的基础上进行业务分析,分析企业的现行业务及逻辑关系。

③ 通过业务分析,建立企业模型。

(2) 进行数据分析,建立主题数据库。在具体操作上,它又有两个阶段:

① 信息过滤。对大量来自系统内外的各种信息进行过滤,识别出对系统有用的信息。

② 主题数据库定义。信息过滤后,从全局出发,根据管理需求将信息按照不同的主题进行"分类",然后定义每一个主题数据库。

(3) 子系统划分。根据主题数据库和业务过程规划新系统。整个系统划分为若干个子系统,子系统之间通过主题库实现信息的交换。

3. 战略数据规划法应用要点

(1) "必须有最高层管理人员介入",马丁在《战略数据规划方法学》一书的前言中指出:"虽然许多企业早已认识到对信息资源进行规划的必要性,但很少有人知道如何实现这样的规划。某些咨询公司强调了制定这类规划的重要性,但又拿不出什么有效的办法来指导所需信息资源的设计。"按照马丁的观点,一个企业要搞信息化,首要任务应该是在企业战略目标的指导下做好企业战略数据规划,不要急着去购置设备、马上组织软件开发和上网。一个好的企业战略数据规划应该是构成企业核心竞争力的重要因素，它具有非常明显的异质性和专有性，将成为企业在市场竞争中的制胜法宝。

我国许多企业的领导虽然也知道搞好企业战略数据规划的重要性，但却又总是搞不好。这是为什么呢？问题就出在认识上。一些企业领导往往把战略数据规划看作一项具体的业务工作，认为只要安排给业务部门去做就万事大吉了。其实，这种认识和做法是不正确的。马丁指出："在 20 世纪 70 年代，人们就已看清，对企业和其他组织而言，计算机化的信息乃是具有很高价值的资源。人们还看清了，这种信息资源的开发必须有来自最高层的规划，而实施这样的规划又迫切需要一套正规化的，并且最好是与数据库设计相联系的易于用计算机处理的方法学。"马丁的结论是，企业战略数据规划"必须有最高层管理人员介入"，"必须在最高层制定总体规划"。

一个企业的战略数据规划其实就是企业总体发展战略的视图和窗口，两者在本质上应该是一致的。而企业总体发展战略只有企业最高层管理人员才能了解和把握；如果企业的部门业务人员在没有企业高层的指导和介入的条件下关起门去做企业战略数据规划，必然造成企业的战略数据规划与企业总体发展战略成为两层皮。显然，用这样的战略数据规划来指导企业的信息化，就不会产生好的结果。

（2）重在沟通。当今，信息技术发展日新月异。由此形成了信息技术人员与企业的其他成员在专业上的鸿沟，有人用"无形的城堡"来形容这种状况。城堡里面的人使用着几乎与外界不同的语言。外面的人说到"bus"，那一定是公共汽车，而里面的人说到"bus"，那一定是总线。可见，企业在做战略数据规划时，一定要做好信息技术人员与其他人员的有效沟通。这些沟通包括三个层次：一是在最高层次上，企业的 CIO 即信息主管与其他高层管理者之间的沟通；二是信息技术部门领导与其他中层领导之间的沟通；三是信息技术人员与其他业务人员之间的沟通。

（3）业务人员必须全程参与。企业的战略数据规划的重要性和复杂性决定了它的制定过程时间不能很长，但也不能太短。经验表明，中型以上企业的战略数据规划制定的周期一般在半年左右。由于企业战略数据规划是企业信息系统建设的前期和基础工作，而且信息系统建成后也必然要由企业的各方面业务人员，特别是管理人员来使用。因此，在制定企业战略数据规划的过程中，必须有业务人员全程参加。

（4）做好业务活动过程分析。计算机数据处理发展阶段的正反两方面的经验与教训，告诉我们企业数据处理中一个基本规律——数据类和数据之间的内在联系是相对稳定的，而对数据的处理过程和步骤是经常变化的。由此创建了用途广泛的一门新学科——信息工程，明确地提出了它的基本原理：数据位于现代数据处理的中心；数据是稳定的，处理是多变的。具体地说，一个企业所使用的数据实体的类型是基本不变的，除了少量加入几个新的实体外，变化的只是这些实体的属性值。因此，应该以数据为中心制定企业战略数据规划。但必须指出，以数据为中心并不等于不管过程、忽略过程，恰恰相反，企业在制定战略数据规划的过程中必须在数据分析的基础上，做好企业的业务过程分析，特别是要做好企业核心业务和主导流程分析。

（5）选择好主题数据库。我们知道，任何一个企业，无论是工业企业、商业企业，还是金融企业，也不管其业务特点和业务内容有何不同，有一点是共同的：每一个企业都有其核心业务和主导流程。信息工程特别强调如何规划与组织整个信息系统，已经摒弃了传统的以“处理为中心”的信息系统开发思路，且转变为“以数据为中心”的数据环境建设上。那么，“以数据为中心”的战略数据规划怎样才能实现呢？就是将重点放在核心业务和主导流程的数据环境建设上。

国内外经验表明，选择好主题数据库应是企业战略数据规划的重点和中心任务。经过科学的规划设计与数据分析，建立具有共享性和一致性的主题数据库，并以主题数据库为主的数据环境才是集成化的数据环境。

主题数据库是企业管理数据库应该面向的业务主题，而不是那些单证、报表等数据处理结果。主题数据库具有稳定的结构，它不受企业机构部门变动的影响，不仅能满足本企业领导者、管理人员的工作需要，也能为业务伙伴和广告用户提供高效的信息服务。

大型企业的业务往往极其复杂，由许多环节组成，必然要与其他企业，以及政府和社会各方面之间进行频繁的信息交换，其信息面广量多，所以信息流本身就是网络化的。信息流是伴随物流、人流、资金流而产生并为其服务的。如果对这些信息不能科学、严谨、细致地进行系统分析，优化企业数据环境，就很难用电子信息技术来支持它的网络化流动，开发出来的计算机应用系统也不能很好地为企业生产、经营、管理、市场化运营和发展服务。因此，为了提高企业的信息化水平，应在做好战略数据规划的基础上，做好应用开发，使企业信息化沿着正确、健康之路前进。

4.3.4 系统规划的其他方法

1. 信息工程法

信息工程法（Information Engineering，IE）是 20 世纪 80 年代初 Jame Martin 提出的信息系统规划方法。该方法的设计思路与战略系统规划法相似，通过建立企业模型、数据模型和流程模型，最终制定规划方案。具体规划过程如图 4－7 所示。

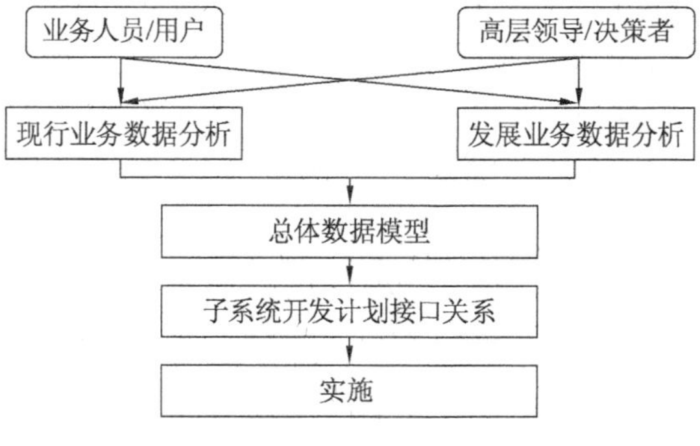

图 4-7 信息工程法规划过程

这种方法首先通过企业调查、描述和业务分析建立企业模型，其次，通过业务相关实体的描述、分类、归纳和分析建立主题数据模型，最后根据实际情况进行数据分布分析，并结合数据的存储地点确定主题数据库的内容和结构，制定出数据库的开发策略等方案。此方法还提供了建立企业模型、数据模型和流程模型的相关技术手段。

2. 战略栅格法

战略栅格法（Strategic Grid，SG）是 20 世纪 80 年代初麦克法兰等提出的信息系统规划方法。它利用栅格描述信息系统项目现在与将来的影响为企业信息化工程建设规划提供方向,是企业信息系统规划诊断工具,如图4-8所示。

当企业在管理信息化工程实施时,依据信息系统项目现行与将来的影响情况分别落到辅助、工厂、转换和战略4个不同区域,可以直观地诊断出信息系统战略规划的条件。

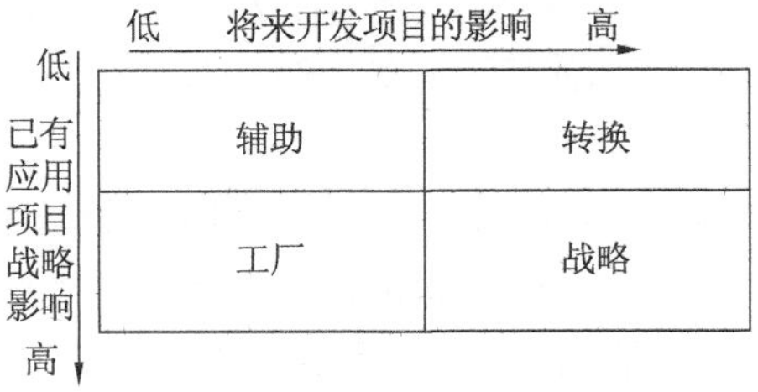

图4-8 战略栅格法

(1) 战略区域。当信息系统项目的影响处于战略区域时,表明信息系统的工作对组织当前的竞争策略和未来的战略方向是至关重要的。

(2) 辅助区域。若经过分析,其处于辅助区域内,则表明信息系统的应用对组织各项活动是一种辅助。

(3) 工厂区域。若分析结果是处于工厂区域,则表明信息系统的应用对成功地实施那些严格规定和广泛接受的活动极为重要,但是,信息系统还不是战略的组成部分。

(4) 转换区域。经分析若处于转换区域,则表明信息系统正在从辅助地位转向战略地位。

3. 战略一致性模型

战略一致性模型(Strategy Alignment Model,SAM)是1994年John提出的信息系统规划方法,其主要目的是帮助企业检验企业经营战略与信息系统架构之间是否一致,如图4-9所示。

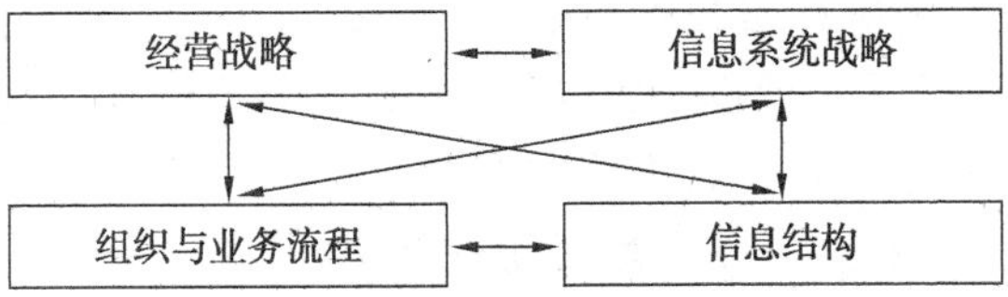

图4-9 战略一致性模型

企业在经营战略的前提下制定信息系统战略,或者信息系统的战略给企业经营战略提出新的理念。因此,在企业的经营战略与信息系统战略之间必须存在内存的一致性约束。所以在制定企业信息化规划时可能有3种路径选择,分别是:

(1) 从组织与业务开始,直接到信息结构。这种方式是当企业处在信息管理初级阶段,业务部门可以根据现有的业务流程和组织直接提出信息系统需求,信息管理部门依照业务部门的需求实施。

(2) 从经营战略出发,经组织与业务流程,到达信息结构。这种方式是当企业信息管理处于中级阶段,企业制定整体的经营战略,业务部门依据企业经营战略和目标的指导对现有的业务流程和组织进行变革,然后由不同业务部门分别提出信息系统需求。

(3) 从经营战略出发,经信息系统战略,到达信息结构。这种方式是企业信息管理的高级阶段。企业会根据整体经营战略,系统地考虑各业务部门的信息系统需求,最后制定出完整的信息系统战略,使企业的经营战略与信息系统战略最终达到统一。

由此可见,只有在第3种方式的条件下,企业必须制定信息系统规划。当企业信息管理处于初级与中级阶段的情况下,信息系统的建立与应用往往直接按需实施。

4. 价值链分析法

价值链分析法(Value Chain Analysis,VCA)是20世纪80年代中期Port提出的信息系统规划方法。该方法从信息系统对组织的战略具有牵引的关键作用观点出发,将组织视为具有输入—转换—输出活动的集合,集合中的每个活动对最终服务或产品产生增值作用。为了增强企业的竞争力,可以利用信息系统增加信息的作用,使信息系统成为企业产品的增强器,从而提高企业的竞争优势。

信息系统规划的方法有许多种,不同学者从不同侧面以不同观点提供了规划思路。在信息系统规划过程中需要结合企业管理信息化的具体情况选择信息系统规划方法。无论采用什么方法,首先要弄清企业现状、信息系统研发基础和环境,然后,根据用户的期望制定出合理的信息系统规划方案。

4.4 系统规划方案开发的可行性研究

4.4.1 可行性研究的定义

可行性研究,也称为可行性分析,是决策部门在采取一项重大改革或投入行动之前,对该项目的必要性和可能性进行分析与论证的活动。现代管理中,经济效益的评价是一个很重要的方面,在进行投资之前,最关心的问题就是该项目能否取得效益,能取得多大效益。为了避免盲目投资,减少不必要的损失,就要进行可行性研究。

管理信息系统的建设是一项投资大、时间长的复杂工程,可行性研究尤为重要。可行性分析的意义在于:它是确定项目开发的依据;它是划定下阶段工作范围、编制工作计划、协调各部门活动的依据;它是分配资源的依据;它是系统开发的准则。

4.4.2 可行性分析的内容

可行性分析从必要性和可行性两方面入手,可行性方面又涉及经济可行性、技术可行性和组织管理可行性等内容。

1. 必要性

必要性分析是可行性分析的前提,是从企业管理对信息系统需求的实际出发,根据现行信息系统的可满足性,分析新系统的开发是否必要。若现行的信息系统满足不了日益发展的管理要求,则认为系统开发是必要的。若开发是必要的,则需要进一步从技术、经济、组织管理上分析其可行性。

2. 可行性

1）经济可行性

（1）费用的估算

新系统的开发、使用的费用，包括以下几个方面：

① 设备费：包括计算机的硬件、软件、空调、电源、机房等设备的费用。

② 人工费用：指系统的开发费用、人员的训练费用及测试执行等方面所需的费用。

③ 变动费用：指系统投入使用后，系统的使用所需要消耗的材料费、管理费等。

（2）效益的估算

效益的估算可以从直接经济效益、间接经济效益两方面进行分析。

① 直接经济效益。若加强费用的控制，则考察费用降低情况；若加强成本分析与控制，则考察成本降低的情况；若加强库存管理，则考察库存资金降低情况，以及节省人员情况。

② 间接经济效益。提高管理水平、提高企业信誉、提供决策支持，以及管理信息的采集、加工、处理、使用的及时性所带来的经济效益。

2）技术可行性

从设备条件、技术能力等方面分析执行系统的可行性。

（1）设备方面。从计算机的软硬件条件及互联网能力等方面分析其是否满足管理信息系统数据处理的要求，数据传送与通信能否满足要求等。

（2）技术能力方面。主要考察从事系统开发与维护工作人员的技术能力。管理信息系统在开发、使用、维护等各个阶段需要各种专业人才，需要考察这些人员是否满足技术要求。

3）组织管理可行性

最后，还要从组织管理上分析新系统开发的可行性：

（1）企业主管、部门主管对新系统开发是否支持，态度是否坚决。

（2）管理人员对新系统开发的态度如何，配合情况如何。

（3）管理基础工作如何，现行管理系统的业务处理是否具有标准运行程序等。

（4）新系统的开发执行导致管理模式、数据处理方式及工作习惯的改变，这些改变的数量如何，管理人员能否接受。

4.4.3 可行性研究报告

可行性研究报告是开发人员对现行系统的调查、分析和规划的结论，是系统开发过程中的第一个正式文件。可行性研究报告的内容包括以下6个方面。

1. 引言

引言包括：

（1）摘要。包括新系统名称、目标和基本功能。

（2）背景。包括用户公司，新系统承担单位或组织，本系统与其他系统或机构的关系。

（3）定义。本报告中使用的专业术语及其定义。

（4）参考数据。本报告所引用的文件及技术数据。

2. 可行性分析的前提

可行性分析的前提包括：

(1) 要求。

(2) 目标。

(3) 条件、假设和限制。

(4) 进行可行性分析的方法。

3. 对现行系统的分析

对现行系统的分析包括：

(1) 企业的目标与任务。

(2) 组织机构及管理制度。

(3) 现行管理的状况。

(4) 可供利用的资源及限制条件。

(5) 存在的主要问题及缺点。

4. 新系统的方案

新系统的方案包括：

(1) 新系统的目标。

(2) 新系统的功能。

(3) 新系统的结构。

(4) 计算机系统的部署。

(5) 新系统开发的进度计划，包括各阶段的人力、资金、设备的需求。

(6) 新系统运营后对组织机构、管理模式的影响。

5. 可行性研究

可行性研究包括：

(1) 开发新系统的必要性。

(2) 开发新系统的经济性。

(3) 支出、收益、收益投入比、投资回收期。

(4) 开发新系统技术上的可行性，即设备条件和技术力量。

(5) 组织管理上的可行性。

6. 可行性分析结论

根据以上的可行性分析，得出项目是否可行的结论。可行性研究报告是系统规划阶段工作的结论，它反映了系统研发人员对研发工作的看法。可行性分析报告一旦通过，就不再是系统开发人员自己的看法，而是整个组织的领导、管理人员和系统开发人员的共同认识了。这样的一个文件是以后工作的依据，因此必须有一个正式的报告文本和可行性论证会的结论。

本章小结

本章详细介绍了管理信息系统开发的规划问题,介绍了几种信息系统发展的规划模型、系统规划的任务与原则、系统规划的一般过程,并详细介绍了系统规划的3 种主要方法;阐述了企业系统规划法的工作流程、定义企业过程和数据类、确定系统总体结构和子系统开发顺序等方法;从系统初步调查主要工作入手,了解现行系统概况;从总体上了解企业和组织的概况、基本功能、资源情况、系统开发条件等内容;最后介绍了可行性研究的必要性、定义、内容,以及有关可行性研究报告的编写内容。

实习与研讨

系统规划是一项十分复杂的工作,学生需要寻找机会,模拟系统规划工作,体验系统规划的重要性和工作的重心,为系统研发做好基础性准备。

1. 实习

管理信息系统规划需要经过详细、深入地研讨,全面地了解企业管理信息化工程实施单位的具体情况,才能制定有效的规划方案。因此,学生只能通过管理信息系统规划案例,了解管理信息系统规划工作的重点,了解企业信息化工程建设发展规律和管理信息系统规划的主要依据;掌握管理信息系统规划的一般过程与步骤;学会参照规范的格式,写出管理信息系统规划报告(即系统初步方案),提高学生的写作能力。具体实习过程如下:

(1) 阅读管理信息系统规划典型案例。

案例一:中原旅行社是 20 世纪 90 年代成立的一家中型旅行社,目前共有员工 30 人,年营业额达 400 万元。近年来,随着旅行社业务的扩大,公司王总希望开发一套适合本公司的旅行社管理信息系统。王总首先请信息管理专家对其进行信息系统基本知识培训,深刻认识到旅行社管理信息系统的职能是对旅行社生产服务过程的管理实现信息化,从而提高旅行社的生产率和管理效率,同时提高旅行社的市场竞争能力,满足现代人的个性化服务要求。设计旅行社管理系统的目的是提高旅行社管理效率,增加效益。简单的定义为旅行社管理信息系统是利用计算机技术和通信技术,对旅行社经营的所有信息进行综合管理和控制的以人为主体的人机综合系统。为了使开发的信息系统能为企业创造更好的经济效益,王总决定成立中原旅行社管理信息系统开发领导小组,并且聘请了富有开发经验的张工做项目经理,同时给予 10 万元的开发预算,希望开发的管理信息系统能解决各部门信息不能共享、手工信息管理混乱,容易出错,致使对游客的服务不到位、各部门统计报告提交延迟,从而出现销售部门不能及时得到信息反馈,公司工作重心不能快速转移等问题。

基于此要求,张工首先对旅行社进行了一个月的实地调查,发现中原旅行社的各类人员有组团职能、接团职能、导游职能、散客职能、交通职能、计调职能、财务职能和综合业务等主要职能。同时还必须具备对数据资源信息、用户资源、旅行社物资供应链进行管理与利用的功能。旅行社还必须包含内部的办公室管理、人事管理和外联管理等功能需求。

案例二：某高校旁有一家经营图书出租业务的书社，目前该书社还没有使用计算机进行管理。学生张某经常去该书社租书，看到该书社的日常管理非常混乱，并且员工劳动强度大、工作效率低，所以他希望能够为该书社建立一个管理信息系统，从而找出一条好的途径来改善书社的经营管理，提高书社员工服务效率和质量，从而提高顾客满意度。张某首先对该书社的经营业务进行了详细调查，他了解到的情况如下：

书社的规章制度要求，任何人要想成为该书社的会员需交纳押金100元（退卡时返还），而且在加入会员时，需将身份证号（若是学生还另外需要学号）、住址、固定电话号码、移动电话号码、电子邮件地址登记在顾客卡片中。

成为会员的顾客可得到该书社的一张会员卡，并且可用它来租借书社所有图书。目前的一个问题是，会员个人资料在登记注册后可能会发生变化，但书社无法及时更新这类信息。放在书社营业厅架子上的图书按类别及书名的字母顺序进行排列展示，而那些将被出租的图书存放在收银台后面的库房内。当顾客把展示架上的样本图书拿到柜台时，店员就得去后面的柜台查找。若返还的图书没有按正确的顺序归档，就使得查找工作变得非常费力了。当顾客来到店里还书时，店员首先检查还书是否准时，若超期则应交纳过期费。

店员工作繁忙时，来不及把返还的图书重新摆放到库房内，造成图书堆积。对于没有来得及上架的图书，顾客是租不到的。有时候一些新出版的或是畅销的图书可能供不应求，尤其是在周末。管理者应当把这些图书多储备些以备租用。另外，由于书社无法跟踪销售趋势以合理安排存货，一些很少被租用的图书时间久了依然被保存在店里。

通过上面的调查分析，张某认为该书社应该结合自身的实际情况建立一个管理信息系统来加强日常工作的管理，将员工从繁忙的、低效率的工作状态中解脱出来，从而改善书社的经营状况。

案例三：新产品快速上市，良好的用户服务及低成本是保持竞争力的主要因素。管理者正在寻求一些方法可以使公司的运作更有效率，这将由检查订单流程开始。用户通常以电话、传真、邮寄的方式下订单。用户服务代表就在订单表上记下订单的信息，包括顾客姓名、运送地点、账单地址、产品编号、产品说明、数量及运送说明（如打电话给收货经理约定送货时间）。在收集所有相关信息后，用户服务代表与用户确认订单的所有内容。当记录这些订单时，用户服务代表们就开始利用公司的订单输入系统并检查订单上每种产品的库存量。用户服务代表首先检查最靠近用户运送地址的仓库。如果该仓库没有足够的产品，他会去检查别的仓库。如果是电话接单，则用户服务代表建议配送时间在4~5个工作日之后。假如用户需要快速处理订单，用户服务代表可查询目前的订单输入信息系统查看哪个仓库将满足这个订单。一般来说，靠近用户运送地址的仓库都能满足订单的需求。所有正在处理的订单都是人工收集并输入公司的订单输入系统。一定要有用户的编号、运送地址及账单地址，系统才会接受这份订单（如果订单来自一个新用户，系统自动给用户一个新代号）。如果订单的送货日期在未来的8~10个工作日之后，则这个订单会以人工的方式被放几天后再输入系统。而如果一张送货时间超过10天的订单输入系统时，则被认为是一个延误的订单。系统每天会产生延误订单的报表去提醒用户服务代表有延误的订单。

当每一个订单被输入后，系统会对用户执行信用检查。有些用户可能被列入"信用保留"状态，其订单就不会被运送，直到用户支付货款。其他用户的订单会被立即处理，而用户在收到货物与发票后支付采购货款。一份"信用保留"的报表会立即送给信用部门，而且用户服务代表每天也会收到列入"信用保留"的订单列表。公司不同的业务单位对于相同的产品使用不同的确认系统。公司总部对某产品的代号与制造工厂的代号不同。

案例四：一家使用计算机点菜的连锁餐厅最近在某市开业，生意格外兴隆。客人到餐厅后，在计算机上进行选菜，计算机就会显示出餐厅所供应的品种。想吃什么菜，在计算机上轻轻一点，屏幕上就会出现菜的样子、价格、原材料及菜中所含蛋白质和各种维生素的含量，供客人根据自己的需求和口味情况选择。顾客点菜并付款后，计算机自动将选菜结果通知厨房进行配菜。计算机的使用，不仅给顾客提供了方便，而且使餐厅环境有所改观。

现在让我们看看该餐厅的管理信息系统是如何工作的。假定餐厅中整个业务流程设计成这样：所有微机连成一个局域网，在餐厅、厨房、配餐间、收款处、经理室等都有终端。

当顾客来到餐厅时，由服务员携带一台掌上型微机到餐桌前开点菜单，顾客选好后，点菜单的信息被传送到后台服务器上，在该过程中系统会自动分类，根据顾客点的菜的品种，直接将信息送到制作它的厨师那里。例如顾客点的凉菜订单会被送到凉菜配餐间的计算机上；酒水饮料会被送到饮料室的计算机上；如果是炒菜就送到厨房的计算机上。如果某菜的原料用完，厨师可以在厨房中通过计算机立即输入反馈信息，从而服务员在顾客点菜时，马上就可以通知他该菜的缺货情况。顾客输入信息后，马上就可看到他订的菜的总价格。通过餐厅的打印机也可以很快得到账单，上面列出所有顾客点的菜名、价格、采购量，系统能对销售额和各种菜的成本进行比较，从而进行成本控制。经理也可以看到在一定时期内每道菜的销售情况，算出它们在总销售额中所占的比例，然后根据这些信息来调整菜谱。

案例五：Sweeper 商店是销售真空清洁器和清洁部件、办公清洁设备和必需品的零售商和分销商。两年前，Mr. Sweeper 的雇员仍然需要笨手笨脚地通过目录来查找其需要的部件号或价格。Mr. Sweeper 商店行政部门主管 Betty Smith 说："因为手头有 8000 多种商品，我们需要一个完全有经验的存货控制系统来追踪我们的存货状况，并与 3 个商店相互联通。"他还说："我们还需要一个非常容易使用的软件给我们的销售人员，同时还需要相应的工作机制。"

在与当地一家咨询公司签署了一份 20000 美元的合同之前，Smith 花了 6 个月的时间研究适合他所在企业的硬件和软件。这份合同使 Mr. Sweeper 商店购买了 6 台个人计算机、打印机和软件，以处理诸如控制存货、支付账单、收取款项等工作。所有需要的有关存货和会计的数据都存于同一数据库内，个人电脑通过通信线路与网络相连。Smith 骄傲地说："现在从一个最小的螺丝钉到最大的机器都存于数据库中了。"

新的基于计算机的信息系统已经帮助 Smith 降低了制造费用。信息系统可以指出哪个产品库存已经高于标准，哪个产品库存太低了，它还能帮助计划订购周期，甚至还能计算供应商运送所订购产品的平均时间。Smith 估计:"到下一年,我估计公司可以将其存货减少一半。与此同时,销售人员可以通过查看数据库中的老订单帮助顾客记起以前他们曾买过些什么产品。而且,机械师能查看维修的历史信息。"Smith 说:"例如一台维修好的机器又恢复使用,我们可以看到谁为此做了些什么。虽然这个系统用了近一年的时间才能够平稳地运行,但是,我无法想象我们如何用老办法进行现行的工作。"这是他得出的结论。

(2) 选择其中一个案例,开展调研分析。分析已经具有的管理信息系统应用基础;分析深入开展信息化存在的问题;通过信息系统提升企业或组织管理效率和效益的方法;依据管理信息系统规划理论与方法绘制相应的组织结构、业务流程和 U/C 矩阵等。

(3) 写出管理信息系统开发的目标(功能、服务范围和质量)。

(4) 进行管理信息系统开发项目的可行性分析研讨。

(5) 给出管理信息系统开发项目开发过程时间进度、人员、资金安排。

(6) 实习报告应当包含:背景;现行业务状况,存在的问题;项目的目标和约束;项目的可行性分析;拟采用的信息系统的开发方法;项目开发过程时间进度、人员、资金计划。

2. 研讨

(1) 诺兰模型的实用意义何在?它把信息系统的成长过程划分为哪几个阶段?

(2) "自下而上"和"自上而下"两种 MIS 的开发策略各有何优缺点?

(3) 进行管理信息系统规划的目的是什么?信息系统规划的特点是什么?

(4) 画出信息系统规划过程示意图。

(5) 简述信息系统规划初步调查的一般过程。

(6) 简述信息系统规划的主要方法及各自的优缺点。

(7) 说明企业系统规划法的过程,以及如何用企业系统规划法确定子系统的结构。

(8) 为什么要进行可行性分析?可行性分析的过程是什么?

(9) 如何编制系统的可行性分析报告?编制过程中应注意的问题有哪些?

第 5 章　管理信息系统的系统分析

系统分析是管理信息系统研发项目第一阶段关键性工作。它依据系统规划方案，明确现阶段系统研发的目标和任务。系统分析工作是在系统分析员的组织、协调和领导下会同企业业务管理员、数据管理员和系统设计人员共同构建管理信息系统的逻辑方案。

5.1　系统分析的基本概念

系统分析(Systems Analysis)一词最早是在 20 世纪 30 年代提出的。兰德公司认为,系统分析是一种研究方略,它能在不确定的情况下,确定问题的本质和起因,明确咨询目标,找出各种可行方案,并通过一定标准对这些方案进行比较,帮助决策者在复杂的问题和环境中做出科学抉择。面对复杂的管理问题,由系统分析员负责管理信息系统开发过程中开发人员与用户之间的沟通。因系统分析在管理信息系统开发过程中获得成功,所以在 20 世纪 40 年代得到了进一步的发展。当前系统分析已经成为管理信息系统开发的一个重要阶段,无论是研究大系统的问题,还是建立复杂的系统,都广泛应用系统分析的思想与方法。

5.1.1　系统分析的主要任务

系统分析的主要任务是在系统规划的指导下,通过系统详细调查,全面地描述现阶段(规划指定工程期内的目标与任务)组织结构、业务流程和数据流程,进一步了解系统现状,以及在生产经营管理中存在的主要问题,分析造成问题的原因和用户开发管理信息系统的需求;以组织管理学、业务流程重组理论和数据结构与数据库原理为依据,运用系统分析方法、U/C 矩阵、系统建模等手段明确系统目标,开展系统逻辑设计,写出系统分析报告和可行性分析报告,最终提交信息系统建设委员会审批。

在系统分析过程中要将系统详细调查所得到的文档资料集中到一起,对组织内部整体管理状况和信息处理过程进行分析,并从业务全过程的角度进行分析。主要分析业务和数据的流程是否通畅,是否合理;数据、业务过程和实现管理功能之间的关系;对旧系统管理模式的改革和新系统管理方法的实现是否具有可行性;等等。系统分析侧重在确定用户的需求及其解决方法,这需要确定开发者对现有组织管理状况的了解;用户对信息系统功能的需求;数据和业务流程;管理功能和管理数据指标体系;新系统拟改动和新增的管理模型;等等。系统分析所确定的内容是日后系统设计、系统实现的基础。分析阶段独立于系统实现环境,可以保证建立起来的系统结构具有相对的稳定性,便于系统维护、移植或扩充。在系统分析阶段,系统的逻辑结构应从信息、行为和表示三方面全面反映系统的功能与性能。

5.1.2 系统分析的一般过程

系统分析方法的具体步骤包括:明确系统边界;确定目标;调查研究,收集数据;提出备选方案和评价标准;备选方案评估;提交最可行方案。

1. 明确系统边界

明确系统边界也称为限定问题,是在系统规划指定现阶段目标的范围内,弄清现实情况与规划目标或理想状态之间的差距。系统分析的核心内容是先对现状进行“诊断”,即找出存在的问题及其原因,然后进行系统逻辑设计。因此明确系统边界,就是要明确系统待解决的问题,以及问题的本质、特性、范围和影响程度,问题产生的时间、环境,问题的症状和原因等。明确系统边界是系统分析关键的第一步,需要直接与相关业务主管领导沟通,才能明确系统开发的业务范围。

2. 确定目标

在系统规划时虽然已经为现阶段初步拟定了系统目标,但是这个目标是从宏观层面制定的,无法直接实现,还需要进一步细化。同时,实际系统的状况时刻在发生变化,所以,系统分析的关键工作是确定系统目标,这个目标直接影响系统的可行性、质量和日后的验收。因此,应该根据用户的要求和对需要解决问题的理解确定该目标,而且应尽量通过指标表示,以便进行定量分析。对不能定量描述的目标也应该尽量用文字说明清楚,以便进行定性分析和评价。

3. 调查研究,收集数据

调查研究和收集数据应该围绕问题起因进行,一方面要验证由限定问题阶段形成的假设,另一方面要探讨问题产生的根本原因,为下一步提出解决问题的备选方案做准备。调查研究方式有许多种,阅读文件资料、访谈、观察和调查等方式较适用于系统分析。在系统调查中要及时收集数据,收集的数据和信息包括事实(facts)、见解(opinions)和态度(attitudes)。要对数据和信息去伪存真,交叉核实,以保证其真实性和准确性。

4. 提出备选方案和评价标准

通过深入调查研究,使真正有待解决的问题得以最终确定,使产生问题的主要原因得到明确,在此基础上就可以有针对性地提出解决问题的备选方案。备选方案是解决问题和达到咨询目标可供选择的建议或设计,应提出两种以上的备选方案,以便提供进一步评估和筛选。为了对备选方案进行评估,要根据问题的性质和用户具备的条件,提出约束条件或评价标准,供下一步应用。

5. 备选方案评估

根据上述约束条件或评价标准,对解决问题的备选方案进行评估。评估应该是综合性的,不仅要考虑技术因素,也要考虑社会经济等因素,评估小组的成员应该有一定代表性,除咨询项目组成员外,还要吸收用户组织的代表参加。根据评估结果确定最可行方案。

6. 提交最可行方案

最可行方案并不一定是最佳方案，它是在约束条件之内，根据评价标准筛选出的最可实现的方案。如果用户满意，则系统分析达到目标。如果用户不满意，则要与用户协商调整约束条件或评价标准，甚至重新限定问题，开始新一轮系统分析，直到用户满意为止。

5.1.3　系统分析的主要方法

系统分析方法来源于系统科学。系统科学是 20 世纪 40 年代以后迅速发展起来的一个横跨各个学科的新的科学部门，它从系统的角度考察和研究整个客观世界，为人类认识和改造世界提供了科学的理论和方法。它的产生和发展标志着人类的科学思维由主要“以实物为中心”逐渐过渡到“以系统为中心”，是科学思维的一个划时代突破。

对应不同的信息系统开发方法，其系统分析方法也会存在差异。因此，从不同的角度可以分成不同的系统分析方法。从信息系统开发过程看可以分成结构化系统分析和面向对象的系统分析方法。

5.2　结构化的系统分析

结构化的系统分析思想来源于结构化的程序设计方法，其宗旨是将一个复杂的大系统分解成若干个简单的小系统。采用从总体到具体或从全局到局部的方法了解系统、分析系统、设计逻辑方案。分析结束，需要提交设计的逻辑方案和可行性分析报告，并由主管领导审批，领导批准后才进入下一个开发阶段。

5.2.1　组织结构与系统体系分析

组织结构分析要从系统全局出发，立足系统宏观层面的信息流。特别是大型系统，必须全面地分析系统所涉及的各类组织在系统中的角色，组织对系统的作用和影响程度，为系统的功能设计提供依据。对于单项业务的小型管理信息系统虽然不需要进行复杂的组织结构分析，但需要充分考虑系统涉及的相关业务管理部门，以及系统运行时系统与相关部门之间的相互约束。

1. 绘制组织结构图

在信息系统分析中，绘制的组织结构图不是一般意义上的管理组织结构图，这个图不仅通过规范化展示公司的内部组成及职权、功能关系，而且要从宏观层面描述各组织之间的物流、资金流、事务流、数据流和信息流。每个公司都同时具有正式的和非正式的行政组织结构，这个图是绘制组织结构图的基础。所谓非正式的组织结构是指存在于日常工作中的组织层级之间的真实关系。一些常见的正式组织结构有如图 5-1 所示的等级式结构（多为规模较小的、创业型企业所采用）、图 5-2 所示的直线职能式结构、图 5-3 所示的功能式结构或部门式结构（基于功能、产品/服务、顾客类型、地理区位）、图 5-4 所示的矩阵式结构（双重汇报体系）等。

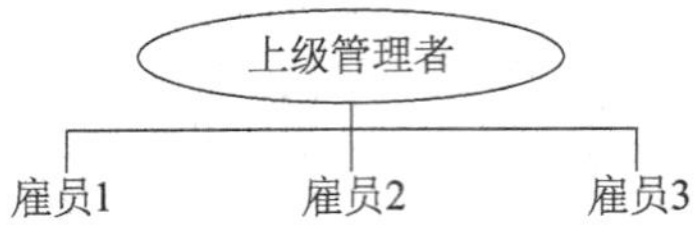

图 5-1　等级式结构

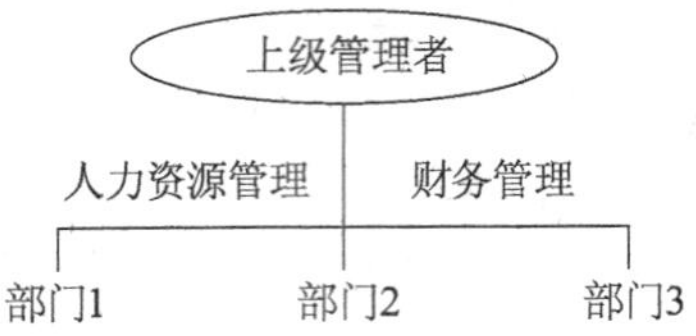

图 5-2　直线职能式结构

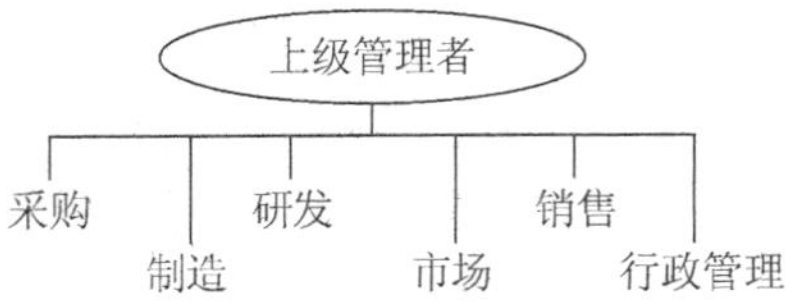

图 5-3　功能式结构或部门式结构

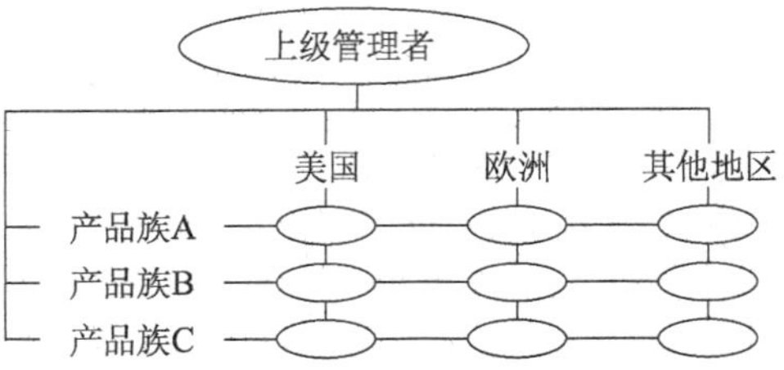

图 5-4　矩阵式结构

这些正式的行政组织结构关系都可以通过组织结构图来展示，英语称之为 Organization Chart，或 Organizational Chart、Organigram、Organogram、Org Chart，它们均表示同样的意思。组织结构图能够简洁明了地展示组织内的等级与权力、角色与职责、功能与关系，还有助于帮助新员工了解和认识公司。

在绘制组织结构图时，首先要遵守两条原则。其一是实事求是的原则，组织结构图描述了企业的经营模式，是企业真实的反映；其二是宏观抽象的原则，在绘制时要忽略细节，体现组织之间的关系及关系类别。

组织结构是一个总体的描述，根据企业实际运行情况先给定组织的名称，最简单的方法是直接引用行政机构的部门名称，然而在组织结构图上组织的名称要能体现组织内涵、使命和特点；然后用同线型描述各组织之间的联系。例如，一家小型加工制造企业有一个加工车间、一个财务部、一个采购部、一个销售部、一个行政办公室和一个后勤部，其组织结构如图 5-5 所示。

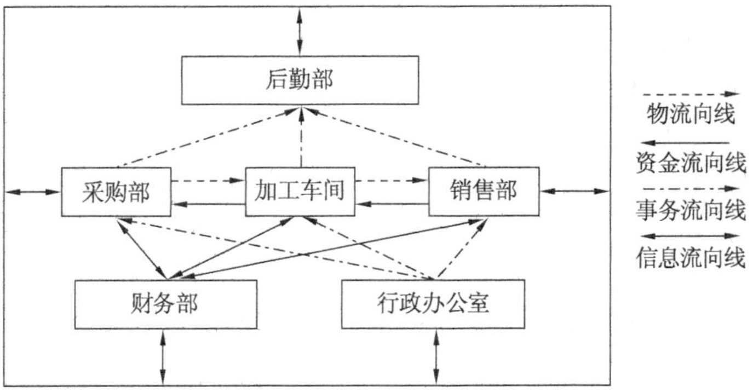

图 5-5　小型加工制造企业组织结构示意图

2. 建立组织与业务关系

每个组织每天都有许多业务需要处理，在确定了组织结构图后要深入刻画各组织承担与系统有关的业务，以及这些业务所涉及的相关组织，即组织与业务的关系。一项业务往往涉及许多部门，为了简化组织与业务关系的描述，可以运用矩阵描述组织与业务之间的关系。① 明确各组织与系统相关的业务；② 列出系统相关的组织在矩阵的行上，列出系统相关的业务在矩阵的列上，形成一个矩阵架构；③ 确定组织与业务关系类型的标记。一般可以用空白表示矩阵中组织与业务无关；用星号（ * ）表示该列所指业务是该行组织的主业务；用打钩（√）表示该列所指业务是该行组织的相关业务；用打叉（×）表示该列所指业务是该行组织的辅助业务；④ 在矩阵行列交叉处正确选择上述标记，描述组织与业务的关系。在描述业务与组织无关或业务是组织的主要业务时，判别关系型相对容易。但判别相关与辅助业务关系型时，相对较困难。在实际标记过程中要从不同侧度选用标记。如果在执行该项业务时，没有对应部门的参与将影响业务完成的质量，甚至无法正常完成，这种组织与业务之间的关系是辅助关系。如果业务完成后对某个部门有直接的影响，这个部门与业务之间的关系类型选用相关关系标记。例如，上述小型加工制造企业的部分组织与业务的关系如表5-1所示。

表5-1 小型加工制造企业的部分组织与业务关系

业务 组织	采购	生产	销售	……
加工车间	√	*	√	
财务部	×	×	×	
采购部	*	×	×	
销售部		√	*	
行政办公室	×	×	×	
后勤部	√	√	√	

3. 组织结构分析

在管理信息系统开发过程中进行组织结构分析是为了正确地选择经济、实用、简便和可靠的信息系统体系结构，也是为了充分利用企业资源，使其发挥最大的作用而开展的工作。组织结构分析的具体工作有结构的合理性检验和组织的必要性检验。

（1）结构的合理性检验。首先从行政机构的从属关系入手，检验企业规章制度的执行力。找出阻碍政令畅通、有效执行的瓶颈组织与人员，调整组织结构模式，提高行政执行力。其次从企业各种流程顺畅的角度检验结构的合理性，消除一切影响流程顺利运行的组织与人员。

（2）组织的必要性检验。从企业资源一体化管理和工作方式信息化的环境出发，逐个检验组织是否有存在的必要性。对企业原有组织性质相近、任务不足的要合并；对影响企业发展和通过信息化有系统替代、任务严重不足的组织要取消；对于信息化环境下需要协调、综合、提炼等信息加工、数据挖掘和辅助决策等工作需要专管的，可以增补新的组织，使新的组织适应信息化的需要。

总之，需要从管理信息系统应用角度重新认识企业组织，定义组织使命，明确组织目标，优化组织结构。不断寻找发现企业组织中存在的问题，分析问题存在的原因，提出解决问题的方案，并开展该方案的可行性研究等工作。

4. 信息系统体系选择

信息系统体系是综合兼顾由计算机硬件、网络和通信设备、计算机软件、信息资源、信息用户和规章制度等组成,以处理信息流为目的,构成人机一体化的有机整体。信息系统体系结构可分成单用户体系结构、C/S 体系结构、B/S 体系结构和 P2P 体系结构。

(1) 单用户体系结构。单用户信息系统是早期最简单的信息系统,整个信息系统运行在一台计算机上,由一个用户占用全部资源,不同用户之间不共享和交换数据。

(2) C/S 体系结构。C/S(Client/Server)结构,即用户机和服务器结构。这种体系结构模式是以数据库服务器为中心、以用户机为网络基础、在信息系统软件支持下的两层结构模型。这种体系结构中,用户操作模块布置在用户机上,数据存储在服务器上的数据库中。用户机依靠服务器获得所需要的网络资源,而服务器为用户机提供网络必需的资源。

(3) B/S 体系结构。B/S(Browser/Server)结构,即浏览器和服务器结构。它是随着 Internet 技术的兴起,对 C/S 结构的一种变化或者改进的结构。在这种结构下,用户工作界面通过浏览器来实现,极少部分事务逻辑在前端(Browser)实现,主要事务逻辑在服务器端(Server)实现,形成所谓三层结构。这样就大大简化了用户端电脑载荷,减轻了系统维护与升级的成本和工作量,降低了用户的总体成本。

(4) P2P 体系结构。P2P(P to P)体系结构,即对等网络结构。P2P 体系结构取消了服务器的中心地位,各个系统内计算机可以通过交换直接共享计算机资源和服务。在这种体系结构中,计算机可对其他计算机的要求进行响应,请求响应范围和方式都根据具体应用程序不同而有不同的选择。目前对等网络模式有纯 P2P 模式、集中模式及混合模式,是迅速发展的一种新型网络结构模式。

体系结构的选择要考虑系统的安全性、稳定性、开发期和日常维护的费用因素,一般情况下当系统用户较多,功能复杂,存储信息量大,需要专业技术人员维护和管理系统时,尽量采用网络体系,在满足安全与稳定要求的同时,使管理维护操作简单,开发投入减少。单用户体系结构不能满足系统网络要求;C/S 体系结构过于庞大,管理维护复杂;P2P 体系结构虽然功能强大,但是并不需要即时通信和不间断的数据更新。为使用户能够在简单、易用、单一、统一的可视化界面下,轻松、方便地访问到各种类型的数据,应在系统分析时适当选择体系结构。

5.2.2 业务流程分析与业务流程重组

业务流程分析是在组织结构分析的基础上,针对系统涉及的各项业务描述与分析其起因、经历和归属去向,完整地分析业务流程的有效性、增殖性和稳定性,为业务流程优化、重组提供依据,也为工作岗位设定、工作流设计、操作规程制定和人力资源管理等提供运作基础数据,为企业科学管理方法引用提供可能。

1. 业务流程描述

在信息系统分析过程中,通常用业务流程图来实现业务流程描述,这也是信息系统分析的基础性工作,往往信息量大、涉及面广,而且信息系统开发的承接者在这一过程中也会遇到很多新理念、方式、方法和模式,因此,描述业务流程的过程是一个学习、交流与沟通的过程。

（1）业务流程图符。为了规范和简化业务流程图，便于开发者之间、开发者与用户之间的交流，需要统一定义基本的图符。但是，直到现在业务流程图基本符号还没有统一标准，系统开发组在系统分析前内部制定一个标准图符，或选用WORD中提供的部分流程图符，并分类定义为业务流程图符。一般业务流程图的基本图符如图5-6所示。

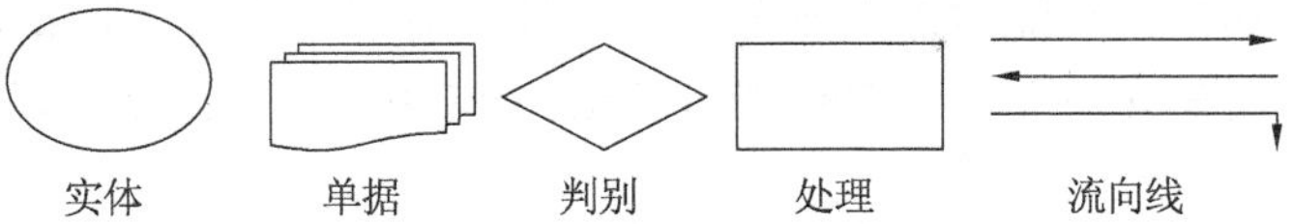

图5-6 一般业务流程图的基本图符

在基本图符中，实体包含与系统相关的组织、机关、部门和人员等；单据包含发票、凭证、表格、清单、文件和卡片等人工记录数据的载体；判别表示在处理过程中将会遇见多种情景供用户选择其中之一，可能是二分支，也可能是多分支；处理是一切事务的加工处理总代表，在业务流程图上描述的处理往往是从管理人员共同认识的一个活动；流向线表示整个业务各个活动的时序，沿着箭头从一个实体（或处理）流向另一个实体（或处理），有时在流向线上用文字表达流动的条件或激活机制。

（2）业务流程图绘制方法。绘制业务流程图是一项繁杂、细致的工作，往往由粗及细，由简到繁，要反复与管理人员核实。在明确了要绘制某一业务流程图后，需抓住业务活动环节与相关组织两个关键要素。从时间上由业务起因开始入手，沿着业务在时间、空间的开展描述各项工作活动，以及活动涉及的组织、数据、信息、行为等内容。

（3）绘制业务流程图举例。例如，绘制某企业的采购业务流程图。采购是采购部门的主要业务，将涉及业务员、采购部门的业务主管和供应商，整个业务过程如图5-7所示。

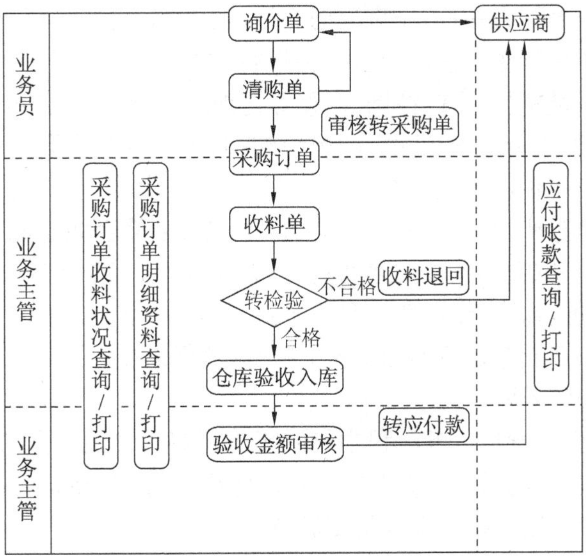

图5-7 采购业务流程图

2. 业务流程分析

业务流程分析的主要目的是寻找原业务流程中存在的不合理和不经济现象，并寻求优化业务流程的方案，业务流程分析工作的好坏不仅影响业务完成质量和效率，而且直接影响系统运行的经济性。在业务流程分析时，可以运用价值链的思想检验业务流程的经济性。

一个业务在不同部门处理，需要系统提供相应的功能与操作界面。所以，业务流程体现了企业的动作模式和企业文化。因此，在业务流程分析时，首先要辨认业务流程中各活动存在的合理性和对优质完成业务的贡献性。对于可有可无的活动要删除；对于多个活动从属于同一人员完成的要合并与简化，要避免业务流向往复，寻找业务流程的最佳路径。

3. 业务流程重组

业务流程重组（Business Process Reengineering, BPR）也称为企业流程再造，是通过资源整合、资源优化，最大限度地满足企业和供应链管理体系高速发展，这既是一种新的管理理念与方法，也是企业信息化的基础性工作，该理论已经成为当今企业和管理学界研究的热点，在许多大型企业中取得了巨大成功。对业务流程进行根本性再思考、彻底性再设计和戏剧性改善，并围绕业务流程展开重组工作，最终成为共同为顾客创造价值而又相互关联的活动。

（1）对原有流程进行全面的功能和效率分析，发现其存在问题。根据企业现行的作业程序，绘制细致、明了的作业流程图。一般地，原来的作业程序是与过去的市场需求、技术条件相适应的，并由一定的组织结构、作业规范作为其保证。当市场需求、技术条件发生的变化使现有作业程序难以适应时，作业效率或组织结构的效能就会降低。因此，必须从功能障碍、重要性和可行性等方面分析现行作业流程。

（2）设计新的流程改进方案，并进行评估。为了设计更加科学、合理的作业流程，必须群策群力、集思广益、鼓励创新。在设计新的流程改进方案时，要考虑将现在的数项业务或工作组合，合并为一；工作流程的各个步骤按其自然顺序进行；给予职工参与决策的权力；为同一种工作流程设置若干种进行方式；工作应当超越组织的界限，在最适当的场所进行；尽量减少检查、控制、调整等管理工作；设置项目负责人等要素。

（3）制定与流程改进方案相配套的组织结构、人力资源配置和业务规范等方面的改进规划，形成系统的企业再造方案。

（4）组织实施与持续改善。实施企业再造方案，必然会触及原有的利益格局。因此，必须精心组织，谨慎推进。既要态度坚定，克服阻力，又要积极宣传，形成共识，以保证企业再造的顺利进行。企业再造方案的实施并不意味着企业再造的终结。在社会发展日益加快的时代，企业总是不断面临新的挑战，这就需要对企业再造方案不断地进行改进，以适应新形势的需要。

通过将非增值性步骤从业务流程中剔除出去或尽可能地简化，能有针对性地提高为顾客提供产品与服务的效率，提高对质量管理环节的监控能力，还可以提高响应能力、降低成本、降低次/废品率和提高员工满意度。

5.2.3 数据流程分析与数据字典

数据与数据流程分析是在业务流程分析的基础上对业务流程的抽象、细化和符号化的工作。在数据流程分析前，需要统一规范数据流程图符系统，规范数据命名、行文风格。这是提供透视数据与业务关系、数据与管理关系、数据与行为关系的工具。从系统全局出发分析数据特性、数据结构、数据组织、数据管理与数据库表的关系。创建数据字典,为数据库设计提供依据。

1. 数据流程描述

以业务流程为依据,业务符号化为重点,由粗及细,从总体到具体,用数据符号表达实体、事物的状态和特征;用数据处理表达事物的行为;用数据输入与输出表达实体之间的交流、事物的激活机制。

(1)数据流程图符。数据流程图符至今还没有统一的标准,不同的软件开发公司采用的符号也不尽相同。同样的软件开发公司针对不同的管理信息系统涉及的业务特征,采用的符号类型、含义也不尽相同。因此,在系统分析与设计前首先要规定数据流程图符,以便分析与设计人员交流和归档,数据流程图的基本图符如图5-8所示。

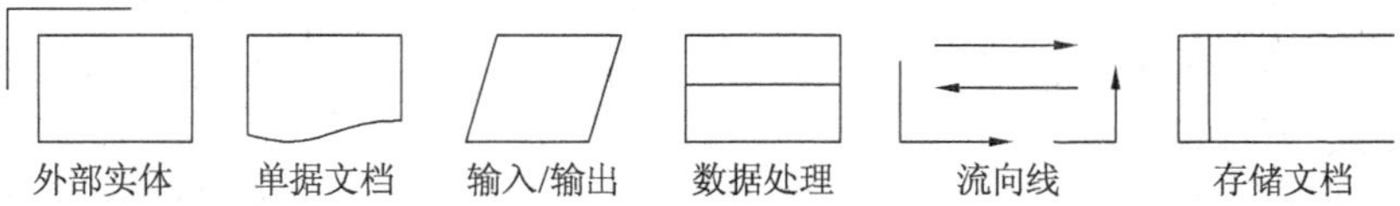

图5-8 数据流程图基本图符

(2)数据流程图(DFD)的绘制方法。在实际数据流程图绘制时不能直接将业务流程图转换成数据流程图,而是要进行不断分层细化,这种方法被称为分解法,或爆破法。在实际绘制时先画出顶层DFD,然后自顶向下画出各层DFD。在绘制过程中要遵守分解后的软件成分有相对独立功能和一次分解不要加入细节过多的原则,如图5-9所示。

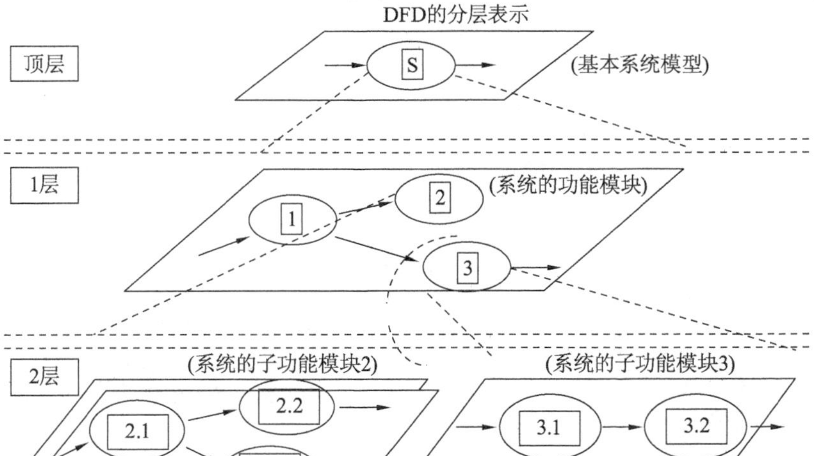

图5-9 数据流程图绘制示意图

(3)举例。假设某一企业采购部门每天需要一张订货报表,报表按材料编号排序,报表中列出所有需要再次订货的材料。对于每种需要再次订货的材料应列出下列数据:材料编号、名称、订货数量、目前价格(或参考价格)、主要供应单位、第二供应单位等。材料入库或出库等作为事务,通过放在仓库的CRT终端把事务报告给订货系统。当某种材料的库存数量少于库存量临界值时就应该再次订货。

考虑数据的源点和终点:从上面对系统的描述可以知道,仓库管理员通过终端把事务报告给订货系统,系统经过汇总处理,每天向采购部提供一张订货报表。所以,采购员是数据的终点,而仓库管理员是数据的源点。

考虑处理:问题给出"采购部需要报表",因此必须有一个用于产生报表的处理。输入事务的结果是改变材料库存量,然而任何改变数据的操作都是处理,因此对事务进行的加工是另一个处理。

考虑数据流:系统把订货报表送给采购部,因此订货报表是一个数据流;仓库需要将每笔事务输入系统中,显然事务是另一个数据流。

考虑数据存储:从问题的阐述中可以看出,产生报表和处理事务这两个处理在时间上明显不匹配,每当有一个事务发生时就必须立即处理该事务,而每天只产生一次订货报表。因此,用来产生订货报表的数据必须存放一段时间,也就是应该有一个数据存储。另外,"当某种材料的库存数量少于库存量临界值时就应该再次订货",这个事实意味着必须在某个地方有材料库存量和库存量临界值这样的数据。因此,需要有一个保存清单的数据存储。

一旦把数据流程图中的四种成分都分离出来之后,就可着手绘制系统的数据流程图了。数据流程图的绘制也是采用自顶向下的方法,由粗到细,逐层细化,最后形成一套完整的拟建系统的数据流程图,如图 5-10 所示。

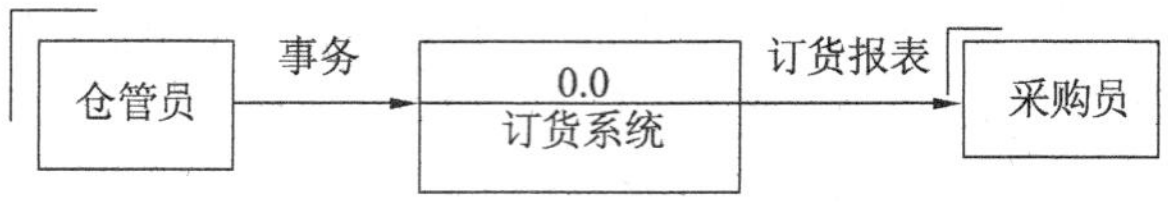

(a) 订货系统的顶层数据流程图

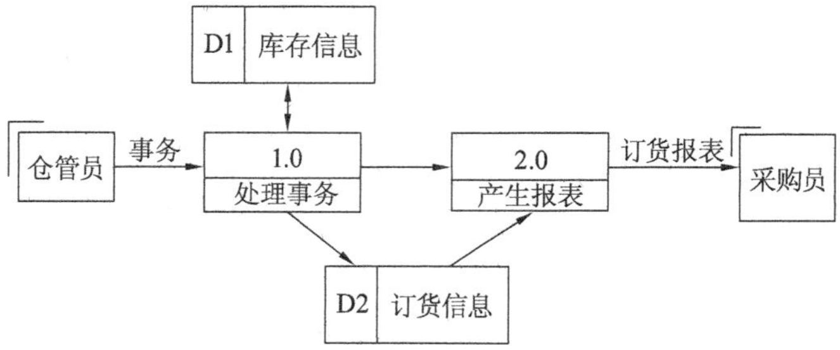

(b) 订货系统的1层数据流程图

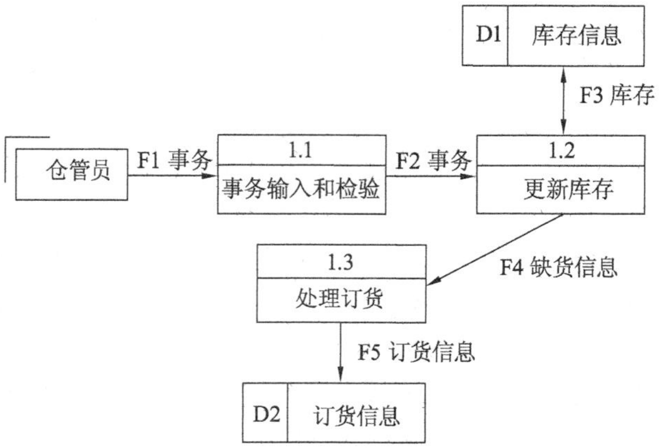

(c) 订货系统的2层数据流程图(子图1)

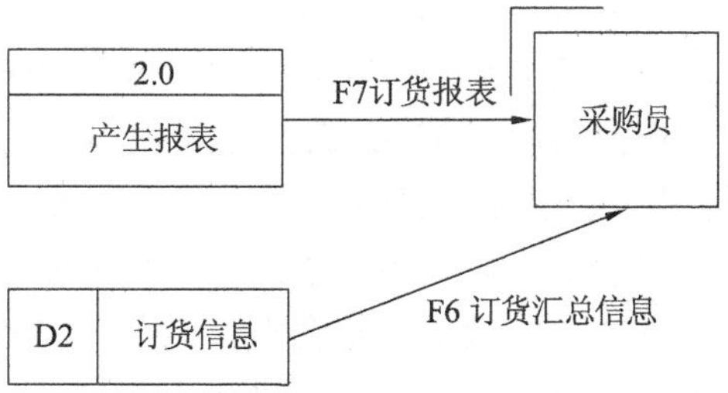

(d) 订货系统的1层数据流程图（图b的局部，各数据成分加上编号）

图5-10 订货系统的顶层数据流程图

2. 数据特征分析

数据流程描述了系统涉及的所有数据，在不同的业务中相同事物属性往往引用不同的数据。数据特征分析是从系统全局出发，明确数据的特征，便于系统数据传送、加工和利用。

（1）数据命名。相同含义的数据，在不同单据上的名称有时会不同，例如：描述工作单位的名称，可能出现该项数据的名称有“单位”“单位名称”“名称”“单　位”等，这些名称在信息系统中是不同的数据名称，不能作为相同数据输入、输出和处理。因此，要将信息系统所涉及的所有名称列在数据名称表中，然后统一命名，如表5-2所示。数据名称的命名要符合软件系统与数据库管理系统的命名规则，一般以字母开头，后随字母、数字或下划线组成，长度一般不超过10个字符。

表5-2 数据命名表

单据 数据	工资单	员工档案	……	系统命名
姓名	√	√		E_name
工号	√	√		E_number
性别		√		E_sex
工资单号	√			E_GNO
……				

注：在表中打钩（√）表示该数据在对应单据上存在。

（2）数据域与长度。在信息系统中数据往往存在取值范围，这称为数据域。明确了数据域后，在构建数据库、输入数据设计或编制软件时，对数据的输入与传送进行有效地控制，减少异常数据发生。例如，员工性别数据只能是男或女，可以通过字段有效性规则限定；员工参加工作日期与出生日期之间必须相差16年以上，可以通过记录有效性规则限定；等等。同时，根据数据的最大值，可以规定数据的占用位数，即长度。

（3）数据类型。数据分类的目的是便于数据组织和加工。因此，数据可以从不同的侧面进行分类。按数据变化程度可分成静态数据、动态数据和半固定数据，这种分类便于数据组织，通常将变化程度或使用部门相近的数据组织在一起。按数据的处理特性可分成数值型、字符型、逻辑型、日期型等，这与采用的数据库管理系统与软件开发工具相关，如数值型与字符型有时统称为文本型，而逻辑型有时称为布尔型。数据的分类还可以按系统运用时的作用域分成全局公共变量、本地变量和专用变量等，按数据在系统运行时的组织形式可分成字段变量、数组变量、系统变量和对象变量等。

(4) 数据使用频率。通过数据长度、数据使用频率可以给系统存储设备配置提供理论依据，也可以给系统操作岗位配置提供依据。主要明确某业务每天(或每周、每月等)数据的输入、统计处理、输出等事务频率的最高值和最低值。

(5) 数据操作权限。首先要将数据分成公开、秘密和绝密等密级，然后明确不同密级在不同岗位与员工的读、写、改、传送、复制、执行等操作类型，最后形成数据管理准则。这个准则在系统设计时实现。

3. 建立数据字典

数据字典是对数据元素、数据结构、处理逻辑和数据存储的描述。在数据字典中定义和陈述了数据的所有细节，包括数据元素本身及它的数据流(动态的)、存储(静态的)、处理等的档案。数据字典也是一组卡片(数据流、数据项、数据存储、处理功能)的集合。数据字典是数据设计和输入与输出设计的依据，在制作数据字典时，可以把数据字典做成卡片形式或保存为数据库表的形式。卡片形式的数据字典直观、简单，而数据库表的字典便于更新与共享。卡片数据字典包括数据元素卡片、数据结构卡片、数据流卡片、数据存储卡片和处理功能卡片。数据库表中一个记录对应一个数据的特征，一张数据表对应一类数据特征。

(1) 数据结构的描述。数据结构的描述是数据组成的描述，它代表数据流或数据存储的逻辑组成。在数据结构描述中，有 3 种特殊项的表示，分别是任选项(即可有可无的数据项)，用[ ]表示；必须项(多个数据中必须出现其中之一)，用{ }表示；重复项(可多项重复出现的数据项)，用 * 表示。

(2) 处理逻辑的描述。处理逻辑是指处理元素的有关算法(包括计算、查询、转换、检索等)。处理逻辑的描述主要描述输入、处理和输出。这种描述采用黑盒子结构，即通过对输入数据元素和输出数据元素的了解，确定黑盒子具有哪种处理能力。

(3) 数据存储的描述。数据存储的描述是静态数据的描述，主要描述静态数据的数据结构、输入数据流和输出数据流。

5.2.4 数据逻辑处理工具

数据字典详细地记录了数据的特征，却无法描述数据的演变过程。如何根据用户的需要将原始数据加工成用户所需要的信息，这是信息系统分析的难点和关键点。特别是当数据加工过程需要多种情景进行逻辑判断后才能做出决断时，对数据的逻辑处理描述十分重要。数据逻辑处理描述的工具主要有决策树、判定表和结构英语等工具。

1. 决策树

决策树用树的分支来表述不同的情景，树的节点用于描述逻辑判别条件。在数据处理过程中遇到多种情景需要决断时，采用决策树不仅层次结构清楚，而且表达形式简洁。

例如，某工厂对不同类型工人超额完成任务的奖励方案不同。机加工工人，每月超额工时数在 50 工时以内(含 50 工时)的，每工时奖励 4 元；超额工时数大于 50 并在 100 以内的，大于 50 工时的部分，每工时奖励 6 元，其余部分每工时奖励 4 元；超额工时数在 100 以上的，大于 100 工时的部分，每工时奖励 8 元，其余部分按 100 工时以内处理。装配工人,每月超额工时数在 50 工时以内的,每工时奖励 5 元;超额工时数大于 50 并在 100 以内的,大于 50 工时的部分,每工时奖励 8 元,其余部分按 50 工时以内处理;超额工时数在 100 以上的,大于 100 工时的部分,每工时奖励 10 元,其余部分按 100 工时以内处理。

在制作决策树时,选择员工类型为第一层,超额完成的工时为第二层,如图 5-11a 所示。第一层员工类型有两种,分别是机加工工人和装配工人。第二层是判别员工超额的工时数(N),均分成三种情况,分别是小于等于 50、大于 100 和在 50 至 100 之间。用 W 表示不同情况下的奖励额度。

在制作决策树时,选择超额完成的工时为第一层,员工类型(T)为第二层,如图 5-11b 所示。当需要判别的层次很多时,选择恰当的判据可以简化决策树。

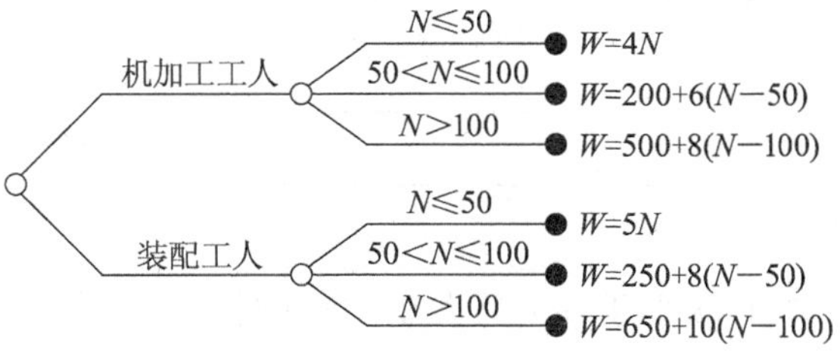

(a) 方案一

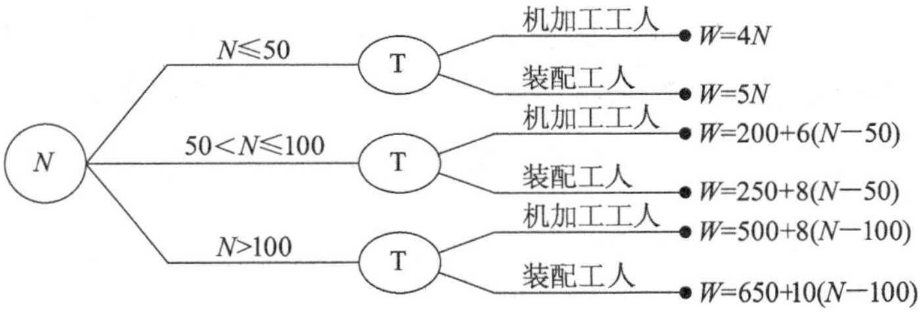

(b) 方案二

图 5-11　超工时奖励方案

2. 判定表

判定表是用二维表来表示数据处理的逻辑判断。表 5-3 所示二维表由四部分组成,表的左上部分列出逻辑判据,即逻辑表达式,运行结果只能是两种状态;表的右上部分列出逻辑判据的结合,全部组合有 2^n 种情况,其中 n 是左上方逻辑表达式的个数。表的左下方列出逻辑处理可能出现的结果,表的右下方打钩表示不同逻辑判据结合的对应处理结果。

表 5-3　判定表结构

逻辑表达式清单	逻辑判据的结合清单
处理可能出现的结果清单	逻辑判据结合的对应处理结果

例如,将上述逻辑处理用判定表形式表示。在表中逻辑表达式只能是两种选择,所以,超工时数判据不能用一个表达式表示,必须用两个表达式,可以是 $N\leq 50$,然后,再判断 $N>100$。这样逻辑表达式共有 3 个列在表的左上方;3 个逻辑判据的结合就有

8 种情况分别列在表的右上方。由上述例子的叙述可知,处理可能出现的结果有 6 种情况,分别列在表的左下方;各个判据对应的处理结果列在表右下方,如表 5-4 所示。

表 5-4 员工超工时奖励方案

T = '机加工'	N	Y	N	Y	N	Y	N	Y
$N \leq 50$	N	N	Y	Y	N	N	Y	Y
$N > 100$	N	N	N	N	Y	Y	Y	Y
$W = 4N$				√				
$W = 5N$			√					
$W = 200 + 6(N - 50)$		√						
$W = 250 + 8(N - 50)$	√							
$W = 500 + 8(N - 100)$						√		
$W = 650 + 10(N - 100)$					√			

注:表中 Y 表示 Yes,N 表示 No。

由于上述表达式中 N 既小于 50,又大于 100 的情况不存在,所以只有 6 种运行结果。

又例如,计算机等级考试的结论逻辑处理。考试分笔试与上机考试,要求笔试成绩(Y)不小于 36 分,上机成绩(X)不小于 24,否则不合格,如果总分大于 80 分评定为优秀,则等级考试的判定表如表 5-5 所示,制表过程请读者自己推敲。

表 5-5 计算机等级考试判定表

$Y < 36$	N	Y	N	Y	N	Y	N	Y
$X < 24$	N	N	Y	Y	N	N	Y	Y
$Y + X > 80$	N	N	N	N	Y	Y	Y	Y
不合格		√	√	√		√	√	√
合格	√							
优秀					√			

5.2.5 功能/数据分析

功能/数据分析是在业务流程分析与数据流程分析的基础上,通过业务功能与数据类之间的关系检验原系统是否存在不正确性,并为子系统的划分提供理论依据。

1. U/C 矩阵

U/C 矩阵是功能/数据分析的工具,用于表达功能与数据类之间的关系。U/C 矩阵描述了系统的原生态,是根据调查结果刻画的,绘制人员不能随意修改,否则不能起到检验作用。

U/C 矩阵的建立是将系统所有功能(F_i)排列在矩阵的行上,将系统所涉及的所有数据类(D_j)排列在矩阵的列上,在矩阵内行列交叉处用 U(Use)表示对应行上的功能将使用对应列上的数据类;用 C(Create)表示对应行上的功能将产生对应列上的数据类;用空白表示对应行上的功能与对应列上的数据类无关,如表 5-6 所示。

表5-6 U/C 矩阵示意表

数据类 D / 功能 F	生产计划表	用户信息	完工单	销售计划	……
计划	C		U	C	
生产	U		C	U	
销售	U	C	U	C	
……					

在建立 U/C 矩阵时，采用自顶向下的方法，首先确定系统的功能和数据类，然后填上功能/数据之间的关系符号。

2. 功能与数据的正确性检验

功能与数据的正确性检验是通过 U/C 矩阵检验来实现的，实际上，U/C 矩阵代表了系统的功能与数据关系。要求系统的功能与数据之间符合完备、一致和无冗余的规则。

（1）完备性检验。检查矩阵每一个数据类（列）是否拥有产生者（C）和使用者（U）。也就是说，每个数据类必须有产生者和使用者，否则视为不完备，例如表5-6中的用户信息数据类是不完备的，产生不完备的原因往往是矩阵没有全部描述系统的功能。使用数据类的功能遗漏了或者是功能太笼统，分解不具体。列出的功能既产生该数据类，同时也使用数据类，表5-6中用户信息数据的不完备就是这种原因，应当把销售功能继续分解。

（2）一致性检验。检验每一个数据类是否只有一个功能产生，如有多个产生者，则产生了不一致性现象。如表5-6中销售计划有计划与销售两个功能产生，这会引起数据类产生不一致，不符合一致性原则，所以要到企业去实际细查造成不一致性的原因。有时往往是调查人员记录有误，或出现多头管控。当出现多头管控时，需要协调明确某功能产生数据类；如果是出错则需要更正。

（3）无冗余性检验。当一个功能在系统中既不产生数据，也不使用数据时，该功能是冗余的。当某一数据类在系统中既无功能产生，也无功能使用时，该数据类是冗余的。对于冗余的数据类或功能必须从系统中消除。实际上冗余的出现往往是由于调查不详细。数据冗余是功能不全面，功能冗余也可能是数据类不完整，因此，出现冗余不加分析就删除，删除容易，但系统交付使用后出现功能或数据类缺陷将会造成不可估量的损失。

3. 系统划分的理论依据

系统划分需要考虑多种因素，而 U/C 矩阵的求解给系统划分提供了重要的理论依据，可以以此为起点，兼顾其他因素最终确定系统的划分。

（1）U/C 矩阵求解方法。当系统的功能与数据类相对较少时，可以直接在图表上完成。如果系统功能与数据类很多，则可以借助矩阵运行法则在计算机上完成。U/C 矩阵运算的方法是将矩阵中 C 元素通过行与行或列与列之间的交换，调到左上角至右下角的对角线上。

（2）子系统划分方法。根据 U/C 矩阵求解的结果，从左上角开始向右下角逐个把

C 元素相对集中的对应功能与数据类划成一个子系统。由于在 U/C 矩阵中会出现只用数据的功能，这个功能在矩阵求解时不固定位置，因此，子系统的划分不能唯一。另外，不同的分析人员在进行划分时考虑因素不同，往往会出现某个功能可能既可划到前一个子系统中，也可划到下一个子系统中，造成划分结果不一致。所以，根据 U/C 矩阵求解结果划分子系统仅作为理论参考。

5.2.6 逻辑模型设计与系统分析报告

1. 新系统的逻辑模型设计

信息系统的分析是对原系统的现实经过调查与分析，提炼与归纳，从理论概念上提出新系统的逻辑方案，以达到对原系统的功能与性能有所提高，用户对信息化的理念上有所升华。新系统的逻辑设计不同于计算机配置方案和软件结构模型方案等实体结构方案，是经分析后提出优化原系统，确定新系统拟采用的管理模型和信息处理方法，也称为逻辑方案设计。具体设计过程如下：

（1）确定业务对象。信息系统是现代管理的支持环境与工具，融入具体的业务过程，新系统逻辑设计的首要任务是明确给什么业务做设计。不同的业务范围，具有不同的管理模型。如果新系统涉及多种业务时，则列出业务，逐个设计其逻辑模型。

（2）选定管理模型。不同的业务具有不同的管理模型。例如，成本管理可以采用标准成本法、模拟成本法、作业成本法和实际成本法等；又如库存管理，从运作方式来看，库存控制管理有推动式和拉动式两种方法，从库存物料领用方式来看，有先进先用和随机领用的方式；等等。管理模型的选定需要考虑企业文化、决策者偏好、企业规模、性质和所属行业等因素。这是逻辑设计的关键和难点。

（3）确定组织结构。根据调查结果和选定的管理模型，进一步优化组织结构，重新确定组织的名称、使命、宗旨、职责、权利等。新系统的组织要精、简、实，要确保各种流程畅通，便于各种资源的充分利用，在企业内外组织链的部门之间要形成上游为下游服务的意识，下游为上游着想的原则。

（4）业务与数据流程优化。随着管理模型的选定，组织结构的确定，对原有的业务流程与数据流程从信息化环境入手进行调整与优化，彻底删除不必要的环节，节省时间、减少成本、提高效率。还可以引用 U/C 矩阵对调整后的功能与数据类进行检验，确保数据类的完备、生成的一致和无冗余。

2. 系统分析报告

系统分析报告是系统分析最终提交给管理信息系统建设委员会的正式文档，需要提交主管领导批准，才能进入下一阶段的工作。系统分析报告是对系统分析阶段的工作总结，全面地陈述系统分析得出的结论，其主要内容如图 5-12 所示。

在系统分析报告中要包含应用管理信息系统企业的概述，要全面地概述企业的规模、产值、所在行业、行业排名、近年的利税等，还要从管理角度和信息化角度概述企业的现状，然后提出新系统的逻辑模型和开发计划，在工程进度计划中要明确在什么时段，完成什么任务，由谁或哪个部门负责，考核指标是什么，等等。最好能画出甘特图或网络图。当管理信息系统是面向企业或集团管理信息一体化建设时，系统分析所构建的逻辑方案需要独立成册，并且对系统中所有功能分别进行技术、经济和社会等方面的可行性分析。

* *管理信息系统分析报告

1. 引言 ……………………………………………………………
   1.1 编写目的 ……………………………………………………
   1.2 项目背景 ……………………………………………………
   1.3 术语定义 ……………………………………………………
   1.4 参考资料 ……………………………………………………
2. 综合描述 …………………………………………………………
   2.1 产品介绍 ……………………………………………………
   2.2 目标范围 ……………………………………………………
   2.3 用户特性 ……………………………………………………
   2.4 约定假设 ……………………………………………………
3. 系统分析 …………………………………………………………
   3.1 用户需求分析 ………………………………………………
      3.1.1 系统过程描述 ……………………………………………
      3.1.2 用户需求描述 ……………………………………………
   3.2 组织结构分析 ………………………………………………
      3.2.1 组织结构现状描述 ………………………………………
      3.2.2 组织结构问题与建议 ……………………………………
   3.3 业务流程分析 ………………………………………………
      3.3.1 业务流程描述 ……………………………………………
      3.3.2 业务流程问题与建议 ……………………………………
   3.4 数据流程分析 ………………………………………………
      3.4.1 数据流程描述 ……………………………………………
      3.4.2 数据流程问题与建议 ……………………………………
4. 新系统逻辑方案 …………………………………………………
   4.1 组织结构与系统体系 ………………………………………
   4.2 管理模型设计与管理制度 …………………………………
   4.3 业务流程优化与岗位职责 …………………………………
   4.4 新系统数据流程与数据管理制度 …………………………
5. 可行性分析 ………………………………………………………
   5.1 概述 …………………………………………………………
   5.2 经济可行性分析 ……………………………………………
   5.3 技术可行性分析 ……………………………………………
   5.4 环境可行性分析 ……………………………………………
   5.5 社会可行性分析 ……………………………………………
   5.6 其他可行性分析 ……………………………………………
6. 计划方案 …………………………………………………………
   6.1 系统配置计划 ………………………………………………
   6.2 经费使用计划 ………………………………………………
   6.3 培训计划 ……………………………………………………
   6.4 工程进度计划 ………………………………………………

图5-12 系统分析报告内容

5.3 面向对象的系统分析

面向对象的系统分析(Object-Oriented Analysis,简称OOA)是面向对象方法的一个组成部分,它利用面向对象方法进行系统分析,即在明确用户需求的基础上,通过对问题空间的分析,建立以对象为基本单元的信息系统的逻辑模型。

5.3.1 面向对象系统分析的系统模型

面向对象系统分析不同于结构化的系统分析,结构化系统分析是信息系统开发的一个重要阶段,在这个阶段有其目标、任务和提交的文档资料,系统分析是系统设计的依据,系统设计有其独立的目标和任务。面向对象的系统分析是系统设计的基础,系统设计是在系统分析的基础上实例化或具体化。面向对象系统分析的系统模型由基本模型、补充模型和系统的详细说明三部分组成。

(1) 基本模型。基本模型是以类图的形式来表达系统最重要的信息,而类图则由类、属性、服务、一般—特殊结构、整体—局部结构、实例连接和消息连接等主要成分所构成。这些成分所表达的模型信息可分为对象、特征和关系三个层次。其中,对象层给出了系统中所有反映问题空间及系统责任的对象,用类符号来表达属于每一类的对象;特征层给出了每一类机器所代表对象的内部特征,即每类的属性与服务,描述了对象的内部构成状况及细节;关系层给出了各个类及其所代表的对象彼此之间的关系。

(2) 补充模型。主题是具有较强联系的类组织的集合体,它是对系统类图的进一步抽象,是较高层次上系统的视图。使用实例是对系统功能使用情况的文字描述,每个使用实例对应着系统中的一个功能,它描述系统的外实体与系统之间的信息交流关系。交互图是一个使用实例与完成相应功能的系统成分之间的对照图,它具体表明了使用实例中陈述的事件是由系统中的哪个服务来响应和完成,以及这个服务在执行过程中又进一步用到哪些其他对象中的服务。

(3) 系统的详细说明。详细说明是按照面向对象方法的要求格式对系统模型做出进一步的解释,它主要由类描述模板构成。类描述模板主要以文字方式给出,但有时也附加一些图表说明。

5.3.2 确定对象及对象类

确定对象是 OOA 的第一步。通过调查,在问题空间尽可能地收集、识别和整理出对象,而对象类是根据某些共性的特征从对象集合中归纳、抽象出来的。

1. 确定对象

对象是客观世界问题空间中人、地点和事物的抽象描述,是其相关属性和处理这些属性与服务的封装体,是系统分析中具有独立意义的实体。对象是构成系统的基本单位。

(1) 发现对象。发现对象是从问题空间、系统边界、系统责任、用户需求资料等入手,尽可能全面发现系统组成中的候选对象。

(2) 筛选对象。筛选对象是指对所得到的对象清单进行全面审查,从中舍弃那些无用的对象,精简、合并有用的对象,所得到的对象集就是系统中应该确定的对象。

(3) 构建对象。构建对象即命名对象,封装对象的属性和服务性。命名对象应采用“名词或形容词 + 名词”的形式作为对象名,尽可能选择能反映主题的标准词汇,其含义应具体、明确且无二义性。

2. 确定类

在OOA分析过程中,类是从对象中抽取出来的。确定类也是可以看成是类设计的基础,在设计类时,首先要制定归类的原则。

(1) 确定类的原则。从对象集合到类采用的是抽象原则。类是对象的抽象,对象是类的实例,每个对象总是属于一个类。类名、属性和服务中所有涉及的英文字母的首字母大写,且所有名字均为单数,并对应着一定的含义。在定义对象类时,必须对所出现的异常情况做出检查、修改和调整。

(2) 建立类图。为每个对象抽象一个类。用类符号表达出所定义的类,其中主动对象类名前应加上“@”标记,这样即可形成OOA基本模型中的对象层。

5.3.3 确定对象的内部特征

对象内部特征包括对象的属性及服务。对象的属性描述对象的状态特征,对象的服务反映了对象的行为特征。

1. 确定对象的属性

对象属性是指对象内封装的数据,它描述了对象的内部特征,是待开发系统中所有待存储数据的反映,对象只有在其封装的那些数据之上才能工作。确定属性可利用实体-关系(即E-R)图来确定。

(1) 确定对象的内部特征。首先给对象属性进行分类。可以根据对象属性值的特征把属性分为单值属性、互斥属性和多值属性三类。单值属性是指属性值在任何时刻只有一个值或一种状态,这是最常见的属性类型;互斥属性是指属性值的出现依赖于其他属性值,这经常与特定问题空间相联系,讨论该属性与问题空间中特定类的其他属性联系时,才能确定这类属性的存在;多值属性是指任何时候都具有多个值的属性。然后确定对象的内部特征类型,根据对象属性值的来源和使用特点可分为4类,分别是描述性属性、定义性属性、综合可得性属性和偶尔可得性属性。描述性属性值通过对象建立、改变而产生;定义性属性值适用于超过一个成员以上的对象分类;综合可得性属性值是在任何时刻皆可由其他数据获得的属性;偶尔可得性属性有时候可由其他数据获得,如奖励属性,只有学生在达到奖励标准的学期才能获奖。最后确定对象的内部特征。

(2) 寻找对象属性。对象的属性一般可以从问题空间的实体-关系图上描述存储的属性,以及对象之间关系的描述去寻找。寻找属性应从问题空间的特征和系统责任的要求去确定每个对象应该拥有的单值属性和定义性属性。

(3) 寻找属性的角度。对象的属性可能从多个角度确定,可以按照对象在问题空间中的一般常识来确定对象的常用描述性属性;可以按照对象必须记忆的要求来了解一些通过前面寻找没有发现的不明显属性、单值属性或多值属性;还可以从对象存在的状态,区别其他特长的特征来设置属性,并从整体—部分结构和实例连接的要求出发,在有关对象中设置相应的属性。

(4) 筛选属性。从不同角度收集的属性往往存在交叉与同义性,因此需要筛选整理,在筛选时应考虑适应性、原子性、无冗余、体现对象本身的特征和反映系统的责任等原则。适应性是所选择的属性对表达对象的实例是适用的,对所考虑的客观世界中的事物是必不可少的；原子性是所选择的属性在概念上是不可分的，在实际应用中对应着事物的一个原子性特征；无冗余是属性在对象类中不允许重复出现，也不允许一个属性的值通过另一个属性或另外几个属性的值推导而出，否则这个属性应该删除，以保持属性中没有冗余；体现对象本身的特征和反映系统的责任即选择的属性应能确切描述与问题空间特征相对应的信息，应是实现系统功能和目标所需要的信息。

（5）属性的命名和定位。属性命名原则为：使用名词或带定语的名词，以及规范的行业领域通用的词汇，避免使用无意义的字符、符号或数字，且命名应无二义性。确定属性位置采用继承的原则，主要针对分类结构，即一般—特殊结构。

（6）属性说明。使用说明的方式规定对确定属性的具体要求。属性定义要以简练的文字，明确解释属性的意义和作用；确定属性数据类型，常用的数据类型有整数、实数、字符串、数组、结构、指针等；对表示整体—部分关系或实例连接关系的属性，应做出进一步解释说明；对属性的某些特征值进行详细定义，如属性的取值范围、初始值、峰值、精度、度量单位等。

2. 确定对象的服务

服务的确定是由系统分析员与用户共同合作完成的，可分为寻找服务、筛选服务、服务的命名与定位、服务说明 4 步完成。

（1）寻找服务。要从系统责任和问题空间出发，去发现对象的服务；从所确定的对象入手，去发现对象的服务；追踪服务在对象模型中的动态轨迹，去发现服务；从所确定的对象属性入手，去寻找服务。

（2）筛选服务。寻找到的所有服务还需要进行筛选，服务应是对象所映射的事物固有的行为，如果这种映射关系不存在，则要考虑所设置的服务是否有必要。服务应是满足系统责任（功能）要求的，或是能够响应其他对象请求的有用服务，应排除无用服务。同时一个服务应完成一项明确定义、完整而功能单一的操作，若一个服务中包括了多项可能独立定义的功能，则应将该服务分解；如果一个独立功能分割到多个对象服务中去完成，则应加以合作。

（3）服务的命名与定位。与属性的命名相异，服务的命名应采用“动词 + 名词”组成的动宾词组，应能准确地反映该服务的职能。在相关的对象中服务名应是唯一的，服务名在类结构中应前后一致。

（4）服务说明。服务说明主要是对服务的作用及功能进一步解释；并说明请求该服务的消息格式，包括服务名、输入输出参数、参数类型；还应表明该服务执行时需要其他对象的服务，或者对服务执行的前置、后置条件及执行时间进行说明；对于实现较复杂的服务，需要画出该服务执行的服务流程图，画出的服务流程图应能告知程序员如何去做。

3. 建立 OOA 模型的特征层

把以上确定出来的对象属性和服务都填写到相应的类型符号中，就构成了 OOA 模型（类图）的特征层，它也是组成 OOA 基本模型的重要成分，这样可以完成对象的静态特征（或内部特征）的定义和说明。

5.3.4 确定对象的外部特征

对象(以及对象类)的外部特征是描述对象之间组成的关系,通常用实例连接和消息连接来表示。实例连接反映对象属性的联系,消息连接反映对象行为之间的依赖关系。

1. 确定一般—特殊结构

一般—特殊结构是一个层次式的父子结构,也叫分类结构。它通过刻画问题空间的类成员层次,把类的公共特性扩充到实例中来呈现客观世界事件的通用性及专用性。一般—特殊结构只连接类,不连接对象。

设有两类,即 A 类和 B 类,如果 A 类具有 B 类的全部属性和服务,而且 A 类还具有自身特有的一些属性和服务,则把 A 类叫作 B 类的特殊类,而 B 类叫作 A 类的一般类。一般类是对特殊类的共有特性的抽象描述,而特殊类除具有一般类的特性外,还具有独特的自身所具有的属性和服务。

(1) 寻找一般—特殊结构。要从当前行业领域中已有的行业知识和分类知识中,寻找与问题空间相对应的一般—特殊结构。并根据常识,从各种不同的角度考虑事物的分类,从而发现一般—特殊结构。

(2) 确定一般—特殊结构。研究分析类的属性与服务,若一个类的属性和服务只适用于该类的一部分对象,不适用于另一部分对象,则应从类中划分出一些特殊类;考虑问题领域范围内的复用,应在更高水平上运用一般—特殊结构,使本系统的开发能贡献一些可复用性更强的类构件。

(3) 调整所确定的一般—特殊结构。在调整过程中需要遵守符合简单化原则;与现实系统中客观事物关系相吻合的原则、符合系统责任的要求、符合人类日常思维习惯的原则,否则,会产生一些奇怪的、难以理解的结构;还要检查层次是否符合类层次之间的继承。

2. 确定整体—部分结构

整体—部分结构是表达客观世界事物的一种基本组织方式,即整体和部分组成的结构关系,在面向对象方法中用于描述系统中各类对象之间的构成关系。整体—部分结构通过把部分类与各自的整体类联系在一起,可以简化问题空间,清晰地表达系统中事物之间的组成。

(1) 整体—部分结构的概念。整体—部分结构也可以表明和传递对于问题空间的理解,便于模型表达与客观世界问题空间的正确映射;同时整体—部分结构可以简化对象的定义、支持软件的复用性,为软件开发者提供用途更为广泛的系统结构技巧,方便软件开发等。

(2) 寻找整体—部分结构的寻找策略。寻找整体—部分结构的基本出发点是对象或对象类,通过查看分析对象名进行寻找;寻找的基本原则是先从整体向部分考虑,再从部分向整体考虑;寻找整体—部分结构应从现实问题空间事物组成的多种形式和角度上考虑,即主要从总装与零件、容器与事物、组织与成员等考虑。从抽象事物的概念组成,以及具体事物的抽象方面出发,也可以发现存在于这些事物中的整体—部分结构。

（3）筛选所确定的整体—部分结构。对描述问题空间事物组成结构有用的原则，若不能够描述和不能反映问题空间事物关系，则应舍去；对系统责任有效性的原则；满足特殊性要求的原则；在确定整体—部分结构时，还可能调整对象层和属性层的问题。

3. 建立结构层

结构层是指由一般—特殊结构和整体—部分结构组合而成的对象模型结构，它确定了对象之间的组装和继承关系。这一关系是处理 OOA 模型负责的机制之一。

4. 确定实例连接

实例连接是一个对象的实例与另一个对象的实例间的对应关系，它表达了对象之间的静态关联关系，即通过对象属性表示的一个对象对另一个对象的依赖关系和基于消息的通信机制，实例连接和属性构成了 OOA 模型的属性层。

（1）实例连接的实现方式。对于简单的实例连接，可用对象指针或对象属性来实现，即在被连接的两个类中选择一个，在它的对象中设立一个指针类型的属性，用于指向另一类中与它有两极关系的对象实例。对于多对多的复杂性实例连接，可以通过增加第三个对象类，分解多对多为两个一对多的实例连接，再对任一个多对多实例连接按上述方式实现。对于连接关系中既带有属性又带有操作实例的连接，可以对连接创建一个新类，再根据两个类之间的连接关系，利用上述手段实现。对于连接关系中带有属性的实例连接，实现实例连接时，可在一个类中设置一组属性，其中一个属性是指向实例连接另一端对象的指针，其余的属性是连接关系中所列出的连接属性；另外，也可以根据连接关系来定义一个结构数据类型，用域变量来指向一端对象类或两端对象类的指针，其余域变量是连接的属性，以此来实现对象的连接。

（2）建立实例连接。从问题空间和系统责任出发，分析对象之间的静态关系，从而确定必须建立的实例连接。对所确定的每个实例连接，分析其连接关系应具有的属性和服务，并探讨是否增加新的对象类来表达这一连接关系；进一步分析实例连接的多重性，并填写相应的数值在连接线的下方；对于所确定的实例连接，若含有多元关联和多对多的实例连接，则应增设新的对象类，转化现有的实例连接为二元连接和一对多关系。

5. 确定消息连接

消息是指客观世界中的人或事物之间传递的一种信息，也是指在对象之间进行的消息通信。消息连接存在于顺序系统和并发系统中。顺序系统是指 OOA 模型中只有一个主动对象，一切操作都是顺序执行的系统。并发系统是指 OOA 模型中含有多个主动对象和多个任务并发执行的系统。消息连接有控制线程内部的消息连接和控制线程之间的消息连接两种方式。

（1）建立控制线程内部的消息连接。首先分析类图中的每个对象的服务与属性的一致性，对象的每个属性必须关联到某个服务，否则两者之间就缺乏一致性，这样会导致属性的无用性。然后从主动对象开始访问每个对象，研究这个对象是如何建立的？下一步要做什么工作？做此工作时需要请求其他对象提供什么服务？不同对象间的服务需求形成了对象间的消息连接，依次可以建立对象之间的消息通信路径，形成对象间的消息连接。最后从系统的行为出发，寻找每个事件产生的消息，探求这些消息发送给哪些对象？这些对象产生了什么响应？这样从每个消息追踪到该消息的服务对象，在有消息交换的对象间画出消息连线，依此类推，直到把每一个消息都经历一遍。

在建立了全部的消息连接后，还要针对系统中的每个对象类和每个服务进行检查，以探讨每个服务是否在以上过程中被分析过，否则这个服务就可能是多余的或遗漏了向这个服务发出的消息。如果确是无用的服务，则应删除，如果发生了遗漏，则应加以补充，这样即可得到全控制线程内的消息连接模型。

（2）建立控制线程之间的消息连接。这类消息连接是从问题空间分析获得。要分析某个控制线程在执行时，是否需要请求其他控制线程中的对象为其提供服务？是否与其他控制线程的对象之间有信息的交换关系？是否产生了对其他控制线程执行有影响的事件？如果成立，则寻找该线程执行时的服务请求由哪个控制线程中的哪个对象提供？与该线程有信息交换关系的控制线程和对象是哪个？该线程的结果作用到哪个线程中的哪个对象上？以此确认需要连接的其他控制线程和对象。除上面基本步骤外，还可以从该控制线程执行时需要传递的同步控制信号、该线程的终止条件和由其他控制线程启动的条件等，建立不同控制线程之间的消息连接。

5.3.5　建立主题层

主题层是在 OOA 中对一个或几个类共有特征的概括描述，是具有较强联系的对象集合。主题是由一组相互关联类所组成的类的集合，但它自身并不是一个类（即没属性和服务）。主题的内容应是高内聚的，即关联性强；而主题之间应是低耦合的，即相互的联系应尽可能少。

1. 主题层的基础

（1）主题层命名。主题层可以分层，即如果对类抽象后，得到的主题数目较多，还可以在此基础上继续向上抽象，形成上一级的主题层，一般最上层的主题数目应在 5 ~ 9 之间。

主题名与对象名相似，它用名词或名词短语命名，其名称往往是一个主题，精确地说是一个系统的特征和功能的概括。

（2）主题层的表示。主题可用主题图来表示。常用的主题图有两种：简式表示法和复杂表示法。

（3）主题层的作用。建立主题层具有重要的作用，它提供给系统分析员一种认识和分析问题空间的手段，有利于系统分析员清晰明确地表示复杂系统，同时主题也有利于用户认识 OOA 方法，使用户可以在不同的层次对 OOA 模型做出准确的理解。

2. 主题层的建立

（1）划分主题。主题层的划分可以采用自顶向下和自底向上的划分策略。自顶向下的划分策略是先把问题空间内划分成一些小的应用领域或子系统，每一个子系统就是一个主题，针对每一个主题建立模型。这种策略适合于所要开发的系统较为庞大的情况。自底向上的划分策略是先确定系统的类图，在类图的基础上采用抽象的手段概括划分类图以形成主题图，这种策略适用于所开发的系统较小的情况。

（2）主题的分解。划分主题时以 OOA 模型中所得到的类图为基础。从类图中的一般—特殊结构和整体—部分结构入手确定主题，一般可考虑把每个一般—特殊结构和每个整体—部分结构分别作为一个主题（结构中交叉的部分可根据需要划分）。类图中通过实例连接相互联系的类可考虑划分在一个主题中。

(3) 主题的合并。对于一些在概念上比较相近,或有很强相关性的主题,对于主题中所涉及的功能类似,体现系统责任有较大相关性的主题,对主题之间具有较强耦合性的主题,需要合并成为一个大的主题。

(4) 主题图的建立。划分出主题图后,还需要把它以图形的方式表示出来,形成主题图。

3. 编制 OOA 文档

编制 OOA 文档是对 OOA 工作的总结与整理,以书面的形式描述 OOA 调查分析和初步确定的模型。OOA 文档可以汇总成分析报告,也可以分别陈述 OOA 的基本模型、类图、类变迁图和主题图等。

(1) 系统概述。说明该系统开发的目标、功能、背景和作用等。

(2) OOA 的基本模型。通过对系统的分析研究,建立系统类图的 3 个层次模型,即对象层、特征层和关系层。

(3) 主题说明。建立信息系统的主题层,以简式、复杂方式展开主题图,并对每个主题的构成、作用进行简要说明。

(4) 详细说明。利用类描述模板,对类、属性、服务等进行详细说明,而对结构和连接的说明也包括其中。

5.4 系统分析方法的选用

通过系统分析,可以准确地诊断问题,深刻地揭示问题的起因,有效地提出解决方案和满足用户的需求。无论采用什么方法进行系统分析,都需要进行系统调查和对系统进行描述,然后通过分析,确定系统范围、目标、时间进度、资源配置和成本效益等方案。

5.4.1 系统调研方法的选用

系统调研是系统分析最基本的工作,只有通过调研才具备分析的可能。系统调研方法众多,在开展系统调研前首先要做好调研准备,然后按预定计划进行调研,最后给出调研报告,为系统分析提供真实可靠的资料。

1. 系统调研方法的选择依据

选择调研方法是调研准备最重要的工作。采用什么方法开展系统调研需要考虑的因素比较多。不仅要考虑信息系统规模和系统的深度与广度,还要考虑企业信息化现有基础和对未来项目的期望目标。信息系统的规模大,涉及面广,系统调研工作量就大;企业信息化基础差,对未来项目期望高,则信息系统调研难度大。

2. 系统调研方法的选择

系统调研往往不可能一次完成,需要经过多次沟通与商讨。选用什么方法调研需要根据具体信息系统项目的规模、应用企业基础和调研状况确定。

当企业信息化处于初级阶段时,企业对信息系统的需求往往简单,系统范围小,业务量少,规模小,构建的系统结构不复杂,可以采用开调研会、走访或亲自参与实践,获得正确、全面的资料。

当企业信息化处于高级阶段时，企业往往从整体出发，需要通过信息系统事例、优化资源，提升企业的竞争力，这时的系统规模大、涉及范围广，系统调研需要周密计划、认真详细地沟通，需要多种调研方法并用。首先发放征求意见表，然后开调研会，对还存在问题的业务、功能和数据进行走访。如果遇到变化大、呈现多样性的业务还需要参与实践。最后获取完整可靠的资料。

5.4.2　系统描述方法

采用不同的系统研发方法时，对系统的描述方法存在比较大的差异。所以，系统描述往往随系统研发方法而定。但是，在系统分析时，系统描述仍需要注意如下几方面。

1. 规范的系统描述

系统分析的基础性工作是正确、完整地描述系统，为分析提供确切的素材，并为下一步工作提供预定方案。所以，系统分析过程中产生大量备存的文档资料。系统描述需要规范、标准，用词简洁清楚。减少二义性，提高可读性，便于后续工作的开展与交流。

2. 一致的系统描述工具

选择不同的管理信息系统研发方法，所产生的文档资料与文档格式会存在一些差异。为了提高系统描述的一致性和可读性，往往还需要选用描述工具。虽然不同的文档管理工具都能达到相同的效果，但在文档资料整理与交流时还需要统一选用一致的描述工具。

3. 完善的系统描述内容

根据选定的研发方法，从系统分析工作开始就需要着手对相关文档资料进行管理，对系统分析参与的人员明确规定提交相关正式文档。这样不仅能确保分析报告的完整性，而且还可以方便、踊跃地分析过程。当用户对信息系统的需求发生变化时（这种情况经常发生），可以方便地找到需要描述的嵌入点，这不仅可提高可更改性，还可提高工作效率与质量。

本章小结

本章系统地介绍了系统分析的主要任务、方法和过程，并结合实例详细地阐述了结构化系统分析中系统调查的任务、过程和方法，强调了系统调查方法的意义与目的，明确了系统调查的组织、形式、特点和选用方法，重点剖析了结构化系统分析的全过程，突出了调研、分析和逻辑设计的系统分析思路，详细地介绍了组织结构、业务流程、数据与数据流程、数据逻辑工具和功能与数据分析的方法，特别是对业务流程、数据流程的描述方法、过程和符号做了全面论述，以实例的形式解析数据逻辑处理方法，重点介绍了决策树与判定表的原理、方法和应用。

本章以对比方式介绍了面向对象的系统分析方法和过程，强调了面向对象分析方法中的对象和类等基本概念的重要性，并列出了面向对象与结构化的系统分析方法的优缺点。

试一试　系统分析

信息系统分析是一项具体、细致和复杂的工作，仅凭理论学习很难深刻理解和熟练掌握其知识要点，只有亲历系统分析全过程，动手去做系统分析工作，才会有切身体验，所以，系统分析实验需要做好充分准备，组织系统分析小组，明确系统分析工作分工，选择信息系统项目内容（如通用试题库管理）。通过系统分析可以复习、巩固管理信息系统分析的相关知识，学会管理信息系统分析的基本方法，结合通用试题库管理信息系统需求，分析系统组织结构、业务流程，运用 WORD 绘制组织结构图和业务流程图，找出所选管理信息系统各模块之间的关系，提高学生分析问题的能力，掌握系统功能模块划分方法、业务流程和数据流程分析方法。具体实验过程如下：

1. 了解系统开发需求背景

以通用试题库管理系统为例。在试题库建设过程中，命题作为题库管理工作的核心环节，一直以来备受任课教师的重视，但也会带来一定的困扰。传统的人工命题方式中，为了确保试卷质量、避免与近年来的试题重复，任课教师需要绞尽脑汁、大费周折地查阅相关书籍和资料，整个命题过程工作量大、时间周期长且效率低下，无形中给任课教师增加了压力和负担，无法让教师从繁忙的教学工作中抽身投入教学改革和科研创新上。另外，传统命题方式的试题拟定主要依赖于教师的个人经验，受教师的主观影响较大，缺乏考试的系统性、科学性和规范性。

为适应高等教育的发展形势，科学地评定学生掌握知识的水平，积极引导学生按照课程要求全面准确地理解、掌握和运用所学知识，应统筹设计开发一套集科学化、规范化、标准化和现代化为一体的通用试题库管理系统，有利于教师高效、便捷地管理试题，在确保命题效率和质量的同时，又达到教考分离、以考促教、以考促学的目的，促进教学质量的全面提高。

通用试题库管理系统的目的主要在于方便不同角色用户能够应用该系统，并高效便捷地对其进行管理维护。例如：题库管理员登录系统对试题库进行添加、修改、删除等操作；学生登录系统进行在线答题；教师登录系统进行出卷参数的设置等。

2. 用户需求分析

随着科学技术的不断提高，计算机网络的功能已进入人类社会的各个领域并发挥着越来越重要的作用。学校通过使用本系统，可以实现学生在线答题、教师在线抽题、批改试卷等操作，提高效率，避免出错。通用试题库管理系统软件切实推进了试题管理的集中化。该系统是以面向对象编程语言为实现语言，其功能在系统内部由源代码直接完成。操作人员只需输入一些简单的汉字、数字，即可完成操作，达到自己的目标，大大提高工作效率，做到多种操作的集中管理。

（1）用户角色需求。根据该系统的操作方式，整个系统有 3 种用户角色，即系统管理员、学生和教师。

管理员界面共有 4 个功能，分别为增加、修改、删除及查看用户，管理员可以根据需要来对用户表进行增、删、改、查。

学生登录进入系统后即可进行在线答题。

教师界面有6个功能，分别为编辑试卷、增加试题、修改试题、删除试题、查看试题和批改试题，教师可以根据需要使用教师管理模块的功能。

（2）系统性能需求。整个系统应当操作简便，界面友好，维护简便。数据库要求运行稳定，执行速度快，数据安全性高。软件系统本身运行对计算机硬件平台和操作系统平台要求适中。

通用试题库管理系统经过详细的系统分析，确定为非实时性系统，至少应该满足以下系统性能要求：

① 可操作性。本系统的操作人员主要是学生和教师，而非专业程序人员。为使系统有效地发挥作用，要求系统容易理解，操作简单方便。因此，人机界面的设计宜采用图文界面，即面向窗口的点选界面。

② 安全性。本系统所处理的数据都是十分重要的，要求高度准确，不能随意存取和改变，因此必须对系统数据的存取和改变进行严格地控制，对系统数据进行有效地保护，以杜绝对数据的非法操作和防止计算机病毒的破坏。在使用本系统时，系统先进行用户识别和鉴定，可让用户输入标识或口令进入各子系统。对获得上机权的用户要根据预定好的用户权限进行存取控制，保证用户只能存取其有权存取的数据。

③ 可维护性。系统的变更要简单易行。一个应用系统由于需求和环境的变化及自身暴露的问题，在交付用户使用后，对它进行维护是不可避免的，而系统维护的费用是比较高的。因此在该系统开发的全过程中，要始终注意软件的可维护性。

④ 可靠性。要求系统在发生故障或输入数据不合理的情况下，有较高的抗干扰能力和控制故障的能力，以免系统发生停顿或遭到破坏而影响工作。

3. 可行性研究

随着计算机的普及，无纸化考试受到高度关注与引用。目前，每个院校教学都配备有计算机，但是，对于考试及试题库的管理大多还是传统模式，学生们还是进行纸质化笔试，教师也面对着大量的试卷需要批阅，耗时费力、精确度较低。通用试题库管理系统方便不同角色，用户能够应用该系统高效便捷地对其进行管理维护。因此，为提高工作效率，使试卷管理逐步走向正规自动化，有必要开发 VFP 试题库管理系统。实现通用试题库管理系统可行性体现在以下几方面：

（1）技术可行性。目前，学生和教师的各种素质都比较高，掌握了计算机的使用方法，为系统的使用与维护提供了技术支持；现有网络条件及软硬件设施完全具备开发条件；计算机处理的准确度是人工处理望尘莫及的。学生模块和教师模块是通用试题库管理系统的重要内容，一方面，学生登录进入系统后可以进行在线答题；另一方面，教师模块有6个功能，分别为编辑试卷、增加试题、修改试题、删除试题、查看试题及批改试题，教师可以根据需要使用教师管理模块的功能。

（2）经济可行性。本系统是基于 Visual Foxpro 6.0 开发工具与语言完成的，目前不存在额外经费问题，因此，从经济角度来看是完全可行的。

（3）社会可行性。使用现代化通用试题库管理系统可以实现学生在线答题、教师在线抽题、批改试卷等操作，摆脱了传统、烦琐的工作，大大地提高了工作效率。社会可行性是指所建立的信息系统能在对应的领域实现，在当前环境下能很好地运行。随着计算机的普及，无纸化考试越来越受到人们的喜爱，这也为新系统的实现运行提供了一个大的环境。

4. 总体结构分析

在需求分析的基础上，我们提出了通用试题库管理系统的总体结构方案，并根据发展战略和总体结构方案，确定了系统的开发次序和时间安排，如图5-13所示。

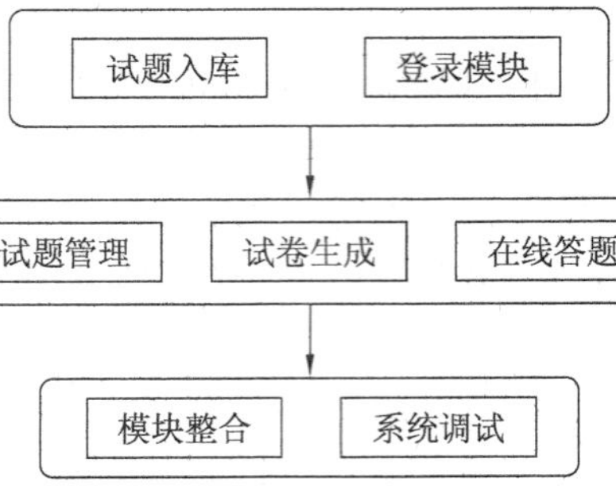

图5-13　系统总体结构

第一阶段：第一周，基本完成试题录入数据库和登录模块，并且做好第二阶段的准备工作。

第二阶段：系统主要功能的实现。主要在第二周内完成试题库管理模块、试卷生成模块、在线答题模块的实施。

第三阶段：各个模块的整合，数据库的连接，基本完成系统的大体模型。

第四阶段：系统的调试、纠错、完善。

5. 组织结构与功能分析

试题库管理涉及面广，人员复杂，其组织结构与功能如图5-14所示。用户在登录页面时需要设置3种角色可选择登录，3种角色分别为学生、教师和管理员，不同的角色登录之后会进入不同的页面，行使不同的权限。

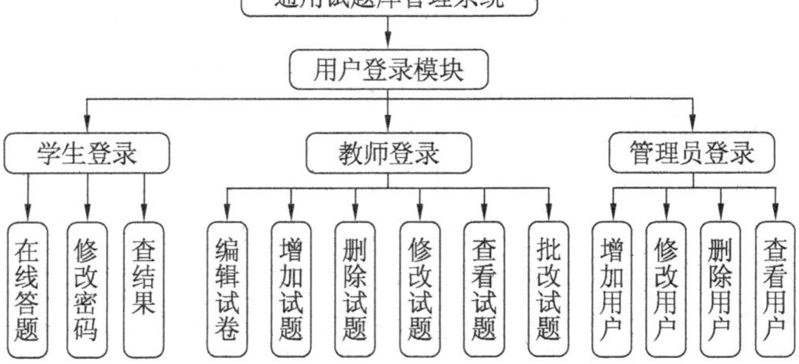

图5-14　试题管理系统组织结构与功能

（1）学生界面。学生登录进入系统后可以进行在线答题，答题的类型分别为专项选择题与填空题的练习，以及模拟考卷的练习。

（2）教师界面。教师界面有6个功能，分别为编辑试卷、增加试题、修改试题、删除试题、查看试题及批改试题，教师可以根据需要使用教师管理模块的功能。

（3）管理员界面。管理员界面共有4个功能，分别为增加、修改、删除及查看用户，管理人员可以根据需要对用户表进行增、删、改、查。

6. 业务流程分析

用户登录系统,首先要区别属于不同的 3 个角色中的哪一个,3 个不同角色登录进去后进入不同的管理页面,其主要业务流程如图 5-15 所示。

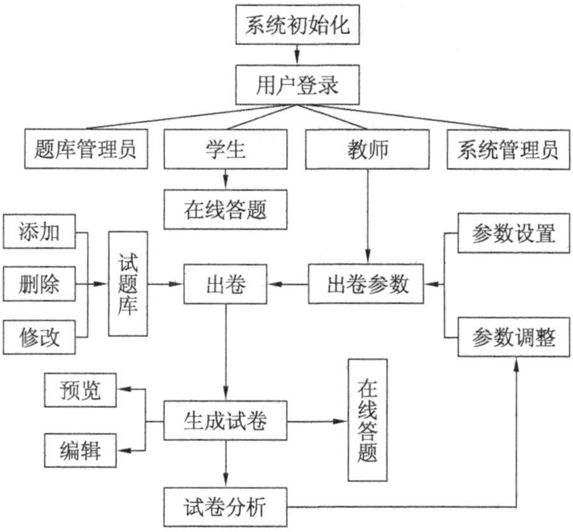

图 5-15　主要业务流程

(1) 学生:学生登录进入系统后可以进行在线答题,由于在线答题有两个模块,一个是练习模块,另一个是模拟考试模块,因此学生可以根据自己的选择进行练习或者模拟考试;如果学生选择练习,那么练习有两个模块,一个是选择题专项练习,另一个是填空题专项练习,学生可以根据自己的实际情况选择;如果学生选择模拟考试,那么学生可以先进行抽卷,抽出的试卷包含选择题和填空题,之后学生可以直接答题。

(2) 教师:教师登录进入系统后可以先编试卷,如果觉得编写的试卷有问题,教师还可以对已经编好的试卷进行增、删、改、查 4 项操作,当学生完成答题后,教师还可以对学生的试卷进行批改,并评分。

(3) 管理员:管理员登陆进去后,可以对注册的用户进行管理,如果出现违规用户,可以对其进行删除操作。除此之外,管理员还可以随时随地根据实际所需的情况增加新用户,或者是修改用户的权限。完成这些操作后,管理员还可以查看用户表来验证完成的情况。

研讨

1. 系统分析在管理信息系统开发过程中起什么作用,系统分析员的主要职责是什么?

2. 系统分析的主要方法有哪几种?它们各有何特点?

3. 简述结构化系统分析方法过程,系统调查有何作用?应当遵守什么原则?

4. 简述组织结构分析全过程,组织与业务之间的关系分几类?它们分别代表什么?

5. 业务流程分析与 BPR 有何关系？如何描述业务流程？
6. 数据分析有哪些特征？为什么要界定数据的安全级？数据密级分哪几种？
7. 举例说明决策树与判定表的应用。
8. U/C 矩阵有何作用？如何构建 U/C 矩阵？
9. 系统分析报告有何作用？系统分析报告内容主要陈述什么？
10. 面向对象的系统分析方法有何特点？
11. 通用试题库管理信息系统模块主要有哪些？
12. 影响系统分析质量的关键因素是什么？

第 6 章 管理信息系统的系统设计

系统设计是新系统的物理设计阶段。根据系统分析阶段所确定的新系统的逻辑模型、功能要求,在用户提供的环境条件下,设计出一个能在计算机环境上实施的方案,即建立新系统的物理模型。因此,系统功能是否满足用户要求和系统性能是否达标,主要依赖于系统的设计。系统设计是一项技术性很强的工作,需要明确信息系统实现的方法与过程。

6.1 系统设计的依据与任务

系统设计(Systems Design)是信息系统开发的一个重要阶段,由系统设计人员将系统分析确定的目标和指标通过计算机系统及网络系统实现。

6.1.1 系统设计的原则

系统的功能是由系统分析确定的,而系统功能的实现质量与性能是设计出来的,系统设计关系到系统的成败,为此,在系统设计前首先要制定明确的原则,系统设计原则是为系统质量与性能服务的。系统设计必须满足系统软件质量检验因子的要求,用户对软件质量水平需要的高低也直接关系到系统开发投入的成本与时间。制定系统设计原则一方面是明确软件质量要素,并对这些要素进行解释;另一方面是对系统开发队伍工作管理的制约,约束开发过程、提交文档和任务检验并给出规范。

1. 软件开发原则

为确保软件开发的科学性和合理性,以及满足管理信息系统持续发展的需要,应对系统开发组织、分工、协作和整合等活动制定相应的原则。

(1) 单一职责原则。每个功能模块(或类)应当只负责单一内聚的职责,每一个职责都是变化的一个轴线,当需求变化时,该变化会反映为功能模块(或类)职责的变化。一个功能模块(或类)应当仅有一个引起它变化的原因,如果一个功能模块(或类)承担了多个职责,那么引起变化的原因就会有多个,这等于把这些职责耦合在一起,违反了单一职责原则。在系统设计过程中,通常可以采用门面模式或代理模式进行重构、分离业务的职责。

(2) 开闭原则。软件功能模块或实体(类、包、模块等)应该是可以扩展的,但是不可修改的,即对于扩展是开放的,对于修改是封闭的。对模块或实体(类、包、模块等)的行为扩展时,无须改动源代码或二进制代码,即开闭原则(The Open-Closed

Principle)。开闭原则的关键是抽象设计，对于完全的开闭原则是不可能的，应当对最有可能、最经常的变化进行抽象，遵循开闭原则，拒绝不成熟的抽象和抽象本身一样重要。

(3) 接口隔离原则。不应该强迫用户依赖于他们不用的方法，“胖”接口会导致它们的用户程序产生不正常并且有害的耦合关系。当一个用户程序要求该“胖”接口进行一个改动时，会影响到其他的用户程序，因此，用户程序应当仅仅依赖于他们实际调用的方法，通过把“胖”接口分离为多个特定的用户程序的接口，可以实现这个目标。每个特定于用户程序的接口仅仅声明它的用户程序需要调用的方法，实现类所有特定于用户程序的接口，解除这些耦合关系，使用户程序之间互不依赖。分离接口的常用方式包括使用委托分离和使用多重继承分离。分离接口的关键在于对接口的用户进行分组。

(4) 依赖倒置原则。高层模块不应该依赖于低层模块，两者都应该依赖于抽象。每个较高层次都为它所需要的服务声明一个抽象接口，较低的层次实现这些抽象接口，每个高层类都通过该抽象接口使用下一层，这样高层就不依赖于低层，低层反而依赖于高层声明的抽象服务接口。抽象不应该依赖于细节，细节应该依赖于抽象。

2. 软件质量原则

为达到软件质量预制水平提出的原则，往往应依据 ISO 9000 和 CMMI。针对不同的设计内容和用户的经济实力，在系统开发前需要预订相关设计原则。这类原则既要考虑软件的实用性，又要考虑软件用户的经济能力。

(1) 设计内容。信息系统设计内容十分繁杂，主要部分可分成系统总体设计、业务应用支撑平台设计、共享交换区数据库设计、档案管理系统设计、系统集成设计、系统应用支撑环境设计、安全保障体系设计、数据采集系统设计、信息发布系统设计、数据中心设计和技术标准与管理规范体系设计等。

(2) 设计原则。为了确保信息系统方案的有效性与实施的成功，在系统总体设计时，要遵守统一设计、先进性、高可靠性、高安全性、标准化、成熟性、可持续性和可扩展性等原则。信息系统设计要考虑业务未来发展的需要，尽可能设计得精简，降低成本，提高效益。

6.1.2 系统设计的依据

信息系统设计主要是将信息系统分析确定的逻辑系统转换成可运行的实在系统。系统设计在信息系统分析制定的方案下细化制定管理信息系统相关的体系结构、网络结构、数据结构、信息结构等设计工作。因此，系统设计的主要依据如下：

1. 系统分析制定的方案

无论采用什么方法研发信息系统，都要进行系统分析，并制定信息系统项目的范围、目标、成本、进度等指标。系统设计是确定如何实现系统分析所确定的目标，满足用户的需求。特别当采用面向对象的研发方法时，系统设计是在系统分析确定的对象、类、用例等基础上具体化，一般不会更改系统分析确定的目标。

2. 采用的信息系统研发方法

采用不同的信息系统研发方法，其设计内容和采用的技术也不同。因此，在系统设计前，先查询信息系统研发采用的方法，然后确定设计什么，怎么设计。

3. 采纳的信息技术

信息技术的快速发展与广泛应用，给信息系统设计提供了丰富的工具，尤其是程序设计语言众多，可以根据用户的实际需求，结合系统开发平台，选择灵活、快捷、方便的设计工具，不仅可以减少设计工作量、简化设计过程，而且便于在设计人员之间交流，提高系统的可维护性。

4. 设计人员的经验

系统设计人员的经验很重要，需要建立与完善系统设计队伍。系统设计队伍由数据管理员、系统架构师、网络工程师、程序设计员等组成。在设计过程中，应当邀请已经独立完成过系统设计工作的人员负责相关设计任务。这样才能在系统分析员的统一指挥下，各尽所能、各抒己见，确保设计工作顺利完成。

5. 相关设计标准

系统设计工作技术性强，参加人员类型多，工作内容差异大，设计工作必须深刻领会系统意图，还要做好设计人员之间的协调。为了减少设计过程中的不协调现象，必须遵守系统设计规范和标准。严格采用设计规范与标准不仅可以提高文档的可读性和可修改性，而且可以减少因设计人员之间的误解而产生的各种浪费。

6.1.3　系统设计的主要任务

管理信息系统的开发无论采用什么方法，都需要进行系统设计。系统设计不仅能提高管理信息系统软件产品质量和用户的满意度，而且可使系统开发的相关人员提高沟通力度，减少无序、无效的开发工作，增强系统的可维护性。这个阶段的任务很繁杂，也很具体。采用不同的开发方法，系统设计过程与着力点会有所不同，但是，其目的都是明确信息系统该“如何做”，设计的任务都离不开明确将来管理信息系统运行的平台基础、信息系统的功能结构、信息系统的人机界面、信息系统的数据组织与存取方式、信息系统的代码体系等的具体方案、系统配置和相应管理规章制度设计。

（1）运行的平台基础和系统配置任务。云计算技术的应用、软件即服务（Software-as-a-Service，简称 SaaS）和平台即服务（Platform-as-a-Service，即 PaaS）理念的提出，改变了传统的系统设计，管理信息系统运行平台基础和系统配置需要结合信息系统应用理念。对用户而言，信息系统应当是经济、安全、可靠、稳定和实用的，这也是评价系统设计完成质量的指标体系之一。

（2）信息系统的功能结构设计任务。信息系统软件是完成用户一系列任务的程序代码的集合，为便于系统运行管理和控制，需要将这庞大的集合分解成若干个子集，形成层次结构。系统功能结构设计是由分解到组合的过程，也就是说确定如何从整体到部分分解、再从部分到整体组合的方法与过程。

（3）信息系统的人机界面设计任务。人机界面设计不仅关系到信息系统软件的可操作性、系统提供信息的可读性和给人的直观感觉，而且关系到输入数据的正确性、输出信息的有效性。人机界面设计要确定采用什么方式（设备），如何确保质量，在有限空间上输出的信息如何合理布局等任务。

(4) 信息系统的数据组织与存取方式设计任务。数据组织是信息系统开发的基础,系统分析明确了用户对数据与信息的需求,数据如何组织成数据库,数据库中的数据表如何构建,表间有何关联,以及对数据表操作控制是数据组织与存储设计的主要任务。

(5) 信息系统的代码体系等的具体方案设计任务。代码设计是辨识信息系统事物的重要数据,如何定义、规定这些代码数据是信息系统的重要任务之一。在企业管理中代码存在于所有的事务管理中,在集成一体化信息系统中需要把分散在各职能部门的代码统一编制,运用唯一的方案,这将是十分艰巨的任务,这类任务不仅是技术问题,还涉及部门之间的协调问题。

(6) 相应的规章制度设计任务。信息系统的质量不是单纯依靠技术手段,而是更偏重于管理协调。管理制度的建立、完善和执行力的提高,少不了明令规章制度,并加强执行。规章制度设计涉及系统的执行效果,直接影响企业信息化的成败。

系统设计结束,要归纳、总结和撰写设计阶段的文档资料,交付出概要设计说明书和设计说明。也可以将其合并在一起,统称为设计说明书。

6.2 系统设计的方法

系统设计方法众多,设计内容与设计过程差异很大,但是设计结果都必须按照系统分析确定的目标,满足用户需求。

6.2.1 系统设计方法分类

系统设计方法是描述系统设计的理念、过程和形式的方法,可以从不同的侧面进行分类。按系统开发过程可分成归纳法和演绎法两种;按系统开发理念可以分成结构化的系统设计和面向对象的系统设计。

1. 按系统开发过程分类

(1) 归纳法。运用归纳法进行系统设计的过程:首先尽可能地收集现有的同类系统的系统设计资料;在对这些系统的设计、研制和运行状况进行分析研究的基础上,根据所设计系统的功能要求进行多次选择,然后对少数几个同类系统做出相应修正,最后得出一个理想的系统。

(2) 演绎法。运用演绎法进行系统设计是一种公理化方法,即先从普遍的规则和原理出发,根据设计人员的知识和经验,从具有一定功能的元素集合中选择符合系统功能要求的多种元素,然后将这些元素按照一定形式进行组合,从而创造出具有所需功能的新系统。在系统设计的实践中,这两种方法往往是并用的。

2. 按系统开发理念分类

(1) 结构化的系统设计。结构化的系统设计(Structure System Design,SSD)是在结构化系统分析的基础上,为解决"如何实现系统分析提出的目标"所开展的系列活动,它运用一套标准的设计准则和图表工具描述"要做些什么"的系统任务的问题。往往从总体出发自上而下地对系统进行分解,直到具体能为程序员接受的处理功能模块,以便达到数据结构模型化,系统平台开放化。从而使整个系统结构明晰,安全可靠,适应性强，并形成效率和效益都能令人满意的系统物理（现实）方案。

（2）面向对象的系统设计。面向对象的系统设计的本质是面向对象设计（Object-Oriented Design，OOD）方法，OOD 是面向对象（OO）方法中的一个中间过渡环节。其主要作用是对 OOA 分析的结果做进一步的规范化整理，以便能够被 OOP 直接接受。因此，面向对象的系统设计（OOD）是一种软件设计方法，是一种工程化规范。OOD 是一种解决软件问题的设计范式，是一种抽象的范式。使用 OOD 这种设计范式，可以用对象来表现问题领域的实体，每个对象都有相应的状态和行为。OOD 是一种抽象的范式。抽象可以分成很多层次，从非常概括的到非常特殊的都有，而对象可能处于任何一个抽象层次上。另外，彼此不同但又互有关联的对象可以共同构成抽象：只要这些对象之间有相似性，就可以把它们当成同一类的对象来处理。

本节将侧重于系统开发理念，重点介绍结构化系统设计方法，同时，简要介绍面向对象的系统设计方法。

6.2.2　系统设计的一般过程

信息系统设计技术性强、涉及面广、工作十分复杂，特别是企业信息化高级阶段的信息系统研发项目，或信息系统研发专业公司都需要设立总设计师，全面负责信息系统设计工作的规范和协调，以及对设计结果的审核。采用不同的信息系统研发方法，信息系统设计的内容、方法和过程也不同，但总体上都需要做好设计前的准备，开展设计和设计结果审核，最终设计出来的实在系统达到系统分析的目标，满足用户的需要，方便系统实施和快速投入系统运行，为企业产生效益，并提高企业的竞争力。结构化系统设计和面向对象的系统设计的一般过程如图 6-1 所示。

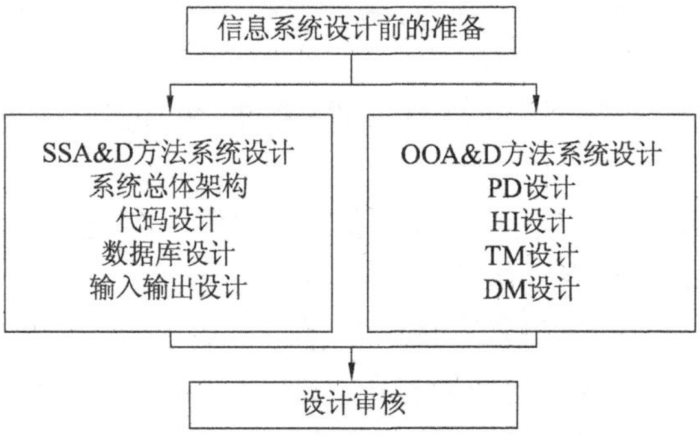

图 6-1　系统设计的一般过程

1. 信息系统设计前的准备

准备工作主要包括：建立设计团队、任命总设计师、消化系统分析报告和明确分工。当企业信息化处于初级阶段时，信息系统业务单一，系统功能少，结构简单，相对而言系统设计也较简单，往往不需要组织庞大的团队和众多的人员，只要具有相关核心人员就可能完成系统设计工作。但是无论企业信息化处于什么状态，信息系统规模大小和性能高低，都必须做好对系统分析报告的消化、解读。做到真正明确信息系统研发的目标和内容，才能动手设计，而且需要设计人员共同学习、分析，达成共识，这样才能达到事半功倍的效果。

2. 开展设计

在系统设计时，不同的人员往往设计不同的内容，需要总设计师把控设计进度和设计质量，并做好设计人员之间的沟通和协调。为了方便沟通，减少设计偏差，要求设计人员共同遵守系统分析时确定的方案和相关标准。特别是数据结构、信息结构、输入与输出交互接口设计等都要统一数据的命名、类型和作用域等规则。不同设计人员对共同设计类型（如设计处理过程）还要统一设计工具和相关语言。提高设计文档的可读性、可维护性，降低沟通成本，提高设计质量。

3. 设计审核

设计审核是系统设计的重要环节，系统设计审核内容技术性强、差异性大，而且设计结果往往具有创新性，所以要求审核工作细致深入，当发现存在异常或内容不清楚时，需要与设计人员进行交流与沟通。设计审核不是简单的形式和标准的一致性审核，更主要的是审核设计结果是否能达到设计要求，能否满足用户的信息系统需求。审核人员与设计人员共同承担设计结果产生的风险。

6.3 结构化系统设计

结构化设计方法的基本思想：使系统模块化，即把一个系统自上而下逐步分解为若干个彼此独立而又有一定联系的组成部分。

6.3.1 系统总体结构设计

系统总体结构设计是根据系统分析所提出的要求和组织的实际情况对新系统的总体结构形式和可利用的资源进行设计，它是一种宏观、总体上的框架性设计。

1. 系统总体设计的内容

系统总体设计是从系统全局出发，从硬件、软件、网络和应用等多视角、多层面构画出系统的总体结构。

（1）系统的应用结构。这是系统总体设计的主要内容，也是最关键的核心内容，系统总体设计的其他部分内容完全依赖于系统的应用需要。系统总体设计与具体设计都是围绕系统的应用进行的。应用系统结构是将一个庞大的、复杂的系统分解成若干个相对简单的子系统，子系统继续划分成若干个功能模块、功能模块继续划分成若干个子功能模块，依次深入细化，直到可以交付程序员编写代码为止。

（2）系统的网络结构。这是信息系统运行的支撑平台，也称为运行环境设计。这完全依赖于信息系统的规模、管理空间和信息量等要素构建网络系统的体系结构，在系统网络结构中需要明确系统每个节点的作用和计算机等设备的需求。

（3）系统的软件结构。这也是支撑信息系统运行的基础平台，往往是由操作系统和数据库管理系统等软件构成。软件结构不仅要明确软件的类型、版本和数量，还要明确软件的开放对象、运行模式和并发用户数，以及技术参数。

（4）系统的硬件结构。系统硬件完全是依据系统软件配置，其目的是满足系统软件的需要和业务处理的需要。硬件结构将涉及计算机系统和网络系统的配置，需要明确不同用途计算机与网络设备的数量、型号和规格，明确系统配置技术参数。

2. 系统总体设计的过程

系统总体设计直接影响系统的科学性和先进性,也涉及系统详细设计的复杂性、功能和性能,以及系统开发成本、运行管理难度和运行成本诸多因素。

(1) 明确系统设计边界。信息系统是企业管理的一个手段,必须融入管理业务。虽然系统分析已经明确了信息系统的信息源、信息用户,以及将服务的部门、相关业务、业务处理、计划决策和过程监控等功能,但是,在总体设计时不仅要进一步明确系统分析所确定的系统边界,同时还要进一步明确系统所涉及的业务内容、业务量,系统将涉及的部门岗位和运控模式。

(2) 分析 U/C 矩阵求解结果。在系统分析时通过 U/C 矩阵为系统划分提供了理论依据,这只能作为原理性系统功能结构。在实现系统总体设计时,还要结合信息系统规模、业务类型,IT 能力和管控水平重新构画系统总体结构,特别是在 U/C 矩阵中不产生数据的使用功能的归属完全取决于系统用户需要。

(3) 划分子系统。这是系统总体设计的主要任务,也是总体设计其他部分的依据,划分子系统要根据系统的规模与复杂程度决定。对于单项业务的小型管理信息系统或某一业务功能的单机单用户子系统,往往不需要做繁杂的系统划分工作,直接可以分解成功能模块,编制相应软件。但是,不论系统大小,系统分解是必然,而且在分解前要做好充分的分析,分解后做好详细记录。

(4) 确定系统配置。系统配置是一项关系到系统性能与成本的工作,系统配置要坚持适用和实用。在 IT 领域,没有最好,只有更好,而且性价比至今都在飞速上涨,或者说无形损失比任何设备都要大。系统配置将涉及硬件、软件和网络平台的配置,在系统划分、明确功能与性能后对照 IT 设备的性能列出这些配置的详细清单。

(5) 写出总体设计说明书。需要详细地记录系统总体设计的方案,画出系统功能结构图和网络结构图,说明网络各节点的硬件、软件和功能的分配,计算机体系结构、网络拓扑结构和系统运行模式等。

3. 系统划分

(1) 系统划分的依据。系统划分是以 U/C 矩阵求解结果为理论依据,并以此为起点,根据应用单位实际状况,对划分的系统进行优化调整,使系统的划分便于分阶段实施和满足企业经营发展的需要。

(2) 系统划分原则。在系统划分过程中必须遵守信息系统建设发展的规律和信息系统运行管理需求,促使系统划分科学合理。

① 子系统具有相对的独立性。尽可能做到高内聚,低耦合。

② 子系统之间数据的依赖性尽量小,子系统划分的结果应使数据冗余较小。

③ 子系统的设置应考虑今后管理发展的需要,考虑高层次管理决策的需要。

④ 子系统的划分应便于系统分阶段实现,适应系统分期分步实施。

⑤ 子系统的划分应考虑到各类资源的充分利用。

(3) 系统划分方法。一个信息系统往往功能繁多、性能指标众多。如何划分系统,需要根据系统业务的单一性、系统地理位置分布性和用户种类的复杂性等多方面综合考虑。不同的系统划分方法一般适应于不同的开发情况。

① 按功能划分。这是一种最常用的划分方法,通常依据功能、数据分析结果划分

子系统，适用于系统涉及面广、业务繁多、用户种类多的系统总体划分，形成子系统的情况。

② 按业务处理顺序划分。这种方法根据处理过程顺序按时间分前后划分成各个子系统，这类子系统划分往往是相对单项业务作为系统的情况。例如，在库存管理系统中，入库必须依据采购，而出库必须依据生产计划的领料单，各个子系统之间具有较为严格的时间顺序。

③ 按数据拟合程度划分。这种方法将相关联的数据尽量集中，不仅减少数据的冗余度，而且便于数据备份，提高系统的完整性和可靠性。

④ 按业务处理过程划分。这也是系统开发中较常用的一种划分方法，更多地运用于子系统的进一步分解，由子系统划分成功能模块，当用户要求各子系统分段实现开发工作时，可以采用这种方法。

⑤ 按业务处理的时间划分。这种划分方法对于系统总体设计采用得相对较少，是在某些特定场合使用，在功能模块内部进一步划分成子功能模块时，使用这种方法较多。

⑥ 按实际环境和网络分布划分。当系统所涉及的业务分散在不同地理位置，而且这些管理机构（单位）相距较远时，每个管理部门自成一个相对独立的体系，在这些特定场合下使用本方法。

4. 系统总体设计的说明

在系统设计过程中无论是哪个阶段或哪个单元设计结束后，都要及时整理，以设计说明的方式形成方案，最终形成系统设计说明书，或称为系统设计方案，供系统实施人员依据执行。系统总体设计说明的主要内容有系统边界与目标说明，总体设计原则，以及类似图6-2的功能结构示意图和图6-3的网络结构示意图，还有类似表6-1的系统配置示意表。

(1) 系统边界与目标。用文字或图标明确信息系统应用的范畴、所属部门或各类人员，系统设计将达到的功能与性能指标。

(2) 系统总体设计原则。这是将来系统评价或验收的依据，也是对系统功能与性能要求的凭据，同时时刻约束着系统开发人员。

(3) 系统功能结构图。它能明确地描述系统的功能结构，从图6-2可以体现出各功能之间的层次关系和功能内涵，但往往需要对每个子系统进一步说明。

(4) 系统网络结构图。描述系统所需要的网络体系，包括服务器、数据、功能，网络工作站的计算机型号规格、数量和应用，网络结构、网络设备等需求情况，如图6-3所示。同时还需要明确网络设备在管理信息系统中的角色和作用。

(5) 系统设备配置图。根据网络结构与系统功能结构，需要明确列出系统需要设备的清单。如某集团经营管理信息系统的配置如表6-1和表6-2所示。

(6) 系统总体设计其他说明。在总体结构说明中还需要根据系统设计的总原则、目标，对总体设计的影响内容及总体设计对系统实施的要求等加以补充说明。

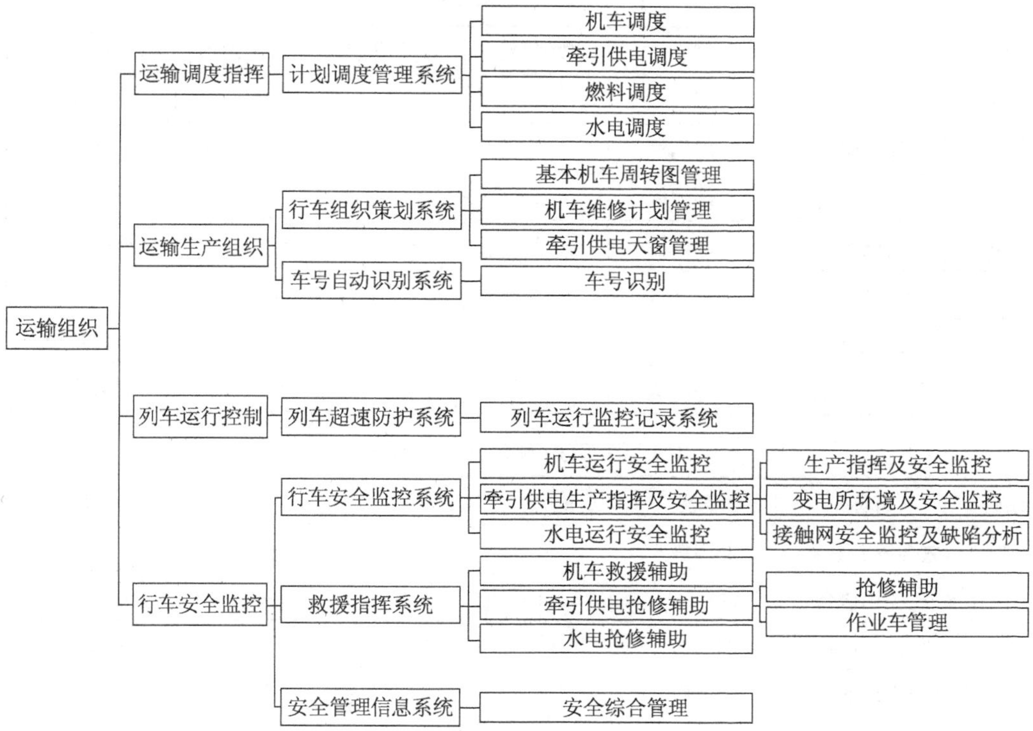

图 6-2　功能结构示意图

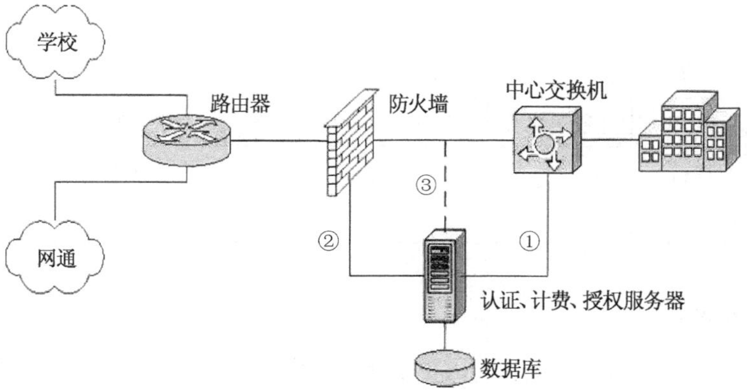

线路	主要作用
①	将 AAA 服务器接入校园网中心交换机，网内用户均可访问到 AAA 服务器，从而连通了网内用户与 AAA 主机，为认证提供了通信条件。
②	连通了防火墙与 AAA 服务器，便于 AAA 服务器控制防火墙，为授权提供了通信条件。
③	此线路不用于网络通信，而是为 AAA 服务器捕获数据（防火墙 <-> 中心交换机）提供条件。

图 6-3　网络结构示意图

表 6-1　系统(服务器)配置示意表

编码	等级	型号	数量/台	价格/万元	合计/万元	备注
1	文件服务器	部门级	3	4	12	系统环境
2	邮件服务器	部门级	1	4	4	系统环境
3	WEB 服务器	部门级	1	4	4	系统环境
4	主域服务器	部门级	1	4	4	系统环境
5	备份域服务器	部门级	1	4	4	系统环境
6	防火墙服务器	部门级	1	4	4	系统环境
7	财务管理服务器	部门级	1	4	4	相关系统

表 6-2　系统(硬件)配置示意表

编码	名称	等级	数量/台	价格/万元	合计/万元	备注
1	数据库服务器	部门级	2 * 4	5.5	44	
2	综合应用服务器	部门级	2 * 4	5.5	44	
3	项目部服务器	部门级	10 * 4	1.5	60	视项目数量而定
4	总局管理服务器	企业级	1	10	10	
5	交换机	分组	1 + 1 * 4	5	25	
6	路由器		2 * 4	4	32	
7	交换机	一般	50	0.4	20	
8	无线发射设备 AP		2 * 4	1	8	
9	计算机	普通机	200 * 4	0.5	400	
10	外设及耗材				40	
	合计				683	

6.3.2　代码设计

在现实生活中我们往往采用代码更加清晰、简洁和正确地代表客观存在的事物。代码是客观事物特定属性的符号。代码设计的任务就是要设计出一套便于管理信息系统研发和运行所需的代码系统。

1. 代码设计的过程

代码设计过程是某类对指定事物按特定属性进行分类与编码的过程,在经济管理与日常生活中经常需要运用代码。

(1) 确定编码对象。代码是针对某类特定事物的编号。例如发票的号码、凭证的序号、学生的学号、职工的工号等。不同事物个体数量不同,表达内涵和管理需求都不相同,针对不同事物代码描述已有的标准程度和应用状态也不相同,因此,在代码设计时,首先要明确代码设计的对象。

(2) 确定编码原则。制定编码原则不仅使设计出来的代码科学合理,而且便于信息系统的融合和降低信息交换成本,也便于代码的人工阅读。

(3) 确定分类方法。代码设计的核心问题是将被编码事物分类。不同的分类方法对代码的结构灵活性和柔性有很大的区别。

(4) 选择编码类型。不同的编码类型能代表的事物数量不同,即代码容量不同,了解编码类型可以通过类型变换改变代码容量,实现扩容维护。

(5) 写出代码设计说明书。这是对代码设计结果的总结和为编制管理信息系统技术文档提供资料,也是管理信息系统运行管理的操作指南。

2. 代码设计原则

代码是供人工和信息系统识别事物的人为属性,用特定的符号表示。为了更好地实现代码的功能,便于信息系统提供信息的交流、信息查询等需要,在代码设计时应当遵守必要原则。代码设计原则可以根据代码设计对象的特点和需求有选择地编制,但有些原则是必须遵守的。

(1) 唯一性。这是区别系统中每个事物的唯一标识,也是代码设计必须遵守的最基本的原则。一个事物可能有多个名称,也可按不同的方式对它进行描述。但在一个编码体系中,一个事物只能被赋予一个唯一的代码,反之一个代码只能唯一地标识一个事物象,不允许重码、乱码、错码。

(2) 简单性。设计的代码将伴随记录的事物,每个事物必有对应的代码,这个代码不仅数量庞大,占用大量的存储空间,而且影响信息处理成本,因此,代码结构应尽可能简单,压缩长度,以减少各种差错。

(3) 易识别性。代码将为人机提供服务,为便于人们记忆,减少出错,代码应当有一定规则,尽可能反映事物的特点,以助记忆;表意明确,便于识别。

(4) 可扩充性。代码对象的个体时刻在发生增减变化,应留有充分的余地,结构灵活、柔性好,以备将来不断扩充时不需要变动原代码体系,便可直接追加新代码。

(5) 合理性。代码的分类方法与编码规则要符合人们的工作习惯,特别是当使用文字代码时,表意合理,符合常规准则。例如:公斤用 kg 表示比较合理,采用其他符号对信息系统而言没有本质差别,但不合理。

(6) 规范性与标准化。有些代码国际化组织(ISO)已经制定,有些代码在我国已经制定(GB),还有些较特殊的在行业内已经规定。在代码设计时尽可能采用现有的国际标准、国标、部标编码。不同等级的编码通用程度不同,ISO 标准可以国际通用。因此,国际标准化、国家有关编码标准和行业部标编码是代码设计的重要依据,必须遵循已有的标准。在一个代码体系中,代码结构、类型、编写格式必须统一。甚至企业已经制定的设备编码、员工代码等可以直接采用,只有当没有代码或原代码已经不适宜信息系统的应用时,才需要进行代码设计,大量的工作是整理和统一已有的代码说明。

3. 编码对象分类方法

代码设计的核心是将编码事物(对象)进行分类,分类的关键在于如何抓住事物的特征属性。从不同的视角可以将事物分成不同的类别,一般有线分类和面分类两种方法。

(1) 线分类法,也称为层次分类法。将全部编码对象集按某一特征从总体划分成几部分,然后对每一部分再细分,直到个体。在划分时,既不能交叉重叠,又不能遗漏。

这种方法简单，便于人工记忆。例如，邮政编码、身份证号的前六位等都是先由总体划分成大区，然后在大区内部再划分小区。产品编码中的分类也是采用线分类法，将所有产品分成 10 大类，在每大类中再分成 10 中类，在每中类中再分成 10 小类。

（2）面分类法。根据编码对象的不同属性（即不同侧面）进行分类，直到个体。这种方法结构灵活，柔性好，但不便于人工记忆。例如，服装款式分类、计算机存储设备中的软盘分类和身份证的整体编码（地区、出生日期、性别、随机号等属性组成）都是采用面分类法。

4．编码的类型

对象分类后要给每个类赋予特定的符号，即编码。编码的类型有许多种，但大体上可分成数字码、字符码和混合码 3 种。

（1）数字码。用 0 ~ 9 十种符号进行编码。一位码可以容纳 10 种不同的个体，即编码容量为 10。数字码还可以按新码与原有码之间的关系分成有序与无序两种。有序码是在原有码的基础上延伸新码，按延伸方式可再分成连续与不连续两种，按不连续间隔可分成等距与不等距编码。例如，原有编码中 3 后增加的编码为 4，则为连续数字码；如果增加的是 5，则为不连续的数字码。再有新码如果是 7，则为不连续的等距数字码；如果是 9，则为不连续的不等距数字码。不连续的数字码也称为成组码。在会计信息系统中科目编码中的一级科目的大类是连续的数字码，而三位的一级科目是不连续的数字码，即成组码。在企业管理信息化工程中员工代码、部门代码、资产编码和凭证编码等都采用数字码。

（2）字母码。用 26 个英文字母或汉语拼音编码，字母码可以是英文或汉语拼音的缩写或全称。当不区分大小写字母时，一位代码可以代表 26 种个体，因此，编码容量是 26。当区分大小写字母时，一位代码可以代表 52 种个体，因此，编码容量是 52。可见，字母码不仅比数字码容量大，而且还可以具有一定的含义，便于人工阅读。物料计量单位和产品型号规格代码在生产管理、成本核算和销售管理中常采用字母表意的编码。例如，XX 厂生产的感烟火灾探测器（JTY）产品型号编码如表 6-3 所示。

表 6-3　感烟火灾探测器产品型号编码

编码	含义
JTY-LM-XXYY/B	XX 厂生产的编码、自带报警声响、离子感烟火灾探测器，产品序列号为 YY
JTY-LH-XXYY	XX 厂生产的编码、非编码混合式、离子感烟火灾探测器，产品序列号为 YY
JTY-GXF-XXXYYY	XX 厂生产的非编码、管式吸入型光电感烟火灾探测器，产品序列号为 YYY
JTYBC-HM-XXYYYY	XX 厂生产的船用防爆型、编码、线型红外光束感烟火灾探测器，产品序列号为 YYYY

（3）混合码。用数字、字母和特殊符号组成的编码方式称为混合码。混合码的混合方式可以是将一个编码分成几部分组成，不同部分或用数字码，或用字母码，这种混合方式比较实用。例如，彩色电视机的型号编码 TV-C-21 中，TV 表示电视机，C 表示彩色，21 表示屏幕大小是 21 英寸。混合码编码容量最大，其中既有数字，又有字母。例

如，身份证最后一位的随机号就是这种混合方式。

5. 管理系统中的代码实例

管理信息系统应用涉及面广，业务种类繁杂，特别是在企业信息系统集成和两化融合的大背景下，需要进行代码设计与编码的事物繁多。因此，代码设计是信息化工程基础的关键性工作，其主要代码有如下几种：

（1）职员代码。它往往是由部门与顺序号两部分组成的数字码。

（2）物资代码。根据物资管理的特点，该代码需要体现产地、日期、发货号等信息。常用成组码，也用表意码辅助。

（3）设备代码。它反映经济用途、使用情况、使用部门及设备类别等信息，常用组合码。

（4）会计科目代码。按会计制度，对企业经济活动需要编制科目，科目代码是分级编制的成组组合的数字码，一级科目用 3 位数字表示。

在企业管理信息化实施过程中，不同层次的管理信息系统都会涉及许多代码，无法一一列举。需要特别提示的是，要重视代码设计，安排足够的人力去整理、优化、编制各项代码。

6. 代码设计说明书

以书面的形式、统一的格式描述代码设计过程所确定的内容，特别要说清楚编码对象、分类方法、代码的总体结构和采用的编码方法，以及代码示例、代码规则，并给出相应的代码对照表。

以 18 位公民身份证代码设计说明书为例。

代码设计对象：中华人民共和国公民。

代码名称：身份证号码。

编码方法：由 5 部分 18 位数字组成，如表 6-4 所示。

表 6-4　身份证代码设计说明

结构	第一部分						第二部分								第三部分		第四部分	第五部分
位置	1	2	3	4	5	6	7	8	9	10	11	12	13	14	15	16	17	18

编码规则：身份证号码的具体规则参考中华人民共和国国家标准 GB 11643—1999 中有关公民身份号码的规定。

（1）地址码（身份证前六位）表示编码对象常住户口所在县（市、旗、区）的行政区划代码（可以到网站 http://www.stats.gov.cn/tjbz/index.htm 查询最新的县及县以上的行政编码资料），这是采用线分类的方法从总体到具体的分解过程。

（2）生日期码（身份证第七位到第十四位）表示编码对象出生的年、月、日，其中年份用四位数字表示，年、月、日之间不用分隔符。例如，1981 年 05 月 11 日就用 19810511 表示。生日期码同样属于线分类方法。

（3）顺序码（身份证第十五位到十七位）为同一地址码所标识的区域范围内，对同年、月、日出生的人员编定的顺序号。其中第十七位奇数分给男性，偶数分给女性。

（4）校验码（身份证最后一位）是根据前面十七位数字码，按照 ISO 7064：1983.

MOD11-2 校验码计算出来的检验码。第十八位数字的计算方法为：

① 将前面的身份证号码 17 位数（W_i）分别乘以不同的系数 A_i。从第一位到第十七位的系数分别为:7,9,10,5,8,4,2,1,6,3,7,9,10,5,8,4,2。将这 17 位数字与系数相乘的结果相加

$$S = \text{sum}(W_i * A_i), i = 0, \cdots, 16$$

② 用得到的和除以 11,得余数 Y

$$Y = \text{mod}(S, 11)$$

③ 余数（Y）只可能有 0,1,2,3,4,5,6,7,8,9,10 这 11 个数字。其分别对应的最后一位身份证的号码为 1,0,X,9,8,7,6,5,4,3,2,如表 6-5 所示。

表 6-5　校验码余数与校验码对照表

余数	0	1	2	3	4	5	6	7	8	9	10
校验码	1	0	X	9	8	7	6	5	4	3	2

校验码计算实例:某男性的身份证号码是 34052419800101001X。这个身份证是不是合法的身份证呢？首先,根据前述计算方法得出,前 17 位数字的乘积求和是 189。然后,用 189 除以 11 得到的余数是 2。最后,通过对应规则就可以知道余数 2 对应的数字是 X。所以,这是一个合法的身份证号码。

身份证编码不仅含有数字码,最后一位还是混合码,总体上看体现了面分类的方法。可见,身份证代码设计十分复杂,采用了多种方法相融合的方法。

6.3.3　数据库设计

数据库设计（Database Design）是指根据用户需求分析和构建的数据字典,在选定某一具体的数据库管理系统上,设计数据库表的结构、数据库表的组成、数据库内表间关系的过程。数据库设计是建立数据库及其应用系统,也是信息系统开发和建设中的核心技术。由于数据库应用领域的多样性,数据库结构的复杂性,数据库设计就变得异常复杂,数据库设计不可能一蹴而就,只能“反复探寻,逐步求精”,也就是按数据模型规范数据结构,明确事物之间关系。数据库设计主要是指数据库的逻辑设计,即将数据按一定的规则（时间、位置等）进行分类、分组,从系统和逻辑层次视角面向用户地组织起来。

1. 数据库设计的基础

数据库建设是硬件、软件和干件的结合。在管理信息系统建设过程中有“三分技术,七分管理,十二分基础数据”的说法,可见数据库设计的重要性。管理信息系统开发过程中需要数据员全面负责数据库的设计工作,在大型信息系统运行管理中需要专职的数据员对数据库进行维护。

在数据库设计过程中所涉及的技术与管理的界面称为“干件”,数据库的设计应该与应用系统设计相结合。其设计内容主要有结构（数据）设计和行为（处理）设计。结构（数据）设计确定数据库框架或数据库结构;行为（处理）设计明确数据库的应用程序、事务处理等。在设计过程中,结构和行为的设计要分离。传统的软件工程忽视对应用中数据语义的分析和抽象,早期的数据库设计致力于数据模型和建模方法研究,忽视了对行为的设计。

2. 数据库设计的步骤

至今,数据库设计的很多工作仍需要人工来做,除了关系型数据库已有一套较完整的数据范式理论可用来部分地指导数据库设计之外,尚缺乏一套完善的数据库设计理论、方法和工具,以实现数据库设计的自动化或交互式的半自动化设计。所以,数据库设计今后的研究发展方向是研究数据库设计理论,寻求能够更有效地表达语义关系的数据模型,为各阶段的设计提供自动或半自动的设计工具和集成化的开发环境,使数据库的设计更加工程化、规范化和方便易行,使得在数据库设计中充分体现软件工程的先进思想和方法,数据库设计的一般步骤如图 6-4 所示。

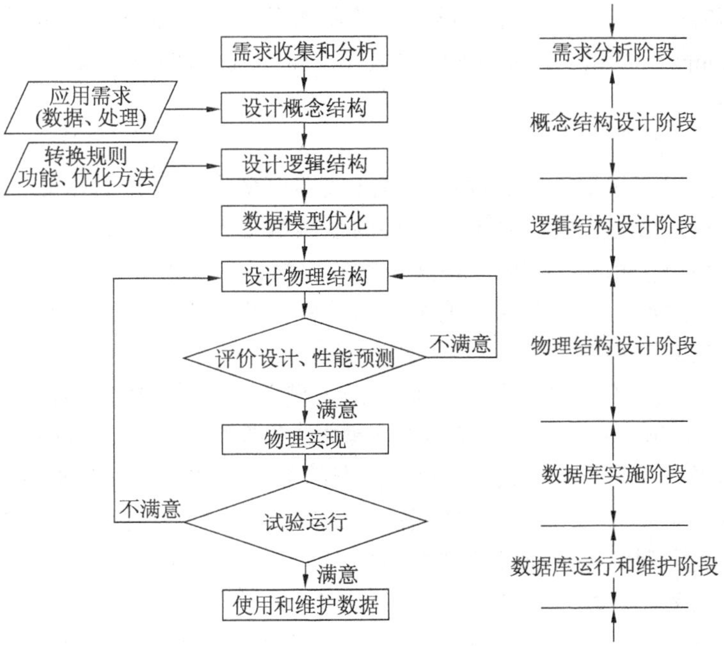

图 6-4　数据库设计步骤

1) 需求分析

该阶段需调查和分析用户业务活动和数据的使用情况,弄清所用数据的种类、范围、数量及它们在业务活动中交流的情况,确定用户对数据库系统的使用要求和各种约束条件等,形成用户需求规约。

(1) 理解用户需求,询问用户如何看待未来需求变化。让用户解释其需求,而且随着开发的继续,还要经常询问用户,保证其需求仍然在开发目的之中。

(2) 了解企业业务,可以在以后的开发阶段节约大量的时间。

(3) 重视输入输出。在定义数据库表和字段需求(输入)时,首先应检查现有的或者已经设计出的报表、查询和视图(输出),以决定为了支持这些输出哪些是必要的表和字段。

(4) 创建数据字典和 E-R 图表。数据字典和 E-R 图表可以让任何了解数据库的人都明确如何从数据库中获得数据。E-R 图对表明表之间的关系很有用,而数据字典则说明了每个字段的用途及任何可能存在的别名。对 SQL 表达式的文档化来说,这是完全必要的。

(5) 定义标准的对象命名规范,数据库各种对象的命名必须规范。

2) 概念结构设计

对用户要求描述的现实世界(可能是一个工厂、一个商场或者一个学校等),通过对其中信息的分类、聚集和概括,建立抽象的概念数据模型。这个概念模型应反映现实世界各部门的信息结构、信息流动情况、信息间的互相制约关系,以及各部门对信息储存、查询和加工的要求等。所建立的模型应避开数据库在计算机上的具体实现细节,用一种抽象的形式表示出来。以扩充的实体-联系模型(E-R 模型)方法为例,第一步,先明确现实世界各部门所包含的各种实体及其属性、实体间的联系及对信息的制约条件等,从而给出各部门内所用信息的局部描述(在数据库中称为用户的局部视图)。第二步,将前面得到的多个用户的局部视图集成一个全局视图,即用户要描述的现实世界的概念数据模型。

3) 逻辑结构设计

该阶段的主要工作是将现实世界的概念数据模型设计成数据库的一种逻辑模式,即适应于某种特定数据库管理系统所支持的逻辑数据模式。与此同时,还需为各种数据处理应用领域产生相应的逻辑子模式。这一步设计的结果就是所谓"逻辑数据库"。

(1) 表设计原则。表在关系理论中是以关系方式出现的,而且能以关系表示的表必须符合规定的式子。

① 标准化和规范化。数据的标准化有助于消除数据库中的数据冗余。标准化有好几种形式,但 Third Normal Form(3NF)通常被认为在性能、扩展性和数据完整性方面达到了最好的平衡。简单来说,遵守 3NF 标准的数据库的表的设计原则是:"One Faction,One Place",即某个表只包括其本身基本的属性,当不是它们本身所具有的属性时需进行分解。表之间的关系通过外键相连接。它具有以下特点:有一组表专门存放通过键连接起来的关联数据。

例如,某个存放用户及其有关订单的 3NF 数据库可能有两个表:Customer 和 Order。Order 表不包含订单关联用户的任何信息,但表内会存放一个键值,该键指向 Customer 表里包含该用户信息的那一行。事实上,为了效率的缘故,对表不进行标准化有时也是必要的。

② 数据驱动。采用数据驱动而非硬编码的方式,许多策略变更和维护都会方便很多,可大大增强系统的灵活性和扩展性。

例如,假如用户界面要访问外部数据源(文件、XML 文档、其他数据库等),不妨把相应的连接和路径信息存储在用户界面支持表里。还有,如果用户界面执行工作流之类的任务(发送邮件、打印信笺、修改记录状态等),那么产生工作流的数据也可以存放在数据库里。角色权限管理也可以通过数据驱动来完成。事实上,如果过程是数据驱动的,就可以把相当大的责任推给用户,由用户来维护自己的工作流程。

③ 考虑各种变化。在设计数据库的时候要考虑到哪些数据字段将来可能会发生变更。姓氏就是如此(注意是西方人的姓氏,比如女性结婚后从夫姓等)。所以,在建立系统存储用户信息时,在单独的一个数据表里存储姓氏字段,而且还附加起始日和终止日等字段,这样就可以跟踪这一数据条目的变化。

④ 每个表中都应该添加 dRecordCreationDate、sRecordCreator 和 nRecordVersion 3 个

字段。

dRecordCreationDate 在 VB 下默认为 Now( ),而在 SQLServer 下默认为 GETDATE( );sRecordCreator 在 SQLServer 下默认为 NOTNULLDEFAULT · USER;nRecordVersion 记录的版本标记有助于准确说明记录中出现 null 数据或者丢失数据的原因。

⑤ 对地址和电话采用多个字段。描述街道地址只有短短一行记录是不够的。Address_Line1、Address_Line2 和 Address_Line3 可以提供更大的灵活性。此外,电话号码和邮件地址最好拥有自己的数据表,其间具有自身的类型和标记类别。

⑥ 使用角色实体定义属于某类别的列。在需要对属于特定类别或者具有特定角色的事物进行定义时,可以用角色实体来创建特定的时间关联关系,从而可以实现自我文档化。

例如,用 PERSON 实体和 PERSON_TYPE 实体来描述人员。比方说,当 John Smith, Engineer 提升为 John Smith, Director 乃至最后升到 John Smith, CIO 的高位,而所有你要做的不过是改变两个表 PERSON 和 PERSON_TYPE 之间关系的键值,同时增加一个日期/时间字段来知道变化是何时发生的。这样,你的 PERSON_TYPE 表就包含了所有 PERSON 的可能类型,比如 Associate,Engineer,Director,CIO 或者 CEO 等。还有一个替代办法就是改变 PERSON 记录来反映新头衔的变化,不过这样一来在时间上就无法跟踪个人所处位置的具体时间了。

⑦ 选择数字类型和文本类型尽量充足。在 SQL 中使用 smallint 和 tinyint 类型要特别小心。假如想查看月销售总额,总额字段类型是 smallint,那么,如果总额超过了 $ 32767 就不能进行计算操作了。而 ID 类型的文本字段,比如用户 ID 或订单号等都应该设置得比一般想象更大。假设用户 ID 为 10 位数长。那就应该把数据库表字段的长度设为 12 或者 13。但这额外占据的空间却无须将来重构整个数据库就可以实现数据库规模的增长了。

⑧ 增加删除标记字段。在表中包含一个"删除标记"字段,就可以把行标记为删除。在关系数据库里不要单独删除某一行,最好采用清除数据程序而且要仔细维护索引整体性。

(2) 选择键和索引原则。键设计必须遵守的原则:① 关联字段要创建外键;② 所有的键都必须唯一;③ 避免使用复合键;④ 外键总是关联唯一的键字段。

设计数据库的时候采用系统生成的键作为主键,可以实际控制数据库的完整性。这样,数据库和非人工机制就有效地控制对存储数据中每一行的访问。采用系统生成键作为主键还有一个优点:当拥有一致的键结构时,在确定采用什么字段作为表的键的时候,一定要小心用户将要编辑的字段。通常情况下,不选择用户可编辑的字段作为键。可选键有时可作为主键。把可选键进一步用作主键,可以拥有建立强大索引的能力。

(3) 索引使用原则。索引是从数据库中获取数据的最高效方式之一。95% 的数据库性能问题都可以采用索引技术得到解决。

① 逻辑主键使用唯一的成组索引,对系统键(作为存储过程)采用唯一的非成组索引,对任何外键列采用非成组索引。考虑数据库的空间有多大,表如何进行访问,还有这些访问是否主要用作读写。

② 大多数数据库都索引自动创建的主键字段，但是别忘了索引外键，它们也是经常使用的键，比如运行查询显示主表和所有关联表的某条记录就用得上索引外键。

③ 不要索引 memo/note 字段，不要索引大型字段（有很多字符），否则会让索引占用太多的存储空间。

④ 不要索引常用的小型表。不要为小型数据表设置任何键，假如它们经常有插入和删除操作就更不能这样做了。对这些插入和删除操作的索引维护可能比扫描表空间消耗的时间更多。

（4）数据完整性设计。数据库的完整性有实体完整性、对照完整性和用户自定义完整性。

① 实体完整性。通过数据表的主键实现。

② 参照完整性。用于规定两表之间遵循的原则，这两表分别称为父表和子表，在父表中删除数据可以设置为级联删除、受限删除和置空值。在父表中插入数据时，可以设置受限插入或递归插入。在父表中更新数据时，可以设置级联更新、受限更新和置空值。

③ 用户定义完整性。在数据表定义时通过设置 NULL 值、字段规则、记录规则和触发器实现。

（5）用约束而非商务规则强制数据完整性。采用数据库系统实现数据的完整性。这不但包括通过标准化实现的完整性，而且还包括数据的功能性。在写数据的时候还可以通过增加触发器来保证数据的正确性。不要依赖于商务层保证数据完整性，它不能保证表之间（外键）的完整性，因而不能强加于其他完整性规则之上。

① 强制指示完整性。在有害数据进入数据库之前将其剔除。激活数据库系统的指示完整性特性，这样可以保持数据的清洁而能迫使开发人员投入更多的时间处理错误条件。

② 使用查找控制数据完整性。控制数据完整性的最佳方式就是限制用户的选择。只要有可能都应该提供给用户一个清晰的价值列表供其选择。这样将减少键入代码的错误和误解同时提供数据的一致性。某些公共数据特别适合查找国家代码、状态代码等。

③ 采用视图。为了在数据库和应用程序代码之间提供另一层抽象，可以为应用程序建立专门的视图而不必非要应用程序直接访问数据表。这样做等于在处理数据库变更时提供了更多的自由。

（6）其他设计技巧。

① 避免使用触发器。触发器的功能通常可以用其他方式实现。在调试程序时触发器可能成为干扰。假如你确实需要采用触发器，最好集中对它文档化。

② 使用常用英语（或者其他任何语言）而不要使用编码。在创建下拉菜单、列表、报表时最好按照英语名排序。假如需要编码，可以在编码旁附上用户知道的英语。

③ 保存常用信息。让一个表专门存放一般数据库信息非常有用。在这个表里存放数据库当前版本、最近检查/修复（对 Access）、关联设计文档的名称、用户等信息。这样可以实现一种简单机制跟踪数据库，当用户抱怨他们的数据库没有达到希望的要求而与你联系时，这样做对非用户机/服务器环境特别有用。

④ 包含版本机制。在数据库中引入版本控制机制来确定使用中的数据库的版本。时间一长,用户的需求总是会改变,最终可能会要求修改数据库结构。因此,把版本信息直接存放到数据库中更为方便。

⑤ 编制文档。对所有的快捷方式、命名规范、限制和函数都要编制文档。采用给表、列、触发器等加注释的数据库工具,对开发、支持和跟踪修改非常有用。对数据库文档化,或者在数据库内部或单独建立文档,这样,当需要开发第二个版本时,犯错的机会将大大减少。

⑥ 测试、测试、反复测试。建立或者修订数据库之后,必须用用户新输入的数据测试数据字段。最重要的是,让用户进行测试并且同用户一起保证选择的数据类型满足商业要求。测试需要在新数据库投入实际服务之前完成。

⑦ 检查设计。在开发期间检查数据库设计的常用技术是通过其所支持的应用程序原型检查数据库。换句话说,针对每一种最终表达数据的原型应用,保证检查了数据模型并且查看如何取出数据。数据库设计的步骤是:数据库结构定义、数据表定义、存储设备和存储空间组织、数据使用权限设置、数据字典设计。

4）物理结构设计

根据特定数据库管理系统所提供的多种存储结构和存取方法等依赖于具体计算机结构的各项物理设计措施,对具体的应用任务选定最合适的物理存储结构(包括文件类型、索引结构和数据的存放次序与位逻辑等)、存取方法和存取路径等。这一步设计的结果就是所谓的“物理数据库”。

5）数据库实施设计

在上述设计的基础上,收集数据并具体建立一个数据库,运行一些典型的应用任务来验证数据库设计的正确性和合理性。一般地,一个大型数据库的设计过程往往需要经过多次循环反复。当设计中的某步出现问题时,可能就需要返回到前面去修改。因此,在做上述数据库设计时就应考虑到今后修改设计的可能性和方便性。

6）数据库运行和维护设计

在数据库系统正式投入运行的过程中,必须不断地对其进行调整与修改。

3. 数据库的设计方法

(1) 手工试凑法。设计质量与设计人员的经验和水平有直接关系,缺乏科学理论和工程方法的支持,工程的质量难以保证,数据库运行一段时间后常常又不同程度地发现各种问题,增加了维护代价。

(2) 规范设计法。其基本思想是过程迭代和逐步求精,典型方法有新奥尔良方法、I. R. Palmer 方法和 S. B. Yao 方法。

① 新奥尔良(New Orleans)方法。它将数据库设计分为需求分析(分析用户需求)、概念设计(信息分析和定义)、逻辑设计(设计实现)和物理设计 4 个阶段进行。

② S. B. Yao 方法。将数据库设计分为需求分析、概念设计、逻辑设计、物理设计和验证设计 5 个步骤。

③ I. R. Palmer 方法。把数据库设计当成一步接一步的过程。

(3) 计算机辅助设计。

① ORACLE Designer 2000。这是面向对象化的数据库系统开发工具,可编制出可

执行的应用程序,SQLPL/SQL 是关于 oracle 数据库结构化查询语言的使用方法,会在 Designer 2000 中用到。

② SYBASE Power Designer。这是 Sybase 公司的 CASE 工具集,使用它可以方便地对管理信息系统进行分析设计,它几乎包括了数据库模型设计的全过程。利用 Power Designer 可以制作数据流程图、概念数据模型、物理数据模型,可以生成多种用户端开发工具的应用程序,还可为数据仓库制作结构模型,也能对团队设备模型进行控制。它可与许多流行的数据库设计软件,如 Power Builder, Delphi, VB 等相配合使用来缩短开发时间和使系统设计更优化。

4. 数据库设计说明书

这是对数据字典的补充和细化,描述数据库设计过程,并确定其内容,最终整理成文。说明书的主要内容有数据库名、库内表名、表属性(记录规则、违规则提示、触发器)、表间关联和参照完整性、表内字段属性(名称、类型、长度、规则、违规提示、默认值、空值等内容)等。数据库说明书是提供给数据管理员的操作规范手册,也是程序员说明数据处理的编程手册。读者可以根据实验的实例尝试整理数据库说明书。

6.3.4 输入/输出设计

输入/输出设计是确定如何实现人机交互,是系统设计重要的阶段。当信息系统作为软件产品提供给用户使用时,用户对软件操作的简洁方便和直观等评价都来自输入/输出设计的效果。类同于对软件产品的包装,输入/输出设计直接影响到用户对软件质量的评价与选用。

1. 输入/输出设计原则

(1) 先出后入原则。输入/输出设计的过程是从输出设计到输入设计,这是因为输出设计直接和用户需求相联系,设计的出发点应该是保证输出方便地为用户服务,正确地反映用户所需要的信息。无用信息留在系统中不仅浪费输入时间、存储空间,还浪费资金。

(2) GIGO 原则。垃圾进垃圾出(Garbage In Garbage Out,简称 GIGO)。装入的是垃圾,出来的当然也是垃圾。用于信息系统即输入错误的数据,不管系统功能多强大,采用的技术多先进,都将输出不正确的信息。因此,这提示我们在输入设计过程中重视数据的正确性。

(3) 经济实用原则。输入/输出的方式多种多样,在设计时既要考虑输入/输出的正确性、方便性和实用性,还要考虑输入/输出的经济性。输入/输出往往是信息系统运行费用的主要开支,而且种类繁多,数量巨大。

2. 输入/输出过程

输入设计与输出设计的内容不同,但设计的过程基本相同,都需要充分考虑用户的实际需求、所需设备的经济性、可行性和效率。输入是由人工记录方式转换成计算机记录方式,而输出是计算机记录方式转换成人工直接可读的记录方式,因此,两种设计的起点与终点都需要明确数据的来源与存储形式,具体过程如图 6-5 所示。

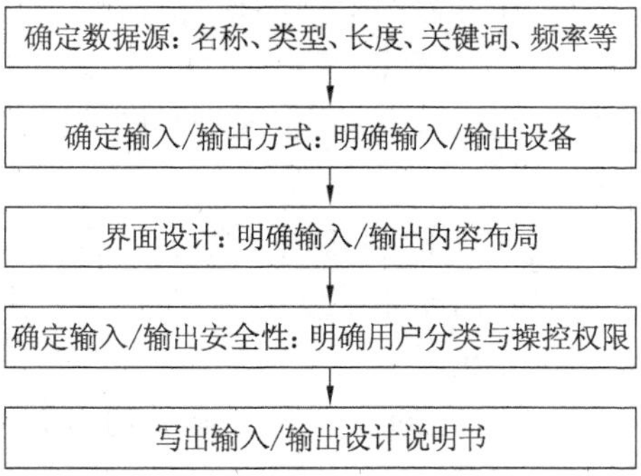

图 6-5　输入/输出设计过程

输入/输出设计的过程虽然基本相同，但其实现的方法存在本质的差别。输入设计关键在于输入数据的正确性；输出设计的关键是实用性和适用性，尽可能模拟管理实务形式。两者共同的重点是安全性设计，用户分类与权限控制。

3. 输出设计

根据输入/输出设计原则和用户对信息获取输出的需求，首先确定输出的信息名，如输出凭证、单据、发票、报表、卡片、文件等名称，并为输出设计提供一个信息编码。然后确定这些信息输出的目的、用途、对象、频率和密级等要求，对信息使用后的保存、销毁或上缴等要求，以及对输出信息的实时性和对信息接收方式等要求。最后选择经济实用的输出方式输出到给定用户。

（1）输出方式。根据输出信息的内容与要求选择合适的输出方式。信息系统的输出方式总体上可分成显示输出、打印输出、绘图输出、语音输出和信号输出等方式。

① 显示输出方式。显示输出内容不能长期保存，但显示区域可以重复使用。显示输出又分成指标显示、数码显示、LED 显示和 CRT 显示。当仅用于显示系统状态时采用指标显示；如果输出内容仅是数值时采用数码显示；当只需要显示简单少量的文字时，采用 LED 显示；对一般办公系统和管理信息系统的输出采用 CRT 显示方式，它不仅可以显示繁杂的字符，而且可显示图像图形。

② 打印输出方式。根据打印输出原理不同，打印设备也不同。常规的打印设备有激光打印机和喷墨打印机，按输出效果还可以分彩色和单色两类；彩色激光打印机要比彩色喷墨打印机贵很多。因此，一般采用彩色喷墨打印机输出彩色内容，而采用单色激光打印机输出普通文档。打印输出设备还有针式击打打印机、光敏打印机和热敏打印机等。针式击打打印机噪音大，效率低，已经基本被淘汰；光敏和热敏打印机需要使用特殊的输出纸，成本高，保存期短，仅被少量用于高精图文输出。

③ 绘图输出方式。当信息系统需要绘图输出时，使用绘图仪设备。绘图设备根据工作原理可分成平板式与滚筒式两类，根据能绘制图的最大尺寸分成不同的规格。平板式绘图仪输出图形质量好，但价格高。同规格的滚筒式绘图仪则价格低许多，一般精度要求不高时采用滚筒式绘图仪。

④ 语音输出方式。信息系统中往往需要采用多媒体方式输出图文与语音，通过信息系统输出的语音设备都十分简单，采用音卡和普通音箱即可，有些计算机系统将音箱与显示集成一体，作为计算机系统的标准配置。

⑤ 信号输出方式选择。可将信息系统中的信息通过外存储设备输出需要保存或传递的信息,也可以通过网络输出将信息传递到目的地,还可以通过 DAC 转换输出给受控设备,或直接输出数字信息到远程设备,实现物联网的操控。信号输出方式的选择完全依赖于信息系统的用途和经济性。

(2) 输出界面设计,也称为输出内容布局。除了语音与信号输出没有布局外,显示、打印与绘图都需要合理布局。由于系统默认的字号、图形大小与输出设备提供的空间往往不一致,设计者需要根据输出设备提供可用空间的大小设定输出内容的位置,选择输出文字的字号与图形的尺寸。布局设计对于显示输出而言也称为界面,把输出内容分成固定区位与变化区位,固定区往往安排数据名称,而变化区输出数据值;对于打印输出设计而言,首先要了解打印机的工作原理与特性,找出定位输出的坐标原点与行列坐标方向,实际打印字号占用空间。打印机输出时,只能往前或往下走,遇到回车与换行,才输出本行内容,接受下行内容。当输出坐标发生错误时,发生错误的换行或换页。当输出坐标超出极限时,会发生错误。行宽超限将空换行,行坐标超出范围时,打印机因找不到位置而无穷走白纸。

(3) 写输出设计说明书。输出设计说明书描述输出设计全过程所确定的内容,主要包括输出信息名、输出功能、输出周期、输出期限、输出媒体、输出方式、传递方式(邮递、电话、传真、电子邮件或人工传递)、使用后的处理(保存、销毁或上缴)、输出用文字(英文、汉字、汉语拼音)、输出信息校验(检验输出信息的正确性,包括确定校验内容、检验方法和校验后的处理)、保密要求和输出项目名称等。

4. 输入设计

在管理信息系统中,输入数据是否正确直接影响整个系统的质量。若输入数据缺乏精确性和适时性,即使计算和处理十分正确,也不可能得到可靠的输出信息。最佳的信息系统始于最佳的输入系统。

1) 数据输入方式

根据输入数据形式与数据采集方式的要求选择合适的输入方式。信息系统的输入方式总体上可分成人工输入、半自动输入和全自动输入等方式。

(1) 人工输入方式。键盘输入与鼠标输入属于人工输入方式,输入内容完全由人工决定。这也是管理信息系统中最常见的输入方式,尤其键盘输入是所有信息系统中不可或缺的标准配置。随着多媒体技术的广泛应用与菜单操作方式的普及推广,鼠标输入作为操作选择输入已经得到普及。人工输入方式具有灵活方便的特性,已经作为人机交互的主要方式。但是,人工输入方式中操作者直接影响输入数据的正确性和输入速度,是数据校验的重点工作。

(2) 半自动输入方式。语音输入、条形码输入和扫描输入属于半自动输入方式,在数据转入过程需要人工选定输入内容,掌控输入设计,但输入内容的正确性与完整性取决于输入设备,一旦开始读取数据,即由系统完成输入过程。

(3) 全自动输入方式。网络数据输入、磁盘数据输入、RFID 和 ADC 信号输入都属于全自动输入方式。网络数据输入和磁盘数据输入是批数据自动输入,RFID 和 ADC 信号输入是实时数据采集输入。

2）输入数据校验方式

在确保用户数据输入方便、完整的前提下，最关键的重点是运用数据校验方式确保输入数据的正确性。针对不同的数据输入方式，需要采用不同的数据校验方式。人工输入方式是输入数据校验中的重中之重。

（1）人工输入方式的数据校验方式。人工输入方式的准确性受人为因素影响最大，因此，数据的不确定性也最大，必须对输入内容进行校验。数据检验的具体方式主要有如下几种：

① 建立严格的复核制度。未经复核的数据作为临时数据，不进入系统的正式数据文件。同时数据复核与数据输入作为不相容岗位，由不同人员完成，减少出错。

② 输入后输出校验。输入数据的同时全部显示输出给输入者校验，但这种查错效果随着数据录入员熟练程度的提高而降低，也可以将数据输入后全部打印出来，然后将原稿与输入打印稿交由其他人员复核校验，可以减少个人因素影响校验效果。

③ 两次输入校验。将相同内容连续输入两次，比较前后两次是否一致，如果不一致，则提示复核数据，如新密码的输入。

④ 程序校验。可以采用数字检验、界限检验、逻辑检验、格式检验、字符检验和数据内在关联检验等方式。数字检验是检查数字项目内容中是否出现非数字数据；界限检验是检查数据项目是否超过规定的数据范围，如数据位数、数值范围等；逻辑检验是检查数据的合理性、逻辑性是否符合要求（例如月份不会超过12，更不会是负数）；格式检验是检查数据记录中各数据项的位数和位置是否符合预先规定的格式（例如工资定为4位整数、2位小数，检查最高位是不是空格或数字等）；字符检验是检查全部由字母组成的数据（如姓名）中是否出现非字母字符，或检查该数据长度和格式是否符合规定；数据内在关联检验是检查数据之间的内在关系是否成立（如发票上的数量乘单价必须等于金额，凭证上的借方金额累计与贷方金额累计必须相同，应收工资必须等于应收工资各项明细之和）。

（2）半自动输入和自动方式的数据校验方式。不同的输入方式应当采用不同的校验方式。

① 输入设备的标定。RFID与ADC信号输入、语音数据输入和图文扫描输入等方式在数据输入过程中完全依赖于输入设备的工作状况。要做好输入准备的同时还需要对输入设备进行校验，只有通过输入设备校验才能正确采集。输入设备的校验是由设备生产厂家对设备进行物理标定其质量，RFID与ADC信号输入等设备还可能在现场通过调整信号的电标定，为采集后的数据处理提供依据。

② 校验码方式。条形码输入、网络数据输入和磁盘数据输入等方式往往是在原数据的基础上通过增加校验码进行校验。将原数据和校验码同时输入，然后按某种规则计算原数据与校验码，发现采集数据中的错误，确保数据正确。校验码的编码方法有许多种，不同的方法其功效和成本不同，详细内容请参考有关编码技术资料。

（3）输入界面设计。运用人工输入方式，在输入数据过程中必须显示其输入内容，提供数据校核功能。因此输入界面设计类同于显示输出设计过程与方法，所不同的仅在于显示格式需要充分考虑能保证输入精度，应尽量减少填写量，便于填写，便于校对，采用通用、标准和规范格式输入，简化和减轻输入负担，接近人工数据填报形式，减少操作培训工作量。

3）写输入设计说明书

输入设计说明书描述输入设计全过程所确定的内容，主要包括输入信息名、输入功能、输入周期、输入期限、输入媒体、输入方式、收集方式、原始信息名、输入项目名、输入文字等内容。

5．输入/输出安全性设计

根据用户的需求，采取符合安全性要求的设计方案，才能保证输入/输出数据的安全性。应考虑如下的安全性因素：系统输入的安全性，对错误输入、恶意输入的处理；系统内部数据传输的安全性；系统输出的安全性；系统内各模块的出错处理；如果是分布式系统，还要考虑网络传输的安全性（是否需要加密、加密的强度等），各分布模块的安全性，抗攻击能力等。为了确保输入/输出的安全，在系统分析与设计时首先要对用户进行分类管理，给不同的用户提供不同的操作权限，通过系统用户操作权限分配表，明确规定每个用户的可操作性。在用户进入系统时，通过软件进行安全检测。

（1）输入安全性检测。输入安全性检测主要包括：① 文件描述符的安全性，如文件权限读、写函数的安全性，标准输入和出错的安全性；② 文件内容的安全性；③ 直接读取的文件，如果不被信任的用户访问该文件或任何它的父目录，都是不可信任的；④ 设置输入数据的超时和加载级别限制，特别是对于网络数据更应如此。

（2）输出安全性检测。输出安全性检测主要包括：① 最小化反馈信息，使得黑客不能获得详细信息；② 是否处理了阻塞或响应缓慢的输出情况；③ 是否控制了输出的数据格式；④ 控制输出的字符编码。

（3）出错处理检测。出错处理检测主要包括：① 各种出错情况都被处理；② 给用户的出错信息，不会泄漏程序信息的细节。

（4）异常情况检测。异常情况检测主要包括软件的各种异常情况是否都被处理，软件的异常情况是否会导致程序产生严重后果。

对于大型复杂信息系统的安全性设计，应当作为独立的工程项目内容，设立专门的设计组织负责信息系统的整个安全设计，而输入/输出安全是信息系统安全的重要组成部分。

6.3.5 功能模块与处理过程设计

信息系统经过系统总体设计后已经清晰地划分成子系统和各功能模块，各个功能模块的内部处理过程或处理任务如果还是相当复杂或相当多时，需要按功能模块划分原则与方法进一步划分成子功能模块，依此细化成相对简单的功能模块。这样大模块可以分为小模块，逐层分解使各模块之间形成了树型结构，如图 6-6 所示。

通过信息系统的功能结构图可以初步了解用户需求是如何实现的。此时还不能交给程序员编写软件，需要进一步确定各模块之间的数据传递关系和各模块内部的数据表达形式，即画出 HIPO 图和 IPO 图。

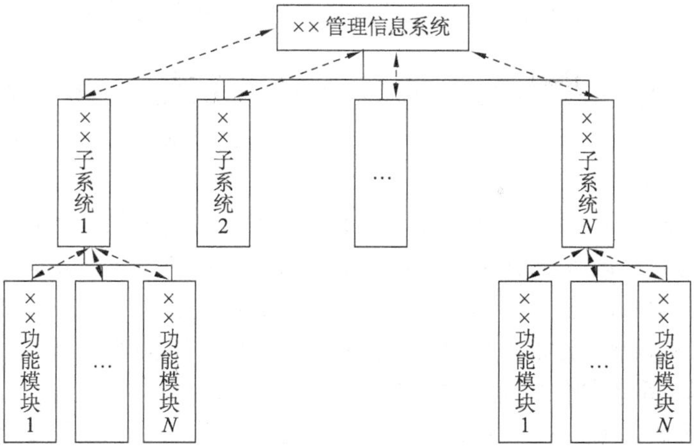

图 6-6　管理信息系统功能结构示意图

1. 功能模块设计

功能模块设计的关键是要画出 HIPO 图，HIPO(Hierarchy plus Input - Process - Output)图是 IBM 公司于 20 世纪 70 年代中期在层次结构图(structure chart)的基础上推出的一种描述系统结构和模块内部处理功能的工具(技术)。HIPO 图由一张总的层次结构 H 图和若干张 IPO 图组成，前者描述了整个系统的设计结构及各类模块之间的关系，后者描述了某个特定模块内部的处理过程和输入/输出关系。

(1) HIPO 图的 H 图。H 图用于描述软件的层次结构，矩形框表示一个模块，矩形框之间的直线表示模块之间的调用关系。同结构图一样，它未指明调用顺序。

(2) IPO 图。H 图只说明了软件系统由哪些模块组成及其控制层次结构，并未说明模块间的信息传递及模块内部的处理。因此，对一些重要模块还必须根据数据流图、数据字典及 H 图绘制具体的 IPO 图。在 IPO 图中必须包括输入 I、处理 P、输出 O，以及与之相应的数据库文件、在总体结构中的位置等信息。IPO 图中的处理过程 P 的描述比较困难，稍有不慎，就易引起二义性问题，为此，需要进一步进行专业化设计。

2. 处理过程设计

处理过程设计的关键是用一种合适的表达方法来描述每个模块的执行过程。这种表示方法应该简明、精确，并能由此直接导出用编程语言表示的程序。日常用的描述方式有图形、语言和表格三类，如传统的框图、各种程序语言、判定表等。一个复杂的大型信息系统往往是由许多员工共同合作完成的，处理过程是整个信息系统功能实现的核心。为了减少系统实现出现数据冲突与传递信息不一致等现象，在处理过程设计前首先应制定有关规则。

(1) 统一逻辑处理描述。在描述逻辑处理时需要明确并统一采用决策树或判定表等表达方式，虽然这些工具都能有效地描述处理过程，但在一个项目中应当只选用其中之一。

(2) 统一处理图符。在绘制功能结构与处理框图时也应当统一符号，尽可能采用标准化与规范化的图符与语言，便于交流。

(3) 分析与设计相一致。在处理过程描述时，所有数据与数据处理过程要与系统分析时建立的数据字典一致，这不仅可以减少工作量，降低出错率，还可以减少将来程序设计和调试的工作量。

总体来说，处理过程设计需要遵守标准化与规范化。这些标准化与规范化中有些已经通过 ISO 或 GB 制定，也有些是需要通过信息系统研发团队内部自制。

3. 系统设备的选择

信息系统经过上述设计后，其功能和性能基本确定，最后需要选择信息系统运行支撑的工具软件与硬件设备。信息系统运行设备的配置在系统应用设计好后才能进行。在系统配置过程中必须遵守“系统软件的需要必须满足信息系统应用的需要，系统硬件(包括网络硬件设备)的需要必须满足系统软件的需要”的原则。简言之，系统软件应适应系统应用，系统硬件应适应系统软件。

(1) 计算机硬件的选择。主要选择信息系统中需要的计算机主机、辅机、外围设备和环境设备，其中选择计算机主机是关键。由于计算机主机不仅型号、规格和制造厂商众多，而且其性能、价格、质量和服务也存在很大的差别。因此，在选配计算机主机时，要根据系统总体设计和详细设计的要求明确计算机主机的类型(巨型、大型、超级小型、微型)、性能(主频、字长、主存容量、缓存能力)、生产厂商、产地和品牌等指标参数，并采用招标方式选择合适的硬件和供应商。

(2) 计算机软件的选择。计算机软件可分成系统软件、工具软件和应用软件。应用软件是指将要开发的管理信息系统，在此不是选择，而是根据用户的需求进行开发。工具软件是指为应用软件开发提供的开发工具，因此，工具软件是由应用软件开发决定的。在工具软件选择时，通常还分应用服务软件的前台开发工具、后台数据库管理系统和信息系统通信工具。不同的开发工具具有不同的功能与对环境支撑的要求，需要根据开发者的经验与运行环境选定。系统软件是管理计算机系统硬件的软件，需要根据计算机系统硬件和计算机结构体系，以及用户需求确定。系统软件往往是由计算机提供商随计算机硬件提供，这种提供方式既方便、经济，又实用，用户可以不需要了解更多的系统软件配置细节，但有些大型信息系统也有与硬件独立配置，确保系统开发平台的实用性和可维护性。

(3) 计算机网络的系统选配。网络系统包括网络硬件和网络软件两部分。随着信息技术的广泛应用，信息系统的普及推广，网络系统深入各行各业，网络结构越来越复杂，网络硬件种类繁多，网络软件十分丰富。选择计算机网络硬件首先要根据网络拓扑结构、网络体系和网络层等因素确定网络硬件的种类、数量、型号和规格，根据网络传输速率和距离选择网络传递方式和性能指标，以及选择网络软件配置，以便充分发挥信息系统提供的信息资源作用。

6.3.6 系统设计说明书

系统设计说明书又称为系统设计报告，是系统设计的最后成果。它全面、清楚、准确、详细地描述了系统设计过程中的具体方法、技术、手段和环境要求，新系统的物理模型或称为用户需求的解决方案，是系统实施的主要依据。因此它具有很高的经济性和一定的保密性。系统设计说明书必须按软件开发文档书写标准格式来写。

1. 系统设计的总体说明

系统设计说明书首先要从总体视角说明系统设计的项目名称、项目编号、说明书编写单位、编写日期等,这些内容往往在说明书的封面上标注清楚。其次,对整个项目,需要做概要性的陈述,主要陈述项目目标、意义、用户对信息系统的要求、系统具有的功能与性能等。再次,要说明系统设计单位和参加设计人员的基本情况,重点列出系统设计人员的分工与责任人。最后,需要对本系统设计所用的术语进行解释,以及列出系统设计过程中应遵守或采用的有关标准。

2. 系统设计的详细说明

在系统设计说明书中必须明确地陈述系统设计过程所确定的技术方案,并整理每个环节设计产生的文档资料。因此,系统设计详细说明的主要内容有系统总体结构、计算机网络结构、系统配置清单、代码设计方案、数据结构与数据库结构、系统功能结构、输入/输出方案与操作界面、计算机处理过程等。也可以将设计过程中每个环节产生的相关说明书经过组合、整理、编目形成系统设计说明书的详细说明部分。

3. 系统设计的其他说明

系统设计也应当同时考虑多个方案供用户有选择地实施,在实际设计过程中主要推荐一个方案,但不可缺少与其他方案的比较。因此,在系统设计说明书中往往需要有多组方案供选择,对系统设计的主要推荐方案做详细说明,而其他方案只做概要性介绍。另外,系统设计说明书还需要估计系统实施费用和时间,为实施计划与进程控制提供依据。

6.4　面向对象的系统设计(OOD)

面向对象的系统设计(OOD)是由面向对象的分析(OOA)至面向对象的程序设计(OOP)的一个中间过程,在信息系统开发过程中,OOA 与 OOD 是紧密结合在一起完成的,分析与设计相同的问题域,都需要明确对象、类、属性和方法等内容,但是 OOA 的目的是从现实中抽象、提取概念模型,而设计是从概念模型转换成软件类模型,设计过程中由逻辑模型向实在模型(软件程序)转换的过程。

6.4.1　OOD 基本理念

面向对象的系统设计是根据面向对象系统分析所确定的应用域(application domain)进行建模,并进一步详细地描述系统中的对象、对象的属性和操作、对象的动态特性、对象间的构造关系和通信关系等,从而建立系统的静态结构和动态活动模型。

1. OOD 的特征

OOD 和传统技术之间存在着根本的差异,OOD 创建的抽象不依赖于任何细节,而细节则高度依赖于上面的抽象。

(1) 适合表达复杂多变的问题空间的需要;运用抽象的原则,使多余的问题简单明了;对系统中易变的部分打包,构造了对变化具有弹性的系统。

(2) 体现了 OOA、OOD 与 OOP 之间的内在一致性。

(3) OOD 对基于问题空间和现实空间的约束而构建的结果支持软件重用。

(4) 改善了用户、系统分析员、设计员和程序员之间的交流。

2. OOD 的方法

在传统的系统开发中,系统分析与设计是相互分离的。系统设计是设计人员把系统分析文档转换成系统设计文档的等价形式。在转换过程中,设计文档大部分情况下会由于一些原因进行了相应的修改,这一修改极少返回去对分析文档进行相应的修改。

OOD 方法只需要在 OOA 的基础上,对 OOA 模型进行不断地优化、补充。因此,可以说面向对象方法在分析阶段建立了 OOA 模型,在 OOD 阶段对 OOA 模型进行细化,两阶段所面对的始终是一个模型。

3. OOD 的系统模型

OOD 的系统模型由 4 个部件组成:问题空间(PD)、人机交互(HI)、任务管理(TM)和数据管理(DM),这 4 个部件对应组成目标系统的 4 个子系统。在由这 4 个子系统构成的系统中,问题空间部件主要负责描述现实系统的边界,它在 OOA 中建立,将在 OOD 时改进;人机交互部件负责人机交互界面;任务管理部件是对系统中的各项任务进行合理地组织与管理;数据管理部件负责数据的存储、更新和恢复。在设计这 4 个子系统时,各子系统应尽可能简单,而且具有明确的接口,子系统之间的依赖性要小。

6.4.2 OOD 过程

OOD 是在 OOA 的基础上进一步确认、审核和改进,因此,OOD 的实现过程与 OOA 基本相同,由抽象的概念细化成可以用编程工具表达的空间。

1. 问题空间部件(PD)的设计

以 OOA 构建系统建模为出发点,确定系统边界、问题域和系统责任。就企业应用而言,问题域就集中在诸如财务、办公、质量控制、生产计划和控制、销售服务、人力资源管理、材料供应管理等方面。

(1) OOD 模型的初始 PD 部分。直接从复制 OOA 模型开始,把 OOA 模型作为 OOD 模型的问题空间部分。

(2) 修改和增补初始 PD 部分。① 对于可复用的设计/编程方面的类,可利用现有的实现库中已有的类和对象来形成它;② 将空间有关的类组成一组,利用抽象原则来建立公共协议,形成一个新的类;③ 对初始 PD 部分的继承进行调整;④ 修改设计以提高性能;⑤ 在使用初始 PD 部分时,考虑利用一些商品化的特定空间类库或其他地方的类,实现对初始 PD 部分中的类修改,对这些类中的属性和服务进行识别,尽量使不需要的属性和服务最小化,并在转换(修改)中加入一般—特殊关系的规格说明;⑥ 为了提高系统的工作效率,可以合并一些高度耦合的类,还可能在类及对象中扩充一些保存临时结果的属性或一些低层控制块;⑦ 提供数据管理部分,增加属性和服务使对象能够被保存,保存的数据可以是对象本身,也可以是数据管理部分或面向对象的数据管理系统;⑧ 增补一些类反映系统底层的逻辑细节。

2. 人机交互(HI)的设计

人机交互设计将确定系统用户层与业务层之间的对象(类)的标识、属性、方法、消息和传递等具体行为。

（1）HI 部件的对象（类）。在许多大型的信息系统中，人机交互对象（类）通常是指窗口屏幕或报告。而窗口通常是由安全登录窗口、设置窗口和业务功能窗口等组成；报告往往也是对象（类），这种对象（类）可以包括绝大多数用户需要的信息，如下学期的课程表、党员名单、成绩单等都属于报告。

（2）HI 部件对象（类）的标识。标识 HI 的对象（类）主要包括确定每个对象（类）必需的属性，确定对象（类）属性的方法与 OOA 方法相同。同时还要确定两个类之间所有的一般—特殊、整体—部分结构或其他的对象。最后确定便于实现目标的最适合类的服务。

（3）HI 部件的构建。在设计 HI 部件时，首先对所有和系统有关的人进行分类，根据每类人的工作目的、所完成的任务，以及系统对他们所能提供的支持进行必要的描述。然后，按照人机交互设计的一些准则，即一致性、最少的操作步骤、及时响应用户操作、允许用户误操作、界面设计简单明了等准则，设计出良好的用户界面或人机交互系统。对于大型复杂化的信息系统而言，前面所建对象模型并不能十分清楚地说明其系统的人机交互部件，这时还需要用辅助的工具菜单树来加以补充说明。

3. 任务管理部件（TM）的设计

在 OOD 中，任务是指系统为达到某一设定目标而进行的一连串的数据操作（服务），若干任务的并发执行叫作多任务，TM 设计的主要任务之一是选择应当遵循的策略。

（1）TM 设计应遵循的策略。在 OOD 的 TM 设计时，根据系统特点和用户需求选定遵循的策略，TM 设计必须遵循的策略主要有识别事件驱动任务、识别时钟驱动任务、识别优先任务和关键任务、识别协调者和审核任务等。

（2）任务管理部件设计的步骤。TM 设计的实质首先是对类和对象进行细化，建立系统的 OOA/OOD 工作表格。然后，审查 OOA/OOD 的工作表格，寻找可能被封装在 TM 中与特定平台有关的部分，以及任务协调部分、通信的从属关系、消息/线程序列等。最后，构建系统新的类。

（3）系统中任务的执行机制。任务管理部件一般在信息系统中使用较少，只有当系统任务繁杂，具有实时性要求时才采用，但在控制系统中应用较多。

4. 数据管理部件（DM）的设计

面向对象的设计从总体体系结构上可分为表现层、业务逻辑层和数据存储层，如图 6-7 所示。DM 设计是系统设计的最底层，也是 OOD 的根本性工作。根据上述已经确定的对象（类）的属性和消息，定义数据交互和持久信息的组织结构。

（1）对象模型中 DM 部件应实现的主要目标。首先确定存储问题空间的持久对象，然后确定 DM 部件如何为问题空间中所有的持久对象封装查找和存储机制。

（2）DM 部件设计的内容。其主要内容由数据存储设计和面向对象的数据库设计。数据存储的方式主要有文件方式、关系数据库方式和面向对象的数据库方式。在 OOD 中通常采用面向对象的数据库方式。面向对象的数据库设计的关键是要确定数据模型和相应的服务。数据模型是由基本数据类型和特殊数据类型组成的。而类的定义依据 OOA 的类关系，并由此定义数据库的对象模式。相应服务设计是定义一个类及对象的服务，主要提示每个对象存储自身并检查被存储的对象。

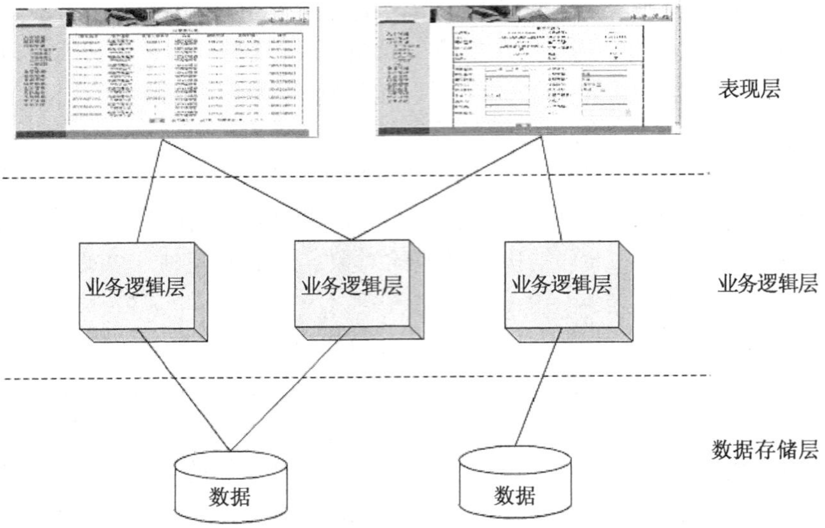

图 6-7　面向对象的系统层示意图

事实上，OOA 与 OOD 是紧密相关的，特别是层、包、主要框架、对象、类、接口和子系统的定义等，很难区分是分析还是设计，在信息系统开发过程中，分析是基础，设计是关键，通过分析与设计，将用户的需求用规范的文档传达给系统实施人员，采购硬件、配置系统环境软件，由程序员编制、调试应用软件，达到用户期望的功能和性能。

本章小结

本章介绍了系统设计的主要任务、方法和原则；明确了系统设计的重要性、阶段性和目的性；详细介绍了结构化系统设计方法的全过程，重点结合实例详细地阐述了系统总体结构设计、代码设计、数据库设计、输入/输出设计和功能模块设计的过程和方法；分别介绍了系统总结构图的功能结构一般模式、软件结构、硬件构图和网络结构图的作用和方法，代码设计的原则、事物分类方法、编码种类和代码应用方法，数据库设计过程、种类和常用方法，输入输出的形式、选择方法，输入校验方法、输出界面和人机界面的设计过程，IPO 图、HIPO 图的含义、作用和绘制方法。

本章以对比方式介绍了面向对象的系统设计方法和过程，陈述了面向对象设计方法的基本概念，描述了面向对象系统设计的过程，包括问题空间部件（PD）的设计、人机交互（HI）的设计、任务管理部件（TM）的设计和数据管理部件（DM）的设计。

试一试　系统设计

本实验的主要目的是培养学生利用管理信息系统的理论和方法，以及关系数据库系统技术，从系统角度对信息进行获取、分析处理和利用尝试，加深学生对管理信息系统基础理论和基本知识，以及整个开发流程的理解，建立信息管理的研发组织，较好地运用信息系统开发技术和工具，树立正确的信息系统设计思想，培养分析问题和解决问题的能力，提高查询资料和撰写书面文件的能力。

通过本实验，使学生了解并切实体会管理信息系统的设计过程、步骤，并掌握一种管理信息系统开发工具（比如 Visual FoxPro，Java，VB 等），具有应用计算机进行信息处理和开发管理信息系统的初步能力。具体过程如下：

（1）选题。在选择信息系统设计题时，学生可以根据自己的工作和兴趣，选择与现实生活相关的题目，也可以选择系统分析时选定的实例，还可以选择如下提供的管理项目。例如成绩管理系统、图书管理系统和宿舍管理系统的要求和约束条件。

① 成绩管理。成绩管理信息系统将涉及教师、学生、管理人员和用人单位等，用户结构复杂，设计难度很大。在一般情况下，成绩管理系统的主要功能和约束条件如表 6-6 所示。

表 6-6　成绩管理功能与约束

类型	内容
功能	① 根据教师提供的成绩录入学生成绩 ② 根据奖学金评定办法提出获得总成绩和单科成绩奖学金获得者名单 ③ 根据升留级条件提供留级、退学、补考生名单（补考者注明补考时间、地点） ④ 打印学生成绩单 ⑤ 打印教师行课表，包括：教师号、教师名、职称、课程名、课时数
约束	① 奖学金评定办法。假设在学生评奖过程中，学生的成绩必须具备如下条件，才有资格参加相关等级的评定； 特等奖（1500 元）：各科平均成绩 92 分以上，单科成绩不低于 85 分，英语平均 90 分以上； 一等奖（1000 元）：各科平均成绩 90 分以上，单科成绩不低于 85 分，英语平均 85 分以上； 二等奖（800 元）：各科平均成绩 88 分以上，单科成绩不低于 80 分，英语平均 80 分以上； 三等奖（500 元）：各科平均成绩 85 分以上，单科成绩不低于 75 分，英语平均 80 分以上 ② 留级、退学、补考规定：调查学校对退学、留级、补考办法，并按学校规定执行

② 图书管理。图书管理信息系统将涉及教师、学生、管理人员、书店和出版社单位等，用户结构复杂，设计难度很大。在一般情况下图书管理系统主要功能和约束条件如表 6-7 所示。

表 6-7　图书管理系统主要功能与约束条件

类型	内容
功能	① 输入学号、员工号或姓名，可查询该人的总借书情况（如书目、数量、借阅时间、超期情况、应罚额、实罚额、归还日期） ② 输入书号、书目或作者，查询该书的情况（是否已被借、该书当前库存余数、该书被借阅数、该书的基本属性） ③ 各相关表的录入 ④ 读者借阅书或还书时登录有关信息，并做相关检查

续表

类型	内容
约束	① 图书馆的书可分为多个类别层次，每个末级类可以有多本书，每本书有唯一编号 ② 每本书的基本属性有：编码、书名、出版社、版次、印数、作者、ISBN 专用编码、购买日期、数量、存放地点、内容简介、价格 ③ 学生基本属性：学号、姓名、性别、入学日期、年级、所属院系、专业、出生日期 ④ 员工基本属性：员工号、姓名、性别、所属单位、工作年限 ⑤ 每位学生或员工可以同时借 2 本书；每位学生借书总数不能超过 5 本；每本书借阅时间最长为 30 天；超期每天罚款 0.1 元

③ 宿舍管理。宿舍管理信息系统将涉及学生、宿舍管理人员和后勤部门等，用户结构相对简单。在一般情况下宿舍管理系统的主要功能和约束条件如表 6-8 所示。

表 6-8　宿舍管理系统主要功能与约束条件

类型	内容
功能	① 能根据学生的性别及院系情况自动排出学生宿舍分配表 ② 根据学生学号查询学生的楼号、宿舍及电话号码 ③ 按楼号打印学生学号、姓名、宿舍、电话对照表 ④ 按院系打印学生学号、姓名、宿舍、电话对照表
约束	(1) 宿舍分配时必须满足以下条件： ① 男、女生必须分住在不同楼； ② 同一年级的学生尽可能住在同一层楼； ③ 同一班尽可能住在相邻宿舍； ④ 每一宿舍住四人 (2) 每一宿舍装有一部电话

(2) 分析。分析信息系统研发的目的、意义，设计的主要任务，并在组内分工合作。

(3) 系统总体设计。设计系统运行环境要求，设计系统总体功能结构，并画出总体功能结构图。

(4) 代码设计。以通用试题库管理信息系统的代码设计实例，写出代码设计说明书。

① 课程代码：课程代码用位字符表示（XX）。第一位代表课程试题复杂度（简单：仅有选择题与填空题；复杂：各种类型题型都有）；第二位是课程序号，用任一个可视 ASC II 码表示。

② 试题代码：试题编号由 8 位（XXYYYZZZ）组成，前两位 XX 是课程号，随后三位 YYY 是课程篇章节编号，后三位是自动生产的试题序号；篇章节采用三十六进制，分别是(0 ~ 9，A ~ Z)。

③ 用户号：由 6 位（XYZZZZ）组成，第一位 X 是用户类型码，第二位 Y 是用户角色，随后是一个四位的不重复的随机码。

(5) 设计数据库。根据系统分析的选题，在数据库设计是至少建立一个数据库，至少建立 3 个数据库表，并根据需要建立表间关联。每表至少有 50 条记录，要用到字符型、数值型、日期型、逻辑型和备注型字段，其他字段类型可根据需要选用。并为整个系统定义库名，库内表名，表内的字段名、类型、长度和相关规则、表间的关联，视图。

数据库的表结构是非常重要的环节，一个良好的数据库设计可以提高效率，方便维护，并且为以后进行功能的扩展留有余地。例如试题库管理系统共有 8 个表，如表 6-9 到表 6-16 所示。

① 数据库总表，如表 6-9 所示。

表 6-9　数据库总表

序号	数据表名称	说明	序号	数据表名称	说明
1	ddt	答题记录	5	sdt0	教师所抽试卷
2	hdt	用户信息	6	sdt1	选择题记录
3	jst	教师信息	7	sdt2	填空题记录
4	kdt	课程信息	8	xdt	学生抽题记录

② 答题记录信息表(ddt)：存放学生答题记录的信息，如表 6-10 所示。

表 6-10　学生答题记录信息表

字段	类型	长度	标题	索引
SW1	C	10	试题编号	普通索引
XW1	C	1	试题类型	普通索引
HW2	C	8	用户号	普通索引
XW2	D	8	日期	
XW3	C	2	课程编号	普通索引
XW4	L	1	答题结果	
XW5	C	40	备用	

③ 主讲教师信息表(jst)：存放主讲教师信息。如表 6-11 所示。

表 6-11　主讲教师信息表

字段	类型	长度	标题	索引
KW1	C	8	教师工号	主索引
KW2	C	8	姓名	
KW3	C	8	职称	
KW4	C	16	部门	
KW5	M	10	备用	

④ 课程信息表(kdt)：存放课程信息。如表 6-12 所示。

表 6-12 课程信息表

字段	类型	长度	标题	索引
KW1	C	2	课程编号	主索引
KW2	C	30	课程名	
KW3	C	2	课程性质	
KW4	C	8	主讲教师	
KW5	M	10	备用	

⑤ 试卷信息表(sdt 0):存放试卷消息。如表 6-13 所示。

表 6-13 试卷信息表

字段	类型	长度	标题	索引
XW1	C	10	试卷编号	主索引
SW1	C	10	试题编号	普通索引
SW2	C	1	试题类型	普通索引
XW2	D	8	日期	
XW3	C	2	课程编号	普通索引
XW4	C	40	备用	

⑥ 选择题信息表(sdt 1):存放 VFP 选择题信息。如表 6-14 所示。

表 6-14 选择题信息表

字段	类型	长度	标题	索引
SW1	C	10	编号	主索引
SW2	M	10	内容	
SW3	C	40	选项 1	
SW4	C	40	选项 2	
SW5	C	40	选项 3	
SW6	C	40	选项 4	
SW7	C	40	选项 5	
SW8	L	1	单选	.T. 是;.F. 否
SW9	C	5	参考答案	默认 1
SW10	N	4.2	难易程度	默认 0.3
SW11	I	4	已用次数	默认 0
SW12	N	5.1	参考得分	默认 1

⑦ 填空题信息表(sdt 2):存放 VFP 填空题信息。如表 6-15 所示。

表 6-15 填空题信息表

字段	类型	长度	标题	索引
SW1	C	10	编号	主索引
SW2	M	10	内容	
SW3	C	30	参考答案	
SW4	N	4.2	难易程度	默认 0.3
SW5	I	4	已用次数	默认 0
SW6	N	5.1	参考得分	默认 1
SW7	C	40	备用	

⑧ 用户抽取试题记录信息表(xdt):记录用户抽取试题的信息。如表 6-16 所示。

表 6-16 用户抽取试题记录信息表

字段	类型	长度	标题	索引
SW1	C	10	试题编号	普通索引
SW1	C	1	试题类型	普通索引
HW2	C	8	用户号	普通索引
XW2	D	8	日期	
XW3	C	2	课程编号	普通索引
XW4	C	40	备用	

(6) IPO 设计,主要包括输入和输出设计。

① 输入设计。输入内容:用户名、密码,登录成功后可进入系统进行相应的输入。

VFP 通用试题库系统能够完成各类题型的输入,以及各种详细信息等,各种题型的输入通过表格导入形成 VFP 的表,并保存在项目的数据库表中,这样的方式使数据库输入的工作简洁直观,快速方便,可有效完成以后的数据保存、编辑等工作。本系统根据学生、教师、管理员 3 个不同的角色分别设计相应的数据输入方式。学生可以通过下拉列表框选择要做的题型,也可以直接单击按钮实现;教师可通过单击相应的按钮进入系统进行增、删、改、查试题,可选中相应的文本框进行数据的输入等;管理员登录也可进行相应的操作。这样的数据输入方式简单灵活,可按照每个角色的意愿进行操作。

② 输出设计。成绩管理系统的输出内容主要有:登录成功,用户将直接进入系统进行操作;正常操作下输出用户所查询等操作显示内容;无这个用户或密码错误,将会跳出对话框显示出现错误;当输入内容出现格式错误或其他错误,则不能进行正常录入。

这个系统可以通过条件查询,满足特定需求,并将查询结果以屏幕方式输出。如可以输出学生在线答题生成的答案,可以在屏幕上输出生成的试卷等。

(7) 界面设计。

① 登录界面。其功能主要是供合法的用户根据自己的用户类型进行登录,如图 6-8 所示。

② 教师管理模块。教师界面有 7 个功能,分别为编卷抽题、增加题库、修改题库、删除试题、查看题库、批改试题及初始化题库,教师可以根据需要进行教师管理模块功能的使用,如图 6-9 所示。

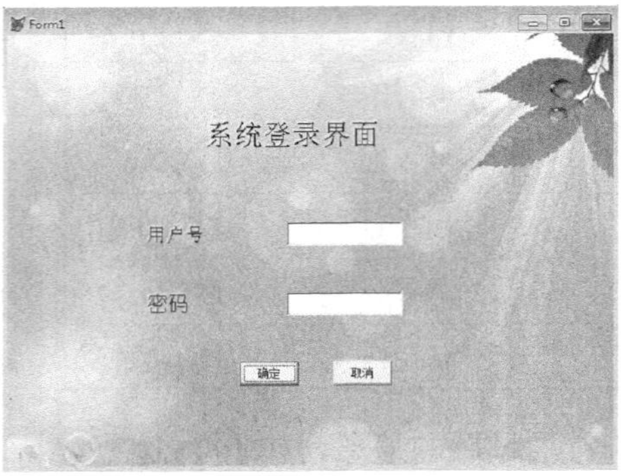

图 6-8　登录界面

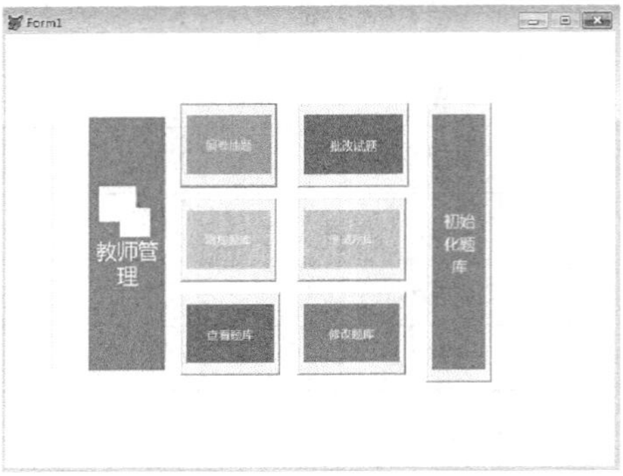

图 6-9　教师管理界面

③ 学生管理模块。该模块提供两种操作方式,真题在线练习与在线考试,如图 6-10 所示。

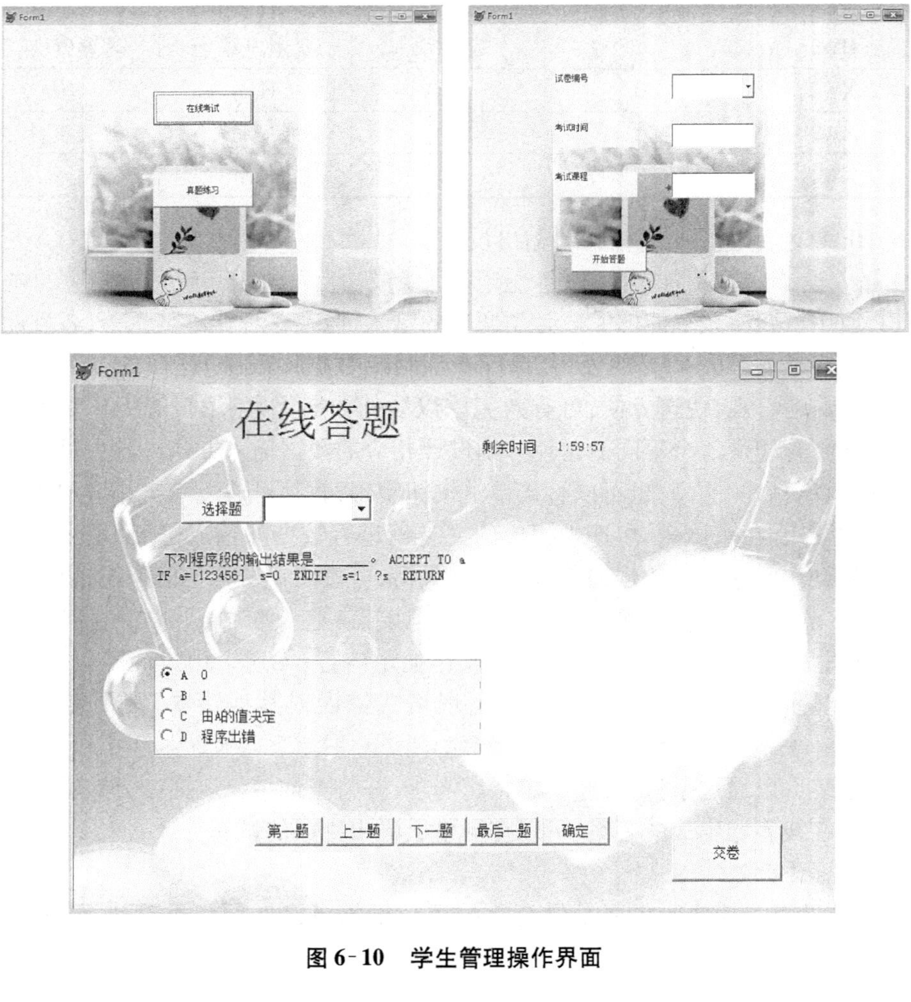

图 6-10　学生管理操作界面

④ 管理员模块。该模块包括 4 个子模块:查看用户、增加用户、修改用户、删除用户,如图 6-11 所示。

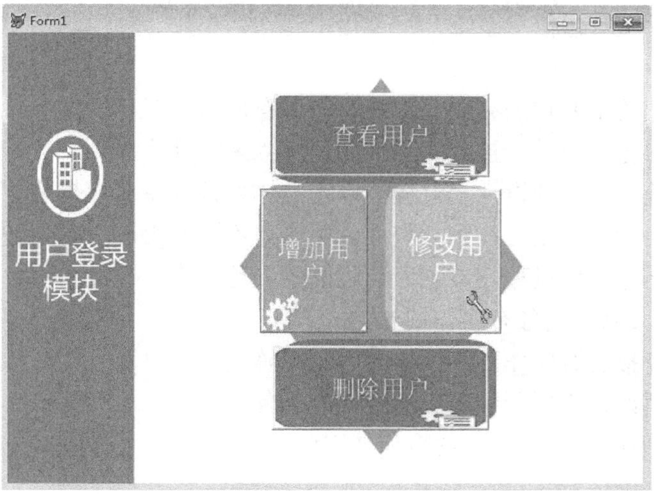

图 6-11　管理员模块

(8) 实验报告。实验完成后,必须提交实验报告说明书(不少于 3000 字),严禁相互抄袭。由指导教师评定成绩,成绩计入期末考试成绩。内容应包括:

① 结合系统分析时提出的问题,概要说明系统设计的目的、业务范围、主要任务、重要性、必要性和可行性。

② 系统设计的工作计划,即信息系统开发计划,主要确定项目各部分的开发任务、人员分工、估计开发进度。

③ 管理业务流程分析。通过调查分析,给出项目的主要业务流程、利用业务流程图描述系统。

④ 数据流程图。根据业务流程分析结果,结合项目的任务、功能及特点,画出“数据流程图”。

⑤ 数据字典。根据“数据流程图”,编写相应的“数据字典”。

⑥ E-R 图。根据以上分析结果,画出 E-R 图。

⑦ 功能模块图。给出设计的功能模块图。

⑧ 代码设计。给出项目中所涉及的数据项代码结构及含义说明。

⑨ 数据库设计。根据 E-R 图及规范化理论,给出数据库的表结构。

⑩ IPO 设计(输入、处理、输出):给出每个功能模块的输入界面设计结果;给出每个功能模块的输出界面设计结果;给出每个功能模块的处理描述,可以用流程图、自然语言、判断树和判断表等工具。

参照通过试题库系统设计过程,学生可以选择身边熟悉的管理信息系统开展信息系统设计尝试。

研讨

1. 系统设计在管理信息系统开发过程中起什么作用，系统设计人员与程序设计员有何区别？

2. 系统设计的主要方法有哪几种？它们各有何特点？

3. 简述结构化系统设计过程。系统设计应当遵守什么原则？

4. 简述系统总体结构设计全过程。系统总体设计的主要成果是什么？

5. 简述代码设计原则。线分类与面分类有何不同？编码有哪几种？

6. 简述数据库设计过程。数据库设计的依据是什么？

7. IPO 图与 HIPO 图各有何作用？

8. 系统设计报告有何作用？报告内容主要陈述什么？

9. 人机界面设计主要影响因素有哪些？为什么？

10. 面向对象的系统设计方法有何特点？

第 7 章　管理信息系统的实施

实施管理信息系统是一项技术复杂、投资大，对管理组织、内部机制、企业文化、决策方式、管理思想等都将会造成深刻影响的系统工程，它将改变旧的工作方式，直接影响企业内部的工作流程、物流、资金流，影响企业对这些流程的可控性、企业经营的透明度和企业经营信息的作用，改变企业工作岗位设置和岗位管理制度等。

7.1　系统实施的过程

系统实施是指把系统的物理模型切换成实际运行系统的全过程。在系统实施过程中，实施单位在维持正常工作秩序的情况下，将投入大量的人力、物力。因此，需要对系统实施进行周密地计划，并在组织结构、业务流程、设备配置等方面发生相应的变革，以适应系统实施的要求。

7.1.1　信息系统一般实施过程

在信息系统实施与运行管理过程中，“三分技术，七分管理，十二分数据”。信息系统实施的成败，领导是关键，资金是保障，实施过程中必须要开展业务流程重组（Business Process Reengineering，BPR），重视基础数据的建设，人员的培训要与系统的实施同步进行。实施信息系统是企业的一场革命。信息系统是现代管理思想的体现，企业的管理制度、管理方式和企业文化、员工的工作方式、习惯等对信息系统的实施都有制约。根据信息系统软件来源的不同，信息系统实施过程如图 7-1 所示。

无论是自制研发软件的信息系统，还是购买的商品化软件系统，其实施都必须要经过各类的教育、立项、论证、选择和试点等工作。

7.1.2　商品化信息系统实施过程

越来越多的企业选择商品化软件，开展实施企业信息化工程。选择商品化软件不仅软件成熟、成本低，而且整个项目工期短，但是系统维护困难，并且很难找到一个与企业需求完全一致的商品化软件，需要二次开发或业务流程重组。当企业需求是体现企业特色或竞争优势的部分时，往往需要采用二次开发，否则需要业务流程重组，以提高企业的竞争力，如图 7-2 所示。

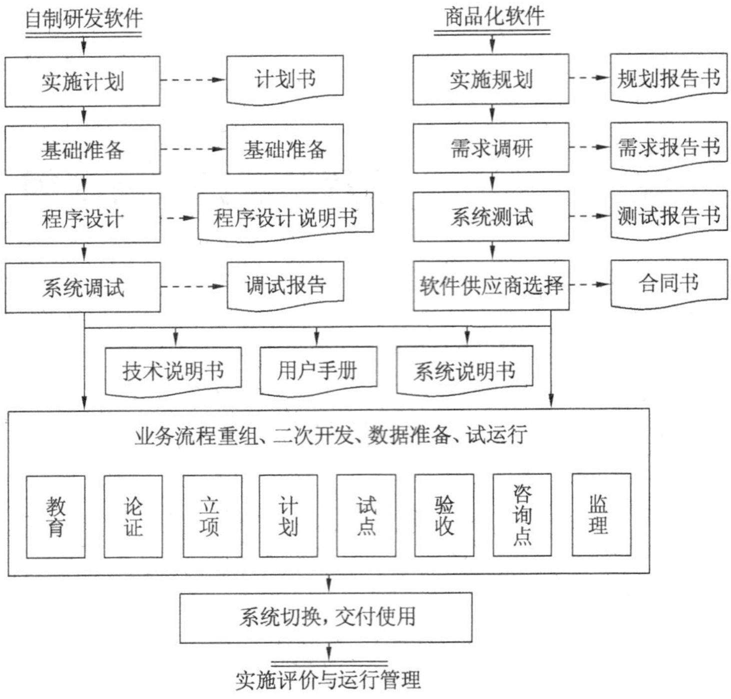

图 7-1　信息系统实施过程示意图

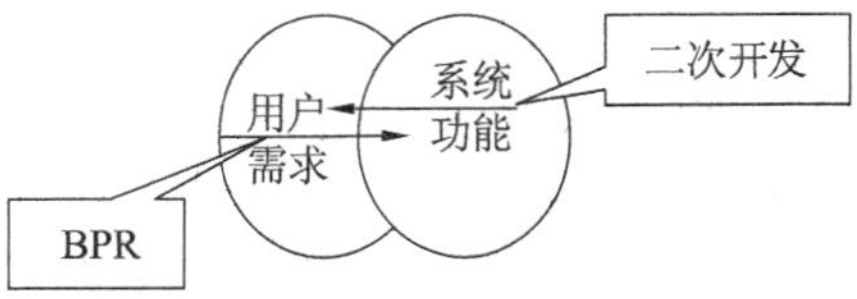

图 7-2　系统实施方案选择示意图

1. 教育

信息系统实施的教育分 3 类，实施前教育、实施中教育和实施后教育。实施前的教育也称为先行教育，往往采用聘请专家来企业讲课的方式。实施中和实施后的教育也称为技能培训，往往选派一部分信息管理人员参加高校、咨询公司或软件提供商组织的专业培训，然后由信息管理人员回到企业培训企业内部员工。

（1）先行教育。先行教育是在信息系统实施项目确定之前开展的教育工作。先行教育的主要对象是企业的高层领导。通过教育让企业领导对信息化工程有一个共识，了解信息化工程的意义、作用、概念等基本知识。例如，企业信息化的概念、作用、形式、特点，成功实施企业信息化的关键因素，信息系统实施的基本方法，领导如何实施信息系统实施、在实施过程中的角色，信息系统的实施会增加哪些成本，如何通过信息系统实施产生效益等。只有企业的高层领导认识到企业信息化是企业解决众多的生产经营障碍的最佳方法，是科学管理的必由之路，企业信息化才会有出路，才能开展正确的实施工作，人员、资金和设备的投入才能得到保证，高层领导才会积极参与信息化工程的建设，并亲自监督信息化工程实施计划的执行，协调各部门之间的矛盾，信息化工程实施才能有一个良好的开端。

先行教育也可以面向企业管理操作层的各部门负责人，使其了解信息化是现代管理的新方法，是提升企业综合竞争实力的有效途径，也是企业战略性发展的方向。没有实施信息化，企业在将来的竞争中将处于劣势，不能全面、正确、及时地获得企业内外的信息。信息资源缺乏会造成竞争实力锐减，甚至被市场淘汰。

（2）教育与培训。国外的培训含有教育（education）和训练（training）两重含义。前者侧重于哲理和概念，讨论信息系统的原理和运行机制，如何运用信息系统解决经营生产业务中发生的问题，主要说明“为什么要这样做，有什么必要，有什么效益”，是一种面向业务的培训。后者侧重于应用方法，主要说明“怎样做”，是一种面向软件的培训。一般安排在“教育”之后，结合信息软件的实施进行。知其然，还要知其所以然，只有明确了“为什么做”，才能创造性地去处理“怎样做”。

信息系统同手工管理的一个主要区别在于，它是一种规范化的系统，要求各级管理人员有严肃的工作作风，要求各个岗位人员都要用严谨的态度对待各种信息。在信息模式中，每一项数据、名词和术语都有严格的定义，每一项事务处理都有严格的程序。它要求每个人员不仅要知道本岗位的工作要求，也要了解本岗位的工作质量对其他岗位工作的影响，要求人人都从全局和系统的观点来理解和做好本职工作。只有各个岗位人员对信息系统都有了系统的理解和统一的认识，明白了实施信息系统的必要性和目标效益，通过培训转变员工的态度，在实施中才能齐心协力，步调一致。信息系统软件的功能再强大，还要靠人去运用。

所以，不能把培训简单地看成一次知识转移的过程，而更重要的是转变观念的思想变革过程。当然，对于不同层次人员，其培训内容的重点是有区别的，现分别讨论如下：

① 企业高中层经理人员。对于各级一把手，侧重于供应链管理，以及信息系统的原理和管理思想的培训，一般可以不谈过细的细节，若有兴趣也可以继续参加实施小组的培训。但是对项目实施中高中层经理人员必须关注的问题，应交代清楚。对实施过程中可能遇到的问题，如何判断是非，以及高中层经理人员应承担的责任和起到的作用，也要明白无误告知。这是项目前期阶段要进行的培训。在系统实施后期，要向高中层经理人员讲解如何查询所关切问题的操作方法，以及显示屏上各种信息数据的意义。

② 项目实施小组成员。在所有培训工作中，对项目实施小组的培训是非常关键的。因为实施小组的成员来自各个业务部门，有向基层部门贯彻落实不可推卸的责任，还有担任企业内部教员进行广泛普及的义务。项目实施小组的成员不仅要接受高中层经理人员的培训内容，而且要对软件功能和操作非常熟悉，尤其重要的是能够自己或帮助别人用信息系统解决企业的实际问题。

③ 部门业务人员。对业务部门管理人员的培训内容，应当基本上和项目实施小组人员的培训内容相同。每位成员不但要对涉及本身业务的内容非常精通，而且必须对相关业务全面了解。只有从业务流程来理解信息系统，才能理解一个部门的业务同全局的关系，才能理解每个员工自身工作同上下游流程作业的关系。

④ 系统员和程序员。系统和硬件的配置与维护，是培训IT人员的主要内容。当然，也应当对供应链管理和信息系统最基本的原理有所理解。各类人员培训的内容、时间、教员等说明如表7-1所示。

表 7-1 培训计划表

层次	培训对象	培训内容	时间	地点	教员	备注
1	企业高层管理 项目领导小组 项目实施小组	供应链管理 信息原理和管理思想 项目管理与实施方法	1～2 天	企业外某处全脱产培训	咨询公司培训机构	项目前期阶段培训
2	实施小组成员	供应链管理 信息原理和管理思想 项目管理与实施方法 内部集成与指导思想 计算机概论 怎样做好培训	10～20 天	企业内或企业外某处全脱产培训	咨询公司培训机构 软件公司企业信息主管	项目前期阶段培训 购买软件以后
3	系统分析员	信息系统管理	7～20 天	企业内	软件公司	
4	职能组成员	基本内容同层次，以业务为主，兼顾全局	10～20 天	企业内	实施小组成员	
5	操作人员	软件应用	根据需要反复多次	企业内	实施小组成员	
6	继续培训	软件应用	有计划、有重点分批多次	企业内	运行管理人员	

对于教育培训阶段的评估，由于这一阶段贯穿系统实施的整个过程，因此，一般采用在每次培训后，以学员考核的方式进行评估。

2. 立项

信息系统实施项目的立项是关键，立项意味着将明确下一阶段的实施目标、预计费用和期望的效率、效益。在立项之前首先要进行论证，全面考察项目的成本、效益和潜在的影响。立项工作一般要经过论证、立项、批准，项目才能生效。

(1) 论证。项目论证是涉及整个项目的决定性因素。论证一般需要聘请咨询公司或高校信息化专家进行指导，在专家们的帮助下对企业的基础设施、经济实力、投资成本、预期效益和成本回收期等全面论证，以确保项目顺利实施。在项目论证时，对咨询专家的建议要十分重视，并对提出的质疑要有应对的解决方案和足够的思想准备。在传统的信息化实施过程中，项目的论证是以企业为主体，专家为指导的，特别是软件供应商的参与对论证结果起很重要的作用。

(2) 立项与批准。项目论证工作是一项关键性的工作，也是一个反复修改提高、完善的过程。在实施项目论证时，系统分析员与企业管理人员必须经过多轮次的协商，最后项目方案供企业领导审批，审批通过后才算完成了立项工作。领导在立项审批时要抓住主要问题，审核方案的可行性、时效性和对人员调动及做思想工作的难易程度，审核项目的培训计划、投资计划、项目进度计划、目标实施计划等初步的实施计划。

3. 组织

确定信息化工程实施项目的同时要落实信息化工程的相关组织和负责人,使信息化项目在组织上得到保证,确保满足人才的需求和对人员结构、技术结构、知识结构进行合理地协调。在信息化工程实施过程中对企业原有的组织必须开展BPR,从确保流程畅通的角度认真研究组织的内涵、本质、性质、任务、范围、职责,特别是必须先建立信息化实施项目小组。

(1) 成立项目小组和项目指导委员会。项目小组人员大部分是信息系统未来的接管者。因此,项目小组必须包括信息系统各个层次的用户。项目小组负责具体的实施工作,其主要工作内容有:制定实施计划、撰写实施记录、报告计划执行进度及存在的问题,提出解决问题的建议,分配企业已有的资源。

实施计划要求足够详细。时间要明确到天,任务要明确到人。必须细化到参与项目的每个人每天的工作内容。

信息化实施是一件十分复杂的工作,还需要成立项目指导委员会。项目指导委员会对项目计划的执行情况进行定期审查,及时解决问题、协调矛盾,确保项目的实施顺利进行。当项目实施关键路径上的任务出现严重拖期的情况时,项目指导委员会应当考虑可否重新安排企业现有资源以保证项目的使用,可否从企业外部获得资源,项目所要求的任务是否都是必要的,是否需要重新计划项目的某一部分?解决上述问题实际上是调节工作量、时间和资源的问题。当项目负责人无法确认时,召开项目委员会会议决定,一般情况下项目指导委员会每个月至少开一次会。

(2) 确定全职项目负责人。项目负责人是项目成败的关键人物。通过项目负责人带领全体项目组人员按期、按质、按量地完成预定的任务,达到预定的目标。因此,企业项目负责人的人选应首先考虑企业的最高领导,即企业的核心人物——总经理或副总经理。项目组的负责人在企业必须拥有决定权,不能遇事还需要请示、讨论、等候答复,否则信息系统肯定无法按期完工。在信息化实施过程中肯定会遇到事先没有考虑到的各种问题,项目负责人遇事要果断。在项目负责人的人选上,不宜选用单纯技术专家,更不能选用外来人员或计算机系统人员。从表面上看,这些人员都具有技术、经验的优势,能有效地解决信息化实施过程中的主要技术问题。但是,事实上信息化工程是管理系统,是对企业资源的有效控制、分配,在系统中人是关键,系统是基础,系统成功的关键因素是人而不是设备或技术。

一个好的项目负责人应当具备以下条件:专职;来自企业内部;具有企业运营某个方面的经验;是企业内有影响的而不是无足轻重的人物;在企业内工作了相当长时间、受尊重的管理者。

4. 信息系统选择

信息系统选择就是选择适合企业行业的信息系统软件及供应商。软件选型过程是实施信息系统几个最重要的阶段之一,因为这直接决定了整个项目的成败。由于实施信息系统投资数额大,一旦一种软件包选定后就很难再转向另一种,因此,要求“第一次就做好”,而绝不容许有差错。企业在选择软件时,最主要的是看软件是否适合企业行业的特点,有多少成功的先例,要突出“适用的就是最好的”原则。当然,所谓“适用”,是要兼顾近期和远期发展的要求,而不是只看眼前。

选择软件实质上是选择提供软件的合作伙伴的问题。企业要发展,对信息化会不断提出新的要求。信息技术和软件研发也在发展,并不断提供新的功能。因此,企业和软件供应商需要建立一个长期合作的良好关系,才有可能共同发展。除此之外,还要考虑以下一些因素:

(1) 如何看待软件产品?

对软件产品可以从两个方面来看。

一看功能。选择软件首先要注意软件的功能,一般可以从以下几个方面来观察:

① 软件必须正确描述企业的物流,必须能够确切表述产品结构。

② 软件必须正确描述企业的资金流。

③ 软件必须满足企业组织机构和相互关系的特点。

其他注意事项,包括以下与功能相关的问题:

- 软件必须是成熟的,企业如果甘当软件公司的“试验品”,通常是要冒风险的。
- 软件必须满足企业要求,过多的二次开发会影响实施进度,同时会增加实施成本和风险,不利于软件升级,甚至会影响同软件供应商的长期合作。
- 软件必须满足企业今后的业务流程重组。
- 软件不仅满足企业特定事务处理的功能,还必须提供各种分析,如数据挖掘、辅助决策和优化的功能。
- 软件的操作界面友好,切换敏捷方便,能够体现业务流程顺序。
- 软件必须提供各种报表(不仅是财务)用户化生成的功能。

二看技术。软件功能的实现,很大程度上受采用技术的限制。换句话说,先进技术是为了实现管理需要的功能而存在。如果管理有所需求,但是缺少必要的技术,软件系统就无法实现所需的功能。管理需求、信息技术和软件功能三者之间,管理是驱动。为实现必要的功能,软件需要具备的主要技术由以下几个方面来考察:

① 能否支持供应链管理和电子商务,是否基于 Web(Internet),是否采用适应计算机和网络通信技术发展的通用标准。

② 能否支持在线分析处理(OLAP),数据库是否开放,是否提供不同层次的决策分析功能。

③ 能否支持业务流程优化和重组,软件开发是否采用基于组件的开发技术或基于工作流程设计的开发技术,是否适应企业的业务流程重组和组织机构的调整变动。

④ 权限设置技术是否可靠,是否可以定义到任意字段或最小对象,是否满足安全保密的要求。

⑤ 系统安全和恢复。

⑥ 软件开发工具是否开放和易用。

⑦ 原有资源的保护问题。

(2) 如何看待实施服务?

实施服务主要包括实施前的售前咨询及实施后的售后服务,这里着重讨论售后服务,可以从三方面来考察。

一看实施服务的实力。当信息系统项目的售后服务和实施由软件公司担任时,考察其支持实力尤其重要。国内外软件供应商都会有一批优秀的实施支持顾问,但更重要的是看具体派什么人来担任本项目的工作，实施服务工作的好坏最后要落实到具体的人，要了解今后是谁来做具体的实施。

二看文档齐备。所谓文档，包括用户手册、培训教材、帮助文件、学习光盘等。一个成熟规范的软件供应商应当具备成套的文档资料。这里强调文档齐备，是出于“企业主体意识”的原则，是为了企业能够长期自主地掌握软件的使用。

三看软件的价格。当前国内外信息软件的价格千差万别，相当混乱，甚至无法通过价格来判断是否“物有所值”。在这种无序的竞争环境下，企业可以从以下几个方面来应对价格问题：

① 明确软件提供的功能能否满足企业的需求，选择的标准着重在于能否解决管理问题。

② 运用投资效益分析的方法，判断投入与产出的关系。

③ 明确提供服务的质量。

千万不要把价格作为选择软件的首要标准或唯一标准，一定要参照上述各个方面，综合考虑。有可能的话，成立一个专门的评估委员会来进行上述工作效果的评估，委员会应当包括各个部门的人员(最终用户)、高层管理人员(尤其是CIO或是CEO)和咨询人员(软件专家)。

5. 实现

分阶段实施已经成为信息系统实施的公理，在管理技术与信息技术集成上由MRP、MRPⅡ到电子商务，再向ERP发展。信息系统实施的某个项目从准备到切换也是逐步完成的，需要经过数据准备、管理制度完善、业务流程管理、信息系统配置、计算机试点、模拟试点、现场运行，最终进行系统切换、新系统投入运行等各个阶段。

1）数据准备

在运行信息系统之前，要准备和录入一系列基础数据，这些数据是在运行系统之前没有明确规定的，故需要做大量分析研究的工作，包括一些产品、工艺、库存等信息，还包括一些参数的设置，如系统安装调试所需信息、财务信息、需求信息等。只有充分了解信息原理、方法，并经过培训，理解各项数据的作用和需求后才能开始准备数据。数据准备包括数据的收集、分析、整理和录入等工作，这除了需要专门的人员外，还应该应用专业的软件。

(1) 数据准备的要求。数据准备的要求是及时、准确和完整。企业中有很多现成的数据，不需要过多加工就可以直接使用，如材料消耗定额、供应商档案等。还有的数据需要经过重新分解或组合，如工艺过程卡、物料清单、产品结构图等。还有相当一部分是现行管理中没有使用的数据，如各种编码，包括物料号、货位、工作中心的划分等。甚至有的数据需要组织几个部门共同参与确定。

(2) 保证基础数据的质量。实现信息系统对于企业来说是一项耗用大量资金和时间的工程，需要企业倾注大量的时间和精力。基础数据的优良质量和良好的维护是成功的先决条件，基础数据有错误就会导致整个系统失败。为保证基础数据的质量，企业要切实做好以下几点：

① 定义关键的数据元素，如物料代码、工艺路线、物料清单、工作中心、订货策略、项目类型和损耗率等。

② 数据导入之前，将计算机系统的信息需求与信息使用者的需求进行核对，使每个人提前知道什么信息是有用的、报告是什么样的，如果有问题应及时解决。

③ 定义要载入计算机系统的全面信息和信息来源。有些信息是不可缺省的，而有些信息是可有可无的。确定所用的数据项需要有专人或特定的部门负责。

④ 指定特定的数据录入人员。

⑤ 有些数据元素不是常数，时常会变化，其变化情况必须在计算机系统里得到反映。对此要通过定期检查来实现。

操作数据是管理和控制企业运作的基础。将这些数据装入计算机的先后次序由计划使用它们的时间确定。

在对这一阶段的工作进行评价的过程中，主要是收集一些基本数据，考察这些数据的合理性、准确性和完整性。

2）系统配置

所谓系统配置，就是为信息系统配置适合其运行的软件、硬件及其他的运行环境。其主要的工作中心就是构建企业系统运行的网络环境，包括相关软硬件的购置、安装。这个阶段的工作依据是系统实施前期规划阶段所做的系统实施计划、可行性分析报告，以及所选择的信息系统的运行配置要求。本阶段的评价工作重点在于：软硬件购置方案的科学合理性及其经济效益，系统运行网络环境的性能，系统安装计划的可执行性及安装文档的完备性等方面。

3）计算机试点

计算机试点的目的是确保软件能在计算机上正常运行，并且通过试点，让企业的系统操作人员和系统管理人员对系统的功能更加了解。计算机试点的参与人员主要是系统管理人员和数据处理人员，在计算机试点时可以采用系统自带的教育模拟企业数据，首先做演示性质的操作表演，然后进行实际练习操作。一般情况下，计算机试点工作在购买信息系统软件前在软件提供商那里就开始了，应当先了解系统的总体功能及操作界面。

4）模拟运行

实施一个大型的信息系统涉及企业所有的主要业务部门，关系到各个业务流程细节，想不“排练”一下就拿到实际中去应用，是带有极大风险的，这种风险对于中小企业来说，往往是灾难性的。不论是哪个模拟阶段，都要事先拟出模拟提纲，记录模拟过程和结果，寻求正确的运行方法。总之，要建立模拟运行档案，作为项目管理的阶段成果，供下一步改进工作参考。这也是项目管理中文档管理的重要内容。通常，实施信息系统有以下两个模拟运行层次：

（1）软件功能模拟运行（原型测试）。软件功能模拟运行的主要目的是弄清楚软件的全部功能、信息的集成程度，以及各个参数之间的关系及相互影响，一种数据的准确程度对其他数据的影响；学会使用软件的各种指令、功能，测试软件的运算速度；深入理解信息，列出现行管理流程同软件系统的流程之间的差异，分析差异，确定进一步解决方案；弄清楚软件各种报表的作用，学会运用系统提供的报表来分析问题和决策；发现容易混淆的观点，在扩大培训时重点讲解，作为编制企业内部案例式教材的依据。

软件功能模拟必须是各个功能模块同时进行，这是一次系统性的测试。如果各功能模块单独运行，则不能掌握模块之间的系统关系。在分模块实施的情况下，不能发现模块间协调不一致等问题。模拟运行由项目经理亲自主持，全体项目小组成员参加。

（2）实战性模拟运行。所谓实战性模拟运行，是切换至信息系统前的运行，一般仍由项目小组成员在计算机机房进行，也叫会议室模拟（conference room pilot）运行。模拟运行的主要目的和做法是：测试用户化的系统，把经营管理中的实际数据输入系统中，进一步验证，直到确认符合管理需求，可以放心地实际应用为止；检查数据的准确性和合理性，确定系统运行用到的各种参数；调整和确定各种凭证和报表；编制实施信息的工作准则与工作规程，测试文件的实用性，补充完善，提交审批通过后执行；根据模拟结果的要求，制订企业管理改革措施；模拟结果要使信息系统真正运行起来，让企业全体员工目睹信息模式的做法和实效。

5）现场试点

计算机试点与模拟试点都采用假设的企业数据运行，往往是按预先约定的管理模式运行系统，系统的运行也是在培训专家的指导下开展，一般都会正常，异常多是由人们操作失误造成的，很容易发现问题的原因和提出正确的解决方案。但企业的管理模式、管理制度、企业文化、生产的产品和企业所属行业的差别都会遇到上述试点中没有发生的各种问题。现场试点采用企业真实的数据、真实的操作环境、真实的约束，并且操作人员各自独立操作、执行信息化环境下的规章制度，遇到问题独立解决。虽然现场试点仍然没有正式启用系统，但是信息系统的运行与实际企业系统同步。现场试点也称为试运行，参加试点的职能部门的工作量是新旧系统工作量的总和，员工会付出更大的人力和精力。因此，现场试点的时间要尽可能短，降低成本，减少员工的工作量。

6）系统切换

现场试点一旦成熟，立即进行系统切换，停止旧系统的运行，启用新系统。系统切换过程越短，成本越低，但是风险越大。为了降低成本，避免风险，往往要做好大量的准备工作。基础数据准备、教育培训准备、系统测试准备尤其重要，这关系到系统能否切换成功。系统能否切换，主要考察试运行过程与结果，如果系统试运行稳定，结果正确，表示系统稳定、可靠，可以切换。否则，系统不稳定或不可靠，不能切换。

系统切换是系统实施的关键性工作，系统在什么时间切换，以什么方式切换，需要经过信息化委员会审批同意。系统切换不仅仅是企业管理工作方式切换、管理制度切换，而且是一种体系向另一种体系的切换。在切换过程中要做好整个切换的准备、记录、分析等工作。新系统的计划、控制、分析、督查等配套要完善，特别是信息系统的跟踪、监控、维护工作要跟上。

7）运行维护阶段

一个新系统被应用到企业后，实施的工作其实并没有完全结束，而是转入系统运行日常维护并做相关记录与报告，以及需要对系统实施的绩效进行评价，还有就是根据需要做下一步后期支持阶段的工作。这是因为有必要对系统实施的效果做一个小结和自我评价，以判断是否达到了最初的目标，从而在此基础上制定下一步的工作方向。此外，由于市场竞争形势的发展，将会不断有新的需求提出，再加上系统的更新换代，主机技术的进步都会对原有系统构成新的挑战，因此，无论如何，都应该在巩固的基础上，通过对企业信息系统实施的业绩评价，制定下一目标，再进行改进，不断地巩固和提高。

当前,国内外对于信息系统应用绩效评价的研究,不管是评价思想、指标体系,还是评价方法和模型,都有各自的一套成熟的评价标准体系。因此,这个阶段的评价工作不在本书的介绍范围内。

综上所述,信息系统实施的全过程可以看成前期工作、准备工作和切换运行 3 个阶段,每个阶段由若干项具体内容组成。信息系统实施的前期工作的重点是企业诊断、需求分析和软件选型,准备工作的重点是系统软件、硬件的选购、安装、调试和数据准备,特别是数据准备工作繁杂、时效性强,需要认真仔细地核查。

7.1.3 自主研发信息系统实施过程

1. 系统实施的前期准备工作

系统分析阶段的系统分析报告和系统设计阶段的系统设计报告是系统实施的最基本依据。在系统实施之前,项目负责人必须对系统实施的目标与过程进行深入了解,并根据系统实施的要求做好相关的准备工作。

(1) 制定系统的实施计划。项目负责人应根据系统设计的要求制定系统实施的具体计划,包括机房整装、硬件安装、软件调试、系统调试、系统切换等方面的计划。

(2) 组织系统的实施队伍。在系统的实施阶段,参加的人员较多,项目负责人要建立健全的组织结构,加强组织管理与控制工作,做到人员职责分工明确,各方面的工作信息能够及时地反馈给项目负责人,以便项目负责人能够及时发现问题,并纠正偏差。

(3) 软硬件与配套设施的准备。在系统的总体规划阶段与系统分析阶段,已经对系统设备的配置进行了计划和安排,系统对设备的总体需求已经清楚。当然,某些特殊要求的输入、输出等设备需要在系统设计之后才能确定,而其他大部分设备在完成系统分析之后就可以进行选购。因此,在系统实施阶段,应当做好有关工作场所、机房、通信设施的准备工作。

(4) 系统流程的重组织和业务规程修订。为了适应新的信息系统运行的要求,需要对现行系统的信息流程进行重新组织,修订原有的业务规程和工作制度,以适应新的信息系统环境的变化。但是,系统流程的重组织和业务规程的修订不能与实施单位的原有工作方式发生严重的对立或冲突,要使系统应用人员在心理上接受系统的新变革。

(5) 人员培训与宣传教育工作。在系统实施阶段,人员培训包括两个方面:一是对系统实施人员的培训,二是对用户的培训。系统实施人员培训的目标是统一思想、建立共同语言、确定统一的实施原则,使各个部分或团队能够相互协调地投入工作。用户培训的目标是使用户了解新系统的性能、特征、操作方式,特别是了解新系统的变化,以及用户如何去适应这种新变化。一般而言,人员培训工作要随着系统的实施一直进行,直到所有的用户掌握新系统的所有操作方法与维护方法。

(6) 实现方法、工具和数据准备。在系统设计中确立了系统的实施方案,但在具体编码、调试和系统切换过程中,需要选择有关的具体实施方法和工具,准备好有关的数据。

2. 系统平台的软硬件安装与调试

信息系统平台的软硬件安装与调试包括如下 5 个步骤:

(1) 程序的编制与调试。对信息系统的源代码进行编写,并分模块进行调试。

（2）信息系统调试。将各模块的源代码组合在一起，进行总体调试。

（3）数据库与文件的建立。建立信息系统需用的数据库或者文件支持系统，以存储系统运行所需的数据资料。

（4）系统切换。用管理信息系统取代手工管理系统，或者用更高级别的信息系统来取代原有的信息系统。

（5）试运行、验收与维护。新管理信息系统的试运行、系统的验收，以及系统的后期维护工作。

3. 人员与岗位培训

为用户培训系统操作、维护、运行管理人员，是信息系统开发过程中不可缺少的功能，是信息系统实施阶段的一项主要任务。人员的培训，应尽早进行。

（1）人员培训计划。一般而言，操作人员的培训是与编程和调试工作同时进行的。这种同步性主要基于如下几方面的考虑：① 编程开始后，系统分析人员有一定的时间来对用户进行培训；② 编程结束后，系统很快就要投入试运行和实际运行，如果不及时对系统操作人员和运行管理人员进行培训，将会影响整个系统实施计划的执行；③ 用户经过培训后，能够更有效地参与系统的测试；④ 通过对用户的培训，系统分析人员能够更清楚地了解用户的需求。

（2）培训的内容。人员与岗位培训主要包括如下培训内容：系统的整体结构和框架；系统分析设计思想；计算机系统的操作和使用；系统运行所需的主要软件工具的使用，如编程语言、工具、软件名、数据库；汉字输入方式的培训；系统输入方式和操作方式的培训；可能出现的故障及故障的排除；文档资料的分类及检索方式；数据收集、统计渠道。

7.2 信息系统的实施方法

国内外信息系统软件研发与供应商对信息系统的实施做了较深入的研究，形成了各自的实施方法，具有较明显的特色。

7.2.1 SAP 的实施方法与过程——ASAP

SAP 公司成立于 1972 年，总部位于德国沃尔多夫市，是全球最大的企业管理和协同化商务解决方案提供供应商、全球第三大独立软件供应商。在 SAP R/3 的咨询与实施过程中，广大 SAP 实施顾问通常采用线性 ASAP（Accelerated SAP）方法，ASAP 是 SAP 公司为使 R/3 项目实施更简单、更有效的一套完整的快速实施方法。ASAP 优化了在实施过程中对时间、质量和资源的有效使用等方面的控制。ASAP 主张基于过去的 SAP 实施项目经验加速当前 SAP 系统的实施过程，并且希望能够进一步改善当前系统的性能。ASAP 提供面向过程的，清晰、简明的项目计划，在实施 R/3 的过程中提供详细的指导。ASAP 快速实施方法共有 5 个步骤：项目准备、业务蓝图、实现过程、最后准备、上线与技术支持。在信息实施过程中，这 5 个步骤必须严格按顺序进行。对于每一个实施阶段，SAP 都定义了目的、完成的具体任务、采用的方法、工具和标准等。

1. 项目准备(Project Preparation)

这一过程最重要的工作是项目计划,项目计划的关键是确定项目的范围,要根据需求和能力制定合理的计划。主要工作有:建立项目组织、确立项目日程安排、项目队伍培训、网络环境和硬件准备、项目启动。

2. 业务蓝图(Business Blueprint)

这一阶段就是对企业需求进行分析,设计一个理想管理蓝图,再基于现在的需求和未来理想设计一个具体的目标,以及实现这一目标所需的工具、方法、组织结构、数据切换方式等,这一阶段是整个信息项目的关键。主要工作有:业务流程现状分析(组织结构、流程)、未来业务确定(组织结构、流程)、确立项目文档标准、SAP 系统安装、管理层批准业务蓝图。

3. 实现过程(Realization)

把企业想实现的管理思想、管理理念、管理准则、考核标准、组织配置等放入系统中,通常这部分工作完成之后,信息的基本模型就出来了。主要工作有:系统基本配置、项目组的高级培训、流程测试、设计接口和报表、系统测试确定与完善、外部接口及报表开发方案、建立用户权限和系统管理机制、准备最终用户培训。

4. 最后准备(Final Preparation)

将一些必要的数据放入系统中,检验系统运行结果(即系统测试),这部分工作完成之后,系统就可以上线运行并启动技术支持。主要工作有:确定配置系统、最终用户培训、基本数据准备、初始数据的准备、上线计划设计。

5. 上线与技术支持(Go Live and Support)

主要工作有:系统上线、不间断的支持、持续的业务流程优化,项目评估及回顾。

值得强调的一点是,完成的项目实施必须具备高质量的文档,但传统的实施有时又会因为过多的文档整理而造成费用的增加。ASAP 的指导思想是:按照文档生命周期的长短赋予其重要性,对于生命周期长的文档相应地多投入力量。ASAP 并不是一个简单的方法,它是一个体系结构,支持这一体系的是一系列的方法论、工具、实施路线图、方案库、系统配置指南,此外还有基于管理理念的开发模型,基于角色的培训等内容,所有这些组成了 ASAP 体系。

7.2.2 Oracle 实施方法——PJM/AIM

Oracle Applications 是一套建立整体解决方案的方法,主要是由 AIM(应用系统实施方法论)、PJM (整体项目管理方法论)等各自独立的方法论组成。这些方法论可以提高工作效率和项目实施质量。顾问在项目实施过程中,将用 Oracle Applications 实施方法论及实施工具来帮助实施,并将此方法论技术作为技术转移的一部分。

PJM 的目标是提供一个主框架,使其能够对所有项目用一致的手段进行计划、评估、控制和跟踪。AIM 的实施分为以下 7 个阶段:

1. 建立实施策略

本阶段主要从商务和技术上来计划项目的范围,并确定项目的目标。这个阶段的工作包括建立由公司主要领导为首的项目实施领导小组和各部门有关人员参加的项目实施小组,并开始对员工进行初步的业务管理观念和方法培训。具体制定出企业实施应用管理的策略和目标。

2. 业务流程分析

本阶段主要是定义项目的内容，即对现行的管理进行仔细地回顾和描述，从而认识项目的业务和技术上的具体要求。一般在这个分阶段要编写一个项目定义分析报告，可以更多地借助于 IPO 图的形式来描述目前的流程，并从中找出希望改进的地方，为进一步解决方案的设计创造条件。为此，需对项目实施小组的成员进行比较系统的业务管理的概念和 Oracle 系统软件功能层次的培训。

3. 设计解决方案

本阶段主要是对上阶段形成的业务分析流程，结合业务管理的基本概念和具体的软件功能，逐项进行回顾、分析，以便对目前每个管理业务流程，提出解决方案。解决方案也许是直接可以套用 Oracle 应用系统中某些功能，也许是对现行管理流程做一些改进，也可能是对软件系统做一些必要的二次开发。这时一般应编写项目说明书之类的文档，作为一个里程碑，也作为建立系统的设计任务书。

4. 建立应用系统

本阶段需根据前一阶段拟订的方案，对管理上(或组织上)需改进之处制定改进方案，包括调整分工、规范流程、统一方法、标准信息编码等。从软件来讲，系统初始化设计及二次开发工作可开始进行。这样就建立了一个符合企业管理思想的应用系统。此时大量的基础数据的整理工作也将着手进行。

5. 文档编码

在建立应用系统的同时，除了必须对软件进行二次开发，按软件工程要求提供必需的文档以外，对管理要改进的流程及方法等方面，也必须编写或修改原来的制度、职责、流程图。这时，系统一旦建立起来，即可着手对最终用户的主要应用进行培训。

6. 系统切换

为了减少系统实施时的风险，各职能部门分别按照自己的日常业务活动，参照已文档化的流程，运行计算机系统进行测试，以证实其系统是基本可行的。这时才开始正式向新系统输入数据、创建初态、定义参数、开始运行。为了保证切换的成功，这时项目领导小组要求及时地发布许多指令，来逐步地进行系统的切换。一般来说，能有一个新老系统并行的运行期间，风险可更小些。

7. 运行维护

在并行一段时间后，事实证明系统是安全、可靠、可行的，即可正式投入运行。在运行中做好有关的记录和报告，并及时地发现运行中的问题，以便进行维护和提高。

7.2.3　Kingdee Way 方法论——“金手指六步实施法”

金蝶公司经过多年的实践与改进，也总结了一个实施方法论——Kingdee Way。它是金蝶公司自 2000 年推出的具有品牌效应的系统实施方法——“金手指六步实施法”的新发展。Kingdee Way 实施方法论的指导实施顾问使项目管理结构更加标准化，为项目各个阶段设立优先顺序并描述最佳实践，可以达到组织期望成果的可预见性和可重复性，以及对整个资源的有效利用。

Kingdee Way 实施方法论的总体指导思想是在过程中要有遵循创新性(Innovation)、实用性(Usability)和快速性(Speediness)原则,信息系统的实施既体现业内最先进的方法论构架体系特性,又具有金蝶的差异化特点;既具有理论战略指导意义,又具有实战指导意义;充分体现公司产品策略和市场策略的快速配置、快速实施、快速应用、快速见效。

Kingdee Way 实施方法论体系架构由策略层、操作层和支持层三层组成。策略层是 Kingdee Way 的创新性体现,同时也是服务差异化的体现。内容包含基于快速实现目标的许多实施策略,例如通过经典规程库和经典报表库来快速匹配用户的流程需求和报表输出需求的快速实施策略。通过模块成熟度分析表来评估全盘实施的快速评估策略。操作层的内容包含项目管理的方法和工具,根据业内 PMI 的 PMBOK 知识体系,对信息项目实施的整个生命周期进行合理科学的划分,按路线图(roadmap)指引的方式清晰定义项目管理方法的 6 个实施阶段,其整体路线图如图 7-3 所示。

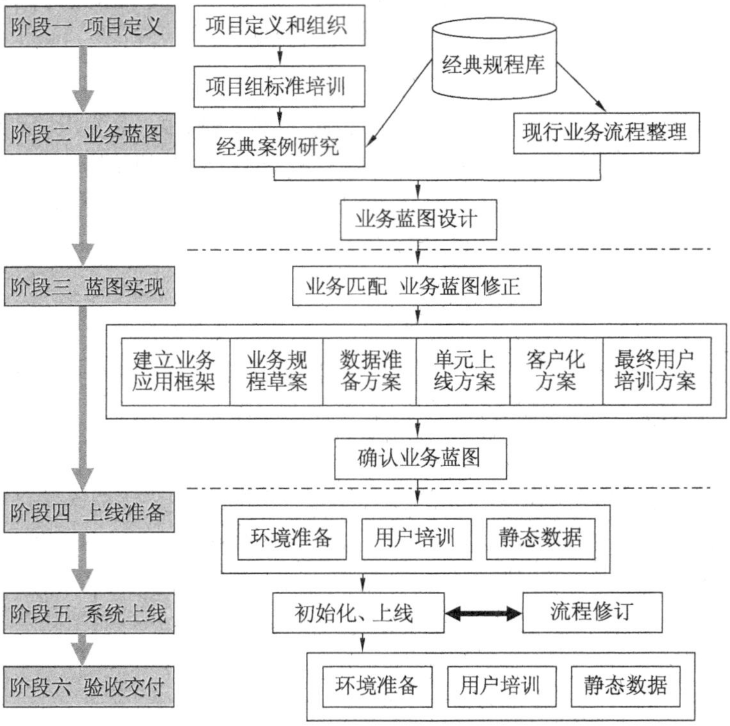

图 7-3 Kingdee Way 六步实施法整体路线图

金蝶 Kingdee Way——“金手指六步实施法”分项目定义、业务蓝图、蓝图实现、上线准备、系统上线和项目验收交付 6 个阶段。每个阶段包括明确的任务、阶段交付物和里程碑,同时还包括每个阶段所用到的实施工具,例如预制模板和培训讲义等实施工具。支持层内容包含知识库,其中包括经典规章程序、经典报表库、模块成熟度评估表、行业解决方案、成功案例分析、实施经验共享等。

1. 项目定义

项目准备;项目实施调研;指导顾客建立项目组;制定实施目标、策略和计划;召开项目启动大会。

2. 业务蓝图

由实施顾问对企业进行信息理论及标准产品培训；在顾问指导下进行经典理论规程的学习研究和现行业务流程整理；制定企业新系统业务蓝图方案。

3. 蓝图实现

准备业务仿真系统的静态数据和业务数据；仿真运行关键业务流程；确定基于系统的业务蓝图；制定用户化方案；制定系统数据准备方案、系统上线方案。

4. 上线准备

安排数据准备工作；指导数据准备；检查数据准备；准备安全、有效的网络硬件和软件环境；完成企业信息化应用策略与规程的建立；完成最终用户的培训。

5. 系统上线

定义上线计划；系统初始化培训确认；执行初始化；系统初始化确认。

6. 验收交付

确认系统模块实施和应用成果；确认企业在项目实施周期内所做的实施工作；进行项目总结；为引入售后服务做好铺垫工作。

7.2.4　用友信息实施方法论

项目的成功实施离不开科学的实施方法论的指导，用友的实施方法论贴近用友软件，规定了实施项目小组双方的责任和权利、行动规范、实施工具、项目管理规范等涉及实施流程全方位的内容，用友的顾问在方法论的指导下为用户提供高效可靠的实施服务。经过数十万用户的成功经验的证明，用友的实施方法论有效地降低了实施风险、缩短了实施周期、保证了实施质量，最大限度地保障了系统的实施成功率。它规定了项目规划、蓝图设计、系统建设、切换准备、系统切换和持续支持等用友实施标准流程，每个阶段都明确了实施目标、工作内容、交付成果和风险控制等，以确保各个阶段“里程碑”的顺利完成，随着里程碑的推进，整个实施项目将成功交付。

1. IT咨询

帮助用户明确实施信息整体规划，确定实施目标、任务、时间、负责人和预算，形成项目解决方案。

2. 项目规划

在此阶段成立双方项目小组，并通过实施主计划书的形式规定项目范围、实施步骤、双方承担责任、具体实施进度等规则，并帮助用户部署项目关键人员和关键任务。

3. 蓝图设计

帮助用户部署基本运行环境，并通过知识转移培训用户了解信息理念和产品，进一步了解用户需求，形成初步方案。

4. 系统建设

依据系统运行可靠环境，对解决方案进行集成测试，形成可行性解决方案和二次开发需求，并通过业务标准操作手册固化业务流程。

5. 切换准备

做好系统数据切换前的工作，并建立相关系统运行、内部支持和业务权限划分等系统管理制度，以将培训贯彻到相关用户。

6. 系统切换

通过静态数据、动态数据的切换和录入，确保系统上线并正常运行，企业生产进入信息管理系统。

7. 持续支持

持续技术支持，并通过能力转移培养专业应用人才，总结项目经验和教训，共同验收项目，确保成功。

7.3 系统实现

实现管理信息系统是系统实施的关键性工作。信息系统软件来源不同，其实现工作内容也不同。自主开发管理信息系统软件，实现的关键工作是程序设计，编制并调试程序，为系统运行提供必要的软件。如果软件是通过软件提供商购置的，其实施的主要工作是编制需要二次开发的程序，然后安装软件、调试二次开发程序和系统软件。最后，不论软件来源方式，都必须写出调试报告，为后续工作提供依据。

7.3.1 程序设计

程序设计的主要依据是系统设计阶段的 HIPO 图，以及数据库结构和编程码设计。程序调试设计的目的就是要用计算机程序语言来实现系统设计中的每一个细节。随着软件技术的发展，程序设计的思想、方法与评价指标都处于变化之中。

1. 程序设计的目标与一般过程

随着信息技术的发展，软件的复杂性越来越高，导致在硬件价格不断下降的同时，软件费用在整个系统成本中的比重急剧上升。

(1) 程序设计目标。在小型程序设计中，主要强调程序的正确性与效率。而在大型程序设计中，主要强调程序的可维护性、可靠性和可理解性，然后才是效率。

① 可维护性。程序各部分相互独立，没有调用子程序以外的其他数据牵连，不会发生牵一发而动全身的连锁反应。一个规范性、可读性、结构划分都很好的程序模块，它的维护性也是比较好的。MIS 的寿命一般是 3 ~ 10 年，因此程序维护的工作量相当大。

可维护性是程序设计的一项重要标准和要求。如果一个程序的维护性较低，应用的时间将较短，淘汰的可能性将较大。

② 可靠性。可靠性是指程序具有较好的容错能力，不仅正常情况下能正确工作，而且在意外情况下也便于处理。

③ 可理解性。程序不仅要求逻辑正确，计算机能够执行，而且应当层次清楚，便于阅读。程序维护的工作量很大，程序维护人员应经常维护他人编写的程序，可理解性较低的程序将会给程序维护工作带来困难。

④ 效率。程序的效率是指程序能够有效地利用计算机资源。由于硬件价格的大幅度下降，而硬件性能却不断地完善和提高，因此，程序人员对程序效率的重视程度有所减缓，这对程序人员的工作效率提出了更高的要求。

程序设计人员工作效率的提高，可以降低软件的开发成本，降低程序的出错率，减轻软件维护人员的工作负担。

程序效率与程序的可维护性和可理解性存在着一定的矛盾。在实际编程过程中，人们宁愿牺牲一定的效率，尽可能地提高程序的可理解性与可维护性。片面地追求程序的效率在一定场合下反而不利于程序设计质量的全面提高。为了提高程序设计的效率，应充分利用各种软件开发工具。

（2）程序设计一般过程。程序设计是一项繁杂、细致的工作，大致可分成上机前的准备工作和上机的操作工作，每项工作的前后都存在一定的关联性。

① 命名与编号。程序命名需要与 HIPO 图上的功能模块相对应，每层 HIPO 和每个 IPO 都需要通过程序实现，因此，程序的编号往往与 HIPO 和 IPO 功能模块的编号相对应，以便系统维护与文档管理。

② 确定程序功能。程序功能反映 HIPO 和 IPO 功能模块的具体要求，是对功能模块的具体要求的描述。

③ 确定程序输入数据与输出信息。这便于程序测试与样本数据设计，要给出输入数据名称、类型、域和峰值。

④ 确定程序算法。算法是用定性的规则或定量的公式描述功能实现的过程，当需要判断等逻辑处理时还可以用决策树或判定表描述。

⑤ 选择程序开发工具。程序开发工具的选择直接关系到程序设计的难易程度和质量，选择开发工具通常要考虑程序功能、工具能力、集成需求和环境需求等因素。

⑥ 分解功能实现过程、画出程序流程图。一般与绘制数据流程图一样，由粗及细，逐步分散，直到可用选用的开发工具的命令或语句表达为止。

⑦ 编程。这是一个翻译过程，将程序流程的每一步写出对应开发工具的命令或语句，形成程序文件。

⑧ 样本数据设计。程序调试样本数据设计是一项十分复杂的工作，样本选取质量直接影响到程序调试的有效性。因此，设计调试样本数据时既要有正常数据，也要有异常数据，数据样本对整体的代表性越好，调试的有效性越高。

⑨ 调试。调试也是程序测试，在调试过程中要做好记录，写出调试报告。特别对在异常数据输入时会引起系统错误的情况必须整理在系统使用说明书中，作为用户操作的注意事项。

⑩ 写程序说明书。将上述设计过程所做的决定用文字的方式记录下来，形成文档资料，便于系统测试、修改等工作。

⑪ 交付使用。当程序调试过程结束后，形成相关系统文档，并交付用户使用。

2. 程序设计语言的分类

（1）按发展过程分类

① 机器语言：以二进制代码的形式组成的机器指令集合，不同的机器有不同的机器语言。机器语言程序的运行效率极高，但程序很不直观，代码量大、重用性差，编写效率较低，很容易出现错误。

② 汇编语言：将机器指令进行符号化，增加了一些功能，如宏、符号地址等。不同指令集的机器仍存在着不同的汇编语言，程序重用性也很差。

③ 高级语言：与机器不相关的一类程序设计语言，读写起来更接近人类的自然语

言，如 Pascal 语言、C 语言、Basic 语言和 Java 语言。高级语言开发出来的程序可读性较好、便于维护。由于高级语言并不直接和硬件相关，其编制出的程序可移植性和重用性较好。

第一个高级程序设计语言是在 20 世纪 50 年代中期研制出的 FORTRAN 语言。20 世纪 60 年代至少研制了 200 多种高级语言；70 年代主要集中于发展命令性语言，如 Pascal 语言、Ada 语言；80 年代突出发展作用性语言。目前，具有广泛影响的高级语言已达数百种。

④ 第四代语言：具有一定智能、更接近于日常语言的语言，对语言的概括更为抽象，从而使语言更为简洁，但远未达到成熟状态。

（2）按执行方式分类

① 编译执行的语言：通过特定的工具软件将源代码经过目标代码转换成机器代码，即可执行程序，然后直接交操作系统执行。程序是作为一个整体来运行的，如 C 语言和 Pascal 语言。

编译执行语言的编译器与机器之间存在着一定的依赖性，不同的操作系统需要的编译器可能不同，因此，在一个系统上编译的程序在另一个系统上并不一定能够运行。

② 解释执行的语言：读一句执行一句，不需要整体编译链接，与操作系统的相关性相对较小，运行效率低，需要一定的软件环境作为源代码的解释器，常见的解释执行语言有 Basic 语言和 Java 语言。

相对来说，解释执行语言的调试较为方便。

（3）按思维模式分类

① 面向过程的程序设计语言：所谓面向过程就是以要解决的问题为思考的出发点和核心，并使用计算机逻辑描述需要解决的问题和解决方法。面向过程的程序设计语言有一个致命的缺点，即由于极度面向过程，即使需要解决的问题发生微小的变化，也会对程序产生很大的影响，需要程序员对程序做较大的变动。

② 面向对象的程序设计语言：面向对象的基本思想是，以一种更接近人类一般思维的方式去看待世界，把世界上的任何一个个体都看成是一个对象，每个对象都有自己的特点，并以自己的方式行事，不同对象之间存在着通信和交互，依次构成世界的运转。

面向对象方法大大提高了程序的重用性，而且从相当程度上降低了程序的复杂度，使得计算机程序设计能够对付越来越复杂的应用需求。常见的面向对象程序设计语言是 C ++ 语言和 Java 语言。

3. 衡量程序设计工作的指标

（1）可靠性。系统可靠性包括两个方面的内容：一方面是程序或系统的安全可靠性，如数据存取的安全可靠性、通信的安全可靠性、操作权限的安全可靠性，这些工作一般都靠系统分析和设计时来严格定义；另一方面是程序运行的可靠性，这些工作需要依靠调试时的严格把关来保证编程工作的质量。在系统性能衡量的指标体系中，可靠性是十分重要的指标，在任何时候都是衡量系统质量的首要指标。

（2）规范性。系统的规范性是指系统的划分、书写的格式、变量的命名都要按照统一的规范。规范化的程序对于以后程序的阅读、修改和维护都是十分必要的。

（3）可读性。可读性是指程序的清晰性，即程序没有太多复杂的技巧，能够使他人容易读懂。在大规模工程化地开发软件时,可读性是一项基本的要求。可读性是程序维护和修改的基础,如果程序阅读性较低,则在使用过程中也很难实施修改,而无法修改的程序是没有生命力的。在程序编制过程中,常常植入大量的解释性语句,对程序中的变量、功能、特殊处理细节等进行解释,为修改者对程序实施修改提供方便。

(4) 可维护性。可维护性是指程序各部分相互独立,没有调用子程序之外的其他数据牵连,不会发生因局部修改而引起的连锁反应。一个规范性、可读性和结构划分都比较好的程序模块,维护性都是比较好的。

4. 常用的编程工具

目前常用的软件工具包括:一般编程语言、数据库系统、程序生成工具、专用系统开发工具、用户/服务器型工具,以及面向对象的编程工具等。

(1) 常用的编程语言。常用的编程语言有 C 语言、C ++ 语言、Basic 语言、COBOL 语言、PL/1 语言、PROLOG 语言、OPS 语言等。

(2) 数据库。数据库软件工具产品主要有两类:一类是以微机关系数据库为基础的 XBASE 系统,典型的产品有 dBASE-Ⅲ、dBASE-Ⅳ、dBASE-Ⅴ和 Visual FoxBASE 6.0 的各种版本;另一类是大型数据库系统,规模较大、功能较齐全。目前,最为典型的大型数据库系统主要有 ORACLE 系统、SYBASE 系统、INGERS 系统、INFOMIX 系统、DB2 系统等。

(3) 程序生成工具。程序生成工具又称为第四代程序生成语言(4th Generation Language,4GL),是一种基于常用数据处理功能和程序之间对应关系的自动编程工具。

(4) 系统开发工具。系统开发工具类是在程序生成工具的基础上进一步发展起来的,不但具有 4GL 的各种功能,而且更加综合化和图形化,因而使用起来较为方便。系统开发工具目前主要有两类:专用开发工具类(如 SQL、SDK)和综合开发工具类(如 FoxPro、dBASE Ⅴ、Visual Basic、Visual C ++ 、CASE、Team Enterprise Developer 等)。

(5) 用户/服务器工具。用户/服务器工具类是当今软件工具发展过程中出现的一类新的系统开发工具。目前,市场上的用户/服务器类工具主要有 Windows 下的 FoxPro、Visual Basic、Visual C ++ 、Excel、Powerpoint、Word,以及 Borland International 公司的 Delphi Client/Server, Powersoft 公司的 Power Builder Enterprise, Symantec 公司的 Team Enterprise Developer 等。

(6) 面向对象编程工具。面向对象编程工具主要是指与 OO(包括 OOA、OOD)方法相对应的编程工具,主要有 C ++ (或 Visual C ++)和 Smalltalk。面向对象编程工具是一类针对性较强、很有潜力的系统开发工具,能够与整个 OO 方法相结合。如果不存在面向对象编程工具,OO 方法的特点将受到极大地限制,反之,如果没有 OO 方法,面向对象编程工具也将失去用武之地。

7.3.2　系统调试与测试

系统调试是指在计算机上以各种可能的数据和操作条件对系统进行试验(即测试),找出存在的问题并加以修改,使之完全符合设计要求。在大型软件的研制过程中,系统调试工作的比重是很大的,有时占到软件研制工作量的 50% 。

1. 系统测试的方法

系统测试主要是针对程序设计与编程调试后的结果进行的工作。调试的目标不是为了证明程序是一个好程序,而是应该从程序中含有错误这个假定出发,在程序中发现尽可能多的错误。

(1) 黑箱测试(black box testing)。根据 HPO 图从外部对模块进行测试,而不考虑程序的内部结构。

(2) 数据测试(data testing)。使用大量的实际数据对信息系统的性能进行测试,以判断信息系统性能的优劣程度。在数据测试过程中,数据类型要齐备,应注意实施“边值”与“端点”的调试。

(3) 穷举测试(exhaustive testing)。也称为完全调试(complete debug),是对程序运作的每一个分支都进行测试的测试方法。

(4) 操作测试(operating testing)。从操作到各种显示、输出进行全面检查的测试,以测试系统的功能与系统设计的要求是否相一致。

(5) 模型测试(model testing)。核算所有的计算结果。

2. 系统调试的步骤

系统调试的步骤分为总调、分调和联调 3 个阶段。

(1) 总调:将主控程序、调度程序与各功能模块连接起来进行总体调试。

① 主控程序和调度程序调试。调试的目的不是处理结果的正确性,而是验证控制接口和参数传递的正确性,以发现和解决资源调度中存在的问题。主控程序和调度程序的语句不多,在调试时,将所有控制程序与各功能模块的接口“短路”,即用直接送出预先安排计算结果的联系程序替代原功能模块。

② 系统程序的总调。控制程序与功能模块调试完成后,可进行整个系统程序的总调。它对系统各种可能的使用形态及其组合在软件中的流通情况进行可行性测试。总调可以查出模块间相互联系方面的错误和缺陷。

(2) 分调:将一个功能模块内所有的程序按次序串联起来进行调试。

分调的目的是保证模块内各程序间具有正确的控制关系,并可以测试模块的运行效率。

(3) 联调:将主控程序、调度程序与各功能模块内的所有程序集合在一起进行调试。

各模块、各子系统均经调试准确无误后,就可进行系统联调。联调是实施阶段的最后一道检验工序。联调通过后,系统可进入试运行阶段。

3. 系统测试过程

如果要将系统进行全面测试,那么就要有一套完整的测试过程,每个阶段都以测试目标为标准,科学、有序地进行测试,那么测试效率也就会自然而然随着提高。测试阶段分为:测试前准备、需求分析、测试计划、测试设计、测试执行、测试结果。

(1) 测试前准备阶段。该阶段主要是相关业务的学习。业务知识是测试的根本依据,只有业务过关了,以后才能有效地进行测试工作。要了解业务的名词,现有系统的功能点和业务场景,分析现有系统的数据库结构和数据流程中存在的问题与不足。

(2) 需求分析阶段。需求是项目开发的基础,也是测试的依据,所以需求分析一定要做。但是很多公司没有详细的需求文档,需要从每张表的索引和约束条件、数据的来源和走向、数据的存储和变化、数据间的关联、表与表间的关系等分析明确需求,可以为了解业务场景和之后的测试用例设计打好基础。

(3) 测试计划阶段。我们总是觉得处于被测试进度紧逼、计划失控、测试不完全等状态,其实解决这些情况的最好方法就是制定测试目标。

在计划初期先明确测试目标,制定不同层次目标的执行标准,指导后期设计不同级别的测试用例,跟踪不同级别的缺陷修改。在测试时间较紧的情况下,至少可以先把保证所有功能正常操作的最低目标版本先提交给用户,避免出现手忙脚乱、心里没底的状况。

可以将测试目标分为最低目标、基本目标、较高目标和最高目标,给定目标的等级,使用表格形式来规范目标准则、测试范围、需求覆盖率可达到的最低目标。一个正常的输入加正常的处理过程后,必须有一个正确的输出。列出每个功能在正常、异常和特定场景下测试的结果。公司规模不同,确定测试目标级别也可不同。一般小公司有最低目标、基本目标即可,大公司可以提高目标标准,直接从基本目标开始,直至最高目标。

(4) 具体用例的编写及执行。测试用例设计的粒度一直是讨论的对象,很多时候编写人员总会强调时间很紧,如果时间再多点,用例肯定会设计得再细一些。是不是用例设计得越细就一定越好呢? 不一定,测试是无穷尽的,使用穷举方法来进行测试是不科学的。如果制定了测试目标,那么就应该根据测试目标进行测试,在设计测试用例时也要制定设计用例目标。比如,按照最低目标选择测试用例:输入→有效、处理→有效、输出→有效。

按照最低目标的宗旨,只要是设计出来的测试用例足以覆盖和验证系统基本功能,可以正常使用,那么这些测试用例的粒度就足够细了。这样既提高了设计用例的效率,同时也提高了测试效率。

(5) 测试后的评估。实现一级测试目标之后都要进行评审工作,根据评审结果进行系统版本发布。例如:

① 保证所有需求都有测试用例。

② 保证所有功能的正常操作有对应的测试用例(V1.0 版本)。

③ 保证所有功能的异常校验有对应的测试用例(V2.0 版本)。

④ 各功能组合形成的业务流有对应的测试用例(V3.0 版本)。

⑤ 各功能或整体软件所需满足的非功能性需求有对应的测试用例(V4.0 版本)。

这样做既可以对代码版本进行控制,也可以应对需求变更的问题。也许“确定测试目标”还不能彻底解决复杂测试工作中出现的问题,但是这最起码可以让测试工作变得有条理;向领导汇报工作的业绩和工作效率时有凭有据;面对需求变更的时候有理可依。软件系统测试意味着将软件系统或者应用程序作为一个整体进行测试。应用程序的系统测试从整体上检测软件大致的业务操作,以及最终用户需求的一致性。系统测试被归类为黑盒测试。

这就是为什么内部设计、架构或者代码对于这种测试来说完全不重要。当执行一个软件测试时,专业软件测试员倾向于区分是接口里面的,还是整个软件里面的错误或者缺陷。然而,当执行软件或者应用程序的内建(build-in)测试的时候,专业的软件测试员会倾向于把已经合并起来的单独模块之间的缺陷或者错误区分开来。系统测试过程中,主要的问题是软件的设计、行为,以及用户的期望。因此软件的系统测试阶段也可以被称为软件开发生命周期的审查测试阶段。

软件系统测试一般分为7个阶段:开发系统测试设计;开发系统测试用例;选择或者开发一些用于系统测试的数据;必要的话,将系统测试用例自动化;执行测试用例;修复缺陷和回归测试;如果需要,在不同的测试环境下,再次完成一个测试周期。软件测试计划的内容可以在公司与公司,或者项目与项目之间替换使用,这取决于软件测试的策略,测试计划的建立,以及理解项目测试计划的程度。软件系统测试计划的主要内容包括:范围、目标及目的、主要区域/关键区域、可交付物、系统测试计划、进度计划、进入和完成标准、系统测试的延迟和更新标准、测试环境、可交付标准、人员与培训计划、角色与职责、字典、如何创建系统测试用例。

7.3.3 系统实现过程监控

系统实现直接影响系统软件的质量,关系到整个信息系统项目实施的成败。因此,必须对实现全过程进行监控,监督系统软件的程序设计过程是否符合规范,提供的软件质量是否达标。控制系统实现工作的程序化、规范化和标准化,系统实现监控过程如图7-4所示。

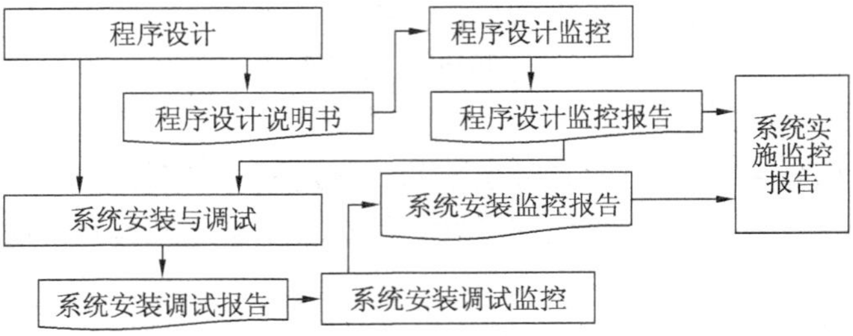

图7-4 系统实现监控过程

1. 程序设计监控

程序设计是技术性和专业性特别强的工作,该工作需要程序员独立完成。由于程序设计工作带有创新思索,不允许产生干扰。因此,程序设计监控是在某一功能模块提交前对程序设计产生的文档资料进行审计性跟踪检查,主要审查程序说明书的格式、程序功能和性能。

(1) 程序说明书格式审查。程序设计过程必须通过说明书规范地描述设计内容、设计过程和设计结果,没有程序说明书就不能对程序设计验收通过。因此,程序设计工作需要通过审查,才能提交验收。程序说明书的格式应当遵守GB/T 9386—2008《计算机软件测试文档编制规范》和SH/T 3901—1994《工程设计计算机软件开发及文档编制规范》书写。对不符合标准的说明书,审查人员有权退回程序员修改、完善和重写,并记入工作绩效考核。

(2) 程序功能审查。这是程序设计审查的关键性工作。需要对照系统功能模块设计的HIPO,IPO图对程序功能要求,审查程序调试采用的调试样本数据和实例是否具有代表性和全面性,程序调试结果是否具有稳定性和可靠性。需要对程序调试报告中的样本进行抽样验算和推导。

(3) 程序性能审查。这是程序设计审查过程最困难的工作,程序的性能要求应当结合系统分析时用户提出的需求和系统设计时系统的总体方案去考查程序的性能是否达到设计要求。软件系统是通过程序的功能与性能满足用户的需求。程序的性能往往存在很多定性指导。例如,对系统的安全性、可靠性、可读性、可修改性、可操作性、界面的友好性等指标不能像程序占用空间、运行所需时间和传送速率等一样便于审查验收,需要在系统分析与设计阶段就要详细说明,并在审查时征求用户意见。

程序设计审查可以首先由程序设计人员按审查内容和审查要求进行自查,然后提交验收人员最终审查。验收人员对审查的程序要明确给出是否通过的结论,一旦程序通过验收后再发生程序功能或性能等质量问题,则程序验收人员要负主要责任。如果程序审查不合格,要及时返回程序员进行修改、调整,直到满足用户的需求为止。

2. 系统安装过程监控

不论是自主研发的信息系统,或是对商品化软件进行二次开发的信息系统,还是直接购置的信息系统,都需要安装成功后才能提交试运行和切换。因此,信息系统的安装十分重要,必须跟踪安装过程,对系统安装进行监控。系统安装监控主要对系统安装平台(即系统运行环境)、系统分调试、系统总调的过程和系统运行状态进行审查。

(1) 系统安装平台审查。系统运行需要系统硬件与系统软件支持,系统硬件不仅保障信息系统运行的正确性和可靠性,还充分体现信息系统的运行效率。随着信息系统应用的普及推广与人们对信息系统需求的日益增加,信息系统运行平台从单机单用户,通过多机多用户的网络系统,发展到现在的人、计算机、手机和智能设备互通的社会复杂信息系统。因此,在信息系统安装时,对信息系统生存平台的审查十分重要。需要审查信息系统在指定平台上是否能实现相应功能,达到相关性能。这项工作十分繁杂,可以选择具有代表性的功能进行测试。

(2) 系统分调试审查。系统分调是系统调试的一个中间过程,往往被程序员与系统实施人员忽视,甚至不保留调试文档。这给系统维护与升级带来很大的困难。系统分调审查主要审查调试过程是否规范,调试记录是否完整,调整结果分析是否恰当等,强调系统实现过程的精细化管理。

(3) 系统总调的过程审查。系统总调审查是系统审查的关键性工作,需要程序员和审查人员认真、细致地开展工作。系统总调审查主要依据系统分析报告确定的系统目标和用户需求检查系统功能与性能是否一致或产生正偏差。如果没有达到系统分析时提出的系统目标,或达不到用户需求,则要分析原因,找出解决方案。

(4) 系统运行状态审查。系统运行状态审查是一项常态性工作,但起源于系统安装,也就是说,当系统安装结束后,对系统运行情况需要记录。所以要审查运行状态记录的完整性和持续性。

7.4 系统试运行与切换

7.4.1 系统试运行

在系统联调时,使用的是系统测试数据,这些数据很难测试出系统在实际运行中可能出现的问题。因此,当一个系统开发完成后,先让它实际运行一段时间,即实施试运行，这是对系统最好的检验。

系统试运行阶段的主要工作包括：对系统进行初始化，并输入各种原始记录；纪录系统运行的数据和状况；核对新系统和老系统的输出结果；对实际系统的输入方式进行考察，主要考察效率、安全性、误操作保护等方面；对系统实际运行、响应速度进行实际测试，包括运算速度、传递速度、查询速度和输出速度等方面。

7.4.2 基础数据准备

基础数据准备是一项艰苦细致的工作，基础数据只有实现了及时性，系统实施才会有效。基础数据准备是指按照系统分析所规定的详细内容来组织和统计系统所需的数据。基础数据准备包括如下内容：基础数据统计工作要严格科学化，具体方法要程序化和规范化；计量工具、计量方法、数据采集渠道和程序都应该固定，以确保新系统运行有稳定可靠的数据来源；各类统计和数据采集报表要标准化和规范化。

企业基础数据一般分为静态数据和动态数据两种。静态数据是指在一段时间内相对稳定，一般不随时间改变而改变的数据。而动态数据比静态数据变动频率高，往往随时间而改变，如库存余额、总账余额、应收账款余额、应付账款余额、未结销售订单、未结采购订单、未结工单等。为确保基础数据质量，应当做好如下工作：

1. 统一基础数据格式

确定整理基本资料不是一个部门的事情，上了信息系统之后，各部分数据必须高度共享，原先定义的基本资料要按统一的格式改正。单靠一个部门定义基本资料的格式，并不能够反映出各个部门的实际需求，最后的结果肯定是在模拟运行甚至在系统上线之后才发现基本资料的不足。要防止发生类似的错误，企业信息系统项目管理员在整理某个基本资料的时候，如产品基本信息，最好先列一个固定的格式，可以利用 Excel 表格先将基本资料的格式固定下来，哪些字段是必须填写的，哪些字段会对其他作业产生连锁反应等，然后会同各个部门进行确认。

2. 规范信息编码

一开始就应该非常重视基础数据的编码工作，以下这些编码原则供企业编码时参考：编号应该反映分类；编号应居于准备的各项工作中，信息编码这项基础工作最为复杂，其复杂程度远远超过信息系统软件提供商的想象。基础数据不能正确收集的重要原因之一是信息编码不规范。企业应该强调基础数据的重要性，并要求采取切实的保证措施，以使项目在上线过程中不受劣质数据影响。

3. 建立数据小组，明确准备基础数据模板，进行数据校核

信息系统实施要建立数据小组，其主要工作是分析数据准备的范围，建立数据搜集模板，组织必要的培训，监督数据收集质量，并负责数据的最终导入和使用。数据小组成员应从各个部门的业务人员中抽调，由项目经理或专人负责数据小组的全面领导工作。

4. 企业高层领导亲历

“输入的是垃圾，输出的必然是垃圾。”为确保信息的准确性，企业必须投入大量的人力、物力进行漫长的数据准备。企业的原有管理多是概念性的东西，一旦具体量化就会出现很多困难。更何况初期的数据准备没有任何成效，枯燥而乏味，还要不时接受来

自各方面的有形及无形的压力,这时领导的支持与鼓励就显得尤为重要,因此负责项目的领导在任何阶段都不能忽视对项目的支持与鼓励。

5. 推行分步实施法

准备数据时,可以采取“先易后难,分步实施”的原则,即先准备编码和物流管理系统的有关数据,在实施物流管理系统的同时进行其他数据的准备工作。各种定额和定量标准的制定如物料清单和工艺数据可以先按现有定额输入系统,再通过生产管理系统的试运行及上线后采取逐步调整的方式加以完善。静态数据相对固定,且花费时间长,可以先开始整理,动态数据在系统切换前整理即可。

6. 数据准备工作要承担责任,要有相应的制度保证

在准备数据之前,要准备一份“数据准备文档”,在该文档中要明确数据准备时间和范围,即明确何时完成、准备何时的数据、准备哪些数据。为了明确双方的责任,还应建立相应的规章制度,如明确基础数据建立和维护的责任单位,建立规范的数据管理工作流程等。有条件的企业应对数据准备工作建立相应的激励和奖惩制度。

各部门报来的数据不是孤立无关的,数据小组在集齐基层报来的数据后,必须做好各部门人员的沟通与协调工作,综合平衡后再进行统计汇总。然后,备份电子文档和纸质文档,并注明整理人员、完成时间和最后版本,再由专人录入系统。手工录入是艰巨而枯燥的重复工作,时间长了容易出错,可以配合 Excel 表批量导入的办法,有条件的也可以编写数据切换程序来实现更快速更完美的录入。

数据质量是数据的生命,错误的数据不但没有任何意义,而且会产生干扰。外界环境和生产情况在不断变化,数据准确度是个相对的概念,数据目前准确并不代表一直都准确。所以对静态数据和动态数据都要不断调整和优化,这是长期的、无止境的工作。经历了实施阶段的数据集中准备工作,企业在信息系统上线后往往还需要不断补充新的数据,这就需要在实施过程中建立起日后长期的数据收集和审批机制,形成正规的制度和流程。及时录入是保证数据质量的前提。数据延迟录入会造成系统数据与实际数不一致,系统可信度和实用度降低。为了防止这种问题的发生,要教育系统操作人员做到今日事今日做,业务处理与数据录入同步进行,单据录入不过夜,不搞积压突击录入。只有这样,才能保证数据长期的及时性与稳定性,才能保证信息系统上线一段时间后后续收集数据的质量。持续维护是提高数据质量的保证。

7.4.3 系统切换

系统切换是指系统开发完成后新老系统之间的切换。系统切换一般有 3 种方法:直接切换、并行切换和分段切换。

(1) 直接切换,是指在确定新系统运行准确无误后,立即启动新系统,与此同时老系统停止运行。直接切换能够节省人员、设备的费用,适用于一些处理过程不太复杂、数据不很重要的场合。

(2) 并行切换,是指新系统与老系统并行工作一段时间后,新系统继续运行,老系统停止运行,实现新系统对老系统的替代。

对于比较复杂的大型系统,并行切换提供了一个新旧系统运行结果相互比较的机会,对新旧系统的时间要求、出错次数、工作效率给予公平的评价。新系统与旧系统同

时工作,可以消除尚未认识新系统之前的恐慌与不安心理。

并行切换能够确保系统的安全性,但费用和工作量较大,因为用户需要组织两套班子同时工作。并行切换在银行、财务等系统实施过程中较为常用。

(3) 分段切换,是指直接切换与并行切换的结合,即在新系统正式运行前,逐部分地替代老系统。

在分段切换中,没有正式运行的那部分,可以在一个模拟环境中进行考验。分段切换既保证了可靠性,又降低了运行费用。但是,分段切换对系统的设计和实现都有一定的要求。

总之,直接切换的方式简单,但风险较大,万一新系统无法正常运行,将会导致正常工作的混乱。因此,直接切换只是在系统规模较小、时间要求不高、系统损失价值不大的情况下采用。并行切换能够保证较高的安全性,为用户创造良好的心理状态,但是费用高、耗时长。分段切换在一定程度上克服了并行切换的缺点,适用于较大的系统中。

本章小结

本章叙述了管理信息系统的实施过程,包括系统实施前的准备,通常采用的实施方法,实施步骤和系统实现的主要工作内容与要求、系统实施监控制、人员培训、系统调试与测试、系统转换等内容。

试一试 系统实现

系统实施内容多、业务历时长、实务操作性强,在课程实验中不可能进行全部体现,只能侧重对应用型程序设计内容进行实验。通过实验让学生了解管理信息系统实现安全性和可靠性的重要性;学会系统识别登录用户身份并实现有效控制的方法,掌握管理信息系统登录模块的一般结构、过程和实现方法,能运用数据库管理系统创建数据表、设计菜单、登录界面表单和主控程序设计。

为便于统一管理学生实验进度与内容,要求每位学生遵守命名规则,定义文件夹名为 MIS + 学号后两位数字,文件名按文件类型分别命名。①项目文件名:MIS + J + 学号后两位数字 + 两位序号;②菜单文件名:MIS + M + 学号后两位数字 + 两位序号;③表单文件名:MIS + F + 学号后两位数字 + 两位序号;④数据表文件名:MIS + D + 学号后两位数字 + 两位序号;⑤程度文件名:MIS + P + 学号后两位数字 + 两位序号。

1) 系统主控功能实现

该功能是通过信息系统登录模块实现的,需要设计主控程序,登录表单和主菜单。通过主控程序将登录表单与主菜单关联起来,形成一个完整的系统登录功能模块。

(1) 程序名称:MISP0001。

(2) 程序功能:首先初始化系统运行环境,然后调出系统登录界面,等待用户操作,如果操作成功,则调用系统主菜单,否则报错。

(3) 约束要求:用户只能尝试3次,如果3次仍然报错,则系统自动退出。

(4) 相关变量设计:系统用户数据表字段参考表7-2。用户号变量XUS;操作次数变量XI;登录状态XYN,登录成功,取值.T.,否则为.F.。

表7-2 用户表(udh)

字段	类型	长度	标题	索引
HW1	C	8	用户号	主索引
HW2	C	20	用户名	
HW3	C	6	密码	
HW4	C	1	权限	

(5) 设计工具:Visual FoxPro V6.0。

(6) 程序处理流程,如图7-5所示。

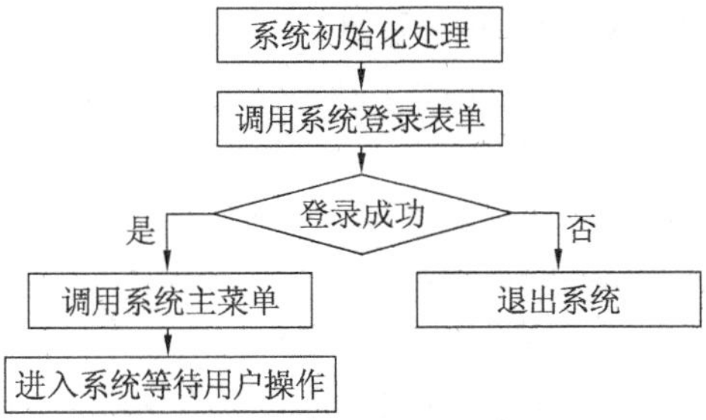

图7-5 用户登录程序流程图

(7) 程序清单(Visual FoxPro参考代码)

```
clear all
clear
set talk off
set exac on
public xus,xi,xyn
xi =0
xus = space(0)
xyn = . f.
do form misf0001
if xyn
do mism001. mpr
else
quit
endif
return
```

2）登录界面实现

用户登录界面是通过表单实现。首先要设计并创建用户基本信息表，本实验直接运用系统设计实验中数据表设计创建的用户表。然后打开表单设计器，绘制并设计如图7-6所示的表单界面。将用户表添加到表单设计的环境中，并设计自动随表单打开与关闭，还要设计表单对象相关重要属性的值。

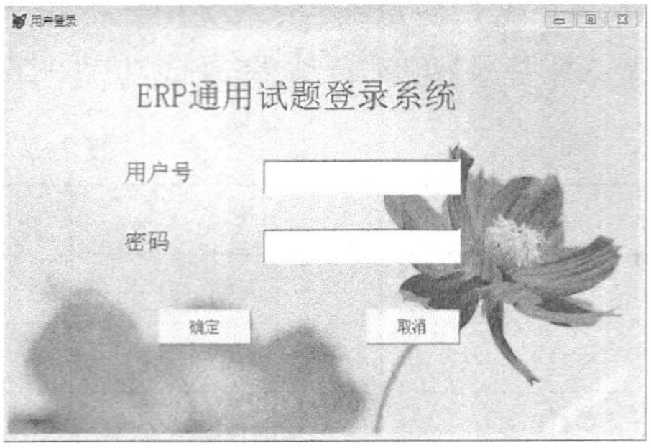

图7-6 表单界面

密码文本框控件的Passwordchar值为 * ；

表单的autocenter值为.T.；

表单的WindowType值为1－模式；

其他属性参照图7-6所示内容设置相关属性值。

表单及表单对象的相关事件程序代码如下：

① 表单的Init事件。

xi = 0

② 取消命令按钮的click事件。

Thisform. release 或 Release thisform

③ 确认命令按钮的click事件。

该事件的处理十分复杂，需要按照程序设计的方法逐步分析，然后编写出相应的软件。

（1）程序名称：直接输入确认命令的click事件。

（2）程序功能：依据用户在表单用户号（text1）和用户密码（text2）中输入的内容，从用户表中搜索是否存在和正确，识别用户的合法身份，并且只允许出错3次。

（3）程序变量：操作次数XI，用户号hw1，用户密码hw3，登录状态XYN。

（4）程序处理流程：如图7-7所示。

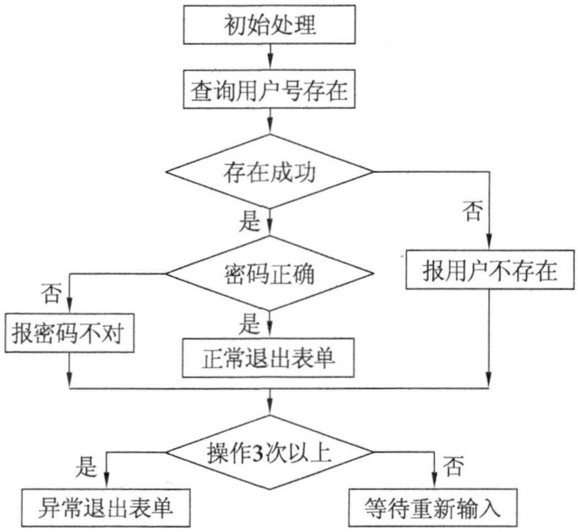

图7-7 “确认”click程序流程图

(5) 程序清单(Visual FoxPro 参考代码)

```
select misd0001
set exac on
xi = xi + 1
locate for allt(thisform. text1. value) = allt(hw1)
if allt(thisform. text2. value) = allt(hw3)
xyn = . t.
 = messagebox('欢迎进入系统!')
thisform. release
else
 = messagebox('用户密码输入出错,请重新输入!')
endif
else
 = messagebox('用户号输入出错,请重新输入!')
endif
if xi = 3
 = messagebox('非法用户!')
thisform. release
endif
```

3) 系统主菜单实现

要求按如图 7-8 所示的主菜单结构设计并实现。请启动菜单设计器,建立菜单文件,并生成菜单执行文件。

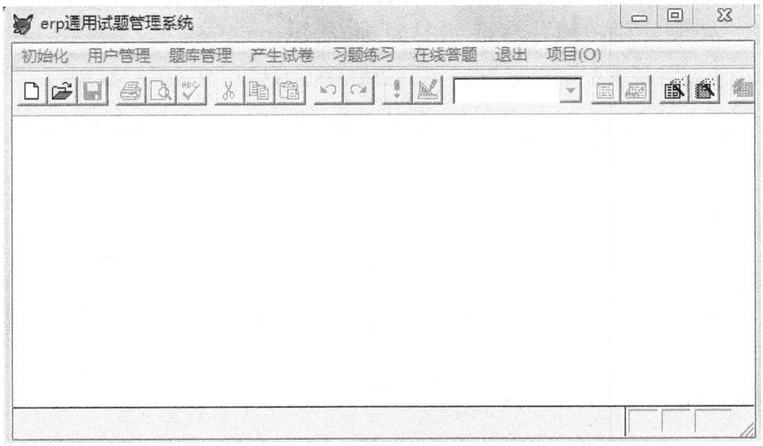

图 7-8　系统主菜单

4) 系统用户管理模块实现

首先分析用户管理一般需求,以及对数据表操作的约束条件,列出功能模块实现的要点。然后设计用户管理功能的菜单、表单和相关程序。最后调试用户管理功能模块,联合调试用户管理与主系统。

（1）添加用户。添加用户，也称为新用户注册，需要设计可输入用户表所有字段数据的操作界面，如图 7-9 所示。

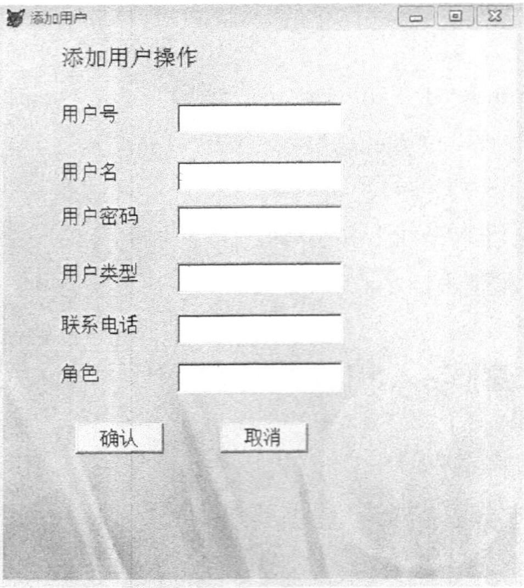

图 7-9　用户注册操作界面

在新添加用户时，首先要检查用户号是否已经存在。如果已经存在，则提示重新定义用户号，否则不保存该用户的记录。然后检查输入的基本信息的完整性，要求用户号、用户名、用户密码不能空，而且密码必须不少于 8 位，且不能是相同字符。

（2）删除用户。当用户不再使用系统，或由于某种原因取消使用权限时，可以删除该用户。在删除用户时，要求数据表以独占方式打开，否则不能正常操作。删除用户时只要输入被删除用户号，系统就自动提示用户的其他相关信息供操作员确认，确认无误后执行删除操作，删除用户操作界面如图 7-10 所示。

图 7-10　删除用户界面

（3）修改用户密码。新用户注册和删除用户的操作只有系统管理员才有权操作，而用户密码不仅系统管理员可以修改，一般用户也可以修改。在系统修改指定用户时，可以让系统自动给一个随机密码。修改用户密码的操作界面如图 7-11 所示。

图 7-11 修改用户密码界面

(4) 表单 Init 事件设计。设用户类型变量 xrg,其值 m 为管理员,可以添加和删除用户操作,其他类型只能修改密码;设操作类型变量 xop,其值 1 表示添加,2 表示修改密码,3 表示删除用户。参考程序清单如下:

```
if xrg ="m"
select hdt
set exac on
if xop =1
locate for allt(thisform.text4.value) =allt(hw2)
do case
case found()
 =messagebox("该用户已经存在")
otherwise
append blank
a =thisform.text4.value
b =thisform.text1.value
c =thisform.text2.value
d =thisform.text3.value
e =thisform.text5.value
f =thisform.text6.value
replace hw2 with a, hw3 with b, hw4 with c, hw5 with d, hw6 with f, hw1 with e
 =messagebox("您已成功添加用户")
thisform.text4.value =""
thisform.text1.value =""
thisform.text2.value =""
thisform.text3.value =""
```

```
thisform. text5. value = ""
thisform. text6. value = ""
endcase
endif
select hdt
set exac on
if xop =2
locate for allt( thisform. combo1. value) = allt( hw2)
do case
case    thisform. optiongroup1. option1. value =  1
if allt( thisform. text2. value) #allt( thisform. text3. value)
 = messagebox("您两次输入的密码不一致,请重新输入")
else
replace hw3 with thisform. text2. value
 = messagebox("密码修改成功")
thisform. text2. value = ""
thisform. text3. value = ""
thisform. combo1. value = ""
thisform. label8. caption = ""
endif
case thisform. optiongroup1. option2. value =  1
replace hw3 with thisform. text2. value
 = messagebox("密码修改成功" + thisform. text2. value)
thisform. text2. value = ""
thisform. text3. value = ""
thisform. combo1. value = ""
thisform. label8. caption = ""
endcase
endif
select hdt
set exac on
if xop =3
locate for allt( thisform. combo1. value) = allt( hw2)
delete from hdt where hw2 = thisform. combo1. value
use hdt exclusive
pack
 = messagebox("您已成功删除该用户")
thisform. combo1. value = ""
thisform. label8. caption = ""
```

```
endif
endif
if xrg#'m'
select hdt
set exac on
if xop =2
locate for xus = allt(hw1)
if allt(hw3)#allt(thisform.text1.value)
 =messagebox("原密码输入出错,请重新输入!")
thisform.text1.value =""
else
if allt(thisform.text2.value)#allt(thisform.text3.value)
 =messagebox("两次密码输入不一致,请重新输入!")
thisform.text2.value =""
thisform.text3.value =""
else
replace hw3 with thisform.text2.value
 =messagebox("密码修改成功!")
thisform.text2.value =""
thisform.text3.value =""
thisform.text1.value =""
thisform.refresh
endif
endif
endif
endif
```

在实验前根据上述程序代码,画出程序流程图,准备调试样本数据,然后上机建立相关文件并调试。

5）数据处理与分析模块

学生通过分析与设计的管理业务,在基础数据较完备(或产生大量仿真数据)的情况下,按用户要求对数据进行处理,并提供具有真实、有效价值的信息。本实验以通用试题库管理为例,学生可以参照指导书自行调整实验内容与过程。通用试题库管理系统具有繁杂的数据处理内容,不同的用户会提出不同的处理要求,这时仅选择教师对试题库数据处理的相关要求。

(1）随机抽题实现。通过试题库管理系统为教师抽题产生课程测试试卷。产生试卷时,要求不同的测试对象抽取试题具有不同的难易程度,在课程范围内按教师设计的试题类型与每题分值均衡抽取,既不能出现重复试题,也不能集中抽取部分试题。

① 操作界面设计。为了方便教师组卷考试,系统在随机抽题前以表单形式提供试卷设计表单,如图7-12所示。在随机抽题表单界面上选择学生等级,输入试卷所需的

不同类型的题目数目，按照输入的数字在总的试题中抽取相应的题目组成试卷，同时命名该试卷。在提交试卷的过程中，可以自动计算所抽取的题目组成的试卷总分，判断不满100分将提示“试卷分数不足100分，是否继续生成试卷”，提供灵活方便的组卷方式。

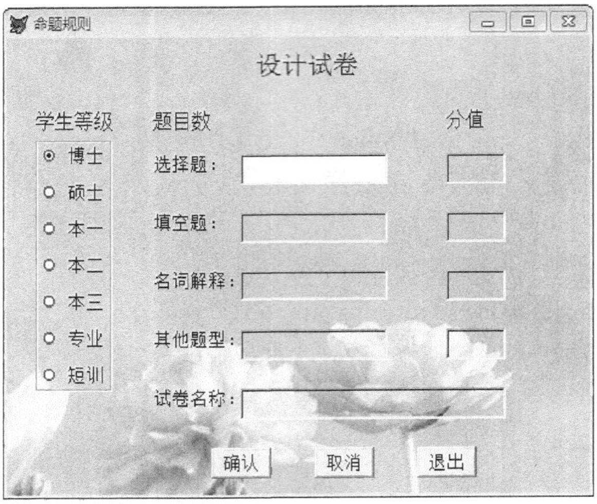

图7-12　随机抽题设计

② 数据表设计。数据表是在第6章“试一试　系统设计”中的数据库设计的基础上重新增加相关数据表，一方面满足不同试题类型的需要，增加了名词解释题（如表7-3所示）和其他类型题（如表7-4所示）。另一方面是为了保存预处理的中间结果，在此主要是筛选满足指定难易程度的试题供抽取。

表7-3　名词解释试题表（sdt3）

字段	类型	长度	标题	索引
SW1	C	10	编号	主索引
SW2	C	20	内容	
SW3	M	10	参考答案	
SW4	N	4.2	难易程度	默认0.3
SW5	I	4	已用次数	默认0
SW6	N	5.1	参考得分	默认5
SW7	C	40	备用	

注：名词不能超过10个汉字。

表 7-4　其他类型试题表(sdt4)

字段	类型	长度	标题	索引
SW1	C	10	编号	主索引
SW2	M	10	内容	
SW3	M	10	参考答案	
SW4	N	4.2	难易程度	默认 0.3
SW5	I	4	已用次数	默认 0
SW6	N	5.1	参考得分	默认 10
SW7	C	1	类型	普通索引
SW8	C	40	备用	

③ 程序设计。给表单确认按钮的 click 事件设计相应程序,程序参考代码如下:

```
set safe off
a1 = thisform. text5. value
b1 = thisform. text6. value
c1 = thisform. text7. value
d1 = thisform. text8. value
if a1 + b1 + c1 + d1 = 100
xn = val( alltrim( thisform. text1. value) )
tn = val( alltrim( thisform. text2. value) )
mn = val( alltrim( thisform. text3. value) )
qn = val( alltrim( thisform. text4. value) )
dj = thisform. optiongroup1. value
do case
* 博士
case dj = 1
sele * from sdt1 where sw10 > =0. 75 and sw10 < =1 into table temp1
sele * from sdt2 where sw4 > =0. 75 and sw4 < =1 into table temp2
sele * from sdt3 where sw4 > =0. 75 and sw4 < =1 into table temp3
sele * from sdt4 where sw4 > =0. 75 and sw4 < =1 into table temp4
* 硕士
case dj = 2
sele * from sdt1 where sw10 > =0. 45 and sw10 < =0. 8 into table temp1
sele * from sdt2 where sw4 > =0. 45 and sw4 < =0. 8 into table temp2
sele * from sdt3 where sw4 > =0. 45 and sw4 < =0. 8 into table temp3
sele * from sdt4 where sw4 > =0. 45 and sw4 < =0. 8 into table temp4
* 本一
case dj = 3
```

```
sele * from sdt1 where sw10 > =0.35 and sw10 < =0.7 into table temp1
sele * from sdt2 where sw4 > =0.35 and sw4 < =0.7 into table temp2
sele * from sdt3 where sw4 > =0.35 and sw4 < =0.7 into table temp3
sele * from sdt4 where sw4 > =0.35 and sw4 < =0.7 into table temp4
*本二
case dj =4
sele * from sdt1 where sw10 > =0.3 and sw10 < =0.65 into table temp1
sele * from sdt2 where sw4 > =0.3 and sw4 < =0.65 into table temp2
sele * from sdt3 where sw4 > =0.3 and sw4 < =0.65 into table temp3
sele * from sdt4 where sw4 > =0.3 and sw4 < =0.65 into table temp4
*本三
case dj =5
sele * from sdt1 where sw10 > =0.25 and sw10 < =0.6 into table temp1
sele * from sdt2 where sw4 > =0.25 and sw4 < =0.6 into table temp2
sele * from sdt3 where sw4 > =0.25 and sw4 < =0.6 into table temp3
sele * from sdt4 where sw4 > =0.25 and sw4 < =0.6 into table temp4
*专业
case dj =6
sele * from sdt1 where sw10 > =0.2 and sw10 < =0.55 into table temp1
sele * from sdt2 where sw4 > =0.2 and sw4 < =0.55 into table temp2
sele * from sdt3 where sw4 > =0.2 and sw4 < =0.55 into table temp3
sele * from sdt4 where sw4 > =0.2 and sw4 < =0.55 into table temp4
*短训
case dj =7
sele * from sdt1 where sw10 > =0.05 and sw10 < =0.4 into table temp1
sele * from sdt2 where sw4 > =0.05 and sw4 < =0.4 into table temp2
sele * from sdt3 where sw4 > =0.05 and sw4 < =0.4 into table temp3
sele * from sdt4 where sw4 > =0.05 and sw4 < =0.4 into table temp4
endcase
sjmc = allt(thisform.text9.value)
sele temp1
a = reccount()
for i = 1 to xn
do while .t.
c =1 + int(rand() * a)
goto c
if sw13 = '0'
replace sw13 with '1'
exit
```

```
endif
enddo
endfor
select temp1
sele * from temp1 where sw13 = '1' into table suiji1
alter table suiji1 add sw14 C(20)
repl all sw14 with sjmc
sele suiji
appen from suiji1
sele temp2
d = reccount( )
for i = 1 to tn
do while .t.
e = 1 + int(rand( ) * d)
goto e
if sw7 = '0'
replace sw7 with '1'
exit
endif
enddo
endfor
select temp2
sele * from temp2 where sw7 = '1' into table suiji2
alter table suiji2 add sw14 C(20)
repl all sw14 with sjmc
sele suiji
appen from suiji2
sele temp3
g = reccount( )
for i = 1 to mn
do while .t.
j = 1 + int(rand( ) * g)
goto j
if sw7 = '0'
replace sw7 with '1'
exit
endif
enddo
endfor
```

```
select temp3
sele * from temp3 where sw7 ='1' into table suiji3
alter table suiji3 add sw14 C(20)
repl all sw14 with sjmc
sele suiji
appen from suiji3
sele temp4
k = reccount( )
for i = 1 to qn
do while . t.
m =1 +int(rand( ) * k)
goto m
if sw8 ='0'
replace sw8 with '1'
exit
endif
enddo
endfor
select temp4
sele * from temp4 where sw8 ='1' into table suiji4
alter table suiji4 add sw14 C(20)
repl all sw14 with sjmc
* * * * * * *
*SELE SUIJI
*locate for sw14 = sjmc
*if found( )
* =messagebox("试卷名称已占用!")
*thisform. text9. value =""
*else
* * * * * * *
sele suiji
appen from suiji4
sele suiji
repl all sw14 with sjmc
sele sw14 distinct from suiji into table bmb
sele temp
append blank
replace sw14 with suiji. sw14
thisform. text1. value =""
```

```
thisform. text2. value = ""
thisform. text3. value = ""
thisform. text4. value = ""
thisform. text5. value = ""
thisform. text6. value = ""
thisform. text7. value = ""
thisform. text8. value = ""
thisform. text9. value = ""
 = messagebox("试卷生成成功!")
```

(2) 阅卷分析。当学生在线练习或测试时，要求系统随时在线提供阅卷分析功能或批处理阅卷分析。阅卷时将作答结果与标准答案比较，如果一致，则给指定满分值；如果答案是空白，则给 0 分；如果学生答案与标准答案不一致，则显示答案与标准，进入人工评判给分。

教师在阅卷评分时，选择试卷名称和学生的学号以后，点击“确定”，可以自动匹配得到客观题(选择题、填空题)得分，然后教师对主观题进行评分。输入成绩以后即可录入该名学生的成绩。

① 阅卷评分界面设计。在阅卷时可以看到考生号、试题号和试题内容，如图 7-13 所示。

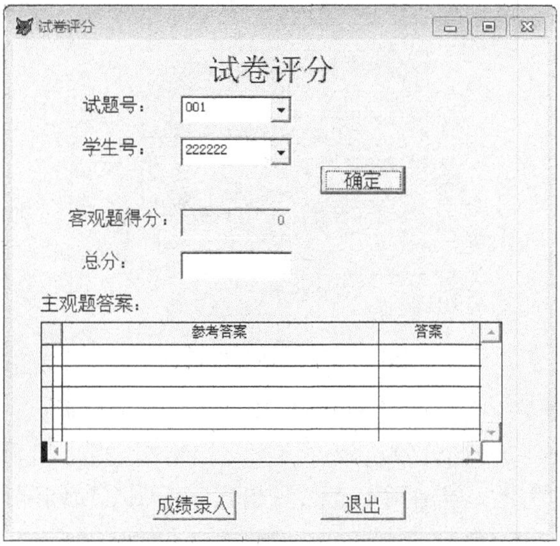

图 7-13　阅卷评分界面

② 数据表设计。在原有数据表的基础上，为实现本功能模块的数据处理，需要从学生完成的答案和试题库中的标准答案提取出来，形成一个临时表，结构如表 7-5 所示。

表 7-5　其他类型试题表(sdt4)

字段	类型	长度	标题	索引
SW1	C	10	编号	主索引
SW2	M	10	内容	
SW3	M	10	参考答案	
SW4	M	10	答案	
SW5	N	5.1	得分	默认 0
SW6	C	2	阅卷状态	
SW7	N	5.1	正确得分	
SW8	C	40	备用	

另外,还需要设置学生学号内在变量 XSM,评分结果总分变量 XSF。

③ 数据处理规则。针对临时表,按试卷设计产生指定试题每题的分值,逐条记录自动扫描给分。对没有给分的试题再逐条提供给评阅者分别给分。数据处理过程如图 7-14 所示。

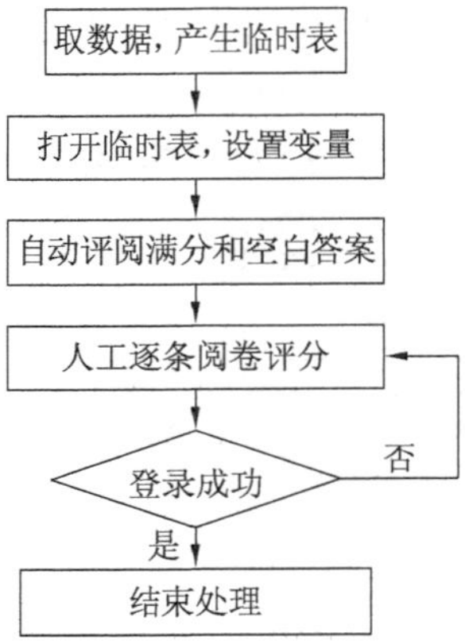

图 7-14　数据处理过程

④ 程序清单。请学生自己按处理过程编写程序,并上机调试。

6）按 GB/T 9386—2008《计算机软件测试文档编制规范》和 SH/T 3901—1994《工程设计计算机软件开发及文档编制规范》,写出程序说明书和调试报告。

研讨

1. 信息系统实施前需要做哪些准备工作?
2. 简述软件开发的 4 种版本。
3. 阐述面向对象程序设计的基本思想。
4. 简述系统实施的一般过程。
5. 简述系统调试的目的、方法及过程。
6. 简述系统转换的方法。如何开展系统切换?

第 8 章　管理信息系统的运行管理

经历千辛万苦研发出来的管理信息系统是否能够得到成功地应用,关键在于系统的运行管理。在信息系统应用成功因素中三分是技术,七分是管理,而管理的关键是系统的运行管理。一个信息系统能否产生效益,并不是信息系统自身帮助生产产品,或提高生产效率,管理信息系统只能提供管理信息。只有通过对信息系统输出信息的充分利用,提高我们的管理水平,减少工作中产生的失误,才能提高企业的市场竞争力和产品的生命力,不断扩大企业在市场中占有的份额。简要地讲,就是通过提高我们的管理水平,避免或减少因失误造成的损失,给企业产生巨大的经济效益。

8.1　系统运行管理的组织

系统切换后即可投入运行。系统运行包括系统日常操作、系统维护等工作。任何系统都不是一开始就很完备的,总是要经过多重的开发、运行、再开发、再运行的循环而不断上升的。提高信息系统应用效果必须有适时的运行管理组织,运行管理组织设置直接关系到系统应用的成败。

8.1.1　运行组织

目前,在大多数企业或组织中负责信息系统运行管理的是信息中心、计算中心、信息处等部门。从信息系统在组织中的地位来看,常用的有与其他部门平行的方式和参谋操作中心的方式,如图 8-1 和图 8-2 所示。

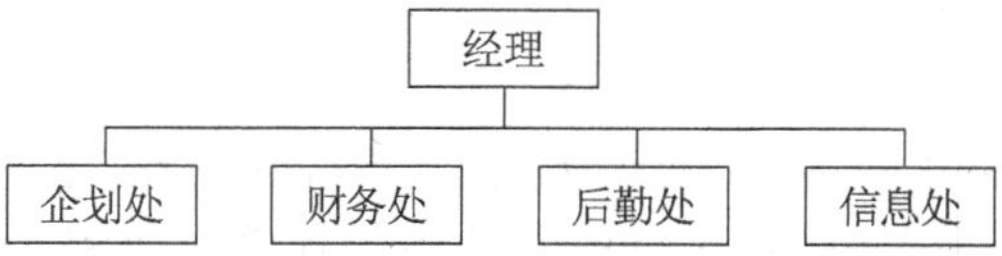

图 8-1　与其他部门平行的方式

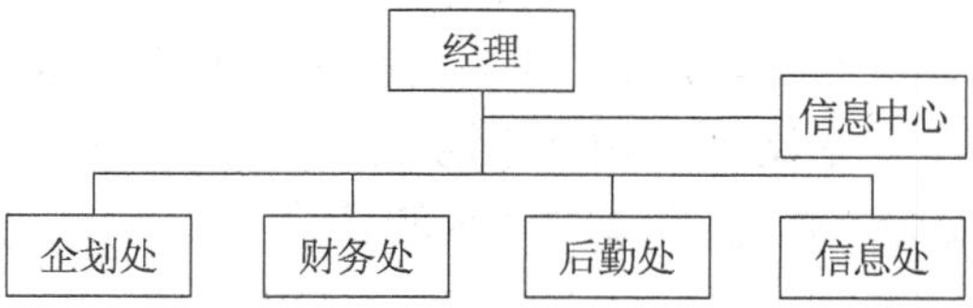

图 8-2　参谋操作中心的方式

在与其他部门平行的方式中，信息处与其他功能部门平级。尽管信息资源可以为整个企业共享，但信息处的决策能力较弱，系统运行中有关的沟通协调和决策工作将受到影响。

参谋操作中心的方式是信息中心处于经理之下，各企业功能部门之上。这有利于信息资源的共享，并且在系统执行流程中，便于协调和决策，但容易造成管理脱节或服务较差的现象。

由于计算机、网络、通信等各项技术的发展，客户端/服务器结构的运用，信息系统在组织中的地位最好是将上述两种方式综合在一起。信息中心主任最好由组织中的副总经理兼任，这样有利于加强信息资源管理。

8.1.2 运行管理制度

建立和健全信息系统管理制度，有效地利用运行日志等对运行的系统施行监督和控制，这是系统正常运行的重要保证。手工管理方式相应地有一整套管理规则，明确规定各类人员的职权范围和责任。当出现问题时，也要有一套可依据其处理问题的规则。用计算机执行的各项管理活动也同样需要一套管理制度，规定什么用户拥有什么样的操作权限，在什么时间、条件下应完成什么工作，出现问题应如何处理；当有新的信息需求时，应该遵照什么管理程序向信息管理部门提出要求；作为信息管理部门又如何处理这些信息需求，其内部各类人员又应该遵照什么要求和规则开展各项工作等。运行管理制度主要包括如下几个方面：

1. 系统运行管理的组织机构

系统运行管理的组织机构包括各类人员的构成、各自的职责、主要任务及其内部组织关系。

2. 基础数据的管理

基础数据的管理包括对数据收集方法、校对方法、数据流程、数值统计方法、数据收集渠道的管理，计量手段和计算方法的管理，原始数据的管理，系统内部各种运行文件、历史文件（包括数据库文件等）的归档管理等。

3. 系统管理制度

系统管理制度包括系统操作规程、系统安全保密措施、系统运行日记制度和运行状态记录等资料归档制度、内部文档管理制度。

4. 系统运行结果分析

在系统运行过程中，不但要对系统输出的各种结果进行监控，而且要认真地抽样分析，确认系统处在正常的运行状态。同时需要对信息系统收集的原始数据综合处理，通过系统的输出，分析企业经营生产方面的发展趋势，以提高管理部门指导企业经营生产的能力。如系统对生产类企业的产品市场预测，通过系统的预测功能分析未来市场的变动情况，指导生产计划的制定。例如，供水企业在对大户用水控制过程中，通过系统对大户用水记录，与用水计划比较，与去年同期比较，与上月用水比较等综合分析后，对大户的用水量进行有效地控制，实现节约用水的目的。

5. 系统维护管理制度

在信息系统运行过程中，管理体系、管理组织、管理制度等因素的变化，都会引起管理信息系统的调整。因此信息系统的维护工作是长期的,无法避免的,不可能存在一个信息系统建立后长期不需要维护的情况。因此,对于计算中心以上的组织方式,都必须配备有系统维护组织和相关的系统维护人员。系统维护制度包括维护的过程、方法、文档管理等内容。

6. 人员管理制度

人员管理制度是指明确系统各类人员的岗位、职责、任务,确定不相容岗位的操作授权。做好人员管理,不仅能有效地控制系统操作权限,还能确保系统安全。在一般情况下,系统人员可以从角色和岗位分类。从系统操作的角色来看,系统操作者可以分成系统超级管理员、系统管理员、部门主管和一般员工。系统超级用户拥有系统的所有操作权,往往由企业信息中心主任担任,该用户的系统登录密码必须高度保密,而且可以由信息系统自动提示用户要经常更改。部门主管具有管理部门员工的操作权限,员工之间的操作权限要明确,对部门的所有业务需要合理分配操作权限,不宜重叠交叉或遗漏。

8.1.3　人员配备

在系统开发的初级阶段,企业中只有少部分人员掌握计算机应用。电脑归属于电脑所属部门,电脑应用人员也是从其他岗位抽调来的兼职人员。这时的电脑应用人员,身兼多种任务,往往参与系统开发的全过程,从事信息处理的人员也较少,无法细分具体的职责。

1. 系统运行人员

随着信息系统应用的深入、普及,信息处理需求的增加,电脑操作人员增加,从各个职能部门将信息处理人员集中成计算中心,统一协调。信息系统中的人员分工专业化,可划分为 4 种。

(1) 系统操作人员。该类人员由各业务管理部门抽调一批熟悉业务管理,经计算机应用技能培训能熟练操作信息系统的人员组成。这类人员负责各个子系统的日常操作,包括数据的采集、录入、查询、修改、删除、输入、备份等。

(2) 系统维护人员。该类人员包括硬件维护人员和软件维护人员。硬件维护人员由熟悉系统设备组成和具有硬件维修知识的人担任。这类人员负责系统设备的保养、故障排除及维修等工作。软件维护人员由具有较强软件研发能力和熟悉本系统相关程序语言的人担任,负责系统程序和数据的维护工作。

(3) 系统管理人员。该类人员由熟悉本单位事务管理并熟悉计算机技术的人担任,负责系统的全面技术管理,具体执行系统的初始化、环境维护、资源分配和权限控制等作业。

(4) 资料管理人员。该类人员由一般的业务管理人员担任,负责系统所有文档和资料的保管、整理和维护等工作。

在管理信息系统的整个生命周期中,随着管理环境的变化,会对信息系统提出新的要求,并且在系统的整个运行过程中还会出现各种新的问题。因此,系统运行管理是系统生存的重要条件,它具有特定的、行业内部所特指的含义,是管理信息系统作为一个开放式、动态管理系统的重要保障。

2. 人员配置

系统运行过程中各类人员的配备必须根据信息系统的规模和组织机构进行。在信息系统的建设过程中,系统规模不同、运行管理组织等级不同,往往需要的相关人员不同,人员的数量也不同,如图8-3所示。在企业信息化过程中,人员的需要是从兼职到专职,随后又回到兼职的过程。

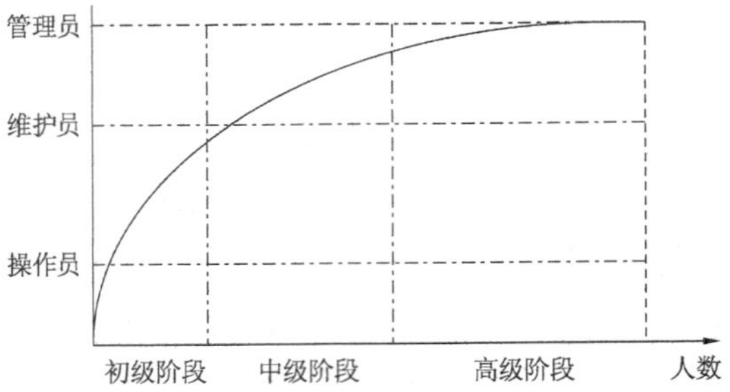

图8-3 系统运行中人员配置示意图

8.2 系统运行管理业务与督查

信息系统验收启用时,必须同时对信息系统进行管理。信息系统运行管理成为企业管理信息化工作长期艰巨的主要任务。信息系统运行管理的本质是对信息系统的运行情况进行实时记录,对信息系统的运行状态进行跟踪督查,并比较分析运行结果。如果信息系统不能满足需求,则应及时提出必要的修改与扩充建议,以便使信息系统完全符合管理者决策的需要。

8.2.1 系统运行管理业务

信息系统不会自动地为管理工作提供高质量的信息服务,需要加强运行管理,否则会陷入混乱。信息系统的管理工作也不能等同于一般的机器设备管理,信息系统的运行管理工作是指向企业或组织、管理人员提供相关需要信息的软件操作、数据收集、数据分析等工作。因此,必须了解信息系统的功能及目标,才能做好企业管理信息系统的运行管理工作,给企业管理人员提供全面、有效的相关信息。企业管理信息系统的运行管理工作也是信息系统研制工作的继续,还是保证信息系统达到预期目标的根本。信息系统运行管理工作主要包括日常运行管理、运行情况记录,以及对系统的运行情况检查与评价等。

1. 信息系统日常运行的管理

系统运行是长期的,而不是临时性和突击性的。每位操作人员必须养成遵守信息系统管理制度的习惯。对信息系统运行中的异常情况要做好记录,及时报告,以便及时处理。否则,可能酿成大问题,甚至会出现灾难性故障。信息系统投入使用后,日常运行管理工作量巨大。信息系统的日常运行管理主要有数据的收集、例行信息处理及服务,以及计算机系统的运行与维护、系统安全管理等工作。

(1) 数据的收集。信息系统中的数据是企业极其宝贵的资源,严禁任何人以非正常方式修改系统中的任何数据。信息系统采集到的数据应当及时备份。数据备份是保证信息系统安全的一个重要措施。当信息系统发生故障后，通过备份能及时恢复到最近的时间界面上。因此，重要的数据必须每天备份。数据备份可以使用两套存储设备，单日用A套存储设备，双日用B套存储设备。每周要对存储设备做一次整理，以便清除存储设备上的坏区。有些信息系统在对重要数据进行修改前，也应有相应的自动备份功能，以便保证系统数据的绝对安全。如果信息系统数据收集工作不做好，整个系统的工作就成了"空中楼阁"。因此，数据采集工作还包括数据校验及数据录入等任务。

在较小的系统中，数据校验往往由系统主管人员自己来完成。但是，在较大的系统中，需要有专职的数据校验人员来完成这一任务。由于数据收集人员一般来说是业务人员，在行政上也不属于专职的信息管理部门，所以数据校验工作是不可缺少的。

数据录入要求迅速与准确。录入人员的责任在于将经过校验的数据送入信息系统。因此，他们应严格地把收到的数据及时准确地录入信息系统。在数据输入过程中或输入完成后还需要对输入数据进行校验，保证送入信息系统的数据与纸面上的数据严格一致。校验人员决不能由录入人员担任。

在信息系统日常运行管理中，主管人员应该努力通过各种方法提高数据收集人员的技术水平和工作责任感，对他们的工作进行评价、指导和帮助，以便提高所收集数据的质量，为系统有效地工作打下坚实的基础。

(2) 例行信息处理及服务。此项工作主要包括例行的数据更新、统计分析、报表生成、数据的复制及保存、与外界的定期数据交流等。这些工作一般来说都是按照一定的规程定期或不定期地运行，并且在系统研制时已经做了详细的规定。在信息系统运行管理中，操作人员必须经过严格的培训，清楚地了解各项操作规则，了解各种情况的处理方法。软件操作人员还应当依据系统功能，及时完成系统相应例行信息的处理及信息服务工作。

(3) 计算机信息系统的运行与维护。对于大型系统需要有较多的专职人员来负责完成这项工作，然而对于小系统往往只需委托代管，这也是小系统的重要优点。然而，这并不是说，小系统没有硬件运行管理及维护工作。相反，如果没有硬件设备的运行维护，系统设备就会损坏，从而使整个系统无法正常运行。信息系统运行管理工作还包括设备的使用管理，定期检修，备品配件的准备及使用，各种低值易耗性材料(如软盘、打印纸等)的使用及管理，电源及工作环境的管理等。

(4) 信息系统安全管理。信息系统的安全性体现在保密性、可控制性、可审查性和抗攻击性等方面。信息系统安全管理是信息系统日常运行管理工作的重要组成部分之一，可以防止信息资源被不合法地使用和访问，保证系统的硬件、软件和数据不因偶然或人为的因素而遭受破坏、泄露、修改或复制，维持正当的信息活动，保证信息系统安全运行。

信息系统的日常运行管理必须认真组织，切实完成。作为企业信息系统的主管人员，必须组织有关人员按规定的程序执行，严格要求，严格管理。否则，信息系统很难发挥其应有的实际效益。另外，还要加强不在系统日常工作范围之内的临时性信息服务工作的管理，这类工作的作用往往要比例行的信息服务大得多。随着管理水平的提高和各级领导信息意识的加强，这种要求还会越来越多。领导和管理人员往往更多地通过这些要求的满足程度来评价和看待信息系统。因此，努力满足这些要求，应该成为信息系统主管人员关注的重点。系统主管人员应该积累这些临时要求的情况,找出规律,把一些带有普遍性的要求加以提炼,形成一般的要求,为扩充信息系统功能,提升信息系统性能提供依据。

总之,信息系统的日常管理工作是十分繁重的,不能掉以轻心。特别要注意,信息系统的管理绝不只是对机器的管理,更重要的是对人员、数据及软件的管理。

2. 信息系统运行情况记录

信息系统的运行情况记录为信息系统管理和评价提供重要且十分宝贵的资料。如何正确地评价信息系统的效用还是一项十分困难的工作,需要从企业(或单位)应用视角评述,也需要从实践中摸索和总结经验,才能不断提高信息处理和信息系统管理水平。然而,不少单位由于缺乏系统运行情况的基本数据,只停留在一般的印象上,无法对系统运行情况进行科学的分析和合理的判断,难以进一步提高信息系统的工作水平。所以,信息系统主管人员应该全面积累系统运行情况的详细材料。在信息系统运行管理过程中主要记录如下信息:

(1) 有关工作数量的信息。包括信息系统运行的时间、每天(周、月)提供报表的数量、每天(周、月)录入数据的数量、系统中积累的数据量、修改程序的数量、数据使用的频率、满足用户临时要求的数量等反映系统的工作负担、所提供的信息服务的规模,以及信息系统功能使用与状态等数据。

(2) 有关工作效率的信息。即系统为了完成所规定的工作,占用了多少人力、物力及时间等资源。例如完成一次月度报表的编制、ERP 的 MRP 展开、CRP 计算等信息处理,用了多长时间、多少人力。又如,使用者提出一个临时的查询要求,系统花费了多长时间才给出所要的数据。此外,还有系统在日常运行中,例行的操作所花费的人力是多少,消耗性材料的使用情况如何,等等。任何新技术的采用,都应以经济效益为中心,否则是不可能得到广泛应用的。

(3) 有关系统提供信息服务的质量。信息服务和其他服务一样,应保质保量。如果一个信息系统生成的报表并不是管理工作所需要的,管理人员使用起来并不方便,那么这样的报表生成得再多再快也毫无意义。同样,使用者对于提供的方式是否满意,所提供信息的精确程度是否符合要求,信息提供是否及时,临时提出的信息需求能否得到满足等,也都在信息服务的质量记录范围之内。

(4) 有关系统维护修改的情况。特别要关注系统运行过程中异常情况的记录,以及系统维护工作的记录,要按照系统中数据、软件和硬件等对象的更新、维护和检修的工作规程,详细、及时地记载工作过程,包括维护工作的内容、情况、时间、执行人员等。这不仅是为了保证系统的安全和正常运行,而且有利于系统的评价及进一步扩充。

对于信息系统来说,这些信息的记载主要靠手工方式。虽然大型计算机一般都有自动记载自身运行情况的功能,但是也需要有手工记录作为补充手段,因为某些情况是无法只用计算机记录的。例如,使用者的满意程度,所生成的报表的使用频率等只能用手工方式收集和记录。而且,当计算机本身发生故障时,是无法详细记录自身的故障情况的。因此,对于任何信息系统,都必须有严格的运行记录制度,并要求有关人员严格遵守和执行。

为了使信息记载得完整准确,一方面要强调在事情发生的当时当地、由当事人记录，而决不能代填或倒填，避免事过境迁，使信息记载失真。另一方面，尽量采用固定的表格或本册进行登记，而不要表达含糊。这些表格或登记簿的编制应该使填写者容易填写，节省时间。同时，需要填写的内容应该含义明确，用词确切，并且尽量给予定量的描述。对于不易定量化的内容，则可以采取分类、分级的办法，如让填写者选择打钩等。总之，要努力通过各种手段，尽量详细准确地记录系统运行的情况。

信息系统相关的各种工作人员都应该担负起记载运行信息的责任，各司其职。硬件操作人员应该记录硬件的运行及维护情况，软件操作人员应该记录各种程序的运行及维护情况，负责数据校验的人员应该记录数据收集的情况，包括各类错误的数量及分类，录入人员应该记录录入的速度、数量、出错率等。

加强运行记录，需要通过严格的制度及经常的教育，使所有工作人员把记录运行情况作为自己的重要任务。满足管理者的信息需求是信息系统的出发点和主要内容，是检验信息系统是否已达到目标的根本所在。企业（或组织）领导人也应以此作为对信息系统及信息管理部门工作情况进行评价的依据。

3. 信息系统运行日记

系统运行日记主要为系统的运行情况提供历史资料，也可为查找系统故障提供线索。因此，运行日记应当认真填写、妥善保存。运行日记的内容包括：① 时间；② 操作人；③ 运行情况；④ 异常情况的发生时间、现象、处理人、处理过程、处理记录文件名、在场人员等；⑤ 值班人签字；⑥ 负责人签字。

4. 信息系统档案管理

系统文档是系统的重要组成部分，要做好分类归档工作，进行妥善长期保存。档案的借阅也必须建立严格的管理制度和必要的控制手段。信息系统档案包括：① 系统开发阶段的可行性分析报告；② 系统说明书；③ 系统设计说明书；④ 程序清单；⑤ 测试报告；⑥ 用户手册；⑦ 操作说明；⑧ 评价报告；⑨ 运行日记；⑩ 维护日志等。

8.2.2 系统运行情况的督查

在信息系统运行过程中除了应对其不断进行大量的管理和维护工作外，还要在高层领导的直接领导下，由系统分析员或专门的审计人员会同各类开发人员和业务部门经理，定期依照管理制度对系统的运行状况进行审核，为进一步改进信息系统运行管理提供依据。

信息系统运行管理的相关制度不能仅张贴在墙上，而是要落实到行动上，需要定期或不定期地督查。特别是在信息系统启用初期，人们传统的工作方式和习惯难于更改。例如，对数据输入的时效性往往认识不足，造成信息系统提供的信息实时性差，直接影响信息的可用性。所以，在信息系统启用初期，要加大对输入数据的时效性的督查力度。需要有专职人员随机复核现场实际情况与信息系统记录数据的一致性。如果发生偏差，需要分析原因，若输入人员没有按规定及时输入数据，则要作为严重违纪处分。否则，系统与现实的时差会越来越大，最终导致系统失效。信息系统运行管理督查工作有很多，不仅工作量大，而且难度大。因此，系统运行管理督查应当作为信息系统保障的重要工作。

1. 数据督查

数据督查是信息系统运行管理长期持久的工作，通过数据督查不仅要确保数据的及时性、正确性，还要确保数据输入的安全性。在数据督查过程中，首先要提高数据采集人员对数据时效性的认识，培养全员数据操作技能，达到数据实时、正确、有效的目的。其次是检查数据输入的安全性，对于特别重要的数据，例如用户密码的数据输入，需要检查输入环境是否安全。当重要数据输入系统时，不能仅通过技术手段确保输入的安全性，还需要设置实时双工位督查，否则可能直接影响系统正常运行。

2. 运行记录督查

系统运行记录是描述系统运行历史的重要文档，一旦系统发生异常，应首先查看运行记录，分析异常产生的原因。所以，需要检查运行日志和日常运行记录是否按规则记录，需要检查记录的时间间隔、记录内容时所用的记录方式是否合规。当出现不合规则记录时，不仅要求及时补充完整，更需要追查责任，甚至作为工作失误处理，只有这样才能确保运行记录完整、正确和全面，为系统追踪提供可靠的依据。

3. 运行制度执行督查

信息系统投入运行后，不仅会由 BPR 引发一系列流程优化，而且企业的组织结构、岗位设置、岗位责任等管理规程都会发生变化。新的管理规程是否能落实，是信息系统生命持续的重要因素。经常会出现这样的情况，系统启用时，由于受到企业各方面的高度关注，员工对信息系统运行管理十分重视，系统产生了较好的效果。但当系统运行一段时间后，系统实施的相关顾问走了，领导关注度下降了，传统管理意识就反弹了，回到原来的管理模式，结果信息系统提供的信息质量下降，甚至导致信息系统实施失败，因此要避免这种现象的出现。

8.2.3 信息系统运行的机房管理

现代企业管理信息化工程的实施往往需要构建网络系统，建立专用计算机机房（服务机房）。对于专用机房要有一套严格的管理制度，才能确保信息系统运行安全、高效。机房管理制度还要正式行文并张贴在墙上，落实到行动上。机房管理制度规范各类人员的行为，主要有如下相关规定：

① 操作人员的操作行为。例如，开机、关机、登记运行日记、异常情况处理等流程。

② 出入机房人员的规定。

③ 机房的电力供应要求。

④ 机房的温度、湿度、清洁度要求。

⑤ 机房安全防火等规定。

⑥ 严格禁止上网玩游戏和与外来盘互相拷贝，防止计算机感染病毒。

⑦ 不得在带电状态下拔、插机器部件和各电线、电缆。

⑧ 专用机房由专人管理。

8.3 系统运行分析

随着信息系统运行数据的不断积累，数据将成为企业宝贵的信息资源。面对信息系统不断产生的信息，信息主管部门必须做好数据分析、挖掘与利用等工作。

8.3.1　系统运行结果分析

信息系统启用后，对系统提供的各类信息需要做各种分析。首先是对所提供信息进行有效性和及时性分析，分析提供给各级管理者的信息是否正确、全面和完整。及时调查管理者对所提供信息的使用结果。特别是在系统切换过程中，系统试运行功能模块是否正常，需要对系统提供信息的结果进行分析才能确定。系统运行结果不加分析，盲目采用或否定，都会对系统造成严重的危害。

目前，系统运行结果分析不仅是检验系统运行正确性的手段与方式，而且已经成为信息系统功能外延，提升系统应用效益的发展方向。由系统运行结果分析逐步扩展到对系统所有数据的分析，并提供管理者灵活方便的数据分析、在线数据分析、数据挖掘和大数据处理等技术与应用领域。系统给管理者提供的信息形式丰富多彩，从文字、表格逐步演变成图文并茂的各种报告。

1. 数据分析

数据分析是指用适当的统计分析方法对收集来或信息系统运行提供的大量数据进行分析，提取有用信息和形成结论等，并对数据加以详细研究和概括总结的过程。数据分析可帮助人们做出判断，以便采取适当行动。数据分析发展至今已经不仅是概念、理论与方法。随着数据分析应用广度与深度的发展，已经形成了管理决策过程中的特殊职位，即数据分析师，并应运而生了一系列实用的数据分析工具与软件产品，推动了信息系统的快速发展。

2. 在线数据分析

在线数据分析是管理者需要收集实时性强、数据来源广的多种因素数据，并进行实时分析的一种特定数据处理方式，这种方式已经演变成为现代高层管理决策的重要工具。针对不同领域的不同需要，现已研发出了一系列专用的在线数据处理工具软件，在提高预测精度、规避各类风险等方面发挥了巨大的作用。

3. 数据挖掘和大数据处理

数据挖掘与大数据处理的提出，不仅丰富了数据分析的工具，提高了数据分析的效率与效益，而且直接影响传统的数据分析理论与方法，逐步成为新的信息管理研究领域，深刻地影响信息系统运行结果分析的理论与方法。

8.3.2　数据挖掘

商务管理、生产控制、市场分析、工程设计和科学探索等领域广泛运用数据挖掘技术，通过数据挖掘可以将数据转换成迫切需要的有用信息和知识，引起了信息产业界的极大关注。

1. 数据挖掘的内容

数据挖掘（Data Mining，DM），又称为资料探勘、数据采矿。它是数据库知识发现中的一个步骤。数据挖掘一般是指从大量的数据中通过算法搜索隐藏于其中的信息的过程。数据挖掘通常与计算机科学有关，并通过统计、在线分析处理、情报检索、机器学习、专家系统和模式识别等诸多方法来实现上述目标。

数据挖掘利用了来自统计学的抽样、估计和假设检验，人工智能、模式识别和机器学习的搜索算法、建模技术和学习理论。数据挖掘也迅速地接纳了来自其他领域的思想，这些领域包括最优化、进化计算、信息论、信号处理、可视化和信息检索。其他相关领域也起到重要的支撑作用，特别地，需要数据库系统提供有效的存储、索引和查询处理支持。源于高性能（并行）计算的技术在处理海量数据集方面常常是重要的。分布式技术也能帮助处理海量数据，并且当数据不能集中到一起处理时更是至关重要。

2. 数据挖掘的一般过程

数据挖掘是一项十分复杂的技术性工作，提高数据挖掘的效率和并行性必须遵循科学的方法开展工作。数据挖掘的一般过程如下：

（1）确定业务对象。清晰地定义出业务问题，认清数据挖掘的目的是数据挖掘的重要一步。挖掘的最后结构是不可预测的，但要探索的问题应是可预见的，为了数据挖掘而数据挖掘则带有盲目性，是不会成功的。

（2）数据准备。数据准备的工作直接影响数据挖掘工作的质量。做好准备是挖掘工作的关键性起点。准备工作主要是数据的选择、数据的预处理和数据的转换。

① 数据的选择。搜索所有与业务对象有关的内部和外部数据信息，并从中选择出适用于数据挖掘应用的数据。

② 数据的预处理。研究数据的质量，为进一步的分析做准备，并确定将要进行的挖掘操作的类型。

③ 数据的转换。将数据转换成一个分析模型，这个分析模型是针对挖掘算法建立的，建立一个真正适合挖掘算法的分析模型是数据挖掘成功的关键。

（3）数据挖掘。对所得到的经过转换的数据进行挖掘，除了完善和选择合适的挖掘算法外，其余一切工作都能自动地完成。

（4）结果分析。解释并评估结果，其使用的分析方法一般应根据数据挖掘操作而定，通常会用到可视化技术。

（5）知识的同化。将分析所得到的知识集成到业务信息系统的组织结构中去。

3. 数据挖掘的技术

数据挖掘的技术有很多种，下面着重讨论数据挖掘中常用的一些技术：统计技术、关联规则、基于历史的分析、遗传算法、聚集检测、连接分析、决策树、神经网络、粗糙集、模糊集、回归分析、差别分析、概念描述。

（1）统计技术。使用统计技术对数据集进行挖掘的主要思想是运用统计的方法，对给定的数据集合假设了一个分布或者概率模型（例如一个正态分布），然后根据模型采用相应的方法进行挖掘。

（2）关联规则。数据关联是数据库中存在的一类重要的可被发现的知识。若两个或多个变量的取值之间存在某种规律性，就称为关联。关联可分为简单关联、时序关联、因果关联。关联分析的目的是找出数据库中隐藏的关联网。有时并不知道数据库中数据的关联函数，即使知道也是不确定的，因此关联分析生成的规则带有置信度。

（3）基于历史的（Memory-based Reasoning，简称 MBR）分析。先根据经验知识寻找相似的情况，然后将这些情况的信息应用于当前的例子中。这就是 MBR 的本质。MBR 首先寻找与新记录相似的邻居，然后利用这些邻居对新数据进行分类和估值。使用 MBR 有 3 个主要问题：① 寻找确定的历史数据；② 决定表示历史数据的最有效的方法；③ 决定距离函数、联合函数和邻居的数量。

（4）遗传算法（Genetic Algorithms，简称 GA）。基于进化理论，采用遗传结合、遗传变异，以及自然选择等设计方法的优化算法。其主要思想是根据适者生存的法则，形成由当前群体中最适合的规则组成新的群体，以及这些法则的后代。

（5）聚集检测。将物理或抽象对象的集合分组，形成类似的对象组的过程被称为聚类。由聚类所生成的簇是一组数据对象的集合，这些对象与同一个簇中的对象彼此相似，与其他簇中的对象相异。对象间的相异度是根据描述对象的属性值来计算的，距离是经常采用的度量方式。

（6）连接分析（Link Analysis）。连接分析的基本理论是图论。图论的思想是寻找一个可以得出好结果，但不是完美结果的算法。连接分析运用不完美的结果如果是可行的，那么这样的分析就是可采纳的思想。利用连接分析，可以从一些用户的行为中分析出一些模式，同时将产生的概念应用于更广的用户群体中。

（7）决策树。决策树提供了一种展示类似在什么条件下会得到什么值的判别过程规则的方法。

（8）神经网络。在结构上，可以把一个神经网络划分为输入层、输出层和隐含层。输入层的每个节点对应一个预测变量。输出层的节点对应目标变量，目标变量可有多个。在输入层和输出层之间是隐含层（对神经网络使用者来说不可见），隐含层的层数和每层节点的个数决定了神经网络的复杂度。除了输入层的节点，神经网络的每个节点都与很多它前面的节点（称为此节点的输入节点）连接在一起，每个连接对应一个权重 W_{xy}，此节点的值就是通过它所有输入节点的值与对应连接权重乘积的和作为一个函数的输入而得到，我们把这个函数称为活动函数或挤压函数。

（9）粗糙集。粗糙集理论基于给定训练数据内部的等价类的建立。形成等价类的所有数据样本是不加区分的，即对于描述数据的属性，这些样本是等价的。给定现实世界数据，通常有些类不能被可用的属性区分。粗糙集就是用来近似或粗略地定义这种类。

（10）模糊集。模糊集理论将模糊逻辑引入数据挖掘分类系统，允许定义“模糊”域值或边界。模糊逻辑使用 0.0 和 1.0 之间的真值，表示一个特定的值是一个给定成员的程度，而不是用类或集合的精确截断。模糊逻辑提供了在高抽象层处理的便利。

（11）回归分析。回归分析分为线性回归、多元回归和非线性回归。在线性回归中，数据用直线建模。多元回归是线性回归的扩展，涉及多个预测变量。非线性回归是在基本线性模型上添加多项式项形成非线性模型。

（12）差别分析。差别分析的目的是试图发现数据中的异常情况，如会计失真数据、通信噪声数据、欺诈数据等异常数据，从而获得有用信息。

（13）概念描述。概念描述就是对某类对象的内涵进行描述，并概括这类对象的有关特征。概念描述分为特征性描述和区别性描述。前者描述某类对象的共同特征，后者描述不同类对象之间的区别，生成一个类的特征性描述只涉及该类对象中所有对象的共性。

8.3.3 大数据处理

涉及大数据分析与处理的应用领域越来越多。大数据的数量、速度、多样性等都呈现了不断增长的复杂性，所以，大数据的分析方法显得尤为重要，已经成为信息是否有价值的决定性因素。对于大数据来说，最重要的还是通过数据的分析，从中寻找有价值的数据帮助企业做更好的商业决策。

1. 大数据的采集

大数据的采集是指利用多个数据库接收来自客户端的数据，并且用户可以通过这些数据库进行简单的查询和处理工作。在大数据采集过程中，遇到的挑战是并发数高，有可能同时有成千上万的用户来进行访问和操作，比如火车票售票网站和淘宝，它们并发的访问量在峰值时达到上百万，所以需要在采集端部署大量数据库才能支撑。如何在这些数据库之间进行负载均衡和分片，的确是需要深入地思考和设计的。采集端本身会有很多数据库，但是如果要对这些海量数据进行有效的分析，还是应该将这些来自前端的数据导入一个集中的大型分布式数据库，或者分布式存储集群，并且可以在导入基础上做一些简单的清洗和预处理工作。导入与预处理的数据不仅量大，而且速率高，每秒钟的导入量经常会达到百兆，甚至千兆级别。

2. 大数据的分析

大数据的分析是数据应用领域的主要工作。其功能主要包括预测性分析能力、数据质量和数据管理、可视化分析、语义引擎和数据挖掘算法 5 个方面。

(1) 预测性分析能力。数据挖掘可以让分析员更好地理解数据，而预测性分析可以让分析员根据可视化分析和数据挖掘的结果做出一些预测性的判断。

(2) 数据质量和数据管理。数据质量和数据管理是一些管理方面的最佳实践。通过标准化的流程和工具对数据进行处理，可以保证获得预先定义好的高质量的分析结果。

(3) 可视化分析。不管是对数据分析专家还是普通用户，数据可视化是数据分析工具最基本的要求。可视化可以直观地展示数据，让数据自己说话，让观众看到结果。

(4) 语义引擎。由于非结构化数据的多样性带来了数据分析新的挑战，因此需要一系列的工具去解析、提取和分析数据。语义引擎需要具有能够从“文档”中智能提取信息的功能。

(5) 数据挖掘算法。可视化是给人看的，数据挖掘是给机器看的。集群、分割、孤立点等分析，还有其他的算法，都是让我们深入数据内部，挖掘价值。这些算法不仅要处理大数据的量，也要处理大数据的速度。

大数据处理对数据时代理念产生了三大转变：① 要全体不要抽样；② 要效率不要绝对精确；③ 要相关不要因果。

3. 大数据分析工具

世界各大数据分析公司斥资收购与兼并，组织研发了各有特点的大数据分析工具，打造大数据云平台，提供大数据服务。Hadoop 已被公认为是新一代的大数据处理平台，EMC、IBM、Informatica、Microsoft 及 Oracle 都纷纷投入了 Hadoop 的怀抱，形成了一系列具有特色的数据分析工具。Greenplum、Informatica、Vertica、BDA、PDW 和 Teradata 等都是当今知名的大数据分析公司和对应工具,具体详情请参阅相应大数据分析公司的网站提供的相关资料。

(1) Greenplum。它是数据软件公司,也是大数据处理工具。该公司具有强大的数据团队和数据分析团队,可以在 Greenplum 平台上无缝地共享信息、协作分析,能够在一个设备里面运行并扩展 Greenplum 关系数据库、Greenplum HD 节点。DCA 提供了一个共享的指挥中心界面,让管理员可以监控、管理和配置 Greenplum 数据库、Hadoop 系统性能及容量,可以使组织内的任何用户进行大数据分析。其中,云上的 Big Insights 软件可以分析数据库里的结构化数据和非结构化数据,使决策者能够迅速将洞察转化为行动。

(2) Informatica。Informatica 是全球领先的独立企业数据集成软件提供商。企业在世界各地的组织机构可以依赖 Informatica 工具为其重要业务,并提供及时、相关和可信的需求数据,从而赢得企业竞争优势。众多知名企业通过 Informatica 工具便捷地使用及管理其在本地的、云中的和社交网络上的信息资产,并挖掘这些信息的潜能,推动企业卓越的业务目标实现。该工具还可以灵活高效地处理 Hadoop 里面的任何文件格式,为 Hadoop 开发人员提供即开即用的解析功能,以便处理复杂而多样的数据源,包括日志、文档、二进制数据或层次式数据,以及众多行业标准格式。

(3) Vertica。Vertica 是典型的大数据处理工具,它基于列存储的设计,相比传统面向行存储的数据库具有巨大的优势。Vertica 被惠普收购后,进行了重大改进,可支持大规模并行处理(Massively Parallel Processing,MPP)等技术,通过 MPP 的扩展性可以使 Vertica 为高端数字营销、电子商务客户分析处理的数据达到 PB(2^{50}B)级。早在惠普收购 Vertica 之前,Vertica 就推出有包括内存、闪存快速分析等一系列创新产品。它是首个新增 Hadoop 链接支持客户管理关系型数据的产品之一,也是首个基于云部署风险的产品平台之一。

(4) BDA(Big Data Appliance)。这是甲骨文大数据设备的集成系统,包括 Cloudera 的 Hadoop 系统管理软件,采用 Oracle Linux 操作系统,并配备 Oracle no SQL 数据库社区版本和 Oracle Hot Spot Java 虚拟机。BDA 为全架构产品,每个架构 864 GB 存储,216 个 CPU 内核,648 TB RAM 存储,每秒 40 GB 的 Inifini Band 连接。

(5) PDW(Parallel Data Warehouse)。这是微软的并行数据仓库软件系统,它使用大规模并行处理来支持高扩展性,它可以帮助客户扩展部署数百 TB(2^{40}B)级别数据的分析解决方案。微软目前已经开始提供 Hadoop、Connectorfor、SQL Server、Parallel Data Warehouse 和 Hadoop Connector for SQL Server 社区技术预览版本的连接器。

(6) Teradata。天睿公司是美国前十大上市软件公司之一。Teradata 已经成为全球专注于大数据分析、数据仓库和整合营销管理解决方案的主要供应商,在数据库分析领域不断推陈出新。面对大数据时代数据已经成为企业在发展中的影响因素和现实境况,Teradata 基于客户需求,提供领先、全面、有效的大数据分析解决方案,帮助企业获取商业洞察力,并且将之转化为行动力,创造商业价值。

本章小结

本章分别介绍了管理信息系统运行管理过程中所涉及运行组织的类别,各类在企业运作中的作用和地位,管理信息系统运行管理对应的管理制度、人员配备,以及运行管理的主要业务内容和督查方法,强调在信息系统运行管理过程中关注机房管理,侧重系统运行结果分析和利用。

研讨

1. 系统运行组织结构有哪几类?它们各有何特点?
2. 如何确定信息系统的运行组织机构?
3. 如何配置信息系统的人员?
4. 管理信息系统运行管理有哪些主要业务?
5. 如何开展管理信息系统日常业务督查工作?
6. 为什么要对系统运行结果进行分析?如何分析运行结果?

第 9 章　管理信息系统的维护

随着信息系统运行的普及与深入,不断涌现新技术、新理念、新思路和新方法。原有信息系统伴随企业的发展和演变,无论是在功能上,还是在性能上都需要进行维护,以满足管理者日益增长的需求。系统维护成为信息系统日常运行管理中经常发生的重要阶段。

9.1 系统维护概述

推动信息系统在企业管理现代化中应用的普及和提高企业管理信息化水平,需要不断地监测、控制和维护信息系统。信息系统维护是信息系统发挥作用的基本保障。

9.1.1 系统维护的内涵与特性

系统维护是指在管理信息系统交付使用后,为了改正错误或满足新的需要而开展的一系列修改系统的活动和过程的总称。

1. 系统维护的内涵

管理信息系统是一个复杂的人机系统,系统的内外环境,以及各种人为的、机器的、外部环境和内部技术等因素都在不断地发生变化。为了使系统能够适应这种变化,充分发挥信息系统的作用,产生良好的社会效益和经济效益,就要进行系统维护工作。

另外,一般大中型软件产品的开发周期为 1 ~ 3 年,然而系统会持续运行,有时软件的运行周期可能长达 5 ~ 10 年。在这么长的时间内,除了要改正软件中残留的错误外,还可能要多次更新软件的版本,以适应改善运行环境和加强产品性能等需要,这些活动也属于维护工作的范畴。能不能做好这些工作,将直接影响信息系统的使用寿命。

系统维护也是管理信息系统生命周期中花钱最多、延续时间最长的活动。有人把维护比成“墙”或“冰山”,以形容它给信息系统生产所造成的障碍。不少单位甚至为了维护已有的软件,竟没有余力顾及新软件的开发。近年来,软件的维护费用已经远远超过了系统的软件开发费用,占系统软硬件总投资的 60% 以上。典型的情况是,系统维护费用与开发费用的比例为 2 : 1,一些大型软件的维护费用甚至达到了开发费用的 40 ~50 倍。

2. 系统维护的特性

系统维护不是一项简单的工作。在没有任何资料的情况下直面系统软件,进行探索性维护,比研发一个新系统还要困难。

（1）系统的可维护性。系统的可维护性是指维护人员理解、改正、改动和改进这个软件的难易程度。提高可维护性是开发管理信息系统所有步骤的关键目标，系统是否能被很好地维护，可用系统的可维护性这一指标来衡量。

（2）系统的可理解性。系统的可理解性是指别人能理解系统的结构、界面、功能和内部过程的难易程度。模块化、结构化设计、详细及良好的设计文档、运用高级程序设计语言等，都有助于提高系统的可理解性。

（3）系统的可测试性。系统诊断和测试的难易程度取决于系统的可理解性。好的文档资料有利于诊断和测试，同时，程序良好的结构、高性能的调试工具，以及周密计划的测试工序也是至关重要的。为此，开发人员在系统设计和编程阶段，就应尽力把程序设计成易诊断和测试的。此外，在系统维护时，应该充分利用在系统调试阶段保存下来的调试文档和用例。

（4）系统的可修改性。影响系统维护与系统设计所制定的设计原则有直接关系。模块的耦合、内聚、作用范围与控制范围的关系等，都对系统的可修改性有影响。

3. 可维护性复审

可维护性是所有软件都应具备的基本特点，必须在开发阶段保证软件具有可维护的特点。在软件工程的每一个阶段都应考虑并提高软件的可维护性，在每个阶段结束前的技术审查和管理复查中，应该着重对可维护性进行复审。

（1）系统分析阶段的可维护性复审。在需求分析阶段复审过程中，应该对将来可能要改进或修改的部分倍加注意；应该重点讨论软件的可移植性问题，并且考虑可能影响系统维护的系统界面。

（2）系统设计阶段的可维护性复审。在正式的和非正式的设计复审期间，应该从容易修改、模块化和功能独立的目标出发，评价信息系统软件的结构和过程；在设计中应该对将来可能修改的部分做准备。

（3）系统实施阶段的可维护性复审。在实施阶段重点复审程序代码，程序代码复审应该强调编码风格和内部说明文档这两个影响可维护性的因素。每个程序测试步骤都可以提示在软件正式交付使用前，可能需要做预防性维护的部分。在测试结束时，进行最正式的可维护性复审，这个复审称为配置复审。

（4）完成每项维护工作之后，都应当对系统维护本身进行认真复审。维护应该针对整个软件配置，不应该只修改源程序代码。当对源程序代码的修改没有反映在设计文档或用户手册中时，就会产生严重的后果。

（5）数据与文档维护复审。每当对数据、软件结构、模块过程或任何其他有关的软件特点做了改动时，必须立即修改相应的技术文档。不能准确反映软件当前状态的设计文档可能比完全没有文档更糟，在以后的维护工作中很可能因文档不完全符合实际而不能正确理解软件，从而在维护中引入过多的错误。用户通常根据描述软件特点和使用方法的用户文档来使用、评价软件。如果对软件的可执行部分的修改没有及时反映在用户文档中，则必然会使用户因为受挫折而产生不满。如果在软件再次交付使用之前对软件配置进行了严格的复审，则可大大减少文档的问题。事实上，某些维护要求可能并不需要修改软件设计或源程序代码，只是表明用户文档不清楚或不准确，因此只需要对文档做必要的维护。

可见,可维护性诸因素之间是有密切联系的。事实上,维护人员不可能修改一个不理解的程序,同样,如果不进行完善的诊断和测试,看起来正确的修改也有可能导致其他错误的产生。为了提高信息系统软件的可维护性,使用规范的结构化分析和设计方法就可以提高系统的可维护性。

9.1.2 系统维护的类型

管理信息系统维护起因复杂,需求众多,导致系统维护的类型和内容十分复杂。不同的维护类型往往具有不同的维护内容,因此,需要根据系统运行环境和维护条件选择相应的维护类型,确定其维护内容。

1. 系统维护的分类

从不同的角度观察系统维护,可以分成不同的系统维护类型。按系统的结构,可以分成硬件维护、网络维护、软件维护和数据维护等;按系统维护活动的目的,可分成正确性维护、适应性维护、完善性维护和安全性维护四大类,这是最常用的分类方法。

(1) 正确性维护。在系统实施过程中对于一个大型系统来说,程序测试和系统测试不可能发现所有潜藏的错误。所以在大型软件系统运行期间,用户难免会发现程序中的错误,这就需要对错误进行诊断和改正。这类维护出现的概率小,但是,一旦发生必须立刻组织人员抢修。

(2) 适应性维护。由于计算机科学技术的迅速发展,新的软硬件不断推出,使系统的外部环境发生变化。这里的外部环境不仅包括计算机软硬件的配置,而且包括数据库、数据存储方式在内的"数据环境",还包括企业管理方式方法、组织结构和管理制度等因素的变化。为了适应变化了的系统外部环境,就需要对系统进行相应的修改。

(3) 完善性维护。在系统使用过程中,由于业务处理方式和人们对管理信息系统功能需求的提高,用户往往会提出增加新功能或者修改已有功能的要求,例如修改输入格式和调整数据结构使操作更简单、界面更漂亮等,为了满足这类要求就需要进行完善性维护。另外,企业管理信息化工程不可能一步到位,长期不变,往往采用分步实施的方式,逐步完善系统。

(4) 安全性维护。管理信息系统要收集、保存、加工和利用全局的或局部的社会经济信息。这涉及企业、地区、部门乃至全国的财政、金融、市场、生产、技术等方面的数据、图表和资料。随着病毒和计算机罪犯的出现,管理信息系统对安全性和保密性提出了更为严格和复杂的要求。除了建立严格的防病毒和保密制度外,用户往往会提出增加防病毒的功能和保密的新措施,而且随着更多的病毒出现,有必要定期进行防病毒功能的维护和保密措施的维护。

2. 系统维护的内容

根据维护活动的具体内容不同,可将维护内容分为程序维护、数据维护、代码维护和设备维护等。

(1) 程序维护。程序维护指改写一部分或全部程序。程序维护通常都充分利用原程序。修改后的程序必须在程序首部的序言性注释语句中进行说明,指出修改的日期、人员。同时,必须填写程序修改登记表,填写内容包括:所修改程序的所属子系统名、程序名、修改理由、修改内容、修改人、批准人和修改日期等。

程序维护不一定在发现错误或条件发生改变时才进行,效率不高的程序和规模太大的程序也应不断地设法予以改进。一般来说,管理信息系统的主要维护工作量是对程序的维护。

(2) 数据维护。数据维护指的是不定期地对数据文件或数据库进行修改,这里不包括主文件或主数据库的定期更新。数据维护主要是对文件或数据中的记录进行增加、修改和删除等操作,通常采用专用的程序模块实现,也有少量的数据结构和数据组织方式修改。

(3) 代码维护。随着用户环境的变化,原有的代码已经不能继续适应新的要求,这时就必须对代码进行变更。代码的变更(即维护)包括订正、新设计、添加和删除等内容。当有必要变更代码时,应由现场业务经办人和计算机有关人员组成专题组进行讨论决定,并用书面格式写清楚。在维护实施前组织有关使用者学习,然后输入计算机并开始实施新的代码体系。代码维护过程中的关键是如何使新的代码得到贯彻。

(4) 设备维护。管理信息系统正常运行的基本条件之一就是保持计算机及外部设备的良好运行状态。因此,计算机室应建立相应的规章制度,有关人员要定期地对设备进行检查、保养和杀病毒工作,应设立专门设备故障登记表和检修登记表,以便设备维护工作的顺利进行。

综上所述,系统维护不仅仅局限于改正系统错误,还应当包括对系统的改变和改进等内容进行维护。

9.2 系统维护过程

9.2.1 系统维护的原因

一个系统的质量高低与系统分析和设计的质量有很大关系,也与系统的维护有很大关系。在维护工作中常见的问题,都可归因于软件开发的方法有缺点。在软件生命周期的前两个时期没有严格而又科学的管理和规划,必然会导致在最后阶段出现问题。

(1) 理解别人写的程序通常非常困难,而且困难程度随着软件配置成分的减少而迅速增加。如果仅有程序代码而没有说明文档,则会出现严重的问题。

(2) 需要维护的软件往往没有合适的文档,或者文档资料显著不足。认识到软件必须有文档仅仅是第一步,容易理解的并且与程序代码完全一致的文档才是真正有价值的。

(3) 当被要求对软件进行维护时,不能指望由开发人员仔细说明软件。由于维护阶段持续的时间很长,因此,当需要解释软件时,原来写程序的人往往已不在附近了。

(4) 绝大多数软件在设计时没有考虑将来的修改。除非使用强调模块独立原理的设计方法论,否则修改软件既困难又容易发生差错。

当没有采用结构化思想开发时,上述种种问题都或多或少地存在着。使用结构化的分析和设计的方法进行开发,可以从根本上提高软件的可维护性。

9.2.2 系统维护的步骤、组织和管理

1. 系统维护的步骤

不少人认为系统的维护要比系统开发容易得多，因此，维护工作不需要预先拟订方案或加以认真准备。但实际情况并不是这样。在许多情况下，维护比开发更困难，需要更多的创造性工作。因此，首先，维护人员必须用较多的时间理解别人编写的程序和文档，且对系统的修改不能影响该程序的正确性和完整性；其次，整个维护的工作又必须在所规定的很短的时间内完成。

在系统某个维护目标确定以后，维护人员必须先理解要维护的系统，然后建立一个维护方案；由于程序的修改涉及面较广，某处修改很可能会影响其他模块的程序，所以建立维护方案后要加以考虑的重要问题是修改的影响范围和波及面的大小，然后按预定维护方案修改程序；还要对程序和系统的有关部分进行重新测试，若测试发现较大问题，则要重复上述步骤。若通过，则可修改相应文档并交付使用，结束本次维护工作。系统维护过程如图9-1所示。

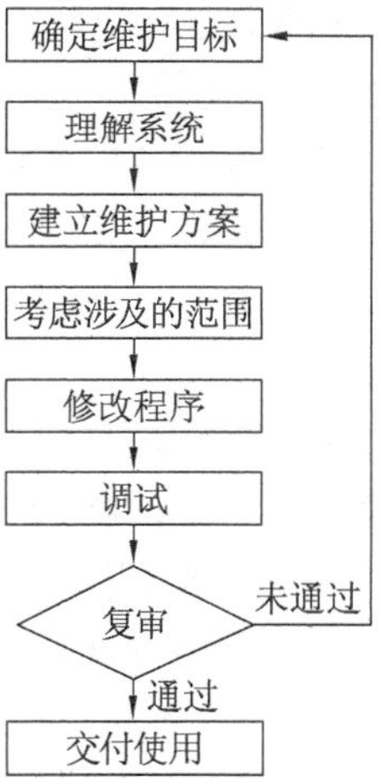

图9-1 系统维护过程

必须强调，维护是对整个系统而言的。因此，除了修改程序、数据、代码等部分以外，必须同时修改涉及的所有文档。系统维护和系统开发有许多共同之处。

2. 系统维护的组织和管理

从本质上讲，维护工作可以看成开发工作的一个缩影。事实上，早在提出一项维护要求之前，与系统维护有关的工作已经开始了。为了有效地进行维护工作，首先必须建立一个维护组织，由这个维护组织确定维护报告，进行维护工作的评价，并且规定复审标准。

（1）维护组织。虽然通常并不需要建立独立正式的维护组织，但是，即使对于一个小的软件开发团体而言，非正式的委托责任也是绝对必要的。维护是软件开发单位的责任，维护组织往往由软件开发单位根据本身规模的大小，指定一名高级管理人员担任，或者由高级管理人员和专业人员组成维护领导小组。领导小组负责对申请的审查与批准、维护活动的计划与安排、人力资源的分配、批准并向用户提供维护的结果（例

如软件的新版本)，以及对维护工作进行评价与分析等。

维护组织应在维护活动开始之前就明确维护责任，这样做可以大大减少维护过程中可能出现的混乱。根据对维护工作定量度量的结果，做出关于开发技术、语言选择、维护工作量规划、资源分配及其他许多方面的规定，确保维护工作有效地进行。此外，可以利用这些数据去分析评价维护工作的质量。

具体的维护工作可以由原开发小组承担，也可以指定专门的维护小组。每个维护要求都应通过维护管理员转交给相应的系统管理员去评价。系统管理员是被指定去熟悉一小部分产品程序的技术人员。系统管理员对维护任务做出评价以后，提交给维护授权人决定应该进行的活动。

(2) 维护报告。应用标准化的格式表达所有系统维护要求。系统维护人员通常给用户提供空白的维护申请表——有时称为软件问题报告表，这个表格由要求维护活动的用户填写。如果遇到了一个错误，那么必须完整描述导致出现错误的环境(包括输入数据、全部输出信息，以及其他有关信息)。对于适应性和完善性的维护要求，应该提出一个简短的需求说明书。

维护申请表是一个外部产生的文件，它是计划维护活动的基础。维护组织内部应该制定一个软件维修报告，报告应给出下述信息：

① 满足维护申请表中提出的要求所需要的工作量。

② 维护申请要求的性质。

③ 这项申请要求的优先次序。

④ 与修改有关的事后数据。

在拟订进一步的维护计划之前，把维护报告提交给维护授权人审查批准。

(3) 维护的事件流。它描绘了由一项维护申请而引出的一串事件。首先根据申请要求确定维护的类型。用户常常把一项要求看作为了改正软件的错误(改正性维护)，而开发人员可能把同一项要求看作适应性或完善性维护。当存在不同意见时，必须协商解决，如图 9-2 所示。

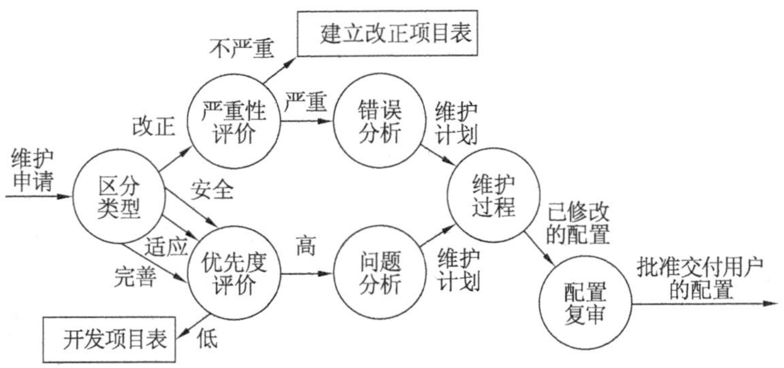

图 9-2　维护的事件流

从图 9-2 可知，一项改正性维护要求的处理，从估量错误的严重程度开始。如果是一个严重的错误，则在系统维护领导的指导下分派人员，并立即开始问题分析过程。如果错误并不严重，那么改正性维护将列入改正项目表中和其他要求软件开发资源的任务一起统筹安排。

安全性、适应性和完善性维护的申请要求沿着相同的事件流前进。首先确定每个维护申请要求的优先次序，并且安排要求的工作时间，就好像它是另一个开发任务一样。如果一项维护要求的优先次序非常高，可能需要立即开始维护工作；如果优先次序较低，则可列入后续开发项目表。

不管维护类型如何，都需要进行同样的维护过程。维护过程包括修改软件设计，复查、必要的代码修改、单元测试和集成测试、验收测试和复审。不同类型的维护强调的重点不同，但是基本途径是相同的。维护事件流中最后一个事件是复审，它再次检验软件配置的所有成分的有效性，并且保证满足了维护申请表中的要求。

当然，也有并不完全符合上述事件流的维护要求。当发生恶性的软件问题时，就出现所谓的"救火"维护要求，这种情况需要立即进行维护工作解决问题。如果对一个组织来说，"救火"是常见的过程，那么必须怀疑它的管理能力和技术能力。在完成系统维护任务之后，进行环境复查常常是有好处的。

（4）维护记录。无论故障大小，都应该及时地记录以下情况：故障的发生时间、故障的现象、故障发生时的工作环境、处理的方法、处理的结果、处理人员、善后措施、原因分析。这里所说的故障不只是指计算机本身的故障，而是对整个信息系统来说的。例如，由于数据收集不及时，使年度报表的生成未能按期完成；等等。同样，收集来的原始数据有错，这也不是计算机的故障，然而对这些错误的类型、数量等的统计数据是非常有用的资料，其中包含了许多有益的信息，对于整个系统的扩充与发展具有重要的意义。

在正常情况下的运行数据是比较容易被忽视的。因为发生故障时，人们往往比较重视对有关的情况及时记载，而在系统正常运行时，则不那么注意。事实上，要全面地掌握系统的情况，必须十分重视正常运行时的情况记录。如果缺乏平时的工作记录，就无从了解瞬时情况。如果没有日常的工作记录，表示可靠性程度的平均无故障时间指标就无从计算。

维护记录是维护管理员评价维护工作有效性的主要依据。建立维护记录遇到的第一个问题就是，哪些数据是值得记录的？一般维护记录主要应包括 3 方面的内容：

① 维护前程序的情况。例如程序的名称、语句或指令条数、所用的语言、安装启用日期，以及启用以来运行的次数和其中运行失效的次数等。

② 维护中对程序修改的情况。例如修改程序的层次和标识、因程序变动而增加和删除的源语句数、修改日期与修改人，以及每一项改动耗费的人时数。

③ 其他重要数据。例如维护申请单的编号、维护的类型、维护起止日期、耗用的总人时数、维护完成后产生的净收益等。

维护记录在每次维护完成后填写，它是软件配置的组成部分，也可以存入配置管理数据库，供需要时查询。应该为每项维护工作收集上述数据。

（5）维护活动评价。缺乏有效的维护工作记录就无法评价维护活动。如果已经开始保存维护记录，则可以对维护工作做一些定量度量。至少可以从下述几个方面度量维护工作：

① 每次程序运行平均失效的次数。

② 用于每一类维护活动的总人时数。

③ 平均每个程序、每种语言、每种维护类型所做的程序变动数。

④ 维护过程中增加或删除一个源语句平均花费的人时数。

⑤ 维护每种语言平均花费的人时数。

⑥ 一张维护要求表的平均周转时间。

9.2.3 系统软件文档维护

文档是软件可维护性的决定因素。大型软件系统在使用过程中必然会经受多次修改，所以文档比程序代码更重要。软件系统的文档可以分为用户文档和系统文档两类。

1. 用户文档维护

用户文档主要描述系统功能和使用方法，并不关心这些功能是如何实现的；一旦系统进行正确性、适应性和完善性维护，都必须对用户文档进行更正，否则随着信息系统维护的不断开展，软件与文档发生的偏差不断扩大。用户文档说明的内容与软件实际状况不一致，最终导致软件与文档都无法使用。因此，只要修改软件，就要及时修改用户文档的相应说明，保持软件与文档一致。

2. 系统文档维护

系统文档描述系统设计、实现和测试等各方面的内容，属于技术文档，是提供系统维护的重要资料。因此，当系统进行维护时，首先要阅读系统文档，才能全面了解需要维护的系统。当系统维护结束后需要及时更正系统文档，使系统文档正确、全面地记录系统设计的实际内容，便于系统后续的维护。

3. 文档维护要求

总的来说，软件系统文档应该满足下述要求：

① 必须描述如何使用这个系统，没有这种描述即使是最简单的系统也无法使用。

② 必须描述如何安装和管理这个系统。

③ 必须描述系统需求分析和设计说明。

④ 必须描述系统的实现和测试，以便系统成为可维护的。

9.3 系统维护管控

为保障信息系统安全、平稳运行，确保数据安全，必须依据相关法律法规和公司内部控制，制定相关的维护管理与控制规则。

9.3.1 信息管理部门与使用部门的职责

明确信息系统维护管理上的职责是做好维护管理与控制的基础性工作。当信息系统需要维护或在维护过程中发生冲突时，可有据协调，及时解决问题，提高维护效率。

1. 信息管理部门

信息系统的运行、维护、管控等工作统一由信息管理部门负责管理。信息管理部门负责日常系统硬件与系统软件的维护、设备保养、故障诊断与排除、易耗品的更换与安装，以及网络安全、环境保持、应急处理等工作。信息管理部门还要保证信息系统的安全、稳定运行，并做应急事故处理记录和运行维护记录。应急事故处理记录和运行维护记录必须由信息管理部门经理签字才能生效。需要委托进行维护的信息系统，还要经信息管理部门审查系统服务商资质，才能签订系统维护服务合同；如果是信息管理部门自行开展维护工作，应明确指定专人负责维护，并制定岗位职责。

2. 信息使用部门

信息系统使用部门负责系统的使用、用户管理、业务流程、业务工作标准、数据维护、数据使用安全、知识产权合法性使用，以及相关制度的制定和落实等工作。对有关数据的日常更新，还要做好运行操作记录，组织关键用户与一般用户进行培训和培训考核，并把培训记录和考核成绩提交人力资源部门备案。

9.3.2 系统变更维护管控

系统变更是系统维护的重要工作之一。为确保系统平稳、有效地工作，对用户提出的变更要求要采用“一等、二看、三通过”的方略。能不变更的尽可能不变，系统变更会影响系统的功能与性能。

1. 信息管理部门

当用户提出系统变更要求时，首先要求用户向总经理办公室提出书面要求，并填写系统变更表，需要申请部门分管副总签字后进入审批流程。审批通常交信息管理部门统一进行安排。系统变更完成后需要由申请部门相关人员签字确认。在系统运行管理中，信息系统操作人员不得擅自进行软件的删除、修改等操作；不得擅自升级、改变软件版本；不得擅自改变软件系统的环境配置。对此，信息管理部门可以利用技术手段防止操作人员的擅自安装、卸载软件或者改变软件系统配置等违规作业。信息管理部门需要定期进行检查，并通报批评违规操作，做好宣传教育，对教育不改人员应当给予相应处分。

2. 信息使用部门

系统使用部门(单位)会同信息管理部门按照业务需求，对业务流程与系统功能进行评价。需要重大改进的，提出系统升级报告，提交公司分管业务副总经理签字确认，报信息主管和财务总监审核，由企业管理信息化领导小组审批。系统使用部门(单位)还要会同信息管理部门组织系统升级的实施和验收。对于操作系统、数据库系统用户的新增、变更，须填写系统用户申请表，经信息管理部门审批后，被赋予唯一的用户名、用户 ID(UID)，方可进入公司信息系统进行系统使用，否则无权进入系统进行操作。信息管理部门经理每季度对用户管理情况至少审核一次，对异常情况填好系统用户记录表。

9.3.3 信息系统数据安全管控

信息系统数据的安全管控主要由信息管理部门负责。信息系统数据的安全管理主要包括日常备份和恢复等工作。

(1) 数据保密性管理。在重要数据的处理过程中，被批准使用数据人员以外的其他人员不应进入机房工作。数据处理结束后，应及时清除不能带走的作业数据。妥善处理打印结果和信息载体，任何记有重要信息的废弃物在处理前应进行粉碎。未经允许，不准将机房设备、维护用品、软盘、资料等私自带入和带出机房，如有特殊情况，需经负责人同意并进行登记后方可带入和带出。

（2）数据备份管理。信息系统必须每日进行系统数据库自动备份，同时还应做完整性检验。每周进行一次手动备份到移动硬盘或其他电脑的硬盘。对于特别重要的数据，每两周一次由专人将移动硬盘送往银行保管箱予以存放，并填写数据备份记录表，由负责系统维护人员及信息管理部门经理签字。每年进行一次备份的恢复性测试，并填写数据恢复性测试记录表，由信息管理部门经理签字确认。

9.3.4 系统维护及机房管控

外来人员对硬件系统维护时，须填写外来人员进入机房审批表，经信息管理部门经理签字批准后方可进行维护。当外来人员对软件系统进行维护时，须填写应用软件维护表，经系统使用部门（单位）负责人和信息管理部门经理签字批准后方可进行维护操作。

机房所有工作人员须经信息管理部门经理授权并凭门禁卡进出机房，外来人员进入机房统一由信息管理部门专人陪同，陪同人员全面负责外来人员的行为安全，并做好安全防范工作。进出机房工作人员的授权定期（季度）由信息管理部门经理进行复核并做记录。

机房管理人员应熟知机房内设备的基本安全操作规程。不定期对运行设备进行测试和保养，由专人负责机房内设备的保养和备品、配件、资料、盘片等的保管，并登记造册，保证备用设备完好，可供随时投入使用。机房设备损坏应立即投入备用设备，并汇报领导，及时联系修复，做好检修记录。机房工作人员应学习常规的用电安全操作和相关知识，了解机房内部的供电、空调、用电设施的操作规程。在外部供电系统停电时，机房工作人员应做好停电应急工作。

机房工作人员应熟悉机房内部消防安全操作和规则，了解消防设备操作原理、掌握消防应急处理步骤、措施和要领。不定期进行消防演习、消防常识培训、消防设备使用培训。如发现消防安全隐患，应即时采取措施解决，不能解决的应及时向相关负责人员汇报。

9.3.5 防网络攻击和防病毒管控

网络运行维护人员在发现可疑网络攻击和入侵迹象时，必须尽快处理并记录，在必要时请示主管部门领导，组织技术力量进行如下处理：

（1）分析判断。对可疑攻击和入侵行为进行必要的观察与分析，以判别其是否属于攻击或入侵行为。

（2）入侵或攻击的中止。经过分析，在必要时，应立即断开网络连接，将遭受攻击的网段隔离出来。采取有效措施，终止对系统的破坏行为。

（3）记录和备份。记录发现网络入侵或攻击的当前时间，备份系统日志及其他网络安全相关的重要文件，保存内存中的进程列表和网络连接状态，并且打开进程记录功能。

（4）如果系统受到严重破坏，影响网络业务功能，立即调用备份恢复系统。

（5）对该入侵或攻击行为进行大量的日志、分析工作，同时竭尽全力地判断寻找攻击源。

（6）将入侵的详细情况逐级向主管领导和有关主管部门汇报并请示处理办法。

各使用人或部门应采用信息管理部门批准的查毒、杀毒软件，包括服务器和用户端的查毒、杀毒软件。禁止使用来历不明、未经杀毒的软件，不得阅读和下载来历不明的电子邮件或文件，严格控制并阻断计算机病毒的来源。经远程通信传送的程序或数据，必须经过检测确认无病毒后方可使用。网络管理员应至少每周进行一次自动的全系统病毒扫描，每天定时自动检查更新病毒定义文件。对于发现的病毒，要有相关信息提示，并自动发送到相关管理人员处。信息管理部门应利用操作系统、数据库系统、应用系统提供的安全机制，设置参数，保证系统访问安全。

信息管理部门负责日常网络与硬件的监控，通过监控系统对网络链路带宽做实时监控，并在需要时做相应的调整。对核心服务器和网络设备做活跃性测试监控，主要是针对设备的网络活动，系统的应用服务等做好监控。外部网络的访问必须要通过防火墙，制定相关防火墙安全策略及防火墙配置标准。

本章小结

本章详细介绍了信息系统维护工作的重要性、维护组织、维护类型和维护工作过程，强调信息系统维护是信息系统日常运行的重要工作内容，也是系统不断适应用户需求，提高用户对信息系统满意度的重要工作。本章还详细介绍了文档维护和系统维护管理的方法、过程和内容。

研讨

1. 系统维护有哪几种？它们各有何特点？
2. 为什么要进行系统维护？
3. 如何开展系统维护？
4. 为什么要进行文档维护？
5. 怎样管控系统维护？

第10章 管理信息系统的评价

无论信息系统研发采用何种先进的信息技术，用户需求分析如何精准，系统设计如何巧妙，随着技术进步、社会发展，以及人们对信息系统需求的不断提高，原有信息系统的功能与性能都将逐渐不能满足人们与时俱增的需要。如何正确评价信息系统的运行效率、效益和效应是管理信息系统研发工作的重要环节，也是信息系统获得重生的推动力。

10.1 系统评价概述

信息系统评价贯穿于信息系统全生命周期的各阶段，完成信息系统研发并交付用户使用一段时间后或者是购置的商品化信息系统实施后，不仅需要对系统进行阶段性验收，而且需要对系统运行情况进行日常验证性评价。

10.1.1 系统评价的内涵

系统评价是对新研发的或改建的管理信息系统，根据系统预定的目标，从技术、经济、社会、生态等方面对系统进行评审，以确定系统状态。在信息系统生命期的不同阶段，信息系统评价目的、评价内容、参与评价人员各不相同。

1. 系统规划阶段评价

在系统规划阶段，首先要全面调研信息系统承建单位。通过收集相关信息，对企业现状进行测评，正确定位企业管理信息化的水平，然后才能为制定出正确有效的规划目标提供科学依据。

2. 系统分析与设计阶段评价

在系统分析与设计阶段，主要评价系统分析制定的逻辑方案和系统设计确定的物理方案是否可行，为企业信息化领导审批系统分析报告与系统设计说明书提供决策依据。

3. 系统实施阶段评价

信息化项目实施是一项技术性强、投资大、时间长、影响面广的复杂系统工程，而且由于系统故障的隐蔽性，对承建单位影响的潜在性等因素，需要加强对信息系统实施过程的监控。对每项工作做好相关文档记录与测评意见反馈，确保信息系统高质量地实施成功。

4. 系统运行管理阶段评价

不仅要做好信息系统运行过程记录，还要对系统运行状态进行监控，防止系统运行失控。同时定期对信息系统的功能与性能进行自评检测，判断其是否满足用户的现实需要。当系统已运行2～3年，或企业做过重大调整后急需组织信息系统评价小组，对现行系统进行全面诊断，也可以委托信息技术与信息系统第三方咨询公司进行诊断，避免信息系统隐患积聚，给企业造成严重后果。

在信息系统评价过程中，由于各个国家的社会制度、资源条件、经济发展状况、教育水平和民族传统等各不相同，所以没有统一的系统评价模式，信息系统评价指标、评价标准和评价方法也不尽相同。

10.1.2　系统评价的作用

系统评价是系统保持生命活力的主要手段，也是预防系统崩溃的重要环节。信息系统的每项活动都必须隐含着评价的意识，鉴定系统活动是否正常。

1. 系统评价的重要性

根据信息系统生命周期的不同阶段，信息系统评价的作用有所不同。以管理信息系统研发项目为评价核心，分为项目的事前（规划、分析和设计）评价、事中（实施）评价、事后（验收）评价和跟踪（日常）评价。

（1）事前（规划、分析和设计）评价。在规划、分析和设计阶段，评价的目的主要是为了正确、全面、客观和科学地了解企业信息化水平，为制定信息系统规划方案提供实际状况依据，为提高信息系统应用成功率提供基础。通过系统评价可以揭示新系统方案可能存在的隐患，降低信息系统研发风险。

（2）事中（实施）评价。在信息系统实施过程中，由于企业性质、企业文化、企业主营业务、企业管理制度、企业规模等因素造成信息系统的多变、动态和复杂性，而且对信息管理的思想、方法和软件功能与性能等诸多理论还没有统一定论，因此既没有系统实施的标准，也没有系统实施的规范，世界各著名软件公司都给出了各自的实施方法。但是，系统实施是否能达到系统目标，需要加强过程监控。在实施阶段进行评价时，着重检验是否按照预定的方案实施，例如：依据项目实施计划，对项目实际实施进度进行评价。

（3）事后（验收）评价。在系统实施即工程完成之后需要进行验收评价，主要从技术、经济和社会的视角评价系统是否达到了预期目标，为系统鉴定、结题、验收提供科学合理的依据。

（4）跟踪（日常）评价。系统实施后测评是目前研究成果最多的。从政府的宏观经济层面到企业的微观应用层面都十分关注系统运行过程的测评，通过系统评价验证信息系统研发项目的有效性，因此这类测评方法被普遍应用。

事实上，通过对信息系统实施前、实施中和实施后的全过程测评研究，可以为信息系统提炼出有效、简便的测评方案，对成功实施信息系统起到保驾护航的重要作用。

2. 系统评价目的

信息系统评价是一项十分复杂的工作，站在不同视角，评价的结果往往不同，甚至相反。因此，在信息系统评价时，首先要制定出科学合理的系统评价目的。信息系统评价的主要目的是下面列出的其中几条或全部：

① 测试信息系统的目标、功能和各项指标是否达到了期望的要求。

② 检查信息系统中各种信息资源的利用情况是否达到用户的要求。

③ 分析信息系统研发所花费的成本和系统运行后所带来的经济效益，进行投入产出比研究。

④ 综合分析，得出评价结果，指出新系统存在的比较薄弱环节，提出进一步改进意见。

10.1.3 系统评价的依据

系统评价既是一项阶段性工作，也是一项持久性的工作。在信息系统生命周期的不同阶段，其评价的依据也不相同。从系统评价依据视角来分，可以把系统评价分成验收性评价和诊断式评价。

1. 验收性评价依据

管理信息系统项目结束前，对系统规划、系统分析、系统设计和系统实施等工作都需要进行验收性评价。这类验收备受关注，直接影响到承建部门、研发部门的经济利益。尤其是政府投资建设的项目，会影响到政府对企业管理信息化的标杆示范效应。以何种标准评价系统是具有争议的工作，采用标准不同，制定的评价指标体系和选用的评价方法不同，直接影响评价结论。通常被采纳的评价依据主要有如下几方面提供的资料：

(1) 系统分析报告。即依据系统分析时确定的，并以项目合同的形式固定下来的系统目标、系统功能、系统结构和系统性能。它具有法律效力。

(2) 软件质量标准。软件质量标准是通用的软件验收依据。但是可借鉴的软件质量标准涉及面广、内容繁杂，需要根据系统规模、企业需求等因素裁定和解释。

(3) 系统运行记录。系统运行记录能真实地描述系统现状，客观地反映系统的全貌。系统运行记录不仅有定性的描述，还要有定量的记录，反映系统运行的技术性、经济性和环境性等内容。

2. 诊断式评价依据

一般在一个系统运行过程中需要积累相关数据，为系统功能、性能、效率和效益等评价提供依据，这也称为系统运行实际状态测评。系统诊断式评价的主要依据是系统运行的异常记录和用户对系统功能与性能改进的相关需求。用户需求不能只是简单的功能需求，而且还需要有明确的性能需求，为系统评价提供依据。诊断式评价往往采用企业内部自评的方式，主要考虑对企业管理水平、系统性能、企业的经济效益和其他方面的影响因素。

(1) 企业管理水平评价。这主要指管理者对系统认识和管理工作的检查，包括领导和各级管理人员对系统的认识水平，使用者对系统的态度，管理机构是否健全，规章制度的建立和执行情况，外部环境对系统的评价等。

(2) 系统性能评价。这主要评价系统效率和衡量系统先进性的重要指标，包括系统信息的总体水平，系统功能的正确性，可靠性与准确性，系统功能的范围和层次，信息资源开发与利用的范围和深度，系统的质量，系统的安全和保密性，系统文档的完备性等。

（3）企业经济效益的评价。这主要是系统的效果和效益，包括直接评价和间接评价两个方面。直接评价包括系统的运行费用和系统运行所带来的新增效益。间接评价包括对企业形象的改观，对员工素质提高所起的作用，对企业体制与组织结构的改革，对管理流程优化所起的作用，对企业各部门间、人员间协作精神加强所起的作用等。

10.2　系统评价的过程与方法

系统评价直接关系到企业信息化工程的发展，涉及信息系统建设单位与承建单位的切身利益。系统评价过程要透明，评价方法选择要科学、合理和可行。

10.2.1　系统评价过程

依据信息系统实施过程，系统评价总体上可以分成系统实施前的评价、系统实施过程评价和系统实施后的评价，在系统实施后系统运行过程中的评价又可以分成系统项目结束的验收性评价与运行状态诊断式评价。无论对系统评价出于什么目的，或信息系统处于什么阶段，系统评价一般会经过评价前的准备、实施评价和给出评价结论 3 步进行，如图 10-1 所示。

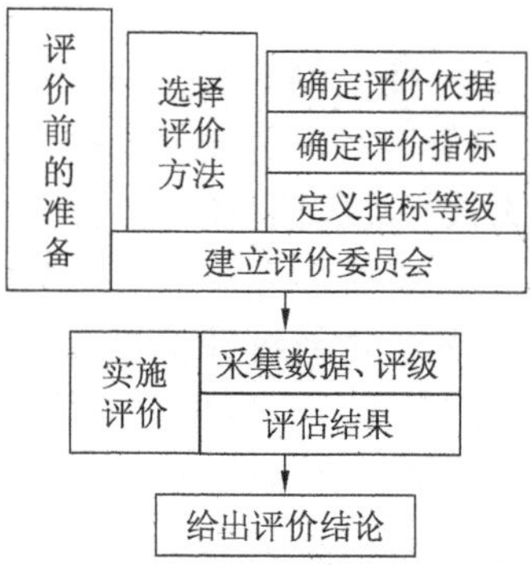

图 10-1　系统评价过程

1. 准备工作

系统评价前要做大量的准备工作，准备工作直接影响到系统评价后续工作的顺利开展。系统评价准备主要完成如下工作：

（1）建立系统评价委员会。无论采用什么评价方法，最终仍然需要人工确定评价结论，需要建立系统评价委员会。对于系统运行后的自诊断式的评价，可以由信息管理部门组建评价小组。在选择系统评价专家时不仅要充分考虑专家的权威性，还要考虑专家知识的综合性。所以，一般邀请管理专家、信息技术专家、企业所属行业专家和信息化专家等担任系统评价委员会成员。一个单位往往只能邀请一位专家，专家的单位可以来自信息系统研发单位、信息系统承建单位、企业主管部门和高校等单位。

（2）选择评价依据，定义质量需求，构建评价指标体系。任何应用问题都有其应用环境，应用环境为软件的运行提出了质量要求。因此，要想做好软件质量评价，必须在开发前定义其质量需求。质量需求包含问题规定的或隐含的需求、选定标准和其他技术等方面的信息。

（3）选择质量度量和定义指标等级。一般情况下，我们不可能对质量特性都进行直接度量，对选择的软件质量特性加以定量度量。因此，取得软件特征度量值后还要将其映射到某个尺度上，作为评价的基础。当特性度量值不能直接以数值方式表达（例如对软件质量的满意程度）时，可以将这些尺度分割成若干个满足不同需求程度的区域，例如可分为优秀、良、合格、不合格这几个等级。

（4）定义评估标准。为了评估软件质量，必须把不同特性的评价结果加以归纳，为此评价者要制定评价标准和评价方法,例如采用判定表或加权平均法。

2. 实施评价

实施评价工作往往时间短、工作量大,需要有计划地开展。评价的实施可分数据采集、评级和评估3步来完成。

(1) 数据采集。根据选定的评价指标,在校准系统运行设定环境下,从现场或提供的文档资料中获取相关数据。要求提供的资料必须是真实有效的,现场环境是稳定、可靠、可测的。采集数据过程是把准备好的指标度量应用到软件产品上,测量结果就是指标尺度上的值。例如,软件占用存储空间,查询运行时间等。

(2) 评级。确定某一测量值的等级,对指标进行标准化处理,取消不同指标之间不同阈值的差异。如存储空间的单位是 MB、GB、TB 等,软件运行速率的单位是 MPS,运行时间的单位是 s 等。通过等级量化,对指标进行综合评价。

(3) 评估。首先按指定的评价方法对指标值评级,然后对获得的各指标等级进行处理,提炼、归纳出各个因子的等级,写出系统评价报告。评估很重要,在软件质量评价时,为了使提供的报告具有权威性,往往请具有相应资质的鉴定中心测评,给出鉴定报告,也可以对评价的对象提供已经获得的各种荣誉、专利、著作证书。对于软件研发公司或软件经销商,还可以提供相关的成功案例作为评估的参考依据。

3. 评价结论

最后,由系统评价委员会考虑环境、时间、成本和效益等因素,根据管理准则判定该管理信息系统研发项目应用是否可通过验收,或者管理信息系统软件产品是否可行,自诊断系统是否需要更新、改造和维修。对于实施前的评价,提出企业信息化现状存在的主要问题和已经达到的信息化水平等结论。

10.2.2 信息系统评价方法

信息系统的提供商或软件研发公司、被实施企业和地方政府等处于不同的角度,对信息系统绩效的测度指标和追求目标往往不一致。一般情况下,测评对象是企业,企业的各种效益是综合因素的结果。企业绩效受外部市场环境的影响很大,无法简单地从企业整体的综合绩效中剥离出信息系统单独产生的效益,因此对信息实施效益的评价存在着很大的争议。目前常用的评价方法是专家评估法、技术经济评估法、系统评估分析法、ABCD 测评法、平衡记分卡法和模糊综合评判法等。

1. 专家评估法

这是一种最常用的系统评价方法。由专家根据本人的知识和经验进行评价。常用的有特尔斐法、评分法、表决法和检查表法等,这类评价方法往往应用于系统实施后,对系统进行验收性评价。

(1) 特尔斐法。20 世纪 60 年代,美国兰德公司的 O. 赫尔墨和 N. 达尔基提出了特尔斐法。这是用书面形式广泛征询专家意见,以预测某项专题或某个项目未来发展的方法,又称专家调查法。这种方法随即得到广泛应用,并出现了多种改进形式。

(2) 评分法。评分法一般指点数法,是目前大多数国家最常用的评价方法。这种方法起源于对职位的各要素打分,用分数评估职位的相对价值,并据以定出工资等级的一种技术方法。这种方法要预先选定若干因素,并以一定分值表示某一因素。然后按事先规定的衡量标准,对现有评价对象的每个因素逐一评比、估价、求得分值,经过加权求和,最后得到评价对象的总分值。

(3)表决法。表决法也称博尔达计数(Bolda Points)法。该方法首先给每个备选方案按照偏好次序依次排列打分,分值从1到M,分数最高为M,最低为1,然后计算各个方案的总分,分数最高者胜出,方案可以通过。

(4)检查表法。检查表强调"用数据说话"。这种方法简单,数据处理方便。检查表在记录时只做"有""没有""好""不好"的标记。

2. 技术经济评估法

以价值的各种表现形式来计算系统的效益而达到评价的目的。如净现值法(NPV法)、盈利指数法(PI法)和内部报酬率法(IRR法)等。这种评价方法往往应用于系统实施前,对信息系统建设方案选择性评价。

(1)净现值法(NPV法)。这是评价投资方案的一种方法。该方法是利用净现金效益量的总现值与净现金投资量算出净现值,然后根据净现值的大小评价投资方案。净现值为正值,投资方案是可以接受的;净现值是负值,投资方案就是不可接受的。净现值越大,投资方案越好。净现值法是一种比较科学也比较简便的投资方案评价方法。

(2)盈利指数法(PI法)。盈利指数法是能够用于评价资本预算项目的一种对货币的时间价值进行调整的方法。盈利指数(Profitability Index)是指初始投资以后所有预期未来现金流的现值与初始投资的比值。盈利指数(PI)=未来现金流量现值/初始投资=1+净现值/初始投资。若盈利指数≥1,则项目可行;若盈利指数<1,则项目不可行。

(3)内部报酬率法(IRR法)。这是评价长期投资方案可行性的一种重要方法。通过计算备选投资方案的内部报酬率,并与一定标准(如资金成本)对比进行决策。由于它能反映各投资方案自身的报酬率,有利于在不知道折现率的情况下比较各投资方案,故该方法的应用得到了充分的肯定。

3. 系统评估分析法

对系统各个方面进行定量和定性的分析来进行评估。如成本效益分析、决策分析、风险分析、灵敏度分析、可行性分析和可靠性分析等。

(1)成本效益分析。成本效益分析是通过比较项目的全部成本和效益来评估项目价值的一种方法,成本效益分析作为一种经济决策方法,将成本费用分析法运用于计划决策之中,以寻求在投资决策上如何以最小的成本获得最大的收益。这种方法常用于评估需要量化社会效益项目的价值。

(2)决策分析。一般指从若干可能的方案中通过决策分析技术,如期望值法或决策树法等,选择其一的决策过程的定量分析方法。

(3)风险分析。在研发新的信息系统过程中,由于存在许多不确定因素,信息系统研发失败的风险是客观存在的。因此,风险分析对于信息系统项目管理是决定性的。风险分析实际上就是贯穿在信息化工程过程中的一系列风险管理步骤,其中包括:风险识别、风险估计、风险管理策略、风险解决和风险监督等。

(4)灵敏度分析。研究与分析一个系统(或模型)的状态或输出变化对系统参数或周围条件变化的敏感程度的方法。在最优方案选择中,经常利用灵敏度分析来研究原始数据不准确或发生变化时最优解的稳定性。通过灵敏度分析还可以决定哪些参数对系统或模型有较大的影响。

4. ABCD 测评法

ABCD 检测表是由美国 Oliver Wight 提出的，利用该表进行测评是企业实施信息化绩效评价最有影响力的常用方法，至今已经进行了 4 次改版，检测的内容越来越完善、全面。第 4 版检测表已经不再是一个测评表，而是一个复杂的指标体系。在测评前首先根据企业的规模和信息化程度进行设计、选定测评指标。对测评的每个指标均分成 4 个等级，并明确每个指标的不同状态的取值方法，然后累加各个指标得分，给出综合得分，由这个分值判别企业信息系统实施绩效处在 A、B、C、D 中的哪一个状态。

ABCD 检测表的发展由第 1 版改进到现在的第 4 版，经历了从简单到复杂的过程。在第 4 版中明确了测评内容、方法、评分标准和等级判别方法。从理论上看简便、易懂，但是在实际操作过程中，由于企业缺乏企业信息化的专业知识，对检测表提出的问题或者不能正确回答，或者在信息化过程中根本没有记录相应的数据，通过第三方的专家来评判，存在很大的片面性。因此，该方法在应用过程中需要获得专家的帮助。

5. 平衡记分卡法

平衡记分卡法是罗伯特·卡普兰与戴维·诺顿发明的，用于评价组织中系统性能的方法。平衡记分卡法是从组织的多战略目标中抽象出来的多个具体指标，如财务指标、用户指标、学习与创新指标，以及企业内部流程指标，集合起来形成一个指标体系。平衡记分卡法明显优于采用一个或一种类型指标的评估方法，它把多个指标整合起来，综合用于评估过程。

平衡记分卡法不是指标体系的简单综合，而是从空间立体的角度审视企业信息化的绩效，不仅通过指标较全面地反映了企业信息化的状态，而且较深刻地描述了信息化企业的内部机制变化，能够更确切地表达企业信息化的本质。但是，由于企业信息化基础不同，信息化对企业的影响也不同，信息化绩效评估不仅影响企业直接的经济效益，而且会影响更深远的企业战略目标的实施、企业竞争优势的发挥、竞争能力的提高和产品的潜在市场能力的增强。因为这种综合素质的提高存在着滞后性，所以应用平衡记分卡法的结果只能是反映企业当前的各种指标值。

6. 模糊综合评判法

模糊综合评判法（Fuzzy Comprehensive Evaluation，简称 FCE）是在 L. A. Zadeh 提出模糊集合概念的基础上，引用模糊数学理论，评价受多种不确定因素的影响对象。用隶属函数作为桥梁，将不确定性在形式上转为确定性，即将模糊性加以量化，从而为模糊不确定性问题的解决提供了有效的数学工具。目前模糊综合评判法已经在综合评估与决策、模糊规划、模糊可靠性分析、模糊控制等领域得到了广泛的应用。模糊综合评估法能较好地用于涉及多个模糊因素的对象的综合评估。

在复杂的系统中，需要考虑的因素很多，因素还要分成若干层次，形成评判树状结构，对各层次的因素划分评判等级，各层次划分的评判等级数目应相同，上一层次与下一层次划分的评判等级要有单一的对应关系，以便数学处理运算，并确定各因子的隶属函数，求得各层次的模糊矩阵。评判顺序为：首先进行最低层次的模糊综合评判，其次由最低层次的评判结果构成上一层次的模糊矩阵，再进行上一层次的模糊综合，依此自下而上逐层进行模糊综合评判,最后得到系统总体的综合评判结果。

10.3 系统评价的关键指标

信息系统评价指标不仅是定性或定量地反映系统的构成、功能和性能,也是对系统设计思想及设计师智慧理解程度的反映,更是系统考核、验收和维保的重要依据。

10.3.1 评价指标的制定原则

制定信息系统评价指标应当组织信息系统承建方、使用方和主管部门一起深入讨论。在弄清楚实际用户需求和信息系统定位的基础上,进行全面权衡以决定评价信息系统的指标体系构成。并从实际对象、实际方式及技术水平等因素出发,通过指标体系对信息系统各组成部分的实际技术与使用要求进行充分论证。这种指标体系能够体现信息系统的组成构架、信息系统的功能和性能要求。对信息系统的评价要定性和定量相结合、主观和客观相结合。制定信息系统评价指标体系需要遵守如下原则:

(1) 完整性和准确性。以系统的观点描述系统的功能和系统构成。前者分解定义系统的能力,后者为能力的实现提供了物质基础。在描述系统时,应当从系统的视角进行无缝划分系统构成与功能,并注意对传统的技术规范进行归纳和整理,突出在系统层次的考量,强化系统的全局和整体观点。

(2) 层次性。对于在不同阶段(如子系统规划阶段和系统实施阶段)都要给出不同指标要求,而这项工作正是系统总体的一项重要任务。针对不同侧面分别制定出不同层次的指标,形成指标之间的树型结构。

(3) 实用性。企业信息化是一个过程,需要逐步完善。信息系统项目是信息化过程中的一个阶段,因此,在构建系统评价体系时,要根据信息系统项目实际的需求出发,有侧重地抓关键因素,不能面面俱到。

10.3.2 研发过程的评价指标

2003年我国发布了《制造业信息化工程2003年度应用软件产品测评规范》,这是国家制造业信息化工程标准化工作的重要组成部分。制定本规范旨在为制造业信息化工程2003年度应用软件产品测评工作的开展提供技术指导和技术规范支持,实现对制造业信息化工程应用软件产品的公平、公正、科学、客观的评价。该规范共分三部分,其中第三部分规定了ERP软件产品测评的基本功能、扩展功能、性能和用户文档4个方面的测评指标,并对ERP软件产品测评给出了评定细则。ERP系统是管理信息系统的典型大型软件产品,因此,对ERP系统的评价指标也是对一般管理信息系统评价指标构建的基础和重要参考,具有指导性意义。

1. 功能测评指标

功能测评指标是描述ERP系统已经具有的功能情况,功能指标分为基本功能测评指标和扩展功能测评指标。基本功能是衡量系统是否已经具备ERP系统的功能,扩展指标是对ERP系统的进一步要求。

(1) 基础数据管理。全面测评ERP系统运行的基础数据可操作性和完整性。

① 物料清单(BOM)数据。即测评产品结构数据的生成与维护。在工程变更时能够对BOM进行修改,提供修改方法,或者从E-BOM生成(或建立)M-BOM功能。例如,单级BOM展开、多级BOM、单级BOM反查、多级BOM反查;产品结构数据复制,即利用已有的产品结构,通过复制,建立新的类似产品的BOM。

② 工艺路线数据。建立项目和需求资源关系的工艺路线基本信息文件,维护工艺路线基本信息文件(工作中心、工序数据),如工序数据管理,工时定额维护,批号追踪,工作中心维护。

③ 财务数据。测评系统是否有会计科目管理、会计期间管理和凭证类型管理功能。

会计期间指人为规定的会计信息的提供期限。它可以定期反映企业的经营成果和财务状况,向有关方面提供会计信息,会计核算应人为地把持续不断的企业生产经营活动划分为一个个首尾相接、间距相等的经营期间。

(2) 生产管理。测评ERP系统具有生产管理功能情况。

① 主生产计划。测是否具有主生产计划编制、主生产计划调整、MPS粗资源平衡、主生产计划反馈与查询等功能。

② 物料需求计划。测MRP计划自动生成、编制与调整(顺排或倒排MRP计划等);物料需求计划可行性和平衡分析(包括独立需求和相关需求的可行性与平衡分析);物料需求计划、计划生产订单等的查询;计划生产订单确认、计划请购单确认、拖期订单报告等功能。

③ 能力需求计划。测能力需求计划计算、能力负荷计算、车间部门负荷及工作中心负荷等的计算功能。

④ 生产订单管理。测生产订单维护、查询;生产订单标准成本重估;生产订单的下达;生产订单缺料报告;生产领料单的生成、维护、审批等功能。

⑤ 生产作业管理。测作业计划的编制与维护;调度计划编制与维护;作业计划查询、作业计划统计等功能。

⑥ 生产工序管理。测工序转移、启停和完工处理;工序进度查询、反馈;工序异常处理与报告(例如拖期报告、返工报告、废品报告、停工报告等)功能。

⑦ 生产统计。测关键工作中心效率报告、生产订单效率报告、员工效率报告、返工报告、生产计划完成情况统计功能。

(3) 采购管理。测评ERP系统具有采购管理功能的情况。

① 采购计划管理。测采购计划编制与维护、请购单管理等功能。

② 供应商管理。测供应商等级分类、供应商信息定义、供应商信息维护、查询等。供应商评定审核管理功能。

③ 采购订单管理。测供货信息管理、采购订单维护、到货、退货处理、订单统计查询等功能。

④ 价格管理。测物料定价因素、价格变更的程序、最高单价控制、询价管理功能。

⑤ 到货/验收管理。测到货管理功能、验收入库的管理、收货方式、退货管理功能。

(4) 销售管理。测评ERP系统具有销售管理功能情况。

① 销售预测。测提供销售量的预测、预测订单管理功能。

② 销售计划。测销售计划编制与维护(销售年、月计划)、部门销售计划、推销员销售计划编制与维护功能。

③ 询价与定价管理。测价格管理、价格策略管理、下达报价单为销售订单功能。

④ 销售合同管理。测销售合同编制与维护、合同发货、结案管理、销售明细账查询、合同的执行情况、拖期情况查询等功能。

⑤ 用户管理。测用户信息收集与分类、用户信息分析与查询功能。

⑥ 查询统计。测销售欠款查询、售后服务分析、销售计划完成情况分析功能。

⑦ 分销管理。测销售订单、配货方案功能。

⑧ 退货管理。测退货作业管理、销退账务处理、退货流程控制功能。

(5) 库存管理。测评 ERP 系统具有库存管理功能情况。

① 入库管理。测库存属性设置、采购入库管理、生产入库管理、调入入库管理功能。

② 出库管理。测销售出库管理、生产出库管理、调出出库管理、批次处理和转库处理功能。

③ 盘点与结转。测库存盘点、库存结转等功能。

④ 库存分析。测库存变动情况分析、库存物料 ABC 分类管理、库存预警(例如库存超期报警、库存超限报警、库存进价超限报警等)功能。

⑤ 库存查询。测库存月报表查询与输出、物料收发台账查询、物料入库和出库登记表输出与查询、库存情况查询等功能。

(6) 财务管理。测评 ERP 系统具有财务管理功能情况。

① 总账管理。测记账凭证输入和登记、日记账、明细账、总分类账、其他报表编制等功能。

② 应收账。测应收款管理、欠款用户管理、支票管理、发票管理等功能。

③ 应付账。测应付款管理、供应商管理、支票管理、发票管理功能。

④ 成本核算。测标准成本计算、实际成本计算、产品成本分析、目标成本分析、产生成本有关报表功能。

⑤ 固定资产管理。测固定资产账目、固定资产变动处理、固定资产折旧、固定资产账表查询等功能。

⑥ 工资管理。测工资核算、工资分配等功能。

⑦ 财务报表。测损益表、资产负债表、现金流量表功能。

(7) 质量管理。测评 ERP 系统具有质量管理功能情况。

① 检验标准管理。测抽样标准维护、检验标准维护、质量标准体系管理、供应商认证功能。

② 检验计划管理。测进货检验计划、生产零件检验计划、装配过程检验计划、产品检测检验计划功能。

③ 检验过程管理。测进货检验、过程检验、成品检验、出货检验功能。

(8) 设备管理。测评 ERP 系统具有设备管理功能情况。

① 设备维护及运行。测设备维修记录、设备保养记录、设备运行记录、设备事故记录、设备精度检测、设备台账维护功能。

② 设备维护计划。测维修计划维护、保养计划维护功能。

(9) 人力资源管理。测评 ERP 系统具有人力资源管理功能情况。

① 人事管理。测员工基本信息、人事状况统计表、人事变动管理、教育、培训、社保管理与劳动合同管理功能。

② 人力资源战略。测人力资源计划、人力成本预算管理功能。

③ 职务职能管理。测组织结构设计、岗位信息管理功能。

(10) 系统维护管理。测评 ERP 系统具有系统维护管理功能情况。

① 系统权限管理。测权限定义与维护、权限分配、角色管理功能。

② 数据维护。测数据导入导出、数据库备份与恢复功能。

还要测评 ERP 系统对于财务管理、人力资源管理、设备管理及质量管理,是否可以有各种不同的具体实现方法,既可以由 ERP 软件单独实现,也可以由 ERP 软件与其他专业软件相集成的专业模块来实现。

2. 性能测评指标

性能测评指标反映了 ERP 系统软件在不同环境、不同条件下能保持正常运行或软件产品具有的能力。这些指标同样也适用于其他管理信息系统的评价。

(1) 可靠性。测 ERP 系统能屏蔽用户操作错误;运行错误不会导致系统异常退出;操作权限控制安全可靠;具备数据备份及数据恢复能力;软件能进行输入有效性检查;无损坏数据软件的现象;提供运行日志管理;与其他软件的兼容性(安装运行后对系统中其他程序不产生破坏性的影响);系统故障恢复(网络中断、断电后自动恢复);系统运行稳定能力。

(2) 易用性。测 ERP 系统具有的菜单、工具栏随所进行的操作变化;具有联机帮助功能;对用户操作的实时引导;界面风格简洁一致,布局合理;软件具有可配置能力(例如显示界面、显示格式、报表格式等可以调整);软件易安装能力。

(3) 集成性。测 ERP 软件系统各模块之间应实现数据共享、ERP 系统各业务流程的集成、与 CAD 系统的集成、与 CAPP 系统的集成、与 PDM 系统的集成、与 SCM 的集成、与 CRM 的集成能力。

(4) 可扩展性。测 ERP 系统具有数据结构可修改扩充、系统功能可配置能力。

(5) 可维护性。这是一个明显的指标,系统的维护、扩充、修改是日常工作。

(6) 准确性。测信息系统提供的信息是否真实。

(7) 及时性。测信息是否及时提供并能使用。

(8) 友好性。测用户使用信息系统是否方便,人机界面是否友好。

(9) 共享性。测本系统的共享程度。

3. 用户文档测评指标

用户文档测评指标反映了 ERP 系统软件提供用户资源的完整、规范和标准等特征。所有管理信息系统都必须建立完整的文档资料,因此,用户文档测评指标同样适用于其他管理信息系统的评价。

(1) 用户文档完整程度。测评 ERP 系统软件产品的用户文档是否参照国家标准 GB/T 8567—1988《计算机软件产品文件编制指南》中用户手册的内容编写,并保证内容的完整性;用户文档中是否包括全部软件功能、业务流程和计算过程的说明;是否可以提供在线帮助。

（2）描述与实际功能的一致性。测随ERP系统软件产品用户文档描述的功能与软件实际功能是否保持一致。

（3）用户文档的易理解程度。测随ERP系统软件产品用户文档的文字描述是否条理清晰、易于理解；用户文档对关键重要的操作是否配以图例说明；用户文档是否采用了中文编写；对主要功能和关键操作是否提供应用实例。

（4）ERP软件系统实施指南。测随ERP系统软件产品的用户文档中是否提供ERP软件系统实施指南或类似文档，其中是否包括规划、开发、实施、运行、评估等内容，以便为实施和应用ERP系统提供详细的指导。

4. 应用测评指标

从信息系统建设、运行维护角度评价，不仅要考虑其功能与性能，还要考虑系统必须具备的条件。

（1）人员情况：人员数量、质量及结构。足够的数量、一定的质量，以及合理的结构可保证信息系统建设的质量和运行维护水平。

（2）领导支持：主管领导对系统的建设、运行维护的支持是保证系统建设成功的重要因素，也是系统正常运行、产生效益的重要因素。

（3）先进性：指所建信息系统在总体上是先进的，是能产生较大效益的，而且具有较长的生命周期。

（4）管理科学性：指是否有完整的规章制度、值班制度、日志记录制度、健全的安全防火系统，以及资料、设备的管理制度，系统运行维护制度等。

（5）重要性：指信息系统对用户来说所处的地位。

（6）实用性：实际使用能否产生效益，在日常事务中能否对决策和管理提供支持。

5. 经济效益指标

从信息系统给用户产生的经济效益，评价系统的经济指标主要有：

（1）经济性：指用户使用信息系统需要支付费用，这个费用是否超越了用户的承担能力，以及用户是否有必要花费这个费用。

（2）投资情况：指要建立系统应有合理的投资。

（3）效益性：指信息系统产生的社会和经济效益。

（4）开发效率：指信息系统的建设速度。一个信息系统从规划、可行性研究开始到系统分析、设计、实现直到正常运行，这个过程称为“系统开发生命周期”，这个周期应当越短越好。

（5）信息量：信息系统能提供的信息数量。

（6）服务程度：主要指对各级管理人员和决策者的服务程度。

（7）资源利用情况：包括高附加值的设备（硬、软件及其构成的系统）、信息和人力资源，最主要的是信息的利用。

（8）引导性：指信息系统对未建系统产生的示范引导作用。

本章小结

本章主要介绍了系统评价的内涵、作用和依据,系统地介绍了管理信息系统生命周期各阶段开展评价的原因与目的,详细阐述了系统评价的一般过程、评价方法和各阶段宜采用的评价方法和指标。

研讨

1. 信息系统评价有何作用?
2. 信息系统评价的依据是什么?
3. 怎样开展信息系统评价?
4. 信息系统评价的主要方法有哪些?
5. 如何构建信息系统的评价指标体系?

综合研讨

一、单选题

1. 信息资源包括(　　)。
   A. 信息、物资、货币　　B. 信息、信息生产者、设备
   C. 信息、信息生产者、信息技术　　D. 信息技术、信息生产者、货币
2. 管理信息系统的特点是(　　)。
   A. 数据集中统一,应用数学模型,有预测和控制能力,面向操作人员
   B. 数据集中统一,应用人工智能,有预测和决策能力,面向高层管理人员
   C. 数据集中统一,应用数学模型,有预测和控制能力,面向管理和决策
   D. 应用数学模型,有预测和决策能力,应用人工智能,面向管理人员
3. 一个管理信息系统的好坏主要是看它(　　)。
   A. 是否硬件先进、软件齐全　　B. 是否适合组织的需要
   C. 投资力量是否最省　　D. 是否使用计算机网络
4. 下面的系统中,(　　)是实时系统。
   A. 办公室自动化系统　　B. 航空订票系统
   C. 计算机辅助设计系统　　D. 计算机激光排版系统
5. 银行自动取款机系统的数据处理方式是(　　)。
   A. 联机检索系统　　B. 成批处理系统
   C. 联机实时系统　　D. 过程处理系统
6. 在管理决策中,非结构化决策是指那些(　　)的决策问题。
   A. 在决策前不能识别决策过程的各个方面,可以用固定决策规则来描述
   B. 在决策前能够识别决策过程的某些方面,可以用固定决策规则来描述
   C. 在决策前不能识别决策过程的某些方面,不能用固定决策规则来描述
   D. 在决策前不能识别决策过程的各个方面,不能用固定决策规则来描述
7. 决策支持系统的特点是(　　)。
   A. 能提供决策时所需要的一切数据资料
   B. 按事先规定的要求提供管理报告
   C. 按随机输入的要求进行策略分析
   D. 在决策过程中提供最佳选择方案
8. 信息系统是深化信息使用的重要手段,从使用深度变化上看,其发展经过 6 个

阶段,其中标志计算机时代的结束和信息时代到来的转折点是在(　　)。

A. 初装—扩展　　B. 扩展—整体化

C. 控制—整体化　　D. 数据管理—信息管理

9. 使用原型法开发系统时,使用、评价系统原型阶段的主要任务是(　　)。

A. 修改和完善系统原型

B. 扩展系统功能

C. 研制者分析、评价已建模型

D. 征求用户对系统原型的评价和改进意见

10. 一种从基本需求入手,快速构筑系统原型,通过原型确认需求以及对原型进行改进,最终达到建立系统的目的的方法称为(　　)。

A. 生命周期法　　B. 原型法

C. 面向对象法　　D. CASE 法

11. (　　)属于生命周期法中的分析阶段。

A. 总体设计　　B. 模块设计

C. 逻辑设计　　D. 程序设计

12. 管理信息系统科学的三要素是(　　)。

A. 物理的观点,数学的方法,计算机的技术

B. 数学的观点,计算机的方法,信息的技术

C. 系统的观点,数学的方法,计算机的应用

D. 信息的观点,数学的方法,计算机的技术

13. 用生命周期法开发系统是属于(　　)系统分析。

A. 自上至下　　B. 自下至上

C. 由点到面　　D. 上述几种都有

14. 下列(　　)不是信息。

A. 已知的考试内容　　B. 持股者的股票行情

C. 政府工作报告　　D. 天气预报

15. 信息只有通过使用才能产生价值,这一特性称为(　　)。

A. 完整性　　B. 分享性

C. 转换性　　D. 传递性

16. 用原型法开发信息系统,先要提供一个原型,再不断完善,原型是(　　)。

A. 系统的概念模型　　B. 系统的逻辑模型

C. 系统的物理模型　　D. 可运行的模型

17. 在系统设计中使用 U/C 矩阵方法的主要目的是(　　)。

A. 确定系统边界　　B. 确定系统内部关系

C. 确定系统与外部的联系　　D. 确定子系统的划分

18. 系统设计的阶段性文档是(　　)。

A. 可行性分析报告　　B. 系统说明书

C. 系统功能结构图　　D. 系统设计报告书

19. 下列工作中(　　)都属于管理信息系统实施阶段的内容。

A. 模块划分,程序设计,人员培训
B. 选择计算机设备,输出设计,程序调试
C. 可行性分析,系统评价,系统转换
D. 程序设计,设备购买,数据准备与录入

20. 计算工资分配表业务,称为(　　)。
A. 数据　B. 数据存储　C. 数据加工　D. 数据传递

21. 系统规划的阶段性文档是(　　)。
A. 可行性分析报告　B. 系统说明书
C. 系统功能结构图　D. 系统设计报告书

22. 企业成功地实施了 ERP 系统,标志着企业管理信息系统进入(　　)阶段。
A. 扩展　B. 整体化
C. 数据管理　D. 信息管理

23. 根据职工考勤表计算职工工资分配的过程,称为(　　)。
A. 数据处理　B. 数据存储　C. 数据检索　D. 数据传递

24. 用原型法开发系统是属于(　　)系统分析。
A. 自上至下法　B. 聚类法
C. 由点到面法　D. 上述几种方法都存在

25. 下列(　　)不是数据。
A. 语音　B. 图片　C. 动画　D. 计算机

26. 下列(　　)不是网络拓扑结构。
A. 总线　B. 连线　C. 环型　D. 星型

27. 根据职工工号从工资主文件中析取出一个职工工资情况的过程,称为(　　)。
A. 数据处理　B. 数据存储　C. 数据检索　D. 数据传递

28. 企业高层领导可以提供决策方案的信息系统称为(　　)。
A. 决策支持系统　B. 事务处理系统
C. 数据处理系统　D. 办公自动化系统

29. 下列(　　)不是管理信息系统的功能。
A. 信息等级　B. 信息传递　C. 信息使用　D. 信息存储

30. 下列(　　)不是信息的特性。
A. 事实性　B. 分享性　C. 转换性　D. 安全性

31. 信息系统是深化信息使用的重要手段,从使用深度上的变化看,其发展经过6 个阶段,最低阶段是(　　)。
A. 扩展　B. 初装　C. 数据管理　D. 信息管理

32. 原型法的特点是(　　)。
A. 系统严格按阶段开发
B. 事先做全面、详细的调研分析
C. 事先不需要做全面、详细的调研分析
D. 相对生命周期法,对系统开发人员知识要求高

33. 一张工资分配表相对于工资核算子系统而言,称为(　　)。

A. 数据　　B. 信息

C. 数据加工　　D. 数据传递

34. U/C 矩阵的主要作用是(　　)。

A. 确定系统边界　　B. 确定系统内部关系

C. 确定系统与外部的联系　　D. 确定系统子系统的划分

35. 在系统分析中,(　　)是一种能够全面描述信息系统逻辑模型的主要工具。

A. 功能结构图　　B. 数据流程图

C. 业务流程图　　D. 系统流程图

36. 系统为提高企业科学管理水平、增强企业竞争力及提高管理人员素质等带来的收益属于(　　)。

A. 直接经济效益　　B. 间接经济效益

C. 系统收益　　D. 投资回收效益

二、系统分析与设计

1. 已知产品出库管理的过程是:根据用户订单上的交货日期,销售部门开具的提货单、发票查询成品库。如果有货,则由仓库管理员填写发货单进行发货,同时将发货单转财务部门入应收账款,并通知用户,同时登记出库流水账和出库分类账;如果没货,及时通知销售部门联系用户,协商解决。请完成如下任务:

(1) 根据产品出库过程画出其业务流程,并根据产品出库管理业务处理的要求设计出产品出库管理数据库。

(2) 分别写出数据库名、库内的表名、表内的字段名和各表之间的关联。

(3) 画出系统功能结构图,从信息处理的角度画出 3 层即可。

2. 已知图书馆借书管理的过程是:新户首先建卡,然后可以持卡借书。借书时检查所借书数量是否超限,已借书是否过期。如果超量,则只能按规定数量借书;如果有过期书,则必须交迟还罚金,并在还书注销后,书卡记录正常,才可以借书。请完成如下任务:

(1) 根据借书管理过程画出其业务流程,根据借书管理业务处理要求设计出借书管理数据库。

(2) 分别写出数据库名、库内的表名、表内的字段名和各表之间的关联。

(3) 根据借书管理业务处理要求,画出借书管理功能结构图。

3. 已知学生毕业离校的过程是:参加离校前的体检,学习年限已满四年,学分达到学校对该专业规定的学分,才能填写毕业生离校表,并分别到教材科、财务处、学工处、保卫处、图书馆和医院盖章,最后由班长汇总到学院,领取离校资料。请完成如下任务:

(1) 根据学生毕业离校处理过程画出其业务流程,根据毕业学生离校业务处理要求设计出学生离校处理数据库。

(2) 分别写出数据库名、库内的表名、表内的字段名和各表之间的关联。

(3) 根据毕业学生离校处理要求,画出毕业生离校处理的功能结构图。

4. 已知教材管理的过程是:按教学计划确认每门课程的教材,按确认的教材订购,并要求签发订单,然后教材验收入库,学生按计划领书。每学期末,对本学期书款结账,预付下学期书款。请完成如下任务:

（1）根据教材管理过程画出其业务流程，根据教材管理要求设计出教材管理数据库。

（2）分别写出数据库名、库内的表名、表内的字段名和各表之间的关联。

（3）根据教材管理要求，画出教材管理信息系统的功能结构图。

5. 已知评优处理的过程是：记录学生日常的考试考查成绩，参加各类比赛获奖情况，违纪记录情况，按学生管理条例计算学生的综合测评分，按班级对综合测评分降序排，选择前十名学生参加全班评优投票。投票结果前八名报学院。请完成如下任务：

（1）根据评优处理过程画出其业务流程，根据评优处理要求设计出评优处理数据库。

（2）分别写出数据库名、库内的表名、表内的字段名和各表之间的关联。

（3）根据评优处理要求，画出评优管理信息系统的功能结构图。

6. 已知新生报到的过程是：拿出录取通知书，查核学生姓名、考生号、专业，领取宿舍钥匙及日程安排，填写新生注册卡，随后参加体检，输入新生注册卡，并与录取数据库核实，体检正常者正式注册，并分发到教务处、财务处、学工处、保卫处、档案馆和各相关学院。请完成如下任务：

（1）根据新生报到过程画出其业务流程，根据新生报到业务处理要求设计出学生学籍管理数据库。

（2）分别写出数据库名、库内的表名、表内的字段名和各表之间的关联。

（3）根据新生学籍管理要求，画出学籍管理信息系统的功能结构图。

7. 已知图书馆还书管理的过程是：借书人持卡和书到图书馆还书，工作人员检查所借书有无损坏，如果有则按定价的 5 倍赔偿，同时检查所还书是否超期，如果超期，则必须交迟还罚金（每天 1 角），并在还书注销后，书卡记录正常，才可以继续借书。请完成如下任务：

（1）根据还书管理过程画出其业务流程，根据还书管理业务处理要求设计出还书管理数据库。

（2）分别写出数据库名、库内的表名、表内的字段名和各表之间的关联。

（3）根据还书管理业务处理要求，画出还书管理功能结构图。

8. 已知产品入库管理的过程是：从生产车间将制造出来的产品连同填写好的入库单一起送至仓库，仓库检验员首先进行产品质量检验与入库单检验，不合格的产品和入库单退回车间，而合格的产品由保管员进行入库处理，同时登记入库流水账。请完成如下任务：

（1）根据入库过程画出它的业务流程，根据产品的入库管理业务处理要求设计出产品入库管理数据库。

（2）分别写出数据库名、库内的表名、表内的字段名和各表之间的关联。

（3）根据产品的入库管理业务处理要求，画出产品入库管理功能结构图。

三、讨论

1. 讨论大数据技术拓宽了管理信息系统的应用领域。

2. 讨论物联网技术拓宽了管理信息系统的应用领域。

3. 讨论两化深度融合给管理信息系统应用研究提出的新机遇。

4. 讨论管理信息系统提升了企业竞争力。
5. 讨论领导在管理信息系统应用过程中的主导地位。
6. 讨论管理信息系统是信息时代不可或缺的主要工具。
7. 讨论管理信息系统对企业产生的深度影响。
8. 讨论管理信息系统推动了社会进步。

四、管理信息系统课程设计

（一）目的

管理信息系统是新兴的多学科边缘交叉性科学，具有很强的实时动态性和实务实践性。本课程设计的目的是让学生结合研发管理信息系统的实践，深刻领会管理信息系统研发各阶段的理论实质，提高信息资源利用的意识，培养学生正确的信息系统设计思维方式，使学生受到结构化信息系统研发方法的系统训练，形成正确的信息系统设计观点，提高其对管理信息系统的感性及理性认识。在信息系统课程设计过程中，通过为学生创造的实际开发管理信息系统的机会，使其深入了解企业环境，结合系统分析、系统设计的实践环节，进一步巩固和加强与管理信息系统密切相关的数据库技术、管理学知识、统计学原理等学科的理论知识，培养学生信息系统设计、数据处理与计算、系统结构与流程图绘图、数据与信息的文献查阅、报告撰写等基本技能，培养学生综合运用所学知识分析和解决实际问题的能力，巩固、深化和拓展学生信息系统应用的专业技能。

（二）要求

（1）课程设计采用项目小组的工作方式进行，小组人数控制在3～6人。实行组长负责制，组员共同完成设计任务。在设计过程中，组长负责监督组员出席各类研讨会。小组成员既要有角色分工，又要有任务分工。组内保持联系畅通、密切合作，培养良好的互相帮助和团队协作精神。

（2）学生所选题目应尽量避免抽象、概念系统，提高系统开发的实用性和针对性。要选择学校、企业、商业等具体实务，并开展详细的调研分析。强调能解决某一实体企业或组织的实际问题。在报告题目中应突出企业或组织的名称，在报告内容中应全面围绕企业实际情况进行分析和说明，避免空洞及概念性的描述。

（3）在课程设计期间，学生要严格遵守纪律、规章制度，严格自律，树立严谨、严密、严肃的科学态度，每位学生必须按时、按量、按质完成课程设计。对有抄袭他人设计报告或者找他人代画、代做等弄虚作假者，一律按照不及格处理。

（4）在设计过程中，利用2～3天组织一次阶段性汇报，课程设计结束必须对研发的软件进行展示性汇报。汇报要简明扼要，重点突出，条理清楚。每次汇报都要组织学生相互点评与打分，并做好汇总记录。

（5）设计结束后，每组交一份完整的设计报告，字数不少于5000字，内容包括：系统开发背景、可行性分析、业务流程调查（企业组织结构图、业务流程图）、数据流程调查（数据流程图、数据字典、处理模块说明）和系统设计方案（系统功能模块设计、代码设计、数据库设计、人机界面设计）。此外在报告中还要注明每个组员在设计中所扮演的角色和从事的工作内容，以及个人的体会和建议。

（6）设计报告应做到撰写规范，概念清楚，图表清晰，计算正确，结构合理，数据真实可靠。

（三）主要内容

1. 选题与系统规划，写出选题报告

题目可以从参考题目中选择，也可根据实践调查结果拟定，但必须征求指导老师同意。无论采用何种方式，题目均要从实际出发，能解决一定的实际问题，且一旦选定后不得擅自更改。选题结束后应上交选题报告，选题报告包括以下内容：问题研究的背景、国内对此问题研究的现状、系统要解决的问题、约束条件、待开发系统的目标、待开发系统总体结构的设想等，最后得出结论。可以依据信息系统规划方法选题，在信息系统规划中可以使用相关应用软件实现人员安排、进度控制等内容。

2. 系统分析，写出系统分析报告

根据对企业或组织的详细调查结果，了解企业组织结构、岗位设置、人员职责，以及人、财、物等资源的配置情况，通过对实际业务过程和用户需求的了解，进一步明确新系统的功能及目标。在系统分析报告中应包括企业基本情况调查、企业现行系统的运行概况及存在的主要问题分析，系统开发的可行性分析、系统的组织结构图调查、TFD、DFD 及数据字典、新系统的逻辑模型等。在系统分析时可以运用 Office 中的 Word 提供的图例绘制相关流程图，也可以选择使用 Visio 软件绘制。

3. 系统设计，写出系统设计报告

根据系统的逻辑模型设计出物理实施方案，为编写程序打下基础。设计报告中应包括系统功能结构设计、数据库设计、代码设计、输入/输出界面设计等内容。注意事项有：

（1）在系统调研阶段，有时需要印制调查表进行问卷调查，调查表应附在报告后面。

（2）在详细调查了解每个具体工作岗位业务的同时，还必须收集与该业务有关的所有报表、文件、技术文档等。可要求用户将其附在调查问卷之后。

4. 系统实施，写出系统调试报告

系统实施是课程设计的重点和关键，主要工作是依据系统设计的 IPO 和功能模块通过程序设计实现。这些工作不仅要涉及系统的功能需要，还要涉及实现这些功能的算法和相关数据组织。

（1）功能模块程序设计，写出程序说明书。对系统中所有数据输入、信息获取和信息加工处理等都要通过程序实现。为了便于分工合作，在编程前对程序的各种命名必须要制定一个规则，供程序员标准化引用。为了便于程序调试和维护，必须要有一个完整的程序说明书。

（2）程序调试，写出程序调试报告。在程序调试前必须先做调试准备，设计调试方案，准备调试用例样本，做好程序调试切口。分段执行程序，检验程序运行结果，直到调试成功。

（3）系统分调。将系统各功能模块按系统功能结构图，自上而下逐层组合或自下而上联合调试。主要调试各模块之间的数据传递是否畅通和功能调用是否正确。

（4）系统总调，写出系统使用说明书。系统总调主要调试系统已经实现的功能使之达到系统分析时确定的目标，分析实现目标与期望存在差异的原因。

5. 系统总结，写出课程设计报告

报告不仅描述设计过程形成的正式文档，而且要有所有人员各自的体会，以及对设计工作的建议。

（四）进度安排

课程设计总时间往往控制在 1 ~ 3 周。一般情况下，信息管理与信息系统专业时间最长，经济类专业时间最短。不论课程设计时间的长短，其过程都相同。课程设计需要经历选题、分析、设计和实现 4 个阶段，这 4 个阶段的进度计划如图 Z-1 所示，但是要求侧重点不同。所有非管理信息与信息系统专业的管理信息系统课程设计，可以参照信息管理与信息系统专业的进度相对缩短。

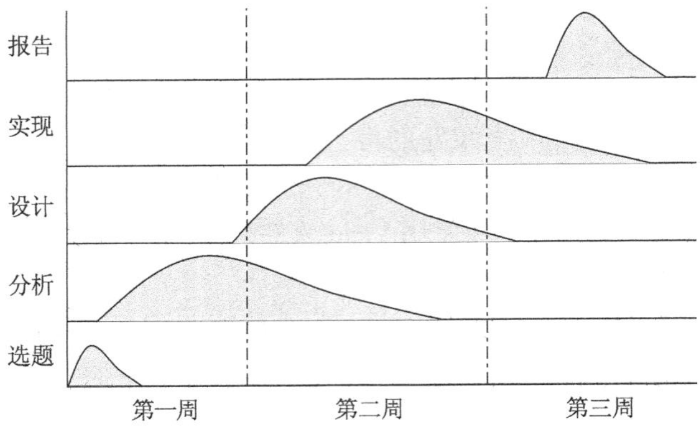

图 Z-1　课程设计各阶段任务进程计划

在课程设计过程中必须明确组内人员的分工，人员分工从总体上可分成不同的角色。在课程设计过程中不同角色的任务进度计划如图 Z-2 所示。人员角色分工是责任分工，而不是任务分工，组内每位学生都必须参与管理信息系统研发全过程，分担各阶段的任务。

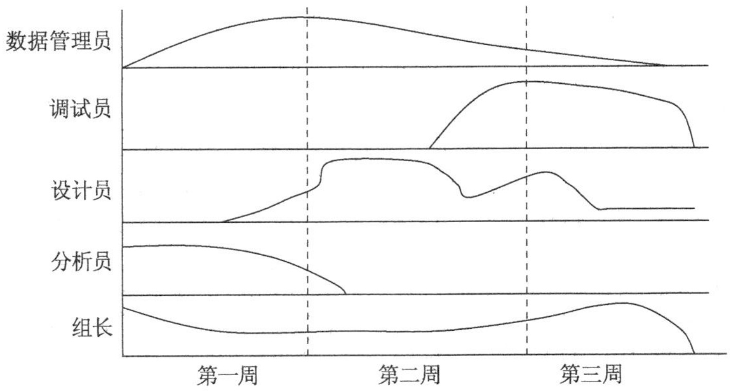

图 Z-2　课程设计各角色任务进度计划

在课程设计过程中，每个阶段都必须在组内指定人员进行阶段性汇报，汇报工作也是课程设计的主要内容之一。课程设计组在每次汇报时分派阶段性汇报人和点评人。为使每位学生都能参与汇报和点评训练，组内实行轮换制度。而且在课程设计准备阶段都指定相应人员，在阶段汇报前由指导教师提前培训相应点评组人员。各阶段汇报内容与点评要求如表 Z-1 所示。

表 Z-1　阶段性汇报内容与点评要求

序	阶段	汇报内容	点评要点	时间点
1	选题	提交选题报告及系统可行性分析报告	选题工作量是否适中？ 组内角色分工是否明确？ 系统研发是否可行？	第一周周四前
2	分析	上交系统业务流程调查报告、数据流程等，提交系统分析报告	研发需要是否明确？ 业务流程是否清楚？ 数据处理过程是否确定？ 分析任务分工是否明确？	第一周周五前
3	设计	系统功能模型、数据库、代码和输入/输出设计，提交系统设计报告	代码设计方案是否确定？ 数据结构和数据库设计是否正确？ 输入/输出界面是否明确？ 设计任务分工是否明确？	第二周周三前
4	实现	编制、调试程序和系统总调，展示详细的系统功能	程序设计任务分工是否明确？ 不同用户进入系统能否控制权限？ 操作过程是否流畅？ 实现功能与系统目标是否一致？	第三周周三前

在课程设计过程中，指导教师应做好指导工作，既要有适度的监控、跟踪和示范，还要给学生足够的自由创新空间。第一周主要工作内容是布置设计任务，指导学生进行设计选题和对企业的实地调查，收集相关数据、资料，明确系统研发的目的和意义，撰写选题报告。在第一周周三由指导教师进行开题答辩，考核学生在第一周的工作内容和工作质量。经允许后方可进行后续分析与设计工作。第二周工作的重点内容是围绕核心业务展开详细调查，找出原系统存在的问题，确定恰当的解决方案，建立新系统的逻辑模型，并且结合企业经济、技术、管理现状，将逻辑模型转化为物理模型，撰写分析与设计报告，为系统的实施奠定基础。第三周开始侧重指导学生实现系统，开展程序编制与调试，同时参与学生调试中出现的各种问题的分析。

（五）成绩评定参考

在课程设计过程中，充分发挥学生的主动性和积极性，发挥学生个性化的潜能。课程设计的集中时间短，个人攻关的时间长，而且最终每组只提供一份报告和一套软件，如何正确地给每位学生评定成绩，不仅关系到考核的公平性和客观性，也关系到学生的积极性传递。因此，在课程设计过程中应严格把好考评关。

每位学生的课程设计成绩，首先从小组整体情况考核，每小组每次汇报评价成绩为全组整体成绩考核的第一要素，汇报测评没有达到过前两名，该组整体成绩低，组内不能出现优等级的个人成绩。小组整体成绩按出现前两名的频数排名结果评定。出现前两名的频数越多，小组成绩越好。然后根据小组整体成绩，在组内拆分到小组人员的个人成绩。组内个人成绩的主要考核因素有组内排名、参与工作量、工作成效和工作态度 4 方面。个人成绩分优秀、良好、中等、及格、不及格 5 级记分。具体从以下几方面综合评定：

① 学生的工作态度，独立完成设计的能力。（20%）
② 课程设计的工作量、质量。（50%）
③ 组内排名。（20%）
④ 课程设计过程总结。（10%）
在报告中，如果内容不完整、不真实，根据具体情况，成绩按降档处理。

（六）设计题目

题目1：某高校成绩管理信息系统分析与设计
题目2：某高校学生档案管理信息系统分析与设计
题目3：某高校教材管理信息系统分析与设计
题目4：某高校教学计划管理信息系统分析与设计
题目5：某高校图书馆图书借阅管理信息系统分析与设计
题目6：某企业工资管理信息系统分析与设计
题目7：某企业资产管理信息系统分析与设计
题目8：某企业账务管理信息系统分析与设计
题目9：某企业销售管理信息系统分析与设计
题目10：某企业用户与供应商管理信息系统分析与设计
题目11：某企业库存管理信息系统分析与设计
题目12：某企业采购管理信息系统分析与设计
题目13：通用网络考试管理信息系统分析与设计
题目14：通用题库管理信息系统分析与设计
题目15：某企业商业网站的系统分析与设计
题目16：某高校旧物交易网站的系统分析与设计
题目17：某快递公司邮件管理信息系统的分析与设计
题目18：某家教网站信息系统的分析与设计
题目19：某市政策采购平台管理信息系统的分析与设计
题目20：某房地产公司房屋销售管理信息系统的分析与设计

参考文献

[1] S. Fountas, C. G. Sorensen, Z. Tsiropoulos, et al. Farm machinery management information system. Computers and Electronics in Agriculture, 2015,110:131.

[2] Tian Min, Hu Yuanbiao, Liu Zhiguo, et al. Development of management information system of geo-drilling construction. Procedia Engineering, 2014,73:118 – 126.

[3] Sudarat Srima, Panita Wannapiroon, Prachyanun Nilsook. Design of total quality management information system (TQMIS) for model school on best practice. Procedia-Social and Behavioral Sciences, 2015,174(2):2160 – 2165.

[4] Maryam Ahmadi, Jahanpour Alipour, Ali Mohammadi, et al. Development a minimum data set of the information management system for burns. Burns, 2015, 41 (5): 1092 – 1099.

[5] R. D. McDowall. Laboratory information management systems, reference module in chemistry. Molecular Sciences and Chemical Engineering, 2013.

[6] Lidia Ogiela, Marek R. Ogiela. Cognitive systems for intelligent business information management in cognitive economy. International Journal of Information Management, 2014,34(6):751 – 760.

[7] Jonna Järveläinen. IT incidents and business impacts: Validating a framework for continuity management in information systems. International Journal of Information Management, 2013,33(3):583 – 590.

[8] Ori Gottlieb. Anesthesia information management systems in the ambulatory setting: Benefits and challenges. Anesthesiology Clinics, 2014,32(2):559 – 576.

[9] Derek L. Nazareth, Jae Choi. A system dynamics model for information security management. Information & Management, 2015,52(1):123 – 134.

[10] Robert K. Perrons, Jesse W. Jensen. Data as an asset: What the oil and gas sector can learn from other industries about "Big Data". Energy Policy, 2015,81(6):117 – 121.

[11] Tian Wenhong, Zhao Yong. Big data technologies and cloud computing. Optimized Cloud Resource Management and Scheduling, 2015:17 – 49.

[12] Akshit Singh, Nishikant Mishra, Syed Imran Ali, et al. Cloud computing technology: Reducing carbon footprint in beef supply chain. International Journal of Production Economics, 2015,164(6):462 – 471.

[13] Oscar Rebollo, Daniel Mellado, Eduardo Fernández-Medina, et al. Empirical evaluation of a cloud computing information security governance framework. Information and Software Technology, 2015,58(2):44 – 57.

[14] Wang Miao, Wang Guiling, Tian Jie, et al. An accurate and multi-faceted reputation scheme for cloud computing. Procedia Computer Science, 2014,34:466 – 473.

[15] Asll Küçükaslan Ekmekçi, Seray Begüm Samur Teraman, PInar Acar. Wisdom and management: A conceptual study on wisdom management. Procedia – Social and Behavioral Sciences, 2014,150(15):1199 – 1204.

[16] Christophe N. Bredillet, Kieran Conboy, Paul Davidson, et al. The getting of wisdom: The future of PM university education in Australia. International Journal of Project Management, 2013,31(8):1072 – 1088.

[17] Dorthe Sørensen, Kirsten Frederiksen, Thorbjoern Grøfte, et al. Practical wisdom: A qualitative study of the care and management of non-invasive ventilation patients by experienced intensive care nurses. Intensive and Critical Care Nursing, 2013,29(3):174 – 181.

[18] Ding Shuai, Xia Chengyi, Cai Qiong, et al. QoS-aware resource matching and recommendation for cloud computing systems. Applied Mathematics and Computation,2014,247(15):941 – 950.

[19] 刘秋生. 管理信息系统研发及其应用. 南京:东南大学出版社, 2012.

[20] MBA 智库百科. 用户关系管理. http://wiki. mbalib. com.

[21] 林杰斌, 刘明德. MIS 管理信息系统. 北京:清华大学出版社, 2006.

[22] 周山芙, 汪星明, 赵苹. 管理信息系统(第二版). 北京:中国人民大学出版社, 2004.

[23] 陈景艳. 管理信息系统. 北京:中国铁道出版社, 2001.

[24] 鲁晓莹, 傅德彬. MIS 解决方案. 北京:国防工业出版社, 2005.

[25] 王景中, 徐小青. 计算机通信信息安全技术. 北京:清华大学出版社, 2006.

[26] 周明全, 吕林涛, 李军怀. 网络信息安全技术(第二版). 西安:西安电子科技大学出版社, 2010.

[27] 俞承杭. 信息安全技术. 北京:科学出版社, 2005.

[28] 周祥. RFID 技术在物联网中应用的关键技术探讨. 镇江:江苏大学出版社, 2005.

[29] 郭钢. 新产品数字化设计与管理. 重庆:重庆大学出版社, 2004.

[30] 盛伯浩, 陈宗舜. 机械产品设计与 CAD 技术. 北京:清华大学出版社, 2005.

[31] 陈明亮. 用户关系管理理论与软件. 杭州:浙江大学出版社, 2004.

[32] 罗频捷. 现代用户关系管理系统设计与实现. 成都:四川大学, 2006.

[33] 崔巍巍. 中小型商业企业用户关系管理系统的设计与实现. 苏州:苏州大学, 2007.

[34] 刘甫迎, 党晋蓉. 数据库原理及 CASE 技术教程. 北京:人民邮电出版社, 2005.

[35] (美)皮泊斯, 容格斯. 用户关系管理. 郑先炳, 邓运盛, 译. 北京:中国金融出版社, 2006.

[36] 管理信息系统. 国家精品课程网. http://www. jingpinke. com.
[37] 刘秋生. 控制与优化——企业信息化工程实施、过程评价及案例分析, 南京:东南大学出版社, 2007.
[38] 常晋义. 管理信息系统——原理、方法与应用(第 2 版). 北京:高等教育出版社, 2009.
[39] 闪四清. 管理信息系统教程(第二版). 北京:清华大学出版社, 2007.
[40] 刘秋生. ERP 系统原理与应用. 北京:电子工业出版社, 2015.
[41] SCM, CIMS, CIM, CRM, PDM 等内涵. 百度文库. http:// baike. baidu. com/view/XXXX. htm.
[42] 仲秋雁, 裘江南, 吴力文. 管理信息系统. 北京:清华大学出版社, 2010.
[43] 荆宁宁, 程俊瑜. 数据、信息、知识与智慧. 情报科学, 2005(12):1786 - 1790.
[44] G. 贝林杰, D. 卡斯特罗, A. 米尔斯. 数据、信息、知识、智慧. 国外社会科学, 2007(6):105 - 107.
[45] 刘秋生. 数据库系统程序设计 Visual FoxPro. 镇江:江苏大学出版社, 2011.
[46] 姜旭平. 信息系统开发方法、策略、技术、工具与发展. 北京:清华大学出版社, 1997.
[47] 薛华成. 管理信息系统(第 6 版). 北京:清华大学出版社, 2012.
[48] 物联网、云计算、TMS、CAX. 百度文库. http://baike. baidu. com/view/XXXX. htm.